D 2 5213

Leyde
1678

inoza, Baruch, dit Benedictus de

La Clé du sanctuaire

D₂. 2782

Dᵒ

D. 7264

5217

LA CLEF
DU
SANTUAIRE

Par

Un sçavant homme de nôtre Siecle. *Spinola*

La où est l'Esprit de Dieu, là est la liberté,
2 Epitre aux Corinthiens Chap. 3.
vers. 17.

A LEYDE,
Chez PIERRE WARNAER,
M. DC. LXXVIII.

PREFACE.

SI les hommes estoient capables d'une bonne resolution, ou que la fortune leur fût toûjours favorable, ils ne seroient sujets à aucune superstition : mais comme ils sont souvent reduits à ne sçavoir quel conseil prendre, toûjours flottants entre l'esperance & la crainte pour des biens perissables qu'ils souhaittent immoderément, de là vient leur credulité, particulierement tandis qu'il craignent ou qu'ils esperent, mais hors de là ce n'est qu'orgueil, que confiance, & que vanité. Défaut trop ordinaire pour estre ignoré de personne, encore que la pluspart des hommes ne se connoissent pas eux mesmes ; car qui ne sçait que les plus ignorans s'imaginent estre des plus sages dans la prosperité, & que nul n'est capable de leur donner conseil ; au lieu qu'ils ne sont pas plutost dans la peine ou dans la misere qu'ils ne sçavent quel parti prendre, qu'ils

man-

PREFACE.

mandient l'avis d'un chacun, & suivent aveuglément le plus absurde, le plus vain, & le plus ridicule. Tantost sur la moindre apparence ils recommencent ou à esperer ou à craindre, & si tandis qu'ils craignent ils voyent arriver quelque chose qui les fasse ressouvenir ou d'un bien ou d'un mal passé, ils en augurent un bon ou un mauvais succez, encore que l'experience leur ait souvent montré la vanité de ces presages. Tout ce qu'ils voyent avec admiration est un prodige à leur avis qui marque le couroux du Ciel, & si on ne l'appaise par des vœux, & des sacrifices, c'est un scandale pour ces superstitieux qui par un esprit opposé à la veritable Religion feignent cent choses qu'ils prennent pour des veritez; & comme s'il falloit que la Nature fût complice de leurs sotises, ils l'expliquent à leur fantaisie en ridicules interpretes. La foiblesse des hommes estant telle, il est certain que les plus passionnez pour

ce

PREFACE.

ce qui n'a rien de solide sont ordinairement les plus enclins à toute sorte de superstition, & qu'il n'y en a point qui dans les perils où ils ne voyent point de remede n'ayent recours aux larmes pour implorer le secours du Ciel, & qui ne s'emportent contre la raison & la sagesse humaine, en l'accusant d'aveuglement, par ce qu'elle manque de lumieres, & de moyens certains pour contenter leur vanité: au lieu qu'ils prennent les chimeres de l'imagination, des songes, des contes pueriles, pour des revelations; qu'ils se persuadent que Dieu a les sages en horreur, que ses decrets sont escrits, non dans les cœurs des hommes, mais dans les entrailles des animaux, & qu'il n'y a que les ignorans, les imbeciles, & les oiseaux qui ayent le don de les predire. Tant il est veritable que la crainte est ennemie de la raison. Il n'y a donc point d'autre cause de la superstition que la crainte, & il se voit par experience

PREFACE.

qu'il n'y a qu'elle seule qui l'engendre, & qui l'entretienne. De tant d'exemples que les histoires nous fournissent sur ce sujet, nous en avons un remarquable dans la personne d'Alexandre. Ce Prince ne vit pas plutôt chanceler sa fortune au Pas de Suze, qu'il consulta les Devins tant il estoit porté à la superstition, de sorte qu'encore qu'il eut cessé de les consulter depuis la défaite de Darius, il y retourna tout de nouveau espouventé de plusieurs mauvaises rencontres ensemble, les Bactriens revoltez, les Scythes qui le harceloient, & sa blessure qui le retenoit au lict, tout cela le fit replonger dans ses superstitions. Il commanda donc à Aristandre qu'il tenoit pour un oracle de faire des sacrifices, afin d'apprendre par ce moyen quel seroit le succez de ses affaires. Il y a une infinité d'autres exemples qui font voir que l'esprit humain n'est atteint de superstition que tandis qu'il est effrayé, que tout

Quinte Curce liv. 7.

ce

PREFACE.

ce qu'il adore dans les grandes calamitez n'est qu'un vain fantôme engendré de la peur & de la tristesse, & que ce n'est enfin que dans les dernieres miseres que les Devins ont esté en vogue, & les Rois en peril ; mais comme ces exemples sont trop communs pour estre ignorez, je me contente de celuy que je viens d'alleguer.

Puis donc que la crainte est la cause de la superstition, il s'ensuit que l'esprit humain y est naturellement porté (quoy qu'alleguent au contraire ceux qui pretendent que c'est une marque de l'idée confuse que tous les hommes ont de Dieu.) Il s'ensuit encore qu'elle doit estre extrémement variable & inconstante, suivant les caprices de l'esprit humain & ses divers changements ; & qu'il n'y a enfin que l'esperance, la colere, la haine, & la fraude qui la fassent subsister, tant il est vray qu'elle n'est point un fruit de la raison, mais des passions

PREFACE.

les plus violentes. D'autant plus donc qu'il est facile aux hommes de se laisser aller à la superstition: d'autant plus est il mal-aisé de faire en sorte qu'ils ayent long temps la mesme: car comme le peuple est toûjours esgalement miserable, il n'est jamais longtemps préoccupé de la mesme idée, la seule nouveauté luy plaist, & ce qui ne l'a point encore trompé, devient facilement l'objet de son adoration, inconstance qui a causé de grands troubles, & de grandes guerres. Car comme rien n'est si puissant que la superstition pour tenir en bride une populace, il ne faut qu'une ombre & un vain pretexte de Religion pour la porter tantost à adorer ses Rois comme des Dieux, & tantost à les detester comme la peste du genre humain. Pour obvier à ce desordre, on a pris grand soin d'introduire une Religion vraye ou fausse, & de la parer d'un culte pompeux, & d'un exterieur éclatant qui frappe les yeux,

Quinte Curce lib. 4.

tou-

PREFACE.

touche les cœurs, & imprime dans les esprits une profonde reverence; adresse de grande efficace, & qui a tres heureusement succedé aux Turcs, à qui la dispute est defenduë, & dont l'esprit est tellement preoccupé que les doutes mesmes sont criminels.

Mais si c'est aux Rois un secret de la derniere importance d'aveugler les peuples, & de donner à la crainte qui les retient dans leur devoir le nom specieux de Religion, pour les inciter à combattre pour leur service comme si c'estoit pour le ciel, & pour leur faire croire que bien loin qu'il soit honteux, il n'y a point d'honneur pareil à celuy de répandre son sang pour soûtenir l'orgueil, & la vanité d'un seul homme; rien au contraire n'est plus funeste aux Republiques où la liberté est en credit que cette maxime, puis qu'il n'est rien de si opposé à la liberté naturelle que de prevenir les esprits de quelque prejugé que ce soit; Quant aux émeutes qui s'éle-

vent

PREFACE.

vent sous pretexte de Religion, c'est leur ouvrir la porte que de faire des Loix touchant les questions speculatives, & les authoriser que de mettre les opinions au nombre des crimes, les autheurs desquelles on immole, non au salut du peuple, mais à la haine, & à la rage de leurs adversaires. Que si l'autorité Souveraine ne s'étendoit qu'à punir les actions, & que les paroles fussent libres, il n'y auroit point de pretexte aux revoltes, & l'on ne verroit plus les controverses se convertir en seditions. Or puisque nous avons ce grand & ce rare bonheur de vivre en une Republique où la liberté de l'esprit est dans son trosne, où le culte divin est arbitraire, & où rien n'est si doux, ny si cher que la liberté; j'ay crû faire une bonne action, si je faisois voir que cette liberté de raisonner & de dire son sentiment ne peut estre bannie de la Republique, que l'on n'en bannisse en mesme temps la paix & la pieté;

PREFACE.

pieté; c'est le principal but que je me propose en ce traité, & pour y parvenir, j'ay crû qu'il estoit necessaire de découvrir les plus insignes prejugez touchant la Religion, c'est à dire de marquer les traces de l'ancienne servitude, & de montrer en mesme temps ceux qui se sont glissez touchant le droit & l'autorité des Souverains, de laquelle certaines gens ont l'insolence de s'approprier en partie, en s'efforçant de détourner de leur obeïssance l'esprit du peuple, qui n'est pas encore bien gueri de la superstition des Gentils pour replonger toutes choses dans l'esclavage. Or nous verrons en peu de mots quel ordre je tiens pour cela, lorsque j'auray fait voir les motifs qui m'ont incité à mettre cet ouvrage au jour.

Je me suis souvent estonné de voir des hommes qui professent le Christianisme (loy d'amour, de paix, de joye, de continence & de foy mutuelle) se déchirer les uns les autres,

PREFACE.

& vivre en sorte, que l'on connoist plutost leur creance par leurs vices que par leurs vertus. Car il y a long temps que nous sommes reduits au point de ne pouvoir plus distinguer, ny les Chrêtiens, ny les Turcs, ny les Juifs, ny les Payens que par la diversité des habits, & par un certain culte exterieur, ou par ce qu'ils frequentent une Eglise plutost que l'autre, ou enfin par ce qu'ils professent telle ou telle opinion; car pour la vie, je n'y vois point de difference. J'ay donc cherché la source de ce déreglement, & ay trouvé que le mal vient de ce que l'on met les dignitez de l'Eglise au rang des meilleurs revenus, & que les peuples se sont fait un point de Religion de la veneration, & du respect qu'ils ont pour leurs Pasteurs. Car depuis que cét abus s'est coulé dans l'Eglise, on a vû que les plus meschans ont eu le plus d'ardeur pour en occuper les charges, & que le zele d'augmenter

PREFACE.

ter la veritable Religion, a degeneré en avarice honteuse & en ambition desordonnée. Si bien que le Temple de Dieu est devenu un theâtre, où au lieu de Docteurs Ecclesiastiques, on n'a plus vû que des orateurs dont le but n'estoit pas d'instruire le peuple, mais de s'en faire admirer, de reprendre publiquement ceux qui n'estoient pas de leur sentiment, & de ne prescher que choses nouvelles & innouïes, & que le peuple trouve d'autant plus admirables, qu'il ne les entend point. Abus d'où sont sortis les animositez, l'envie, & une haine que le temps n'a pû éfacer. Ce n'est donc pas merveille qu'il ne reste plus maintenant de l'ancienne Religion que le culte exterieur, (par où il semble que le peuple flatte plutost Dieu qu'il ne l'adore,) & que la foy ait fait place à de si estranges prejugez, qu'ils ont presqu'abruti les hommes en pervertissant leur raison, & empeschant

qu'ils

PREFACE.

qu'ils ne s'en servent pour juger librement de tout, pour discerner le vray d'avec le faux, & tels enfin qu'ils semblent estre inventez contre l'entendement, & pour esteindre ses Lumieres. La pieté n'est plus qu'un fantosme, la Religion qu'un amas de secrets absurdes, & c'est assez d'estre ennemi de la raison, pour estre creû homme celeste & divinement inspiré. S'ils avoient la moindre estincelle de lumiere divine, certes ils seroient moins insensez, moins superbes, moins ridicules, ils sçauroient mieux comment il faut adorer Dieu, & bien loin de persecuter ceux qui ne sont pas de leur sentiment, ils en auroient pitié, s'il estoit vray qu'ils n'en usent ainsi que parce qu'ils craignent pour leur salut, & que l'amour propre n'y eût point de part. Davantage s'ils sont éclairez d'une lumiere surnaturelle, comment se peut il faire qu'il n'en paroisse point dans leur doctrine? J'avoüe qu'ils sont grands

PREFACE.

grands admirateurs des mysteres de l'Escriture, mais je ne vois pas qu'ils enseignent autre chose que les speculations d'un Aristote, & d'un Platon, ausquelles ils ont (de peur d'estre pris pour des sectateurs de payens) ajusté l'Escriture. Ce ne leur estoit pas assez d'aimer les fables & les resveries des Grecs, ils ont fait dire les mesmes sotises aux Prophetes, preuve évidente qu'ils n'ont aucune idée de la divinité de l'Escriture, & que plus ils admirent la profondeur de ses mysteres, plus ils font voir qu'ils la croyent moins qu'ils ne la cajolent. Mais ce qui confirme cette verité, c'est que la plus part posent pour fondement (à sçavoir pour la bien entendre, & pour en tirer le veritable sens) qu'elle est toute divine, & toute pleine de verité, avoüant d'abord ce qui ne se doit inferer qu'aprés un severe examen, & qu'on est assuré de l'entendre: & establissant avant toute chose pour regle de son
inter-

PREFACE.

interpretation, ce qui nous paroiſtroit bien plus clairement par elle meſme, que par le ſecours des commentaires, & des fictions humaines.

Conſiderant donc toutes ces choſes, à ſçavoir que la lumiere naturelle eſt non ſeulement meſpriſée, mais condamnée meſme de beaucoup de gens comme une ſource d'impieté; de plus que des contes pueriles paſſent pour des oracles, la credulité pour la foy, & que les controverſes des Philoſophes ſont agités avec aigreur par toutes ſortes de perſonnes tant ſacrées que profanes; & voyant d'ailleurs que de là naiſſent la haine & la diſcorde qui ſervent ſouvent de pretextes à de fatales ſeditions, & mille autres deſordres que je ſerois trop long à raconter. J'ay entrepris d'examiner l'Eſcriture tout de nouveau, d'un eſprit libre & deſintereſſé, ſans y ajoûter, ny diminuer, ny admettre pour ſa doctrine que ce qui m'en

PREFACE.

m'en paroiſt ſenſible, & ſans obſcurité. Aidé de cette precaution, j'ay compoſé une methode propre à l'interpreter, par le moyen de laquelle j'ay cherché d'abord ce que c'eſtoit que Prophetie? le ſujet pour quoy Dieu s'eſt revelé aux Prophetes? & pourquoy ils luy ont eſté agreables? ſi c'eſt pour avoir eu des penſées ſublimes de Dieu & de la Nature? ou ſeulement en conſideration de leur pieté? Apres avoir ſçeu ce qui en eſt, il m'a eſté facile de determiner, que l'autorité des Prophetes n'eſt de nulle importance qu'en ce qui concerne les mœurs & la veritable vertu, que hors de là, leurs opinions ne nous regardent point. En ſuite j'ay examiné la raiſon pour quoy les Hebreux ont eſté appellez les élus de Dieu? & ayant trouvé que ce n'eſtoit qu'en vûë d'une certaine contrée que Dieu leur avoit donnée à habiter, & pour vivre commodément ; j'ay appris que les loix divines revelées à Moyſe n'eſtoient

PREFACE.

n'estoient que des loix particulieres qui ne concernoient que le royaume des Hebreux, & par consequent qu'elles n'ont dû estre receuës d'aucune autre nation, & que les Hebreux mesmes n'y sont obligez que lors que leur Estat subsiste. Et pour sçavoir si l'on peut inferer que l'entendement humain soit de nature corrompu, j'ay voulu voir si la Religion Catholique, c'est à dire cette loy divine laquelle a esté revelée à tout le genre humain par les Prophetes, & par les Apôtres, differoit de la loy qui nous est enseignée par la lumiere naturelle ? Apres, si les miracles ont esté faits contre l'ordre de la Nature, & s'ils enseignent l'existence, & la providence divine avec plus de certitude & de clarté, que les choses que nous connoissons clairement & distinctement par leurs premieres causes ? & n'ayant rien trouvé dans les dogmes les plus formels de l'Escriture qui ne convienne à l'entendement, & qui n'y soit conforme ; D'ailleurs considerant

PREFACE.

derant que les Prophetes n'ont enseigné que des choses fort simples & fort triviales, & qu'elles estoient escrites d'un stile, & confirmées par des raisons tres propres à esmouvoir la devotion du peuple; j'ay esté persuadé, que l'Escriture laisse la raison libre, & qu'elle n'a rien de commun avec la Philosophie, mais que l'une & l'autre se soûtient d'elle mesme, & demeure dans ses limites: Pour le montrer au doigt & determiner de la chose, je fais voir comme il se faut prendre à interpreter l'Escriture, que nous ne la pouvons nullement connoistre que par elle mesme, & que ce que nous connoissons par la lumiere naturelle ne nous sert de rien pour cela. De là je passe aux préjugez lesquels ont pris naissance de ce que le peuple (superstitieux, & bien plus passionné pour les reliques du temps que de l'eternité mesme) adore plutost les livres de l'Escriture, que la parole de Dieu. Ensuite je prouve que la parole de Dieu ne consiste

PREFACE.

siste pas en un certain nombre de livres, mais en un simple concept de l'Esprit de Dieu revelé aux Prophetes, ce qui n'est autre chose qu'obeïr à Dieu de tout son cœur par la pratique de justice & de charité, & que cela est enseigné dans l'Escriture selon la portée, & les opinions de ceux à qui les Prophetes & les Apôtres avoient accoûtumé de prescher la parole de Dieu, & ce, afin que les hommes la receussent avec moins de repugnance. Apres avoir ainsi montré les fondements de la foy, je concluë que l'objet des revelations n'est autre chose que l'obeïssance, & par consequent qu'elle est entierement distincte de la connoissance naturelle tant à l'esgard de son objet que de ses fondements, & de ses moyens, qu'elles n'ont rien de commun ensemble, & que l'une & l'autre a ses droits particuliers dont elle joüit sans contredit; & qu'enfin leur regne est independant l'un de l'autre. Et comme l'esprit des hommes est extrémement variable,

que

PREFACE.

que l'un rejette ce que l'autre approuve, tel objet faisant rire l'un qui esmeut la pieté de l'autre, je concluë de là, & des raisons alleguées cy-dessus qu'il faut laisser la liberté du jugement, & la puissance d'interpreter les fondements de la foy à chacun selon sa portée, & que l'on ne doit juger si la foy de quelqu'un est bonne ou mauvaise, que par ses œuvres; que par ce moyen tout le monde pourra obeïr à Dieu d'un cœur libre & entier, & que le regne de la justice, & de la charité sera establi. Apres avoir montré la liberté que la loy divine & revelée donne à tous les hommes. Ie passe à l'autre membre de ma proposition, à sçavoir que tant s'en faut que cette liberté prejudicie à la paix de la Republique, & à l'autorité des Souverains, qu'au contraire c'est leur avantage de la permettre, & qu'on ne la sçauroit oster qu'au prejudice de la paix & de la Republique. Or pour le démontrer, j'entame la question par le droit naturel,

PREFACE.

rel, lequel s'estend aussi loin que la convoitise & la puissance d'un chacun: & que de nature nul n'est tenu de vivre sous les loix d'un autre, mais que chacun de nous est le rangeur de sa liberté. Ensuite de cela je prouve que pour perdre ce droit il faut transferer à un autre la puissance de se défendre, & que celuy auquel on a transferé cette puissance, & le droit de vivre à sa mode, est revestu absolument, & necessairement de ce droit naturel; d'où je concluë que les Souverains ont droit sur tout ce qui tombe sous leur puissance, qu'ils sont les seuls vangeurs de ce droit, & de la liberté, & que leurs sujets sont obligez d'agir conformément à ce qu'il leur plaist d'ordonner. Mais comme nul ne se peut tellement priver du pouvoir de se défendre qu'il cesse d'estre homme: j'infere de là que personne ne peut estre absolument privé de son droit naturel, mais que les sujets se reservent comme par droit de nature certaines choses qu'on

PREFACE.

qu'on ne leur peut oster qu'au peril de l'Estat, & qui leur sont ou tacitement permises, ou qu'ils ont expressément stipulées avec leur Souverain. Apres cela, je passe à la Republique des Hebreux, que je décris assez amplement, pour esclaircir comment & par quel ordre la Religion commença à avoir vigueur de precepte & d'autorité, & m'estends en passant à beaucoup d'autres choses qui meritoient bien d'estre sçeuës. De là je descends aux Souverains & prouve qu'il n'appartient qu'à eux d'estre les defenseurs, & les interpretes non seulement du droit civil mais du droit canon mesme, & que c'est à eux à regler ce que c'est que justice & injustice, pieté, & impieté, & concluë enfin qu'ils joüissent legitimement de ce droit, & qu'ils procureront la paix à leur Estat s'ils laissent à leurs sujets la liberté des opinions & des paroles.

Voyla mon cher lecteur ce que je te
✶
donne

PREFACE.

donne à examiner, fort persuadé que tu y trouveras de quoy te satisfaire pour l'excellence & l'utilité du sujet tant de tout l'ouvrage en general, que de chaque Chapitre en particulier; à quoy je pourrois ajoûter beaucoup de choses si je ne craignois de faire un livre au lieu de preface, vû principalement que ce qu'il y à de plus considerable en ce traitté est assez connu des Philosophes. Pour ce qui est des autres, je ne me mets pas fort en peine de les inviter à cette lecture, n'ayant pas lieu de croire qu'il y ait rien qui leur puisse plaire, car je sçais combien l'on est jaloux des prejugez conceus sous couleur de pieté. D'ailleurs je suis certain que la défaite de ces deux monstres la superstition, & la crainte est esgalement impossible, & que la constance de la multitude est une opiniâtreté invincible, qu'elle ne connoist point la raison, & que le blâme où la loüange à son esgard n'est que l'effet d'une impetuosité aveugle.

Ce

PREFACE.

Ce n'est donc pas le peuple ny ceux qui luy ressemblent que j'invite à la lecture de ce livre, & j'aime beaucoup mieux qu'ils ne le lisent pas de peur qu'ils ne luy donnent un mauvais sens, & qu'ils ne deviennent insupportables aux amateurs de la verité en l'interpretant à leur mode; Eux dis-je qui non contents de demeurer dans l'ignorance, incitent au mesme aveuglement ceux qui seroient capables de bien user de la raison & de philosopher librement, s'ils n'estoient prevenus que la raison releve de la Theologie, & luy est inferieure : car je suis assuré que cet ouvrage sera fort utile à ceux-cy.

Au reste comme il se peut faire que la pluspart de ceux qui entreprendront de le lire n'auront ny l'envie ny le temps d'aller jusques au bout, je me sens obligé d'avertir icy comme à la fin de ce traité que je n'y dis rien que je ne soûmette au jugement de mes Souverains, & que je souscriray sans

PREFACE.

sans repugnance à la censure qu'ils en seront s'ils y trouvent quelque chose de repugnant aux loix du Païs, & au salut de la Republique : je sçais qu'estant homme je puis errer ; c'est pour quoy j'y ay apporté toute la precaution possible, & ay pris soigneusement garde à ne rien avancer qui ne fût conforme à la pieté, aux bonnes mœurs, & aux loix de ma Patrie.

TABLE

Des

CHAPITRES.

Chapitre I.
De la Prophetie.   Fol. 1.

Chapitre II.
Des Prophetes.   34.

Chapitre III.
De la vocation des Hebreux; & si le don de prophetie ne se trouvoit que parmi eux.   67.

Chapitre IV.
De la Loy divine.   97.

Chapitre V.
La raison pourquoy les ceremonies ont esté instituées, & de la foy des histoires, à sçavoir en quel sens, & à qui elles sont necessaires.   123.

Chapitre VI.
Des Miracles.   149.

Chapitre VII.
De l'interpretation de l'Escriture.   186.

Cha-

TABLE

Chapitre VIII.
Que les cinq premiers livres de la Bible n'ont point esté écrits par Moyse: Ny ceux de Josué, des Juges, de Rut, de Samuel, & des Rois par ceux dont ils portent le nom. 234.

Chapitre IX.
Quelques autres particularitez touchant les mesmes livres, à sçavoir si Esdras y a mis la derniere main; Et si les notes qui se trouvent à la marge des livres Hebreux estoient des leçons differentes. 260.

Chapitre X.
Où le mesme ordre est observé dans l'examen du reste des livres du vieux Testament. 289.

Chapitre XI.
Si les Apôtres ont écrit leurs Epîtres en tant qu'Apôtres & Prophetes, ou en tant que Docteurs. Et quel estoit leur office. 312.

Chapitre XII.
Du veritable original de la loy divine, & pourquoy l'escriture est appellée sainte, & parole de Dieu: Ensuite il est montré qu'entant qu'elle contient la

Des CHAPITRES.

la parole de Dieu, elle a toûjours esté incorruptible. 229.

Chapitre XIII.

Que l'Escriture n'enseigne que des choses fort simples, qu'elle n'exige que l'obeïssance: & qu'elle n'enseigne de la Nature divine que ce que les hommes peuvent imiter en un certain genre de vie. 249.

Chapitre XIV.

Ce que c'est que la Loy, Quels sont les fidelles, & les fondements de la foy: Et que celle-cy doit estre separée de la Philosophie. 362.

Chapitre XV.

Que la Theologie ne releve point de la jurisdiction de la raison, ny la raison de celle de la Theologie: Et la raison pourquoy nous sommes persuadez de l'autorité de l'Escriture. 397.

Chapitre XVI.

Des fondements de la Republiquë: Du droit naturel & civil de chaque particulier, & de celuy des Souverains. 400.

Chapitre XVII.

Que nul ne peut faire un transport absolu de tous ses droits au Souverain, & qu'il

TABLE des CHAPITRES.

qu'il n'est pas expedient : De la Republique des Hebreux. Ce qu'elle estoit du vivant de Moyse, & ce qu'elle fut apres sa mort avant la domination des Rois, & de son excellence : Des causes de la chûte de cette divine Republique, & qu'il estoit presqu'impossible qu'elle subsistât sans seditions. 427.

Chapitre XVIII.

Quelques reflexions Politiques sur la Republique & sur les histoires des Hebreux. 473.

Chapitre XIX.

Que l'administration des choses saintes doit dépendre des Souverains, & que nous ne pouvons nous acquitter de l'obeïssance que nous devons à Dieu, qu'en accommodant le culte exterieur de la Religion à la paix de la Republique. 490.

Chapitre XX.

Que dans une Republique libre il doit estre permis d'avoir telle opinion que l'on veut, & mesme de la dire. 513.

CHA-

CHAPITRE I.

De la Prophetie.

LA Prophetie ou revelation, est une connoissance certaine que Dieu a revelée aux hommes. Et le Prophete, celuy qui interprete les revelations divines à ceux qui n'en peuvent avoir une connoissance assûrée, ny les embrasser que par la seule foy. Car le Prophete signifie en Hebreux, *Nabi*, c'est à dire orateur & interprete, mais dans l'Escriture il se prend toûjours pour l'interprete de Dieu, ainsi qu'il est escrit au ch. 7. de l'Exode vers. 1. où Dieu dit à Moyse. *Voicy je te constituë le Dieu de Pharao, & Aaron ton frere sera ton Prophete.* Comme s'il disoit, puis qu'Aaron agit en Prophete, interpretant ce que tu dis à Pharao, tu seras comme le

Dieu de ce Roy, ou le Lieutenant de Dieu.

Nous remettons à parler des Prophetes au Chapitre suivant, pour ne traitter icy que de la Prophetie, suivant la definition de laquelle comme nous la venons d'expliquer, il s'ensuit que la connoissance naturelle peut estre appellée Prophetie, vû que nous ne connoissons rien par la lumiere naturelle, qui ne depende de la connoissance que nous avons de Dieu, & de ses Decrets eternels. Mais par ce que cette cognoissance naturelle est generale à tous les hommes, entant que dependante de fondements generaux & universels; de là vient le mespris qu'en fait la multitude, qui n'idolastre que ce qui la surpasse, & qu'où il s'agit de Prophetie, les lumieres de la nature sont rejettées, encore qu'elles soient en effet aussi divines, que celles des Prophetes, quelles quelles soient, puisque la nature de Dieu, entant que nous y participons, & que ses Decrets en sont les herauts qui nous la dictent, ne differe de celle que tout le monde appelle divine, qu'entant que celle là s'estend plus loin que cellecy, & que les loix de la nature humaine, considereés en elles

elles mesmes, ne peuvent en estre la cause; mais au regard de la certitude, qui est de l'essence de la connoissance naturelle, & de la source dont elle derive, à sçavoir à l'esgard de Dieu, elle ne cede aucunement à la connoissance Prophetique: si ce n'est peut estre que quelque rêveur s'imagine, que les Prophetes avoient un Esprit plus qu'humain dans un Corps d'homme, & que les operations de ces deux parties estoient en eux d'une nature toute autre que la nostre.

Voy les remarques.

Mais quoy que la science naturelle soit aussi divine, cependant il ne s'en suit pas que ses partisans soient autant de Prophetes; vu qu'ils n'ont aucun avantage sur les autres à cet esgard, & qu'ils n'enseignent rien que tout le monde ne puisse sçavoir & comprendre avec autant de certitude qu'ils en peuvent avoir, & ce sans que la Foy s'en mêle.

Puis donc qu'il suffit que nostre Esprit soit l'objet de la nature divine, & qu'il y participe, pour estre capable de former certaines notions qui expliquent la Nature des choses, & qui enseignent comment nous devons vivre; nous pouvons dire avec raison que

l'Esprit

l'Esprit humain consideré en luy mesme est la premiere cause de la revelation divine, puisque l'idée de Dieu qui luy est naturelle, est le Docteur qui luy fait connoistre clairement & distinctement toutes choses, non par des paroles, mais d'une façon bien plus excellente, & qui convient admirablement à la nature de l'Esprit. Verité sensible à ceux qui ont goûté la certitude & la solidité de l'Entendement. Mais comme mon principal but est de ne parler, que de ce qui concerne l'Escriture; contentons nous de ce que nous venons de dire de la lumiere naturelle, & passons aux autres causes, & moyens, dont Dieu se sert pour reveler aux hommes ce qui excede & n'excede pas les limites de la connoissance naturelle, rien n'empeschant que Dieu ne communique par d'autres moyens, ce que nous connoissons par les lumieres de la nature.

Mais pour n'y point errer, nous n'avancerons rien qui ne soit tiré de l'Escriture; aussi bien que pourroit on dire de ce qui surpasse les forces de nostre Entendement, que suivant les Oracles que les Prophetes en ont laissés

sés de bouche ou par escrit ? & comme leur regne est passé, & qu'il ne s'en voit plus aujourduy, nous ne pouvons mieux faire que d'y avoir recours. Ce que j'entreprends à cette heure avec cette precaution, de n'admettre pour veritable, que ce qu'ils ont dicté clairement & sans obscurité.

Mais d'abord il faut remarquer, que les Juifs ne font jamais mention des causes moyennes ou particulieres, & qu'ils les mesprisent; mais, que ç'a toûjours esté leur coustume de ne rien faire que par zele de religion, & de raporter tout à Dieu. Le gain qu'ils font dans leur commerce est un present que Dieu leur fait, s'ils parlent, s'ils font des souhaits, ils disent que c'est Dieu qui leur y dispose le cœur : & qu'en fin toutes leurs pensées sont des inspirations Divines. C'est pourquoy il ne faut pas prendre pour Prophetie, ou pour lumiere surnaturelle tout ce que l'Escriture asseure avoir dit à quelqu'un, mais cela seul qui y est couché expressément, ou que l'on en peut inferer des circonstances de la narration.

Il ne faut donc que lire les sacrez volumes, pour remarquer que Dieu ne

A 3   s'est

s'est manifesté aux Prophetes, que par paroles ou par figures, ou par ces deux moyens ensemble, lesquels estoient ou reels, & hors de l'imagination du Prophete qui les voyoit, ou qui les entendoit ; ou Imaginaires, l'imagination du Prophete estant disposée de sorte, qu'il luy sembloit entendre des paroles articulées, ou voir quelque chose de sensible.

La voix dont Dieu se servit pour donner ses loix à Moyse estoit une voix veritable, ce qui est evident par ces paroles de l'Exo. *Et tu me trouveras là, & je te parleray de l'endroit qui est entre les deux Cherubins.* Puis donc que Dieu se trouvoit prest à parler à Moyse par tout où il vouloit, il s'ensuit que la voix, dont il luy parla, estoit reelle, & c'est aussi la seule qui l'ait esté. Nous le verrons incontinent.

A entendre la voix dont Dieu se servit pour appeller Samuel, on la prendroit pour veritable. *& Dieu,* (dit le Texte) *s'apparut encore à Samuel, en Sçilo, vû que Dieu se manifesta à Samuel en Sçilo par sa parole.* Comme s'il disoit que l'apparition de Dieu à Samuel se fit par la manifestation de sa parole, ou que Samuel oüit parler Dieu.

Dieu. Mais comme il y a de la différence entre la Prophetie de Moyse, & celle des autres Prophetes, il faut necessairement dire que la voix dont Dieu se fit entendre à Samüel, n'estoit qu'imaginaire, sur tout, si nous considerons, qu'elle ressembloit à la voix d'Heli, que Samüel oyoit tous les jours : & qu'elle estoit par consequent plus propre à frapper d'abord son imagination ; car Dieu l'ayant appellé par trois fois, il crut toûjours entendre la voix de ce Prophete. Abimelech ouït aussi une voix, mais qui n'estoit qu'imaginaire, *& Dieu luy dit en songe &c.* dit la Genese. Ce ne fut donc pas en veillant, qu'il comprit la volonté de Dieu, mais pendant le sommeil, temps où nostre imagination est naturellement disposée à se representer comme réel, ce qui ne l'est point.

_{Gen. ch. 20. v. 6.}

Quant aux paroles du Decalogue, c'est l'opinion de quelques uns d'entre les Juifs, que Dieu ne les prononça pas, mais que ce fut pendant un certain bruit confus qui n'articula rien, que les Israëlites conçeurent les loix, par les seules forces de l'Esprit. A voir la difference du Decalogue de l'Exode, & de celuy du Deuteronome,

j'ay

j'ay crû quelque temps avec eux (Dieu n'ayant parlé qu'une seule fois) que ce Decalogue ne contenoit pas les propres paroles de Dieu, mais seulement quelques sentences en forme de doctrine; mais à moins que de violenter le sens de l'Escriture, il faut tomber d'accord que les Israëlites ouïrent une voix articulée & veritable; car il est dit expressément, *Dieu a parlé à vous* Deut.ch. 5.v.4. *face a face &c.* C'est à dire comme deux hommes qui se communiquent leurs pensées par le moyen des paroles. Donc il semble bien plus conforme au sens de l'Escriture que Dieu créa une voix corporelle par l'entremise de laquelle il revela le Decalogue. Nous ferons voir au Chapitre 8. le sujet pourquoy les paroles & les raisons de ces deux Decalogues ont si peu de raport ensemble. Mais nonobstant cela la difficulté est toûjours grande. Car au fond il est peu probable à n'en consulter que la raison qu'une chose creée, & qui depend aussi bien de Dieu que les autres creatures, pût exprimer ou expliquer de quelque façon que ce soit l'essence ou l'existence divine, & representer Dieu en personne en disant, je suis l'Eternel ton Dieu: & bien que lors

lors que quelqu'un dit ces paroles *j'ay entendu*, nul ne s'imagine que c'est la bouche de celuy qui les a proferées, mais l'Esprit seul de cet homme qui a entendu, toutefois par ce que la bouche se doit rapporter à la nature de celuy qui parle, & que celuy à qui l'on parle, avoit auparavant compris la nature de l'Entendement, il luy est aisé de comprendre la pensée de celuy qui parle, par la reflexion qu'il peut faire que c'est un homme comme luy. Mais des hommes qui ne sçavoient ce que c'estoit que Dieu, & qui n'en connoissoient que le nom, ayant envie de luy parler, pour estre certains de son existence, je ne vois pas comment on ait pû satisfaire à leur demande par une creature qui profera ces mots, *Je suis Dieu*, puis qu'elle n'avoit pas plus de raport à Dieu, que le reste des Creatures, & qu'elle n'appartenoit nullement à la Nature divine. Car je vous prie si Dieu avoit tellement disposé les levres de Moyse, ou mesmes de quelque animal, qu'il pût prononcer ces mêmes mots, *Je suis Dieu*; en auroient ils pû inferer l'existence de Dieu? d'ailleurs il semble que l'Escriture enseigne que ce fut Dieu mesme, qui parla, (puis qu'il ne descendit du ciel sur la montagne de Sinaï que pour ce sujet,) & que les Juifs non seulement l'oüirent parler mais mêmes que les principaux d'entr'eux le virent : ajoûtez à cela que la loy qui fut revelée à Moyse, à quoy il n'estoit pas permis d'âjoûter ny d'oster, & dont l'institution passoit pour un droit de Patrie, n'enseigne en aucun endroit que Dieu n'a point de corps, & qu'il n'a ny image ny figure, mais seulement que c'est le Dieu que nous devons croire, & le seul adorable. C'est pourquoy de peur que le peuple n'en adorât un autre, il luy fut defendu de s'en representer aucune image, ny d'en faire. En effet n'en ayant point vû, celles qu'ils eussent faites n'eussent pas representé Dieu, mais quelque creature qu'ils auroient vuë auparavant, & qui fut revenuë à leur memoire toutes les fois qu'ils eussent adoré Dieu ; si bien que cette creature eut enlevé à Dieu tout le respect & tout l'honneur qui luy est dû. Mais tant s'en faut que l'Escriture dise que Dieu n'a point de figure, qu'au contraire, il y est montré clairement qu'il en a, & que Moyse la regarda pendant que Dieu

Exod. ch. 21.

Dieu luy parloit, mais qu'il n'en vit que le derriere. Ainsi il ne faut pas douter qu'il n'y ait là deſſous quelque myſtere, dont nous parlerons c'y apres.

Que Dieu ne ſe ſoit fait connoiſtre que par les images, cela ſe voit au premier livre des Chroniques, où il fait eſclater ſa colere contre David par le moyen d'un Ange qui tient une eſpée nuë en main. Balaam en voit un autre tout furieux & armé de la ſorte. Et encore que Maimonides ſe ſoit imaginé avec quelques autres que cette Hiſtoire, & toutes celles où il eſt parlé de l'apparition des Anges, telle qu'eſt celle qu'eut Manoah, & celle où Abraham s'imaginoit immoler ſon fils; bien qu'il ait crû que ces apparitions ne ſoient arrivées qu'en ſonge, il ne faut pourtant pas l'en croire, vû que ſes raiſons ne ſont que ſophiſmes tirez d'Ariſtote, les quels il tâche d'appuyer du témoignage de l'Eſcriture; choſe à mon avis des plus ridicules.

Si Dieu revela à Joſeph ſa future grandeur, ce ne fut point réellement, mais par le moyen de certaines images qui ne dependoient que de l'imagination du Prophete.

Ce fut par le moyen des paroles &

des

des images que Dieu fit connoistre à Josué qu'il combattroit pour les Hebreux, en luy representant un Ange l'espée à la main, & comme s'il eut esté à la teste d'une armée : ce que Dieu luy avoit aussi revelé de vive voix, & qu'il avoit appris d'un Ange. Ce fut obscurément & par enigmes qu'Isaie sçeut que la providence divine alloit abandonner le peuple, à sçavoir en s'imaginant qu'il voyoit le Dieu trois fois saint assis dans un trône fort élevé, & les Israëlites comme abysmez dans la bouë, & dans la fange de leurs crimes : par où il comprit comme si Dieu luy avoit parlé, la distance qu'il y avoit de Dieu à eux, le miserable estat où estoit alors le Peuple, & les calamitez où il étoit prest à tomber. Je pourrois alleguer beaucoup d'exemples de cette Nature, sans que j'estime que personne ne les ignore.

Ch. 6. v. 6. & 7.

Mais un des plus exprés à mon sujet, & qui confirme clairement tout ce que nous en avons dit, est couché au livre des Nombres en ces termes. *S'il se rencontre quelque Prophete parmi vous, je me feray connoistre à luy par vision* (c'est à dire par figures & Hieroglyphes; car pour la Prophetie de Moyse, il dit

dit que c'est une vision sans Enigmes) *& je parle à luy en songe* (ce qui signifie que ce n'est ny par le moyen d'une veritable voix, ny de paroles réelles.) *mais pour mon serviteur Moyse, il n'en va pas de mesmes, car je luy parle bouche à bouche, & il me voit effectivement, & non par representations & par enigmes.* Comme si Dieu disoit que Moyse n'est pas epouventé en le regardant, mais qu'il luy parle comme à son esgal, ainsi qu'il se voit dans l'Exode. Ainsi il est indubitable, que les autres Prophetes n'ont jamais oüi de veritable voix. Et ce qui le confirme encore d'avantage, c'est que nous lisons au Deuteronome, que *jamais Prophete ne s'est levé en Israel comme Moyse, que Dieu ait connu face à face,* ce qui ne se doit entendre que de la voix, puisque Moyse, non plus que les autres n'avoit jamais vû Dieu.

Je ne voy point dans l'escriture que Dieu se soit servi d'autres moyens que de ceux là, pour se communiquer aux hommes, par consequent il ne faut pas que nous nous ingerions d'en admettre ou d'en feindre d'autres. Et bien qu'il soit aisé de comprendre que Dieu se peut faire connoistre immediateatement par luy mesme, tel qu'il se communique à notre esprit sans le secours d'aucun corps; il est vray neantmoins, que pour comprendre spirituellement une chose, qui fut au dessus des forces de nôtre Entendement, il faudroit un esprit bien plus excellent que le notre, d'où j'infere, qu'il n'est pas probable qu'il y ait jamais eu personne, horsmis Jesus Christ, à qui Dieu ait fait connoistre sans paroles ou visions, mais immediatement par soy mesme la voye du salut; tant il est veritable, que Dieu ne s'est manifesté aux Apotres que par l'esprit de Jesus Christ, comme il fit autrefois à Moyse par le moyen d'une voix formée d'air; de sorte qu'on peut dire que la voix de Jesus Christ, & celle que Moyse oyoit, estoit la voix de Dieu. Au quel sens on peut aussi dire, que la sapience de Dieu, à sçavoir celle qui est au dessus de l'humaine, se revestit de nôtre nature en la personne de Jesus Christ; & qu'il estoit le chemin du Salut.

Cependant j'avertis que je ne pretends soutenir, ny rejetter les sentiments de certaines Eglises touchant Jesus Christ, car j'avouë franchement que je n'y entends rien, ce que j'en
viens

viens de dire n'étant fondé que sur les conjectures que je tire des livres sacrez, car je n'ay lû en aucun endroit que Dieu se soit apparu à Jesus Christ, ou qu'il luy ait parlé, mais bien que Dieu s'est manifesté par luy aux Apôtres, & qu'il est la voye de Salut : & qu'enfin Dieu ne donna pas la loy ancienne immediatement par luy mesme, mais par le ministere d'un Ange &c. De sorte que si Dieu parloit à Moyse face à face, comme un homme avec son esgal, c'est à dire par l'entremise de deux corps; on peut dire que Dieu, & Jesus Christ conferoient ensemble d'esprit à esprit.

Nous disons donc, que personne horsmis Jesus Christ, n'a esté honoré des revelations divines que par le secours de l'imagination, c'est à dire par le moyen des paroles ou des images, & qu'ainsi pour Prophetiser, il n'estoit pas besoin d'estre pourvû d'un esprit plus parfait, mais seulement d'une imagination plus vive, comme nous le verrons au chapitre suivant. Il reste maintenant que nous examinions ce que les saintes lettres entendent par l'infusion de l'Esprit de Dieu aux Prophetes, ou par ces autres mots, qu'ils par-

parloient par l'Esprit de Dieu. Pour l'intelligence desquels, il faut que nous cherchions qu'elle est la signification du mot hebreux *ruagh*, que la Vulgate interprete par ce mot *Esprit*.

Dans le sens naturel ce mot *ruagh* signifie *vent*, & bien qu'il ait plusieurs autres significations, il est vray neantmoins qu'elles derivent toutes de cellecy, car il se prend 1. pour *le souffle*. Comme au Pseaume, 135. vers. 17 *aussi n'y a-il point de souffle en leur bouche*. 2. pour la *respiration*, comme au 1. l. de Samuel, ch. 30. vers. 12 *& le cœur luy revint*, c'est à dire qu'il respira. 3. pour *le courage*, & pour *les forces* comme en Josué Chap. 2. v. 11. *& depuis ne s'est élevé courage en aucun homme*, & dans Ezech. ch. 2. v. 2. *& l'Esprit me revint*, c'est à dire la force, *& me fit tenir ferme sur mes pieds*. 4. il signifie *adresse & aptitude*. Comme dans Job ch. 32. vers. 8. *certes elle est l'Esprit de l'homme*, comme s'il disoit, il ne faut pas toujours chercher la sagesse dans les vieillards, car je trouve qu'elle depend de la capacité, & du Genie d'un chacun. C'est dans ce sens qu'il se prend au livre des Nombres, chap. 27. vers. 17. *homme auquel est l'Esprit*. 5. il se

prend

prend pour *les desseins de l'Esprit*, comme aux Nombres ch. 14. verf. 24. *puis-qu'il a eu un autre Esprit*, c'est à dire un autre dessein, ou pensée. Tout de mesmes aux Proverbes. ch. 1. verf. 23 *je vous parleray selon mon Esprit*, c'est à dire selon ma pensée. Il se prend encore dans ce sens pour *la volonté* pour *la resolution*, pour *l'appetit*, & pour *l'impetuosité de l'Esprit*. Comme dans Ezechiel, *ils alloient où ils avoient l'Esprit d'aller*, c'est à dire où ils avoient la volonté d'aller, & dans Isaie ch. 30. verf. 1. *pour faire des ouvrages qui se jettent en moule, & non point par mon Esprit*. Et au chap. 19. verf. 10. *car l'Eternel a respandu sur vous un Esprit de profond sommeil*, c'est à dire une grande envie de dormir, aux Juges chap. 8. ℣. 3. *& leur Esprit*, c'est à dire leur courage, *fut adouci*. & aux Proverbes chap. 16. verf. 32. *celuy qui maistrise son Esprit*, c'est à dire son appetit, *que celuy qui prend des villes*. Le mesme au chap. 25. verf 27. *homme qui refrène son Esprit*, c'est à dire ses desirs. Et dans Isaie chap. 33. v. 11. *vôtre Esprit est un feu qui vous devorera*, c'est à dire vôtre appetit. Enfin ce mot *ruagh* pris pour l'ame, en signifie toutes

tes les passions, & tous les dons. *Un Esprit elevé*, pour signifier l'orgüeil. *Un Esprit bas*, pour representer l'humilité: *Un Esprit mauvais*, pour exprimer la haine, & la melancolie. *Un bon Esprit*, pour la douceur. *Un Esprit de jalousie. Un Esprit ou un appetit de fornication. Un Esprit de sapience, de conseil, de force.* C'est à dire un Esprit sage, prudent, fort, parce qu'il est plus ordinaire aux Hebreux de se servir de substantifs, que d'adjectifs. *Un Esprit de bienveillance*, &c. 6. il signifie la pensée, ou l'ame. Comme dans l'Eccles. 3. vers. 29. *l'Esprit* (c'est à dire l'ame) *est le mesme en tous. & l'Esprit retourne à Dieu*. 7. il se prend enfin pour *les parties du monde* (à cause des vents qui soufflent de ces costez là) & pour les parties mesmes de chaque chose qui regardent ces quartiers du monde. Comme il paroist dans Ezech. ch. 37. v. 9. & ch. 24. v. 16. 17. 18. 19. &c.

Observons maintenant qu'une chose se rapporte à Dieu, & luy est attribuée, 1. parce qu'elle appartient à la nature divine, & qu'elle en est comme une partie, comme lorsqu'il est dit *la puissance de Dieu, les yeux de Dieu.*

Dieu. 2. d'autant qu'elle est en sa puissance, & qu'elle execute ses volontez, tels sont les cieux, qui s'appellent dans l'Escriture, *les Cieux de Dieu*, par ce qu'ils sont son Palais, & son char : & l'Assyrie qui se nomme le fleau de Dieu, & Nabucodonosor le serviteur de Dieu, &c. 3. parce qu'elle est consacrée à Dieu, comme *le temple de Dieu, le Nazarien de Dieu, le pain de Dieu*, &c. 4. d'autant que nous la connoissons par la tradition des Prophetes à qui elle a esté revelée, & non pas par la lumiere naturelle; c'est pour cela que la loy de Moyse est appellée la loy de Dieu. 5. Pour exprimer une chose au superlatif, & dans un degré eminent. Comme *les montagnes de Dieu*. C'est à dire des montagnes fort hautes. *Un sommeil de Dieu*. C'est à dire tres profond, & c'est en ce sens qu'il faut expliquer ce que dit le Prophete Amos au ch. 4. v. 11. où il introduit Dieu disant. *Ie vous ay desolez, comme la subversion de Dieu* (desola) *Sodome, & Gomorre*. C'est à dire à l'exemple de cette memorable desolation : car puisque Dieu parle luy mesme, on ne la peut expliquer autrement, ny luy donner un sens plus naturel.
On

On dit aussi que la sagesse de Salomon, quoy que naturelle, est la sagesse de Dieu mesme, c'est à dire qu'elle est toute divine, & extraordinaire. Dans les Pseaumes pour exprimer une grandeur demesurée, les Cedres, sont nommez *les Cedres de Dieu*, & au 1. de Sam. ch. 11. v. 7. pour representer une crainte excessive il est dit, *qu'une frayeur de Dieu tomba sur le peuple*. Et generalement toutes les choses qui surpassoient la portée des Juifs, & dont ils ignoroient alors les causes naturelles, estoient referées à Dieu. Une tempeste s'appelloit parmi eux *un chastiment de Dieu*. Les tonnerres, & les foudres, *les flesches de Dieu*, s'imaginant que Dieu tenoit les vents enfermez dans des cavernes, qu'ils appelloient les *tresors de Dieu*. Opinion qui leur estoit commune avec les Payens, horsmis qu'ils ne croyoient pas comme eux qu'Æole en fut Roy, mais que c'estoit Dieu mesme qui les tenoit en bride. C'est aussi pour cette raison que les miracles sont appellez, les ouvrages de Dieu, c'est à dire, surprenants, quoy qu'en effet toutes les choses naturelles soient les ouvrages de Dieu, puisqu'elles ne sont, & n'agissent,

sent que par sa puissance. C'est pourquoy le Psalmiste appelle les miracles d'Egypte, *la puissance de Dieu*, par ce qu'elle leur ouvrit un chemin à la fuite, lors qu'ils s'y attendoient le moins, & c'est pour cela qu'ils les admiroient sur toutes choses.

Les ouvrages extraordinaires de la nature, estant donc appellez *les ouvrages de Dieu*; & les arbres mesmes pour leur hauteur prodigieuse des *arbres de Dieu*, se faut il estonner que la Genese appelle *fils de Dieu* des hommes de grande stature, & d'une force extraordinaire; quoy qu'ils fussent d'ailleurs scelerats, ravisseurs, & paillards? C'estoit donc la coûtume ancienne, tant des Juifs, que des Payens de referer à Dieu tout ce qui n'estoit pas commun, jusqu'aux dons mesmes où quelqu'un excelloit; car nous voyons que Pharaon ayant oüi l'interpretation de son songe dit que *l'Esprit des Dieux étoit en Joseph*, & que Nabucadonosor dit à Daniel *qu'il possedoit l'Esprit des Dieux*. Saints & sans aller si loin, rien n'est si frequent chez les Latins que cette façon de parler, où l'on ne voit rien d'excellent que l'on ne s'ecrie qu'il est, divinement bien fait, comme me qui diroit en Hebreux, *c'eſt un ouvrage fait de la propre main de Dieu.*

Apres cela, il eſt aiſé d'entendre, & d'expliquer les paſſages de l'Eſcriture, où il eſt fait mention de l'Eſprit de Dieu; puiſque *l'Eſprit de Dieu*, & *l'Eſprit de l'Eternel*, ne ſignifie en quelques endroits qu'un vent fort impetueux, extrémement ſec, & fatal. Comme dans Iſaie, *le vent de l'Eternel a ſoufflé deſſus*, c'eſt à dire un vent fort ſec, & funeſte. Dans la Geneſe ch. 1. verſ. 2. *Le Souffle de Dieu*, (c'eſt à dire un vent fort impetueux) *ſe mouvoit ſur les eaux*. Il ſe prend encore pour un grand courage, tel qu'eſtoit celuy de Gedeon, & de Samſon, de ſorte que quand il eſt parlé de *l'Eſprit de Dieu* à leur eſgard, c'eſt à dire un cœur intrepide, tousjours préſt à tout entreprendre. D'avantage les talens extraordinaires ſont encore appellez *l'Eſprit*, ou *la vertu de Dieu*. Comme dans l'Exode ch. 31. v. 3. *Et je le rempliray* (aſſavoir Betſaléel) *de l'Eſprit de Dieu*, c'eſt à dire (dans le ſens de l'Eſcriture) d'un Eſprit, & d'une adreſſe au deſſus de l'Ordinaire : dans Iſaie ch. 11. v. 2. *& l'Eſprit de Dieu repoſera ſur luy*, c'eſt à dire ſuivant l'uſage

sage de l'Escriture, & au sentiment du Prophete mesme qui en donne l'explication dans la suite, une vertu de sapience, de conseil, de force, &c. C'est encore en ce sens que la melancolie de Saül est appellée, *le mauvais Esprit de Dieu*, c'est à dire une melancolie noire, & excessive; car nous voyons que ses serviteurs, qui appelloient cette melancolie, *melancolie de Dieu*, luy conseillerent pour la faire passer de faire chanter un Musicien en sa presence, & jouër de quelque instrument: preuve manifeste qu'ils n'entendoient par *la melancolie de Dieu*, qu'une melancolie naturelle. Il est encore à remarquer que l'Ame de l'homme est representée *par l'Esprit de Dieu*. Comme dans Iob ch. 27. v. 3. *& l'Esprit de Dieu estoit en mes narines*, faisant allusion à ce qui est escrit dans la Genese, à sçavoir que Dieu souffla és narines de l'homme une ame vivante: ainsi Ezechiel Prophetisant aux morts, leur dit. *Et je vous donneray de mon Esprit, & vous vivrez*, c'est à dire, je vous resusciteray. Et c'est aussi en ce sens qu'il faut prendre ce que dit Iob ch. 34. 14. *quand il luy plaira* (il parle de Dieu) *il re-*

reprendra son Esprit (c'est à dire l'ame qu'il nous à donnée) *& retirera à soy son souffle.* Expliquons de la mesme sorte le vers. 3. du ch. 6. de la Genese, *mon Esprit ne raisonnera point dorenavant* (ou ne deliberera plus) *dans l'homme, parce qu'il est chair.* Ce qui veut dire que l'homme se conduira desormais selon les appetits de la chair, & non pas de l'Esprit, que Dieu luy avoit donné pour s'en servir à discerner le bien d'avec le mal, & au Pseau. 51. vers. 12. 13. *Crée en moy ô Dieu un cœur net, & renouvelle en moy l'Esprit* (c'est à dire l'appetit) *bien remis* (c'est à dire bien reglé) *ne me rejette pas de ta presence, & ne m'oste l'Esprit de ta Sainteté*; parceque l'on croyoit alors que les pechez ne procedoient que de la Chair, & que l'Esprit n'incitoit qu'au bien : c'est la raison pour quoy il implore le secours de Dieu, contre les desirs de la Chair, & qu'il prie qu'il n'y ait que cet Esprit que Dieu luy a donné, qui luy soit conservé. Et d'autant que l'Escriture pour s'accommoder à l'infirmité du peuple, represente ordinairement Dieu comme un homme, & qu'elle luy attribuë un Esprit, une Ame, des pas-

paſſions, un corps, une halcine, c'eſt pour cela que *l'Eſprit de Dieu* eſt ſouvent pris dans l'Eſcriture pour la penſée, c'eſt à dire pour l'Ame, pour l'inclination, pour la force de Dieu, & pour l'Haleine de ſa bouche. Comme il ſe voit dans Iſa. ch. 40. v. 13. *qui a diſpoſé l'Eſprit de Dieu?* (ou ſa penſée) c'eſt à dire, qui peut avoir determiné l'Eſprit de Dieu, horſmis Dieu meſme, à vouloir quelque choſe? & au ch. 64. v. 13. *Et ils ont comblé d'amertume, & de triſteſſe l'Eſprit de ſa Sainteté*. & c'eſt d'ou vient que l'Eſprit eſt ſouvent pris dans l'Eſcriture pour la loy de Moyſe, d'autant qu'elle eſt comme l'interprete de ſa penſée. Ainſi qu'il eſt eſcrit dans le meſme Prophete, au meſme chap. v. 11. en ces mots, *ou eſt (celuy) qui a mis au milieu d'eux l'Eſprit de ſa Sainteté?* C'eſt à dire la loy de Moyſe; comme il paroiſt evidemment par la ſuite de tout le diſcours; & dans Nehemie ch. 9. v. 20. *& tu leur as donné ton bon Eſprit, pour les rendre ſages,* car il parle du temps de Moyſe en faiſant alluſion à ce qui eſt eſcrit au Deut. ch. 4. v. 6. ou Moyſe dit, *puiſqu'elle eſt* (aſſavoir la loy) *toute voſtre ſcience, &*

B *toute*

toute vostre intelligence, & au Pseau. 143. v. 11. *ton bon Esprit me conduira dans un Païs uni.* C'est à dire, ton Esprit qui s'est manifesté a nous, me menera par une voye droite & asseurée. Outre cela l'Esprit de Dieu signifie encore, comme nous avons dit, l'Haleine de Dieu, ce que l'Escriture luy attribuë aussi improprement que ces autres noms d'Esprit, d'Ame, de Corps, & tout ce qui se voit dans le Pseau. 33. v. 6. D'avantage il signifie la puissance de Dieu, sa force, & sa vertu, comme dans Iob. 33. 4. *l'Esprit de Dieu m'a fait.* C'est à dire sa vertu, sa puissance, ou si vous l'aimez mieux, son decret. Car le Psalmiste parlant à la façon des Poëtes dit que les Cieux ont esté faits par le commandement de Dieu, & toute leur armée par l'Esprit, ou par le souffle de sa bouche. (c'est-à dire par son decret prononcé comme par un souffle.) De mesmes au Pseau. 139. vers. 7. *Où iray-je* (pour estre,) *hors de ton esprit, & où fuiray-je* (pour estre,) *hors de ta presence ?* comme s'il disoit (suivant l'explication que le Psalmiste en donne dans la suite du texte) où puis-je aller, pour n'estre plus en ta puissance, ce, ny en ta preſence ? Enfin l'Eſprit de Dieu eſt pris dans la Sainte Eſcriture pour en exprimer les paſſions à ſçavoir ſa benignité, & ſa miſericorde, comme dans Michée chap. 2. vers. 7. *l'Eſprit de Dieu (c'eſt-à-dire ſa miſericorde) eſt-il racourcy ? ſont ce icy ſes ouvrages ?* aſſavoir ceux qui ſont mauvais. Dans Zacharie chap. 4. vers. 6. *ce n'eſt ny par armée, ny par force, mais par mon Eſprit ſeul.* C'eſt-à-dire par ma ſeule miſericorde. Et je ne doute pas que ce ne ſoit auſſi en ce ſens qu'il faut entendre le verſet 12. du chap. 7. du meſme Prophete qui dit, *& ils ont uſé de fineſſe en leur cœur, pour ne point obeïr à la loy, & aux commandements que Dieu envoyoit par ſon Eſprit* (c'eſt-à-dire par ſa miſericorde) *par l'entremiſe des premiers Prophetes.* Aggée la dit encore au meſme ſens; chap. 2. verſet 5. *& mon Eſprit,* (c'eſt-à-dire ma grace) *demeure au milieu de vous, ne craignez pas.* Quant à ce que dit Iſaie chap. 48. verſet 16. *& maintenant le Seigneur Dieu & ſon Eſprit m'a envoyé,* cela ſe peut prendre pour la miſericorde de Dieu, ou pour ſa penſée revelée en la loy ; dautant qu'il dit, *dez le commencement* (c'eſt à dire

B 2 d'ad'abord que je suis venu vous annoncer la colere de Dieu, & la sentence qu'il à prononcée contre vous, *je ne vous ay point parlé en termes obscurs, dez aussi tost qu'elle a esté* (prononcée) *je suis venu,* (ainsi qu'il l'a tesmoigné au chap. 7.) mais maintenant, je suis un messager de paix, & envoyé par la misericorde de Dieu, pour vous annoncer vostre restablissement. Cela se peut encore prendre comme j'ay dit, pour la pensée, & pour le dessein que Dieu avoit en donnant la loy, c'est à dire qu'il venoit les avertir par l'ordonnance de la loy, à sçavoir en vertu des paroles qui sont escrites au Levitique chap. 19. verset 17. C'est pourquoy il les avertit aux mesmes conditions, & de la sorte que Moyse avoit accoustumé de le faire, & finir enfin comme Moyse en predisant qu'ils seroient restablis, mais avec tout cela, la premiere explication me semble plus naturelle.

Pour revenir à nostre sujet, ce que nous avons dit jusqu'icy doit servir d'esclaircissement à ces phrases de l'Ecriture *l'Esprit de Dieu a esté donné au Prophete. Dieu a respandu son Esprit sur les hommes; les hommes ont esté*
rem-

remplis de l'Esprit de Dieu, & du Saint Esprit,&c. vû qu'elles ne signifient autre chose, si non que les Prophetes avoient une vertu singuliere, & extraordinaire, & qu'ils s'adonnoient à la vertu, & aux exercices de pieté d'une constance inébranlable. D'avantage cela fait voir qu'ils conçevoient la pensée, ou le dessein de Dieu; car nous avons monstré que ce mot d'Esprit signifie en Hebreux tant son Esprit, que ses resolutions, & ses desseins, & que c'est pour cela que la loy de Dieu qui faisoit connoistre sa pensée, estoit apellée l'Esprit ou la pensée de Dieu; c'est pourquoy l'on peut dire aussi que l'imagination des Prophetes, entant qu'elle estoit le moyen dont Dieu se servoit pour manifester ses decrets, se pouvoit appeller l'Esprit de Dieu, & que les Prophetes avoient l'Esprit de Dieu. Mais encore que l'Esprit de Dieu, & ses decrets eternels soient pareillement escrits en nos cœurs, & que nous soyons capables de penetrer par ce moyen (pour parler comme l'Escriture) dans la pensée de Dieu; cependant il est vray que la lumiere naturelle a toûjours esté mesprisée comme une chose trop commune,

Voy les remar.

principalement des Hebreux qui se vantoient, non seulement d'estre fort au dessus du reste des hommes, mais qui estoient mesmes accoustumez à les dedaigner, & à se rire d'une science generale & commune. Enfin on disoit que les Prophetes avoient l'Esprit de Dieu, parceque les hommes ignoroient les causes de la Prophetie, qu'ils l'admiroient, qu'ils la referoient à Dieu comme tous les autres prodiges, & qu'ils l'apelloient d'ordinaire une connoissance divine.

Nous pouvons donc maintenant asseurer sans scrupule que c'est par le moyen de la seule imagination, que Dieu s'est revelé aux Prophetes, c'est à dire par l'entremise des paroles, ou d'images réelles, ou imaginaires. Car puisqu'il ne se trouve point d'autres moyens que ceuxla dans l'Escriture, il ne nous est nullement permis d'en feindre. Que si vous me demandez par quelles loys de la Nature cela s'est fait ? j'avouë franchement que je n'en sçais rien, bien que je pûsse dire avec les autres, que ç'a esté par la puissance divine; mais cette responce est sterile & ne satisfait pas, car c'est la mesme chose que si je voulois expliquer la forme me d'un Individu par un terme transcendental, rien n'ayant esté fait que par la puissance de Dieu. Je dis bien plus, comme la puissance de la Nature n'est autre chose que la puissance de Dieu mesme, il est constant que nous ne connoissons les causes naturelles, qu'autant que nous avons de connoissance de la puissance de Dieu, & partant il est inutile d'y avoir recours lorsque la cause naturelle de quelque chose nous est cachée, ou ce qui est la mème chose, lorsque nous ignorons la puissance divine ; mais au fond il importe peu que nous sçachions presentement quelle estoit la cause des revelations Prophetiques : le principal est de trouver de tels enseignements dans l'Escriture que nous en puissions inferer comme de choses proportionnées & convenables à la Nature ce que nous avons avancé, mais pour les causes de ces enseignements, ce n'est pas de quoy il s'agit.

Dieu ne s'estant donc fait connoistre aux Prophetes que par le secours de leur imagination, il ne faut pas douter que leurs connoissances ne soient allées fort au delà des bornes de l'entendement, les paroles & les images estant un champ plus vaste pour former des idées, que les seuls principes, & les notions, dont sont formées toutes nos connoissances naturelles.

Par là nous découvrons encore la cause de l'obscurité des Propheties, & pourquoy les Prophetes exprimoient corporellement les choses spirituelles: à sçavoir d'autant que ces sortes de choses conviennent mieux que pas une autre à la nature de l'imagination. D'avantage nous n'avons plus de quoi nous estonner si l'Escriture & les Prophetes ont parlé de l'Esprit de Dieu si improprement & avec tant d'obscurité, ainsi qu'il se voit au livre des Nombres chap. 11. verset 17. & au 1. des Roys chap. 22. verset 2. &c. il ne faut plus dis-je s'estonner que Michée ait vû Dieu assis, le Prophete Daniel comme un vieillard vestu de blanc, Ezechiel comme un feu, & si les Disciples de Jesus Christ ont vû descendre le Saint Esprit en forme de Colombe, les Apôtres en langues de feu, & Saint Paul enfin au moment de sa conversion comme une grande lumiere, n'y ayant rien dans toutes ces apparitions qui n'ait rapport aux opinions que l'on a ordinairement de Dieu, & des Esprits.

fprits. D'ailleurs comme noſtre imagination eſt naturellement volage & inconſtante: de là vient que bien loin que la Prophetie ſoit un don dont les Prophetes jouïſſent en tout temps; ils ne l'avoient pas d'ordinaire, & l'uſage en eſtoit fort rare, outre qu'il y avoit fort peu d'hommes qui euſſent ce privilege. Circonſtances fort remarquables, & qui nous invitent à chercher comment il eſt poſſible que les Prophetes pûſſent eſtre certains de ce qu'ils ne conçevoient que par les ſeules forces de l'imagination, vû qu'il n'y a que les principes de l'Entendement qui ſoient indubitables. Nous tiendrons en cette rencontre la meſme route que nous avons ſuivie juſques icy, & ne dirons rien de la certitude que les Propheties pouvoient avoir de leurs Propheties qui ne ſoit tiré de l'Eſcriture, puiſque d'ailleurs nous n'en ſçavons rien d'aſſeuré, & que nous ne ſçaurions les expliquer par leurs premieres cauſes. C'eſt le ſujet du Chapitre ſuivant.

CHAPITRE II.

Des Prophetes.

DE ce que nous avons touché au precedent Chapitre, il s'ensuit que les Prophetes n'avoient pas un Esprit ny plus excellent, ny plus parfait que le reste des hommes. Que s'ils avoient quelque don extraordinaire, c'estoit seulement d'estre pourvûs au témoignage de l'Escriture d'une imagination plus vive. En effet Salomon estoit veritablement doüé d'une sagesse toute divine, mais qu'il ait surpassé les autres en don de Prophetie, c'est ce que nous ne lisons point. Heman, Darda, Kalchol estoient de sçavants hommes qui se sont rendu fort celebres par leur profonde erudition, & cependant ils n'estoient pas Prophetes; au lieu que nous voyons que des hommes grossiers & sans lettres, & mesmes jusqu'aux femmelettes, témoin Agar servente d'Abraham, nous voyons disje que ces gens là ont eu le don de Prophetie, outre que la raison, & l'experience le confirment. Car c'est assez d'avoir d'avoir l'imagination forte, pour estre moins propre aux fonctions de l'Entendement, comme il suffit au contraire d'avoir de la facilité aux operations intellectuelles, & de cultiver l'Entendement avec grand soin pour imaginer plus foiblement, & pour empescher l'imagination de confondre ses lumieres avec celles de l'Entendement. Ainsi c'est s'abuser, que de vouloir tirer la connoissance des choses naturelles, & spirituelles, des livres des Prophetes; ce que je pretends demontrer puisque le temps, & la raison le requierent: sans me soucier des crieries importunes de la superstition, qui fait une guerre immortelle aux vrays sçavants, & aux amateurs de la veritable vertu, encore que je sois incertain du succes de mon entreprise; car par malheur on en est venu à ce point qu'il ne faut qu'avouër, de n'avoir nulle idée de Dieu, & de ne le connoistre que par les creatures (dont les causes nous sont cachées) pour estre accusé d'Atheïsme.

Or pour y proceder par ordre, je feray voir que les Propheties varioient, non seulement au respect de l'imagination de chaque Prophete, de son temperament & de son humeur, mais des opinions mesmes, dont ils estoient imbus. D'où je concluë que la Prophetie ne rendit jamais les Prophetes, ny plus doctes, ny plus habiles; ce que nous prouverons, apres avoir parlé de la certitude des Prophetes, laquelle est le but de ce Chapitre, & qui doit servir comme de prelude à mon dessein.

Nôtre imagination considerée en elle mesme, ne pouvant rien produire qui esgale la certitude des idées claires, & distinctes, qui nous viennent d'ailleurs, mais estant necessaire pour n'estre point en doute de ce que nous imaginons, que nous mettions la raison en usage, il s'ensuit que la Prophetie n'a rien de certain en elle mesme, vûqu'elle n'estoit appuyée que sur les seules forces de l'imagination, & par consequent que les Prophetes avoient besoin de quelqu'autre moyen que la revelation, à sçavoir de quelque signe, pour estre certains de ce que Dieu leur reveloit; Abraham n'eut pas plustost oüy la promesse que Dieu luy faisoit qu'il demanda un signe; non qu'il doutât de cette promesse, mais afin qu'il fût asseuré que Dieu la luy faisoit. Ce qui se prouve en-

encore plus clairement par les paroles
de Gedeon, *fay moy* dit il un *signe* (qui <small>Livre des Juges ch. 6. v. 17.</small>
me fasse connoistre) *que c'est toy qui
me parles.* Dieu mesmes dit à Moyse,
& cecy (te sera) *un signe que c'est moy
qui t'ay envoyé.* Quoy qu'Ezechias ne
doutât point qu'Isaie ne fût Prophete, & qu'il le connût pour tel de longue main, il ne laissa pas neantmoins
de luy demander un signe qui authorisât la santé qu'il luy predisoit. D'où
s'ensuit qu'il n'y eut jamais de Prophete qui n'ait confirmé par quelque signe
les Propheties conceuës dans son imagination, aussi est-ce la raison pourquoy
Moyse ordonna qu'on demandât un
signe au Prophete, qui respondit du
succés de sa Prophetie. Nous disons
donc que la Prophetie cede en ce point
à la lumiere naturelle, que celle-cy n'a
besoin d'aucun signe qui la cautionne,
mais qu'elle se soutient d'elle mesme
sans avoir besoin d'appuyer sa certitude sur un secours estranger: au lieu que
celle des Prophetes n'estoit que morale, & nullement demonstrative; confirmons cecy par l'Escriture. Moyse <small>Deuter. chap. 14.</small>
veut que l'on punisse de mort le Prophete qui enseigne de nouveaux
Dieux, quoy qu'il confirme sa Doctrine

ctrine par signes & miracles. Car comme il dit, (& Jesus Christ mesme en avertit ses Disciples) *Dieu en fait pour tenter son Peuple.* Ezechiel dit bien d'avantage, car il enseigne positivement que Dieu seduit quelque fois les hommes par de fausses revelations, *& s'il arrive qu'un Prophete* (à sçavoir un faux) *vienne à avancer quelque chose, ce sera moy qui suis vostre Dieu, qui auray poussé ce Prophete là*; témoignage averé par les paroles de Michée touchant les Prophetes d'Achab.

Mais quoy que ces passages semblent prouver que les revelations Prophetiques, estoient quelque chose de fort douteux, elles avoient neantmoins beaucoup de certitude, Dieu ne seduisant jamais les justes, ny les elus, mais ainsi que dit l'Ancien Proverbe, & qu'il paroist encore par l'histoire d'Abigaïl, & par son discours, Dieu se sert des bons comme d'instruments de sa bonté, & des meschants, comme de moyens, & de Ministres pour executer sa colere. Ce qui se confirme encore plus clairement par le 21. verset du 1 livre des Roys que nous venons de citer en parlant de Michée; car bien que Dieu eût resolu de se

seduire Achab, ce ne fut neantmoins que par le moyen des faux Prophetes, vu qu'il découvrit la verité à celuy qui n'estoit pas de ce nombre, sans l'empescher de la predire. Mais avec tout cela nous continuons à dire que la certitude des Prophetes n'estoit purement que morale, nul ne pouvant se justifier devant Dieu, ny se vanter au rapport mesme de l'Escriture, d'être l'instrument de sa misericorde. Car nous voyons que la colere de Dieu incita David au denombrement de son Peuple, bien qu'il soit fait mention de sa pieté en beaucoup d'endroits de l'Escriture: donc il est evident que la verité, & la certitude des Propheties, estoit fondée sur ces trois choses. 1. En ce qu'ils s'imaginoient voir ce que Dieu leur reveloit avec la mesme force, & la mesme efficace, dont nous concevons les objets qui se presentent à nous lorsque nous sommes éveillez. 2. Parce qu'ils avoient tousjours quelque signe pour confirmer leurs Propheties. 3. Et sur tout, dautant que leur volonté estoit determinée au bien, & qu'ils n'estoient enclins qu'à l'equité. Et encore que l'Escriture ne fasse pas toûjours mention des signes qui accompagnoient

pagnoient les Propheties, il faut neantmoins croire que les Prophetes en faisoient tousjours, vû que ce n'est pas la coustume de l'Escriture de specifier toutes les circonstances des choses, mais de les supposer comme connuës, ainsi que plusieurs l'ont remarqué. On peut encore demeurer d'accord, que les Prophetes qui ne Prophetisoient rien de nouveau, & qui ne fut conforme à la loy de Moyse, n'avoient pas besoin de signe, vû que c'estoit assez de la loy pour confirmer ce qu'ils disoient. Par exemple la Prophetie de Jeremie touchant la ruïne de Jerusalem estant confirmée par celles des autres Prophetes, & par les menaces de la Loy, n'avoit pas besoin de signe; mais il n'en estoit pas ainsi d'Anania, car puis qu'il prophetisoit contre le sentiment de tous les autres Prophetes que la ville devoit bien tost estre rebastie, il luy en falloit un; autrement il devoit douter du succés de sa Prophetie jusqu'à ce qu'elle fût arrivée.

La certitude, & l'assurance que les Prophetes tiroient des signes, n'estant donc que morale, & nullement Mathematique, c'est à dire convainquante; d'ailleurs ces signes ne leur estant don-

donnez que pour leur confirmer la verité de leurs Propheties, il s'ensuit que c'estoit tousjours suivant le raport que ces signes avoient à leurs opinions, & à leur capacité : de sorte que tel signe estoit propre à convaincre un Prophete, qui n'eust servi de rien à celuy qui eût esté imbû d'opinions differentes ; d'où il paroist que les signes estoient divers, & qu'ils varioient en chaque Prophete, il en estoit de mesmes de la revelation, qui suivoit la disposition de l'imagination du Prophete & son temperament aussi bien que ses prejugez. Quant au temperament voicy ce qui en arrivoit. Si le Prophete estoit d'une humeur gaye, il ne luy estoit revelé que des victoires, des nouvelles de paix, & toutes choses propres à inspirer la joye : l'imagination des personnes de bonne humeur, n'estant d'ordinaire remplie que de cette sorte de representations. Si au contraire il estoit triste, ses revelations l'estoient aussi, & ne parloient que de guerres, que de supplices, & de malheurs ; s'il estoit pitoyable, ou severe, affable, ou colere, ses Propheties estoient de mesme trempe. Et quant à l'imagination c'estoit la mesme chose;
car

car si le Prophete estoit eloquent, il concevoit la revelation eloquemment; s'il estoit confus, confusément; & ainsi de toutes les revelations qui estoient representées par les figures, & par les images; vû qu'un païsan ne concevoit l'Esprit de Dieu, que sous la figure de bœufs & de vaches, & un guerrier sous l'image d'un Chef d'armée; enfin s'il estoit Courtisan, l'Esprit de Dieu luy estoit revelé sous la forme d'un Trône, d'un Palais, ou de quelque spectacle royal. Pour ce qui est des opinions, comme elles estoient diverses, les Propheties l'estoient aussi: les Mages par exemple accoustumés aux resveries des Astrologues, & y ajoutant foy, connurent par revelation la Nativité de Jesus Christ, en s'imaginant une Estoile qui leur apparut vers l'Orient. La ruïne de Jerusalem fut revelée aux Augures de Nabucadonosor par les entrailles des animaux, & à ce Roy mesme par les Oracles, & par des flesches lancées en l'air. D'ailleurs si un Prophete croioit le franc-arbitre, Dieu se reveloit à luy comme indifferent, & comme ignorant de l'avenir. Voyons tout cecy en detail, & le prouvons par l'Escriture.

Matt. ch. 2.
Dan. ch. 21. v. 26.

Le

Le Prophete Elisée qui estoit irrité *2. des* contre le Roy Joram, ne fut capable *Rois ch.* de concevoir l'Esprit de Dieu, qu'après *3. v. 15.* avoir remis les siens par le son de quelqu'instrument : & ce ne fut qu'en suite de cela qu'il annonça de bonnes nouvelles à Joram, & aux Roys qui l'accompagnoient, & ce dautant que la colere nous empesche d'imaginer quelque chose de bon pour les gens que nous haïssons. J'avouë qu'il y en a qui croient que Dieu ne se revele ny aux personnes tristes, ny à ceux qui sont en colere, mais ces gens là se trompent ; car Dieu revela à Moyse irrité *Exo. ch.* contre Pharaon la mort des fils aisnez *11. v. 8.* d'Egypte, sans que ce Prophete eut besoin de melodie ny d'instruments pour se rendre capable de la revelation divine. Dieu se manifeste à Kaïn lors qu'il est en furie ; il revela à Ezechiel *Ch. 1.* tout esmû de colere, & ennuyé de sa *v. 1.* misere, la rebellion des Juïfs. Jeremie extrémément triste, & las de vivre prophetisa leurs calamitez : & comme il n'estoit propre qu'à ces sortes de revelations, le Roy Josias ne le voulut point *2 Chron.* consulter, aimant mieux s'adresser à *ch. 35.* une Prophetesse de ce temps là, dans la pensée que la douceur de son sexe

seroit

seroit plus propre à des revelations plus favorables. Michée ne pût jamais prophetiser rien de bon à Achab, opposé en cela à tous les autres vrays Prophetes, jusques là que toute sa vie il ne predisit que du mal. D'où il faut inferer que les revelations suivoient tousjours l'humeur, & le temperament des Prophetes, & qu'ils estoient plus propres aux unes qu'aux autres. Quant au stile, il est evident que chaque Prophetie se ressentoit de l'eloquence du Prophete; car si nous comparons celles d'Ezechiel, & d'Amos, avec celles d'Isaie & de Nahum, nous trouverons celles là d'un stile fort rude, au lieu que les autres sont tres elegantes; & si quelqu'un bien versé dans l'Hebreux veut avoir la curiosité de conferer certains chapitres de divers Prophetes sur le mesme sujet, il les trouvera d'un stile bien different. Qu'il confere par exemple le Chapitre premier d'Isaie qui estoit courtisan, depuis le verset onziesme jusqu'au 20. avec le Chapitre 5. du Prophete Amos homme rustique & grossier, depuis le verset 21. jusqu'au 24. qu'il compare encore l'ordre & les raisons de la Prophetie escrite à Edom, dans le Chapitre 49. de Jeremie, avec l'or-

1. des Rois ch. 10. 2 liv. des Rois ch. 22. v. 7. & 2 liv. des Paralip. ch. 18. v. 7.

l'ordre & les raisons d'Abdias; & enfin le verset 19 & 20. du Chapitre 40. d'Isaïe, depuis le huictiesme verset du Chapitre 44. du mesme Prophete, avec le chapitre 8. vers. 6. & le ch. 13. vers. 2. du prophete Ozée. Et ainsi des autres. Toutes lesquelles choses lûës attentivement, feront assez connoistre que Dieu, n'affecte aucun stile particulier, mais qu'il est elegant, coupé, chastié, rude, prolixe & obscur, suivant l'erudition, & la capacité du Prophete.

Encore que les representations prophetiques ; & les hieroglyphes signifiassent une mesme chose, c'estoit neantmoins differemment, car la gloire de Dieu abandonnant le temple fut revelée à Isaïe tout autrement qu'à Ezechiel. Il est vray que si l'on en croit les Rabins, ce fut toute la mesme chose, car ils veulent qu'Ezechiel l'ait admirée extraordinairement en homme grossier, & vulgaire, & que c'est la raison pourquoy il la recite avec toutes ses circonstances. Mais ne leur en desplaise, s'ils ne le sçavent par tradition certaine, ce que je ne croy pas, c'est une opinion chimerique : car Isaïe vit des Seraphins, chacun desquels

quels avoit six ailes, & Ezechiel vit quatre animaux, dont chacun avoit quatre ailes; Isaïe vit Dieu magnifiquement assis sur un thrône royal, & Ezechiel le vit comme un grand feu; j'avouë que tous deux virent Dieu, mais d'une façon differente, & comme ils avoient accoustumé de se l'imaginer. D'avantage les revelations estoient diverses, non seulement quant à la maniere, mais encore à l'esgard de la clarté, & de l'evidence; car celles de Zacharie sont si obscures, qu'on voit par la suite de l'histoire qu'il ne les pût comprendre sans interprete. Daniel pour en avoir eu un qui luy exposa les siennes n'y pût rien comprendre: non pas pour la difficulté de la revelation, (ne s'agissant que de choses purement humaines, lesquelles ne sont au dessus des nos forces qu'en ce qui regarde l'avenir) mais parce que l'imagination de Daniel n'avoit pas la mesme vigueur pour les propheties en veillant, que pendant le sommeil: tesmoin la frayeur qu'il eut au commencement de la vision, telle que peu s'en fallut qu'il ne desesperât de ses forces; de sorte que tant pour le defaut de son imagination que pour sa foi-

foiblesse naturelle, il ne vit les choses qu'obscurément: jusques là mesmes qu'il ne les pût comprendre sur l'explication qu'on luy en fit. Et l'on observera que ces paroles que Daniel entendit, n'estant qu'imaginaires, il ne se faut pas estonner si dans le trouble où il estoit alors, l'idée qu'il s'en forma estoit si confuse & si obscure, qu'il luy fut depuis impossible de les entendre. Quant à ceux qui soustiennent que Dieu ne voulut pas que la revelation de Daniel fut ny plus claire, ny plus intelligible: il faut qu'ils n'ayent pas lû les paroles de l'Ange qui dit expressément, *qu'il estoit venu pour faire entendre à Daniel ce qui devoit arriver à son peuple és derniers jours.* Revelation qui est tousjours demeurée obscure, nul ne s'estant trouvé en ce temps là, qui eut l'imagination assés vive pour l'entendre plus clairement. Les Prophetes qui avoient appris par revelation, que Dieu enleveroit Elie, persuaderent à Elizée qu'il avoit esté transporté en un lieu, où ils le pourroient retrouver; par où il est aisé de voir qu'ils n'avoient pas bien entendu cette revelation. Enfin il n'y a rien de si commun dans l'Escriture, ny rien de de si clair que les passages qui font connoistre que tous les dons de Prophetie n'estoient pas esgaux, mais que les uns estoient de beaucoup plus excellents, & plus exquis que les autres. Maintenant il nous reste à voir que les Propheties ont aussi varié suivant les divers sentiments dont les Prophetes estoient prevenus, jusques là qu'ils estoient fort opposez les uns aux autres en cette rencontre, & que leurs prejugez estoient tout differents (cela s'entend des choses qui n'estoient que speculatives, car à l'esgard de la probité & des mœurs, il en faut juger tout autrement.) Circonstance que nous allons traitter plus à fond, & plus exactement que celles dont nous venons de parler, la chose estant à mon avis de plus grande importance, puis que c'est de là particulierement qu'il faut inferer que la Prophetie n'a jamais rendu les Prophetes plus esclairez, ny plus sçavants, mais qu'ayant tousjours eu devant, & apres les mesmes sentiments, nous ne sommes pas obligez de nous en rapporter à eux, quand il ne s'agit que des choses qui sont toutes speculatives.

Je ne puis assez m'estonner que la
plus

plus part soient si abusez que de s'imaginer que les Prophetes n'ignoroient rien de tout ce qui se peut sçavoir, & qu'il s'en trouve, qui pour voir clairement dans l'Escriture qu'ils ne sçavoient pas tout, aiment pour tant mieux avoüer qu'ils ne l'entendent pas en ces endroits là, où la violenter pour luy faire dire contre sa pensée, que d'accorder qu'ils ignorassent quelque chose. Certainement s'il est permis d'en user de la sorte, c'est fait de l'Escriture; & nous nous efforçons en vain de rien prouver par son moien, si chacun veut prendre la liberté de mettre ce qui est fort clair entre les choses obscures, & impenetrables, & les interpreter à sa fantaisie. Il n'est rien par exemple de plus clair dans l'Escriture que ce qui est dit de Josüé lequel a crû (& peuteste mesmes l'Escrivain de son histoire) que la terre estoit immobile à l'entour de laquelle le Soleil se mouvoit, & que son cours avoit esté quelque temps interrompu. Cependant nous voyons qu'il y en a, qui de peur d'admettre quelque changement dans les Cieux, expliquent tellement ce passage, qu'il semble ne rien dire de semblable. D'autres qui raisonnent autrement & peuteſtre mieux, en ce qu'ils croient que la terre eſt mobile, & le Soleil fixe, ou du moins qu'il ne ſe meut pas à l'entour de la terre, font tous leurs efforts pour faire tomber l'Eſcriture dans leur ſentiment, quoy qu'elle y ſoit entierement oppoſée ; en quoy ils ſont auſſi ridicules que les autres. Car qui nous oblige de croire que Joſué homme militaire dût eſtre excellent Aſtronome, ou que la lumiere du Soleil ne pût éclairer l'Horiſon plus long temps que de couſtume, ſans que Joſué en ſçeût la cauſe? Il vaut donc mieux avoüer franchement que Joſué ignoroit la cauſe de cette lumiere extraordinaire : & que s'imaginant avec toute l'armée que le Soleil ſe mouvoit au tour de la terre, & qu'il s'eſtoit arrêté ce jour là, il en attribua la longueur innouyë à l'interruption de ſon cours ; ne prenant pas garde que l'air eſtant alors extremement glacé, la refraction en pouvoit eſtre bien plus grande que de couſtume, ou quelque choſe de ſemblable dont il ne s'agit pas icy. Le Prophete Iſaïe imbû de la meſme opinion, eut pour ſigne de ſa Prophetie l'ombre du Soleil retrograde ; ce que

Joſué ch. 10. v. 21.

que nous pouvons dire sans scrupule, puis qu'en effet ce signe pouvoit arriver sans que le Prophète en sçeut la cause. Il en est de mesme de la structure du bastiment de Salomon, car comme il l'entreprit par inspiration divine, nous pouvons dire que Dieu luy en revela toutes les mesures, & les proportions selon sa portée, & ses prejugez, car bien loin de voir quelque chose en tout son ouvrage qui nous convainque qu'il estoit grand Mathematicien, nous pouvons juger au contraire qu'il n'y estoit pas plus habile que les ouvriers ordinaires. Que si l'on nous veut soustenir que nous n'entendons pas le Texte du premier livre des Roys; je ne sçais certes s'il y a rien dans l'Escriture que nous puissions entendre, la structure du temple y estant simplement décrite, & en forme d'histoire; & s'il ne tient qu'à dire que pour des raisons inconnuës, il est permis de feindre un autre sens que celuy pes paroles, il ne peut arriver de cette licence, qu'un renversement general de toute l'Escriture, vû que chacun se croira bien fondé à luy en imposer, & à defendre des choses absurdes & impies sur son authorité; au lieu qu'à suivre mon principe, il n'y a nul inconvenient. Car quoy que Salomon, Isaïe, Josué, &c. fussent Prophetes, ils estoient hommes neantmoins, & il ne faut pas croire qu'ils eussent rien au dessus de l'humain. Noë s'estant imaginé que le monde n'estoit point habité au delà de la Palestine, Dieu luy revela la destruction du genre humain, suivant l'idée qu'il en avoit conceuë. Mais ne nous imaginons pas que ces sortes de choses soient les seules que les Prophetes ont ignorées; car il est vray (les mœurs, & la pieté à part) qu'ils en ont ignoré bien d'autres de plus grande importance; outre qu'ils n'ont rien dit des Attributs divins, qui n'ait rapport aux opinions vulgaires, suivant les quelles Dieu se manifestoit à eux; ce que nous allons appuyer de tant de témoignages tirez de l'Escriture, qu'il n'y aura plus lieu de douter, qu'ils ne fussent moins recommandables pour la sublimité, & pour l'excellence de leur Esprit, que pour l'inclination qu'ils avoient au bien, & aux excercices de pieté.

Adam le premier de tous ceux à qui Dieu

Dieu s'est manifesté, ignoroit que Dieu fut par tout, & qu'il sçeût tout, puisqu'il se cacha de sa presence, taschant d'excuser son peché comme s'il eut eu un homme en teste: c'est pourquoy Dieu s'en fit connoître suivant ses prejugez, comme s'il n'estoit pas par tout, qu'il ignorât où estoit Adam, & qu'il eût peché: car Adam oüit, ou il luy sembla qu'il oyoit Dieu se promener dans le jardin, qu'il l'appelloit, & qu'il s'informoit du lieu où il estoit; prenant occasion de sa surprise, de luy demander s'il n'avoit pas mangé de l'arbre defendu. D'où j'infere qu' Adam ne connoissoit Dieu que comme createur de toutes choses, & que ses autres attributs ne luy furent point revelés. Dieu ne se fit aussi connoître à Caïn que suivant sa capacité, & comme s'il eût ignoré ce qui se fait parmi les hommes, ce qui suffisoit pour l'inviter à se repentir de son crime, sans qu'il fut besoin que Dieu luy revelât des connoissances plus sublimes. Laban s'imaginant que chaque nation avoit son Dieu particulier, Dieu s'ap- *Gen. ch.* parut à luy comme le Dieu d'Abraham; ce Patriarche mesme ne comprenoit pas l'ubiquité de Dieu, ny sa pre-

prescience ; car ayant entendu l'Arrest contre les Sodomites, il pria Dieu de ne l'executer, qu'apres s'estre bien informé si tous les habitans estoient coupables. *Peuteſtre ſe trouvera-t-il cinquante juſtes dans cette ville là.* Or que Dieu ne se fit connoiſtre à luy que ſous cette idée, la ſuite de l'hiſtoire le fait aſſez entendre. *Je deſcendray maintenant, & verray* (dit Dieu à l'imagination d'Abraham) *s'ils ont fait ſuivant la plainte qui eſt venuë juſqu'à moy, & s'il n'eſt pas ainſi, je le ſçauray.* On peut meſme dire que le témoignage de Dieu en ſa faveur, n'eſt qu'en vûë de ſon obeïſſance, & du ſoin qu'il prenoit d'apprendre à ſes domeſtiques à vivre en gens de bien, & non pas que les penſées qu'il avoit de Dieu fuſſent fort relevées. Il ne faut pas non plus nous imaginer que Moyſe crût que Dieu ſçait tout, & que de ſon decret dependent toutes les actions des hommes ; car bien que Dieu l'eût aſſuré que les Iſraëlites luy obeïroient, il ne laiſſe pas d'en douter, *mais s'ils ne me croient, ny ne m'obeïſſent pas,* dit il. Paroles qui font voir qu'il ne connoiſſoit Dieu que comme indifferent, & comme ignorant

rant des actions futures des hommes. Dieu luy donna deux signes dit le Texte, *s'il arrive qu'ils ne croyent pas au premier, ils croiront toutefois au dernier, que s'ils ne croyent pas non plus au dernier, alors tu prendras un peu d'eau dans le fleuve,* &c. Il ne faut que considerer sans prejugé les opinions de Moyse pour estre persuadé que la creance qu'il avoit de Dieu estoit, que c'est un estre qui a tousjours esté, qui est, & qui sera tousjours : que c'est pour cela qu'il l'appelle *Jehova*, nom qui signifie en Hebreux ces trois differences de Temps ; mais quant à sa nature il n'en a rien enseigné, sinon qu'il est misericordieux, benin & extremement jaloux, comme il paroist en plusieurs endroits du Pentateuque, D'ailleurs il a crû & enseigné que cet estre differoit tellement de tous les autres, qu'il estoit impossible d'en faire aucune image qui luy resemblât, & qu'il estoit mesmes invisible, non tant de la part de sa divinité, que de la foiblesse humaine ; de plus, qu'à raison de sa puissance il est seul & unique. Qu'à la verité il y avoit des Estres qui par son ordre exprés estoient ses Lieutenants, & aux quels il il donnoit authorité, droit, & puiſſance de regir les nations, d'y pourvoir, & d'en avoir ſoin; mais que pour l'*Eſtre* que les Iſraelites eſtoient obligez d'adorer, il eſtoit le Dieu ſuprême, & (pour ſuivre la phraſe Hebraique) *le Dieu des Dieux*; d'où vient qu'il dit dans ſon Cantique. *Qui eſt ſemblable à toy entre les Dieux ô Eternel?* & Jetro, *je connois maintenant que l'Eternel eſt plus grand que tous les Dieux.* Comme s'il diſoit, je ſuis contraint d'accorder à Moyſe que l'Eternel eſt plus grand que tous les Dieux, & que ſa puiſſance eſt incomparable. Mais pour revenir aux Eſtres particuliers qui eſtoient Lieutenants de Dieu, il n'eſt pas certain ſi Moyſe a crû qu'ils fuſſent creés, car il ne paroiſt point qu'il ait rien dit de leur creation, ny de leur origine: d'avantage il a enſeigné, que ce grand & ſouverain Eſtre a tiré ce Monde viſible du Chaos pour luy donner la forme que nous luy voyons: qu'il a donné à la Nature la vertu de multiplier, & par conſequent qu'il a droit de ſouveraineté ſur toutes choſes, & qu'en vertu de ce droit, il s'eſt choiſi le Peuple Hebreux ſur tous les au-

autres Peuples, au quel il a donné certaine contrée pour l'habiter, laissant le soin du reste des Nations à la regence des autres Dieux ses substituts; que c'est de là qu'il prend le titre de Dieu d'Israel, & de Dieu de Jerusalem, & que les autres Dieux se nomment les Dieux des Nations. C'est aussi pour cette raison que les Juifs s'imaginoient, que le païs que Dieu leur avoit donné, exigeoit un culte non seulement particulier, & different de celuy des autres Nations, mais qu'il ne pouvoit mesmes souffrir celuy que les autres Nations rendoient à leurs Dieux: ce qui se prouve par l'opinion que l'on avoit, que les Peuples envoyez dans le païs des Juifs par le Roy d'Assyrie, estoient devorez par des Lyons, dautant qu'ils ignoroient, dit l'Escriture, la maniere d'adorer les Dieux de cette terre là. Aben Esras dit que c'est pour cette raison, que Jacob sur le point de retourner en son païs, dit à sa famille de se disposer à un nouveau culte, c'est à dire quelle abandonnât le culte des Dieux du païs où ils vivoient alors. David voulant persuader à Saül, que sa persecution le contraignoit de vivre hors de sa pa-

patrie, dit qu'il eſtoit chaſſé de l'heritage de Dieu, & envoyé pour ſervir aux Dieus Eſtrangers. Enfin Moyſe a crû que cet Eſtre, & cette Divinité faiſoit ſa demeure dans les Cieux; ce que les Payens ont crû auſſi bien que luy. Paſſons à ſes revelations, & nous verrons qu'elles ont ſuivi le ſort de ſes prejugez; car comme il croioit que la Nature de Dieu eſtoit ſuſceptible de miſericorde, de benignité, &c. Dieu luy fut revelé ſuivant ſon opinion, & ſous ces meſmes attributs, liſez l'Exode, & le decalogue où les preuves en ſont evidentes: & où il eſt encore fait mention qu'il demanda à Dieu qu'il luy fût permis de le voir. Mais comme il ne s'en eſtoit formé aucune image ny idée, & que Dieu ne ſe revele aux Prophetes que conformément aux prejugez de leur imagination, il ne ſe faut pas eſtonner ſi Dieu ne s'apparût à luy ſous aucune figure; ſon imagination n'eſtant nullement diſpoſée à le connoiſtre de la ſorte; les autres Prophetes, Iſaïe, Ezechiel, Daniel, &c. diſant clairement qu'ils l'ont vû; c'eſt pourquoy Dieu luy reſpondit, *tu ne ſçaurois voir ma face.* Et comme Moyſe s'imaginoit que Dieu

Dieu estoit visible, c'est à dire qu'il ne croioit pas qu'il y eût de la contradiction en cela du costé de la Nature divine, car autrement il n'eut pas fait une semblable demande, il ajouste aussi tost *nul homme ne vivra apres m'avoir vû*. Il faut donc avoüer que Dieu ne fait responseà Moyse que selon l'opinion dont il estoit imbu, vû qu'il ne dit pas qu'il y ait en cela de la contradiction du costé de la Nature divine, comme la chose est en effet, mais que si cela ne se fait pas, c'est à cause de la foiblesse humaine. Enfin pour luy faire connoistre que les Israelites s'estoient rendus semblables aux autres Nations par l'adoration d'un veau, Dieu luy dit qu'il envoyeroit un Ange c'est à dire un de ses Lieutenants qui auroit soin d'eux; que pour luy, il les vouloit quitter, car par ce moyen Moyse n'avoit plus lieu de croire que ce Peuple lui fût plus cher que les autres Nations, dont Dieu avoit donné la direction, aussi bien que d'eux à d'autres Estres, assavoir aux Anges; & par ce qu'il croioit que Dieu s'estoit choisi les Cieux pour sa demeure, Dieu se manifestoit à luy comme descendant du Ciel sur une montagne, où Moyse

montoit toutes les fois qu'il luy vouloit parler, ce qui ne luy eût esté nullement necessaire, s'il eût pû s'imaginer que Dieu est par tout. Pour les Israelites, à peine connoissoient ils Dieu quelques merveilles qu'il eût fait en leur presence; ce qu'ils ne firent que trop paroistre en deferant à un veau le mesme honneur, & luy rendant le même culte qu'ils avoient rendu à Dieu fort peu de jours auparavant : ces miserables s'imaginant que cet animal estoient les Dieux qui les avoient tirez d'Egypte. Et veritablement il y auroit dequoy s'estonner que des hommes grossiers, élevez dans la servitude, & parmi des superstitieux, eussent pû s'imaginer Dieu sous une idée tant soit peu raisonnable, ou que Moyse leur eût enseigné autre chose qu'une certaine forme de vivre, non point en Philosophe pour leur apprendre à vivre selon la raison, & la liberté de l'Esprit, mais en Legislateur pour les tenir en bride, en les soumettant à la Loy. D'où vient que la raison qui est la veritable vie, & le culte mesme & l'Amour de Dieu, estoit moins à leur esgard une vraye liberté, une grace, un present Divin,
qu'une

qu'une servitude importune. Car il leur commanda d'aimer Dieu, & de garder sa Loy pour lui rendre graces de leur sortie d'Egypte, & de ses autres bienfaits, espouvanta les infracteurs de ses commandements d'effroyables menaces, & promit au contraire abondance de biens à ceux qui les observeroient. D'où je conluë qu'il ne se comporta envers eux que comme un pere envers des enfants qui n'ont point encore de raison ; & qu'ils ne sçavoient nullement en quoy consiste l'excellence de la vertu, ny la vraye beatitude. Jonas ne crût qu'il pouvoit eschapper à Dieu, & eviter sa presence, que parce qu'il s'imaginoit que Dieu avoit commis ses substituts, pour gouverner les autres Nations en sa place. Il n'est personne dans le vieux testament qui ait parlé plus raisonnablement de Dieu que Salomon, & nul de son siecle n'esgala ses lumieres naturelles : d'où il prit occasion de se croire au dessus de la Loy (qui n'est establie que pour ceux *Deut. 4.* qui n'ont ny raison ny intelligence) & *17. 1. 6.* de mespriser, & mesmes de violer *17.* les trois loix qui le concernoient, (en quoy toutesfois il à erré, vû que c'est
une

une chose indigne d'un Philosophe de s'abismer dans les plaisirs) d'un Philosophe, dis-je, qui s'ecrioit que tout est vanité, qui a enseigné que le plus grand thresor des hommes c'est l'Entendement, & la sotise leur plus grand supplice. Mais revenons aux Prophetes, & montrons que leurs sentiments sont opposez les uns aux autres. Les Rabins de qui nous tenons ce peu des livres des Prophetes qui sont parvenus jusqu'à nous, trouvent qu' Ezechiel a des opinions si contraires à celles de Moyse, qu'ils l'eussent rayé du nombre des Canoniques, si un certain Chananias n'eut entrepris de l'expliquer; ce qui luy reüssit en fin à ce qu'ils disent, apres un grand travail, sans neantmoins que nous sçachions si ça esté ou par le moyen d'un commentaire, qui a peut-estre esté perdu, ou qu'il ait eu l'audace de changer les paroles du Prophete,& d'en faire à sa phantaisie. Quoi qu'il en soit, je ne vois pas que le cha. 18. d'Ezechiel ait aucun rapport avec le vers. 7. du 34. de l'Exode, ny avec le verset 18. du 32. de Jeremie,&c. Samuel croioit que Dieu ne se repentoit point de ce qu'il avoit resolu, puis qu'il

Prov. ch. 16. v. 23.

qu'il dit à Samuel affligé de son crime,   1 Sam.
& dont il demandoit pardon, que ch.15. v.
Dieu ne changeroit point la resolution ch.18. v.
qu'il avoit prise de le rejetter. Et ce- 10.
pendant nous lisons au contraire dans
Jeremie que quelque decret que Dieu
ait fait pour, ou contre quelque Nation, il s'en repent selon le bon ou le
mauvais train de cette Nation. Joël ch.2. v.
dit qu'il ne se repent que d'avoir affli- 13.
gé quelqu'un, & la Genese nous en- ch.4. v.
seigne que l'homme est Maistre du pe- 7.
ché, & qu'il ne tient qu'à luy de bien
faire; avis qui fut donné à Caïn, lequel
neantmoins en sentiment de l'Escriture n'en devint pas meilleur, ny ne
domta point ses passions. Ce qui se
peut encore inferer de ce passage de
Jeremie, où nous venons de voir que ch.18.
Dieu se repent du bien, ou du mal qu'il
avoit resolu de faire selon que les
hommes se corrigent, ou se depravent,
quoy que l'Apostre dise ouvertement
le contraire, & qu'il enseigne que les   Rom. ch.
hommes n'ont nul Empire sur la con- 9. v. 10.
cupiscence, sans une grace, & une vo- ch.5. v.8.
cation de Dieu toute particuliere; ch.6.v.
opinion qu'il confirme, lors qu'en
parlant de la justice de Dieu, il se reprend, de ce qu'il parle à la façon des
hom-

hommes, à cause de l'infirmité de la chair.

De tout cela, s'enfuit evidemment ce que j'avois promis de montrer, à sçavoir que Dieu s'est accommodé, en se manifestant à la portée, & aux opinions de Propheteſ, qu'ils ont pû ignorer comme effectivement ils ont ignoré ce qui n'est que speculatif, & qu'ils ont eu horsmis ce qui touche la charité, & les bonnes mœurs, des opinions contraires; & qu'ainsi ce n'est pas à eux qu'il s'en faut rapporter où il s'agit des connoissances naturelles, ou spirituelles. Nous concluons enfin qu'il n'y a que la fin & la substance des Propheties qui soit d'obligation, que pour le reste, il est permis à un chacun d'en croire ce que bon luy semble. Quand par exemple Dieu se manifeste à Caïn, cette revelation ne nous enseigne, sinon que Dieu incite Caïn à bien vivre, c'est là le seul but, & la substance de la revelation, & non pas d'establir que nôtre volonté soit libre, ou de toucher aux questions de Philosophie; ainsi, encore que les paroles & les raisons de l'avis donné à Caïn enseignent manifestement la liberté de la volonté; il nous est toutefois permis d'e-

d'estre d'un sentiment contraire, le dessein de Dieu en cette rencontre n'estant que de s'accommoder à la portée de Caïn. Comme le but de la revelation du Prophete Michée ne tend qu'à nous instruire du succes du combat d'Achab contre le Roy Aram, il n'y a aussi que cela qui nous regarde, l'armée des Cieux à la droite & à la gauche de Dieu, l'Esprit de verité, & de mensonge, & toutes les autres circonstances que l'on y voit; ne nous touchent point, & chacun les peut croire selon qu'elles sont proportionnées à sa capacité. Les raisons dont Dieu prouve à Job que sa puissance est infinie, s'il est vray que ce soit une revelation, & non pas à l'opinion de quelques uns, les pensées d'un particulier: bien loin d'estre generales, & addressées à tous les hommes, sont des raisons accommodées à l'Esprit d'un particulier, & qui ne tendent qu'à le convaincre. Celles dont Jesus Christ se sert pour faire voir aux Pharisiens leur endurcissement & leur ignorance, & pour inciter ses Disciples à la veritable vie, n'estoient aussi que des raisons accommodées aux opinions, & aux principes de chacun d'eux. Lors
qu'il

qu'il dit par exemple aux Pharisiens, *si Satan jette hors Satan, il est divisé contre soy mesme : comment est ce donc que son regne peut subsister ?* il ne pretend, par là que de convaincre les Pharisiens par leurs propres principes, & non pas d'enseigner qu'il y ait des Demons, ny un Royaume où ils soient les Maistres. Et lors qu'il dit à ses Disciples, *gardez vous bien de mespriser le moindre de ces petits, car je vous dis que leurs Anges dans les cieux,* &c. Son but n'est que de leur deffendre l'orgueil, & le mespris, & non pas de leur enseigner les autres circonstances, qui ne sont alleguées que pour persuader davantage. Il faut raisonner de la sorte de la Doctrine, & des miracles des Apostres. Mais il n'est pas maintenant necessaire de m'arrester plus long temps sur cette matiere : Joint que s'il me falloit alleguer tous les passages qui ne regardent que ceux pour qui ils sont escrits : & que l'on ne peut tenir comme une doctrine que Dieu ait establie sans anticiper sur les droits de la Philosophie & de la raison, je serois obligé de m'escarter de la breveté que je me propose en cet ouvrage ; je prie donc le lecteur de se contenter de ce que j'en ay dit en ge-

general, & de se servir de cette methode dans l'examen des autres passages. Je crois cependant avoir atteint au but que jay eu dans ces deux Chapitres, qui est, de separer la Philosophie de la Theologie : Mais comme c'est une question que je n'ay traittée qu'en general, il ne sera pas hors de propos que nous examinions si la Prophetie estoit un don tout particulier aux Hebreux, ou si les autres nations y ont participé, & en mesme temps ce qu'il faut croire de la vocation des Hebreux.

Chapitre III.

De la vocation des Hebreux, & si le don de Prophetie ne se trouvoit que parmi eux.

IL est vray que ce n'est que dans la joüissance du bien que consiste la vraye beatitude, mais il ne faut pas croire que l'avantage d'estre seuls dans la possession de ce bien nous rende plus heureux, & quiconque se l'imagine, ignore ce que c'est qu'une felicité par-
fait-

faitte, & la joye qu'il en a, à moins que d'estre entièrement puerile, ne peut partir que d'un Esprit envieux, & meschant. Il n'y a par exemple que la sagesse, & la connoissance de la verité qui puisse faire nôtre souverain bien: mais estre plus sage que les autres, ou sçavoir qu'ils sont destituez des veritables lumieres, cela n'y peut rien contribuer, puis qu'il n'augmente point la sagesse qui est la vraye felicité. De sorte que s'en réjouïr, c'est se resjouïr du mal d'autruy & par consequent estre jaloux de son bien, c'est ne connoistre enfin ny la veritable sagesse, ny la vraye tranquilité de la vie.

Deut. ch. 19. v. 15. Vers. 4. 7. Lors donc que l'Escriture dit aux Hebreux pour les inciter à l'obeïssance de la Loy, qu'il les a choisis entre toutes les autres Nations, qu'il est plus prés *Vers. 8.* d'eux, que des autres: qu'ils sont les seuls aux quels il a donné des loix justes, & qu'il s'est fait connoistre à eux preferablement à tout autre Peuple. Je dis que l'Escriture ne parle de la sorte que pour s'accommoder à la portée *Deut. ch. 19. v. 5. 6.* de ceux, qui au tesmoignage de Moyse mesme ne connoissoient pas la vraye beatitude, vû qu'ils n'en eussent pas esté moins heureux, quand Dieu eut fait

fait les mesmes graces à tout le monde, qu'il n'eut pas esté moins prés d'eux, quand il eut esté parmi les autres, que leurs loix n'en eussent pas esté moins justes, ny eux moins sages, encore quelles eussent esté données à tous les hommes; que les miracles n'eussent pas moins fait éclatter la puissance divine pour estre fait à cause des autres Nations; & qu'enfin les Hebreux ne seroient pas moins obligez à adorer Dieu quoy qu'il eût distribué ces mesmes graces à toutes les autres Nations. Quant à ce que Dieu dit à Salomon, qu'il n'y auroit jamais personne aussi sçavant que luy, il semble que ce n'est qu'une certaine façon de parler pour exprimer la profondeur de sa sagesse: quoy qu'il en soit, il n'est pas croyable que ce fut pour accroistre la beatitude de ce Roy, que Dieu luy promit, de ne rendre jamais personne aussi sçavant & aussi éclairé que luy; vû que cela n'eût point augmenté ses connoissances, & que ce sage Roy n'eût pas rendu à Dieu de moins grandes actions de graces pour un si grand bienfait, encore qu'il eût esté commun à tous les autres hommes.

des Roys liv. 3. v. 12.

Mais quoy que nous disions dans les pas-

passages que nous avons tantost citez, que Moyse parloit aux Hebreux selon qu'ils en estoient capables, nous ne pretendons pas nier que ce n'est qu'à eux que Dieu a donné les loix dont il est parlé au Pentateuque, qu'il n'a parlé qu'à eux, & que les Hebreux n'ayent vû des prodiges, qui n'ont point esté vûs parmi les autres nations, mais mon dessein est de prouver que Moyse ne s'est servi de ces façons de parler à l'esgard des Hebreux, que pour les retirer de leur stupidité, pour les rendre capables d'adorer Dieu, & pour les lier plus estroittement à son service; d'ailleurs que c'est en toute autre chose qu'en science, & en pieté que les Hebreux ont surpassé les autres nations : ou (pour parler en homme qui s'accommode à l'exemple de l'escriture, à leur capacité) je dis que Dieu ne les a point élus à l'exclusion des autres nations, pour la vraye vie, ny pour de sublimes speculations quoy qu'ils en fussent souvent avertis, mais que leur election consistoit en toute autre chose, & c'est ce que nous allons voir.

Mais avant que de commencer j'expliqueray en peu de mots ce que c'est que

que direction divine, ce que c'est que secours de Dieu tant interne, qu'externe, & ce qu'il faut entendre par l'election divine, & par ce qu'on appelle, fortune. La direction divine est cet ordre fixe, & immuable de la Nature, ou l'enchainure des choses naturelles, vû que les loix generales & universelles qui donnent le branle à tout l'univers, ne sont rien autre chose que les Decrets Eternels de Dieu, dont les ordres sont invariables; si bien, que dire que tout se fait ou par les loix de la nature, ou par la direction de Dieu, c'est ne dire que la mesme chose. D'ailleurs comme la puissance de toutes les choses naturelles, est la puissance de Dieu mesme, source unique de tous les Estres, & par laquelle toutes choses sont determinées; il s'ensuit que tout ce que l'homme qui fait partie de la Nature, employe pour sa conservation, & ce qu'il reçoit de la Nature, sans qu'il y mette rien du sien, est un present que Dieu luy fait, soit entant qu'il agit par le moyen de la Nature humaine, ou par l'entremise des choses qui sont hors d'elle. Ainsi, tout ce que peut la Nature humaine d'elle mesme, & par ses seules forces pour

sa

sa conservation : cela s'appelle le secours interne de Dieu ; & le bien qui luy vient d'ailleurs, & d'une puissance estrangere, est son secours interne ; d'où il est aisé d'inferer ce que c'est qu'election de Dieu ; car personne ne pouvant rien faire que par un ordre predeterminé de la Nature, c'est à dire par le Decret de Dieu, & par sa direction eternelle, il s'ensuit que personne ne se peut choisir une forme de vie, ny faire la moindre chose, que par une vocation singuliere de Dieu, lequel a élû les uns à un ouvrage & à une certaine façon de vivre à l'exclusion des autres. Enfin par ce qu'on appelle Fortune je n'entends autre chose que cette mesme direction divine, entant que Dieu dirige les choses humaines par des causes externes & inopinées. Cela touché comme en passant, revenons à nôtre sujet, & voyons pourquoy il est dit que Dieu a elu entre toutes les autres, la Nation Hebraïque.

" Tout ce que nous pouvons honnestement souhaiter se reduit principalement à ces trois chefs, assavoir à connoistre les choses par leurs premieres causes, à domter ses passions, & à acquerir l'habitude de la vertu,
enfin

enfin à vivre en sûreté, & en santé. Quant aux moyens de parvenir directement à acomplir les deux premiers souhaits, & qui en sont comme les causes prochaines, & efficientes, ils sont tellement enclavez dans la Nature humaine, qu'il ne depend que de nous de les acquerir; d'ou j'infere que ce ne sont point des avantages qui ayent pû estre reservez à une nation particuliere, mais qu'ils ont tousjours esté communs à tout le genre humain, si ce n'est que nous vueillions croire avec quelques resveurs que les hommes du temps passé, estoient d'une nature toute autre que la nostre. Mais pour les moyens qui concernent & la seureté de la vie, & la conservation du corps, ils dependent principalement de causes estrangeres qui nous sont inconnuës, & c'est pour cela qu'on les nomme des biens de fortune; vûque le sage, & l'insensé sont d'ordinaire à cet esgard presque aussi heureux l'un que l'autre. l'âuouë neantmoins que la prudence humaine nous est d'un grand secours pour vivre en seureté, & pour eviter les insultes des hommes, & des animaux : & pour cela le meilleur moyen que la raison, & l'experience

rience nous enseignent, est de former une societé appuyée sur de certaines loix, d'habiter certaine contrée, & de reduire comme en un corps toutes les forces des particuliers. Mais pour establir, & conserver une societé, il faut avoir beaucoup d'Esprit, & une vigilance extréme; & plus ses fondateurs, & ses directeurs sont habiles, plus elle est de durée, & à couvert des coups de la fortune; au lieu qu'elle en depend pour la plus part, & sera tousjours chancelante, si ceux qui la composent sont d'un Esprit lourd, & grossier; que si neantmoins elle subsiste, c'est moins par sa conduite, que par une direction estrangere: & si elle dénouë les plus grandes difficultez, si ses desseins luy reüssissent, c'est une societé particulierement obligée d'admirer, & d'adorer la conduite de Dieu sur elle, (à sçavoir entant qu'il agit, non par l'entremise de nôtre nature, & de nostre Esprit, mais par des causes estrangeres, & cachées) puisque tout ce qui luy arrive passe ses esperances; ce qui est en effet une espece de miracle.

Puis donc que ce n'est qu'à l'egard de la Societé, & des loix, que les Nations sont distinguées, il n'est pas vray que

que celle des Hebreux ait esté prise, & separée des autres, ny pour la paix, & la tranquillité de l'Ame, ny pour ses hautes connoissances; mais en vûë des bons reglements establis parmi eux, & pour la faveur de la Fortune qui travailla à leurs conquestes, & fit subsister leur Royaume par l'espace de tant de siecles. Pour peu qu'on lise l'Escriture, on trouvera que tout l'avantage qu'ont les Hebreux sur les autres Nations, c'est d'avoir reüssi en tout ce qu'ils ont entrepris pour se mettre en repos, & d'avoir surmonté de grands obstacles par des moyens externes dont Dieu se servoit pour cela; mais que du reste, ils ont esté esgaux aux autres, & que Dieu a esté également propice, & favorable à tous; en effet n'ayant eu que des opinions tres vulgaires de Dieu, & de la Nature; on ne peut pas dire que ce soit à l'esgard de l'Esprit, que Dieu les prefera aux autres; ce ne fut pas non plus pour la vertu, ny pour la vraye vie, puis qu'en cela, ils ne differoient point des autres Nations, & qu'il n'y en avoit parmi eux que tres peu d'élus; par consequent leur vocation, & leur election ne consistoit, que dans les commoditez de la vie, & dans la prosperité de leur empire. Car nous ne voyons point que Dieu ait promis autre chose aux Patriarches, & à leurs successeurs: ny qu'il soit fait mention pour l'observation de la Loy, que de la felicité continuelle de l'Estat, & de quelques biens temporels, ny pour l'infraction de l'Alliance que de sa ruïne, & de tres grandes incommoditez. Mais il n'y a pas en cela de quoy s'estonner, puisque la fin des societez, & des Empires est de vivre commodément & seurement: & que nul Empire ne peut subsister que par l'observation des loix aux quelles chacun est obligé; que si les citoyens sont tous de concert pour les enfraindre, ils font crouler l'Estat, & démembrent la Societé. Donc il est tres constant qu'il ne pouvoit estre prommis à la Republique des Hebreux en vuë de l'exacte observation de la Loy, que la seureté, & les commoditez de la vie, & qu'on ne les pouvoit punir plus rigoureusement pour leur rebellion, que de predire la ruïne de leur Empire, & les menacer des maux qu'une telle chûte entraisne ordinairement apres elle, outre les fleaux particuliers dont ils devoient être

I'iy les rendre quels.

tre accablez apres leur difperfion: mais ce n'eſt pas encore icy le lieu de traitter à fond de cette matiere : j'ajoûte ſeulement que les Loix du vieux Teſtament n'ont eſté revelées, ny eſtablies que pour les Juifs; car Dieu ne les ayant elûs, que pour former un corps, & une ſocieté, il falloit neceſſairement qu'ils euſſent des loix particulieres. Pour les autres Nations, je ne ſuis pas bien certain ſi Dieu leur en a auſſi donné, ny s'il s'eſt fait connoiſtre à leurs Legiſlateurs comme aux Prophetes des Hebreux, c'eſt à dire de la façon & ſous les meſmes attributs qu'ils ſe l'imaginoient; mais je ſçais bien que l'Eſcriture enſeigne, qu'elles avoient auſſi un Empire, & des loix que Dieu leur procuroit par des moyens eſtrangers. Et pour le prouver, je n'alleguerayque deux exemples. On lit dans la Geneſe que Melchiſe- *Ch.14 v.* dec eſtoit Roy de Jeruſalem, & ſa- *18.19.20* crificateur du Dieu tres haut, qu'il benit Abraham par le droit que luy en donnoit la ſacrificature, & qu' Abraham cheri de Dieu, luy paya la dîme de tout ſon butin: par où l'on voit manifeſtement qu'avant la fondation du Peuple d'Iſrael, Dieu avoit eſtabli des Roys, & des Pontifes dans la ville de Jerusalem, auxquels il avoit ordonné des loix, & des statuts : mais si ce fut par le moyen des Prophetes, c'est ce qui n'est pas evident ; il y a neantmoins apparence que tandis qu'Abraham y vescut, il fut religieux observateur des loix qu'il y trouva ; car quoy qu'il ne paroisse point que Dieu luy en ait donné de particulieres, toutefois il est dit qu'il garda les commandements, le culte, les statuts, & les loix divines ; ce qui se doit sans doute entendre du culte, des commandements, des statuts, & des loix de Melchisedec. Pour le second exemple, voyons les reproches que Malachie fait aux Iuifs. *Qui d'entre vous ferme les portes* (à sçavoir du Temple) *de peur que l'on ne mette en vain le feu sur mon autel; je ne prends point de plaisir en vous, &c. car depuis le Soleil levant jusqu'au couchant, mon nom est grand parmi les Nations, & l'on m'offre par tout parfums, & oblation pure, car mon nom est grand entre les Nations, dit le Dieu des Armées.* Paroles qui sans leur faire violence ne pouvant signifier d'autre temps que le present, servent de preuve manifeste que les Juifs n'estoient point

Gen. ch. 26. v. 5.

Ch. 1. v. 10, 11.

point plus chers à Dieu en ce temps là que les autres Nations : que les miracles eſtoient alors plus communs parmi elles, que parmi les Iuïfs qui avoient conquis une partie de leur Royaume avant que d'en avoir vû, & qu'elles ont eu enfin des ceremonies, & des ſtatuts qui les rendoient agreables à Dieu. Je m'eſtendrois davantage ſur ce ſujet, mais comme ce n'eſt pas mon but, il me ſuffit d'avoir montré que l'election des Iuïfs ne concernoit que les commoditez du Corps, une felicité temporelle, & la liberté dont ils joüirent depuis la fondation de leur Empire. C'eſt aſſez d'avoir fait connoiſtre de quelle façon ils le fonderent, & de quels moyens ils ſe ſervirent pour cela : que ces loix là leur eſtoient neceſſaires pour l'eſtabliſſement de leur Republique, qu'elles n'eſtoient que pour eux, & comment c'eſt enfin qu'elles leur furent revelées. Que pour ce qui concerne la vraye felicité de l'homme, ils ne differoient point des autres. Quand donc il eſt dit dans l'Eſcriture que nulle Nation n'a ſes Dieux ſi prés de ſoy que les Iuïfs ont leur Dieu ; cela ne ſe doit entendre qu'à raiſon du gouvernement de leur

Deut. ch. 4.v.7.

Eſtat

Estat, & du temps, pendant lequel tous ces miracles éclaterent, vû qu'à l'égard des prerogatives de l'Esprit & de la vertu qui font la vraye beatitude, Dieu est également propice à tous les hommes; nous l'avons prouvé par la raison, en voicy la confirmation tirée de l'Escriture. *Dieu est près de tous ceux qui l'invoquent, de tous ceux qui l'invoquent en verité.* Et dans un autre endroit du mesme Pseaume. *Dieu fait du bien à tous, & sa misericorde éclate dans tous ses ouvrages.* Et dans un autre encore il est dit clairement que Dieu a donné un mesme Entendement à tous les hommes en ces termes, *c'est luy qui forme le cœur d'une mesme maniere.* Le cœur passant chez les Hebreux pour estre le siege de l'Entendement & de l'Ame. D'ailleurs Iob est formel qu'il y a une Loy que Dieu a prescrite à tous les hommes, qui est de reverer Dieu, de fuir le mal & de bien faire. Et quoy qu'il fût Gentil, parce qu'il surpassoit tous les autres en pieté, & en religion, il n'y en avoit point de son temps qui fut si agreable à Dieu. L'histoire de Ionas dit encore en termes fort clairs que ce n'est pas seulement aux Iuifs que

que Dieu est propice, & favorable, mais qu'il n'y a point d'homme qui ne soit l'objet de sa misericorde, de sa longanimité, de sa benignité, & qu'il se repent mesme des chastiments qu'il leur envoye: *j'avois resolu* (dit ce Prophete) *de m'enfuir en Tharsis, parceque je sçavois* (à sçavoir par les paroles qui sont couchées au 34. de l'Exode) *que tu es un Dieu misericordeux, pitoyable*, &c. & par consequent que tu pardonnerois aux Ninivites. Puis donc que Dieu traitte également tous les hommes, & que les Hebreux n'estoient appellez le Peuple élû de Dieu qu'en consideration de leur Republique, nous concluions que hors de là, Dieu ne fait point aux Iuifs plus de graces qu'aux autres hommes, & qu'il n'y a nulle difference entr'eux, & les Gentils. D'ailleurs Dieu estant misericordieux, & bien faisant sans distinction à tous les hommes; & les Prophetes n'estant pas tant obligez par le devoir de leur charge d'instruire des loix particulieres du païs que d'enseigner la vraye vertu, & d'y porter les hommes; il est indubitable que chaque Nation avoit ses Prophetes, & que la Prophetie n'estoit pas un don qui ne se trouvât que parmi les Iuïfs. Verité qui est confirmée par les histoires tant sacrées que profanes. Et quoy que le vieux testament ne nous asseure pas que les autres Nations ayent eu autant de Prophetes que les Hebreux; ny mesmes qu'aucun Prophete Gentil leur ait esté expressément envoyé, cela ne prouve rien contre nous; vûque les Hebreux ont écrit ce qui les concernoit, sans se mettre en peine d'inserer dans leurs histoires ce qui touchoit les autres Nations. C'est donc assez que nous y lisions que des hommes Gentils, & incirconcis comme Noë, Chanoch, Abimelech, Balaam, &c. ayent Prophetisé, & que des Prophetes Hebreux ont esté envoyez de Dieu, non seulement à leur Nation, mais mesmes à plusieurs autres. Car Ezechiel a Prophetisé à tous les Peuples qui estoient connus en ce temps là, Abdias aux Iduméens, & à nul autre Peuple que nous sçachions. Ionas sur tout aux Ninivites. Isaïe plaint, & predit non seulement les calamitez & le restablissement des Iuïfs, mais encore des autres Nations. *C'est pourquoy (dit il) mes larmes feront voir la douleur que me cause Zabxer.* Et dans un

C.16.v. 19.

autre

autre endroit, apres avoir parlé des desastres qui devoient fondre sur les Egyptiens, il Prophetise leur restablissement en leur faisant connoistre que Dieu leur devoit envoyer un liberateur qui les delivrera, qu'il se revelera à eux, qu'ils le reconnoistront pour leur Dieu par sacrifices & par presents, & enfin il conclut que cette Nation est *un Peuple benit de Dieu*, toutes lesquelles choses sont tres dignes d'estre remarquées. Ce n'est pas seulement pour les Hebreux que Ieremie a esté establi Prophete, mais pour toutes les Nations en general, dont il deplore les malheurs en les Prophetisant en ces termes. *Partant j'eleveray ma voix à cause de Moab, tout le païs de Moab sera cause de mes clameurs*, &c. Et un peu plus bas. *C'est pourquoy le bruit de mon cœur est comme celuy d'un tambour à cause de Moab*. Apres quoy il predit non seulement leur delivrance, mais celle des Egyptiens mesmes, des Ammonites, & des Elamites. Il est donc hors de doute que les autres Nations aussi bien que celle des Juifs avoient leurs Prophetes qui ont Prophetisé aux unes, & aux autres. Et quoy qu'il n'y ait qu'un Balaam, dont l'Ecriture por-

D 6 te

te témoignage qu'il sçavoit par revelation divine ce qui devoit arriver aux Iuifs & aux autres Nations: il ne faut pas neantmoins croire qu'il n'ait Prophetisé que dans cette seule rencontre, car le mesme endroit où il en est parlé, fait foy qu'il y avoit long temps qu'il passoit pour un homme que Dieu, outre le don de Prophetie avoit doüé de qualitez tout extraordinaires, vûque Balak l'ayant fait appeller luy dit. *Sçachant que celuy que tu benis est benit, & que celuy que tu maudis est maudit.* Paroles qui témoignent que ce Prophete avoit le mesme Privilege qu'Abraham avoit reçeu de Dieu. D'ailleurs Balaam agit en homme consommé dans les Propheties, puis qu'il respond aux Ambassadeurs de Balak qu'ils demeurassent, jusqu'à ce que Dieu luy eût fait connoistre sa volonté. Lors qu'il Prophetisoit, c'est à dire qu'il interpretoit la volonté de Dieu, voicy ce qu'il disoit ordinairement de luy mesme; *la voix de celuy qui escoute la parole de Dieu, & qui connoist la science* (ou la volonté) *du tres Haut, qui voit la vision du tout puissant, qui tombe à terre, mais qui a les yeux ouverts.* Enfin apres avoir beni

Num. ch.
22. v. 6.
Gen. ch.
12. v. 3.

ni les Hebreux, suivant sa coustume, par ordre exprés de Dieu, il commence à Prophetiser aux autres Nations, & à leur predire ce qui leur devoit arriver. Circonstances si evidentes qu'il n'y a point de doute qu'il n'eût tousjours esté Prophete, ou qu'il n'eût souvent Prophetisé. Et ce qu'il y a de plus remarquable, c'est qu'il avoit les inclinations bonnes & reglées selon la raison & l'equité; (qualité necessaire pour empescher que les Prophetes ne doutassent de la certitude de leurs revelations) car il ne dependoit pas de sa volonté de benir, ou de maudire indifferemment comme Balak s'imaginoit, mais ceux là seulement que Dieu luy commandoit de benir, ou de maudire. Ce qui luy fit repartir à ce Roy, *si Balak me donnoit plein sa maison d'or & d'argent, je ne pourrois pas transgresser les ordres de Dieu pour faire bien ou mal à ma volonté ; j'annonceray ce que Dieu m'aura dit.* Que si Dieu se fascha contre lui dans son voyage, la mesme chose arriva à Moyse en allant en Egypte par l'ordre de Dieu qui l'y apelloit. S'il prenoit de l'argent pour salaire de ses Propheties, Samuel en prenoit aussi, & s'il a fait voir en

quel-

quelque rencontre qu'il eſtoit pecheur, comme diſent S. Pierre, & Saint Jude, l'Eccleſiaſte reſpond pour luy, *qu'il n'eſt point d'homme ſi juſte qu'il faſſe toûjours bien ſans jamais pecher.* Et l'on peut dire que ſes prieres ont tousjours eſté bien reçeuës de Dieu, & ſes maledictions d'un grand poids, puiſque qu'il eſt dit tant de fois dans l'Ecriture, en témoignage des grandes compaſſions de Dieu envers les Iſraëlites, que Dieu ne voulut point eſcouter Balaam, & qu'il convertit ſa malediction en benediction, d'où j'infere qu'il eſtoit tres agreable à Dieu, qui ne ſe laiſſe point fleſchir ny par les preres, ny par les maledictions des meſchants. Puis donc que Balaam eſtoit un Prophete de verité, encore que Joſüe ne l'appelle que Devin ou Augure, il eſt certain que cette qualité ſe prend en bonne part, & que ceux que les Gentils appelloient Devins, & Augures, eſtoient de vrays Prophetes ; ceux que l'Eſcriture condamne n'ayant eſté que de faux Devins qui ſeduiſoient les Gentils, comme les Juïfs eſtoient ſeduits par les faux Prophetes ; ce qui ſe prouve encore par beaucoup d'autres endroits de l'Eſcriture ; c'eſt pourquoy je je concluë que bien loin que la Prophetie fut un don reservé aux Juïfs, il n'y avoit point de Nation à laquelle il ne fut commun. Non obstant tout cela, les Pharisiens ont un sentiment tout contraire, & soustiennent opiniâtrément que ce don divin ne se trouvoit que parmi eux; qu'à la verité il y en avoit chez les autres Nations qui sçavoient l'avenir, mais que c'estoit (tant la superstition a de penchant aux fables & aux resveries) par un artifice diabolique. La raison principale sur quoi ils fondent cette belle opinion, est tirée du vieux Testament, où Moyse parlant à Dieu luy fait cette priere. *Comment connoistra-t-on que nous avons ton Peuple & moy trouvé grace devant tes yeux? ne sera ce pas quand tu marcheras avec nous, & que nous serons separez ton Peuple & moy de tous les Peuples qui sont sur la terre ?* Exo ch. 33. v. 16. C'est de là dis-je qu'ils pretendent inferer que Moyse demande à Dieu qu'il honorât les Juïfs de sa presence: qu'il se manifestât à eux par revelations Prophetiques, & qu'il ne fist cette grace à nulle autre Nation. Ne seroit il pas bien estrange que Moyse ne pût souffrir sans jalousie, que Dieu demeurât par-

parmi les Gentils & qu'il eût ozé luy demander une chose si ridicule? Ce n'estoit donc pas là son but, mais voicy ce que c'est. Moyse voyant que son Peuple estoit opiniâtre, & rebelle, jugea bien que son entreprise ne reüssiroit pas sans de tres grands miracles, & des marques sensibles de l'assistance extraordinare de Dieu : dans cette consideration, & effrayé de la perte de tant de Peuples, il adresse à Dieu cette priere, & le supplie de l'exaucer s'il est vray qu'il les aime, & qu'il n'ait pas envie de les perdre, *si j'ay*, dit il, *trouvé grace devant tes yeux, que le Seigneur marche avec nous, vû que ce Peuple est refractaire*, &c. par consequent si Moyse demande à Dieu des signes visibles, & extraordinaires, c'est parce qu'il voit que les Juifs sont des testes revesches. Et ce qui prouve encore plus clairement que Moyse ne demande à Dieu qu'un secours externe, & sensible, c'est la responce que Dieu luy fait. *Voicy je traitte alliance & feray devant tout ton Peuple des merveilles qui n'ont point esté faittes en toute la terre, ny en pas une des Nations.* Par consequent il ne s'agit icy que de l'election des Hebreux comme nous l'avons

vons expliquée ; & Moyse ne demande a Dieu que ce que nous venons de voir. Cependant je trouve un passage dans l'Epistre aux Romains qui semble dire tout le contraire, *quel est donc* Ch. 3. v. *l'avantage du Juif*, dit l'Apostre ? *ou quel est le profit de la circoncision ? il est grand en toute maniere, sur tout en ce que les oracles de Dieu leur ont esté commis.* Mais si nous regardons de prés au dessein de l'Apostre, bien loin de trouver que sa doctrine soit contraire à la nôtre, nous verrons qu'elle y est conforme, puis qu'il dit au mesme chapitre que Dieu est aussi bien le Dieu des *Vers.29.* Gentils, que des Juifs, & dans un autre Ch. 2. v. endroit, *si le circoncis transgresse la* 25.26. *Loy, sa circoncision deviendra prepuce, au lieu que si le prepuce garde les ordonnances de la Loy, son prepuce luy sera reputé pour circoncision.* Davantage il dit ailleurs, que tous les hommes tant Ch. 4. v. Juifs que Gentils ont peché, & qu'il 11.15. n'y a point de peché, où il n'y a ny commandement, ny Loy, donc il est certain que la Loy a esté revelée generalement à tous les hommes ; & c'est cette Loy dont Job parle, & sous la Ch. 28. v. quelle tout le Monde a vescu, entant 26. quelle est le chemin de la vraye vertû,
&

& non pas entant qu'elle concerne la fondation de quelque Empire, & qu'elle s'accommode au temperament & aux mœurs d'une Nation particuliere. Pour conclusion l'Apostre dit que Dieu estant le Dieu de toutes les Nations, ses gratuitez universelles, & tous les hommes ayant esté sous la Loy, & sous le peché; Dieu a envoyé son Christ aux Nations, pour les delivrer toutes esgalement de la servitude de la Loy; afin que ce ne fût plus le commandement de la Loy qui les obligeât à bien faire, mais qu'il s'y portassent d'eux mesmes & d'une resolution inviolable. Par consequent mon sentiment est celuy de l'Apostre, si bien que lors qu'il dit, *qu'il n'y a eu que les Juifs à qui les oracles de Dieu ayant esté commis*, ou c'est qu'ils ont esté les seuls à qui les loix ayent esté données par escrit, les autres Nations ne les ayant receuës que mentalement & par revelation; ou il faut entendre par ces paroles, que l'Apostre qui n'a pour objet que de refuter les objections des Iuifs, s'accommode à leurs opinions, & leur respond suivant les prejugez qui avoient cours en ce temps là; puis que pour establir sa

do-

doctrine fondée, tant sur ce qu'il avoit vû, que sur ce qu'il avoit appris de la renommée, il estoit Grec avec les Grecs, & Iuïf avec les Iuïfs. Il ne me reste plus qu'à respondre à ceux qui s'imaginent que l'election des Hebreux n'estoit pas pour la vie presente, & à raison de leur Empire seulement, mais quelle avoit l'Eternité pour objet. La premiere raison qu'ils alleguent, c'est que les Iuïfs ne laissent pas de subsister, quoy qu'ils soient dispersés depuis tant de Siecles & qu'ils soient separez, & rejettez de tous les Peuples: ce qui n'est disent ils arrivé à nulle autre Nation; d'avantage l'Escriture semble enseigner en plusieurs endroits que l'election des Iuïfs estoit Eternelle, par consequent qu'ils doivent toûjours estre les Elûs de Dieu dans leur dispersion mesme. Et les passages principaux sur quoy ils fondent cette election eternelle, sont, 1. que le Prophete Ieremie dit que les Israélites ne cesseront jamais d'estre le Peuple de Dieu par la comparaison qu'il fait d'eux avec l'ordre fixe & immuable du Ciel & de la Terre. 2. Parce qu'il semble qu'Ezechiel asseure que bien que les Iuïfs se vueillent soustraire

Ch. 10. v. 14.

ſtraire de concert du culte qu'ils doivent à Dieu, il ne laiſſera pas de les tirer de tous les endroits où ils auront eſté diſperſez pour les conduire au deſert des Peuples; comme il mena leurs Peres aux deſerts d'Egypte: d'où, apres avoir ſeparé les rebelles d'entr'eux, & de ceux qui ſe ſeront revoltez contre luy, il les fera monter ſur la Montagne de ſa Sainteté, où toute la maiſon d'Iſrael le ſervira. Outre ces deux paſſages, il y en a encore quelques autres dont les Phariſiens principalement ſe font fort, à quoy je pretends ſatisfaire, apres que j'auray reſpondu aux deux premiers. Ce qui me ſera fort aiſé, ſi je puis montrer par l'Eſcriture que Dieu n'avoit élû les Hebreux, qu'aux meſmes conditions qu'il avoit élû les Cananéens auparavant, leſquels avoient auſſi leurs Pontifes, & qui adoroient Dieu d'un culte religieux; & leſquels neantmoins Dieu rejetta, depuis qu'ils ſe furent plongés dans le luxe, dans les delices, & dans l'idolatrie. C'eſt pour cela que Moyſe avertit ſon Peuple de ne ſe point ſoüiller d'inceſtes comme avoient fait les Cananéens, de peur que la Terre ne les vomit comme elle avoit vo-

vont les Nations qui les y avoient precedez. Et dans un autre lieu il les menace en mots exprés d'une ruine generale, *je vous proteste aujourd'huy que vous perirez sans ressource tout de mesme que les Nations que Dieu fait perir devant vous.* Il me semble que ces passages preuvent assez evidemment que l'election des Juifs ne regarde point l'Eternité : & pour les confirmer, il me seroit facile d'en alleguer encore quelques autres que je trouve en la Loy, sans que je crois que ceux là suffisent. Si donc les Prophetes leur ont predit une alliance nouvelle & eternelle, de la connoissance, de l'amour, & de la grace de Dieu, il est evident que cela ne s'addressoit qu'aux justes, car nous avons vû dans Ezechiel que Dieu separera d'avec eux les rebelles, & les revoltez : & Sophonie dit expressément que Dieu destruira les superbes, mais que les pauvres subsisteront, & il ne faut pas s'imaginer que cette election qui a pour objet la vraye vertù, n'ait esté promise qu'aux fidelles d'entre les Juifs, puis que les vrays Prophetes des Gentils dont toutes les Nations estoient pourvuës, l'ont aussi annoncée

cée aux fidelles d'entre leurs Peuples, & les en ont effectivement confolez. Puis donc que cette alliance eternelle de la connoiffance & de l'amour de Dieu, eft generale, il ne doit point y avoir de difference touchant cela entre les Juïfs & les Gentils, ny par confequent d'election particuliere, que dans le fens dont nous venons de parler. Que fi les Prophetes où il s'agit de cette election qui ne concerne que la veritable vertù, mélent beaucoup de chofes touchant les facrifices, & quelques autres ceremonies, s'ils font, dis-je, mention en cette rencontré du reftabliffement du Temple, & de la ville, c'eft qu'ils ont parlé en Prophetes, dont la couftume eftoit d'envelopper les chofes fpirituelles fous ces figures, afin de marquer par là aux Juïfs dont ils eftoient Prophetes, que leur Temple devoit eftre rebafti fous le Regne de Cyrus, & leur Empire relevé. Si bien qu'il ne faut pas que les Iuifs d'aujourdhuy prefument d'eftre privilegiez, ny d'avoir aucun advantage au deffus des autres Nations. Quant à leur difperfion, ce n'eft pas merveille qu'ils ayent fubfifté fi long-temps depuis la prife de leur ville, puis qu'ils qu'ils se sont sequestrez des autres Nations, & qu'ils ont attiré leur haine, non seulement par des coustumes entierement contraires, mais par le signe de la Circoncision qu'ils observent inviolablement. Or que la haine des Nations soit fort propre à les conserver, nous l'avons vû par experience. Un Roy d'Espagne les ayant autrefois contraint, ou de vuider de son Royaume, ou d'embrasser sa religion, il y en eut une infinité qui le firent. Et comme en se faisant Chrestiens, ils furent jugez dignes de tous les privileges des sujets naturels du pays, & qu'ils eurent entrée aux charges, ils se mélerent tellement parmi les Espagnols, qu'en peu de temps, la memoire mesme en perit. En Portugal, il en alla tout autrement, car estant forcez au Christianissime, sans estre admis aux privileges, & aux dignitez du Royaume, ils ont tousjours fait bande à part, quoy qu'ils soient devenus Chrestiens : & quant à la circoncision, je la crois d'un tel poids, qu'il ne faut qu'elle seule pour perpetuer cette nation. Et si les fondements de leur religion ne les effeminoient, il y auroit lieu d'esperer qu'ils pourront quelque jour retrouver

ver l'occasion (tant les choses du monde sont variables, & inconstantes) de rétablir leur Empire, & d'estre encore le Peuple elû de Dieu. Nous avons de cecy un exemple autentique chez les Chinois, lesquels se font un point de religion de laisser croistre une touffe de cheveux sur leur teste pour se distinguer des autres Nations, & cela leur a reüssi depuis tant de milliers d'années, qu'il n'est point de peuples qui approchent de leur antiquité. Ce n'est pas qu'ils ayent tousjours esté les Maistres dans leur estat, mais ils l'ont tousjours recouvré apres l'avoir perdu, & je ne doute pas qu'ils ne s'y rétablissent encore, lors que les richesses du pays auront aveuglé les Tartares, & que les delices commenceront à les corrompre. Au reste si quelqu'un veut soustenir par quelque raison que ce soit, que l'election des Iuifs est une election eternelle, je ne luy contrediray pas, pourvû qu'il demeure d'accord que cette election, de quelque durée qu'elle soit, entant qu'elle est particuliere aux Iuifs, ne concerne que leur Republique & les commoditez du Corps, (puis qu'il n'y a que ce seul point qui puisse di-
stin-

stinguer les Nations) : mais qu'à l'esgard des connoissances naturelles & de la vraye vertû, toutes les Nations sont tellement semblables, que Dieu aime également, & qu'à cet esgard son election ne tombe point sur aucune en particulier.

Chapitre IV.
De la Loy divine.

LE nom de Loy pris en general signifie ce qui lie à un genre de vie fixe & determiné tous les individus d'une mesme Espece, ou quelques uns seulement. Et cette Loy est ou naturelle & necessaire, ou d'institution humaine; la naturelle est celle qui est tellement essentielle à une chose qu'on ne l'en sçauroit separer; & l'autre à laquelle il convient plus proprement d'estre appellée Loy, est ce, à quoy les hommes s'assujettissent pour se mettre à couvert des insultes ordinaires, & vivre plus commodément ou pour de semblables raisons; par exemple c'est une Loy generale pour tous les corps, & qui leur est essentielle, que les grands perdent autant de leur mouvement dans la rencontre, qu'ils en impriment aux plus petits, comme c'est une Loy essentielle à la Nature humaine que l'homme se souvienne d'une chose semblable à celle qui luy revient actuellement à la memoire, ou de quelqu'autre qu'il avoit couceuë en mesme temps. Mais que les hommes renoncent de gré, ou de force à leur droit naturel pour se soûmettre à un certain genre de vie, c'est une chose qui est d'institution humaine. Et quoy que je tombe d'acord qu'il y a un enchaînement eternel des causes avec leurs effets, & une fatalité inevitable tant pour l'existence, que pour l'action, je dis neantmoins que les loix generales & universelles dependent des particulieres qui sont d'institution humaine. 1. En ce que l'homme entant qu'il est une partie de la Nature, fait une partie de la puissance, ainsi tout ce qui part de la Nature humaine, (c'est à dire de la Nature mesme, entant que nous la concevons determinée par la Nature humaine,) quoy qu'il en parte par une necessité inviolable ; cela dis-je ne laisse pas d'estre imputé à la nature humaine ; c'est pourquoy l'on peut fort bien dire que l'ordonnance de ces loix

de-

depend de la volonté des hommes, vûque l'Esprit humain en est le principal autheur ; de sorte neantmoins qu'entant qu'il envisage les choses sous l'apparence du vray ou du faux, il puisse estre consideré sans ces sortes de loix particulieres, mais non jamais sans cette Loy necessaire, & qui est essentielle à sa nature comme nous venons de l'expliquer. 2. J'ay dit que ces loix estoient d'institution humaine par la necessité qu'il y a de definir, & d'expliquer les choses par leurs causes prochaines, outre que cette consideration generale d'une fatalité inevitable, & de l'enchaînure des causes ne sert de rien pour former & pour diriger nos pensées à des objets particuliers. Ioint que nous ignorons quels sont les ressorts de la Nature, & quelle est cette Loy inviolable par laquelle toutes les choses du monde sont gouvernées. De sorte que pour nostre usage, il est à propos, & mesme necessaire de considerer toutes choses comme si elles estoient possibles. Voilà ce qui regarde la Loy en general.

Mais comme ce mot de Loy semble avoir esté approprié aux choses naturelles, & que l'on n'entend communement par là qu'une ordonnance que les hommes peuvent ou executer ou negliger, entant qu'elle met à la puissance humaine certaines bornes, au delà des quelles elle s'estend, & qu'elle ne commande rien qui soit au dessus de ses forces ; c'est pour cela que nous definissons la Loy considerée plus particulierement, un certain genre de vie que l'homme se prescrit à soi & aux autres pour quelque fin. Mais comme la principale fin des loix, est ce qu'il y a de moins connû, & que la plus part des hommes sont incapables de la connoître, & qu'ils ne s'appliquent à rien moins qu'à vivre selon la raison ; il a fallu pour les retenir dans leur devoir, que les legislateurs en establissent une autre toute opposée à celle que la nature a pour objet essentiel, en les incitant à l'observation des loix par des recompenses qui sont les delices du vulgaire, & en menaçant les infracteurs des supplices qu'ils craignent le plus : ce qui a donné lieu d'appeller Loy, la forme de vivre que nous embrassons par la volonté de quelqu'un, & de dire, que ceux qui obeïssent aux loix, vivent sous la Loy, & qu'ils en sont esclaves. En effet rendre à un chacun ce qui

qui luy appartient en vuë des peines, & des supplices, cela ne s'appelle pas estre juste, puisque ce n'est pas agir de soy mesme, mais par la volonté d'un autre, & par la terreur des menaces. Mais ne faire tort à personne, en vuë de l'equité, & de la necessité des loix, c'est agir avec connoissance, volontairement & sans contrainte, & par consequent c'est estre juste, & c'est à mon avis ce que Saint Paul a voulu enseigner, lors qu'il a dit que ceux qui vivoient sous la Loy, ne pouvoient estre justifiez par la Loy, la justice n'estant autre chose suivant la definition que l'on en donne communément qu'une volonté ferme & constante de rendre à un chacun ce qui luy appartient, c'est pourquoy Salomon a dit que l'execution de la justice est la joye du juste, & la terreur du meschant. La Loy n'estant donc autre chose qu'une forme de vivre establie par les hommes pour quelque fin, soit pour eux mesmes, ou pour d'autres, on la distingue d'ordinaire en divine, & en humaine. Par celle cy, j'entends le genre de vie lequel n'est estably que pour le salut des hommes, & de l'Estat; & par la divine

Proverb. 11.v.12.

vine, ce qui n'a pour objet que le souverain bien, qui consiste en la connoissance & en l'Amour de Dieu. Or ce qui me fait appeller cette Loy une Loy divine, c'est la nature du souverain bien dont nous allons parler avec le plus de brieveté, & de clarté qu'il nous sera possible.

Comme l'Entendement est ce qu'il y a de plus noble, & de meilleur en nous, si nostre interest nous est cher, le plus grand de nos soins doit estre de le perfectionner, puisque c'est en cela que consiste nostre souverain bien ; & comme nous ne sçavons rien qu'autant que nous connoissons Dieu, tant à cause que rien n'est sans luy, que parce que nous pouvons douter de tout, tandis que nous n'en avons point d'idée claire & distincte, il s'ensuit que ce n'est que de la connoissance de Dieu que depend nostre souverain bien, & toute nostre perfection. D'ailleurs comme sans Dieu rien ne peut estre, de quelque façon que ce soit, il est certain qu'il n'y a rien dans la Nature où Dieu ne soit compris, tant à raison de son essence, que pour la perfection de son estre. Par consequent plus nous avons de connoissance des

choses

choses naturelles, plus nous connoissons Dieu, & en avons une idée plus parfaitte ; ou (comme la connoissance d'un effet par sa cause n'est autrechose que connoistre quelque proprieté de cette cause) plus nous connoissons les choses naturelles, d'autant plus parfaittement connoissons nous l'essence de Dieu qui est la source, & la cause de toutes choses; si bien que toutes nos lumieres, & toutes nos connoissances, dependent non seulement de la connoissance de Dieu, mais c'est en cela mesme qu'elles consistent, l'homme estant d'autant plus parfait, que la nature de la chose, à quoi il s'attache, est parfaitte. De sorte que celuy qui s'estudie sur toutes choses à connoistre, & à aimer Dieu le plus parfait de tous les Estres, & en fait ses delices, on peut dire que celuy la est veritablement parfait, & qu'il jouït d'une beatitude souveraine; par consequent nous n'avons point d'autre souverain bien, ny d'autre beatitude, que la connoissance & l'Amour de Dieu. Nous disons donc que les moyens qu'exige cette fin de toutes les actions humaines, à sçavoir Dieu mesme, entant que son idée est

E 4 au

au dedans de nous, se peuvent appeller commandements de Dieu, parce qu'ils nous sont faits comme par luy mesme, entant qu'il est dans nostre Esprit, & que le genre de vie qui a cette fin pour objet, est veritablement Loy divine. Or pour sçavoir quels sont les moyens, & quel est le genre de vie que cette fin exige, comment y doivent tendre les Republiques bien reglées, & qu'elles doivent estre les mœurs, & les liaisons entre les hommes, je renvoye le lecteur à la morale, n'ayant entrepris de traitter icy que de la Loy divine en general.

Puis donc qu'il n'y a que l'amour de Dieu qui puisse estre la souveraine felicité de l'homme, sa principale fin, & le but de toutes ses actions; il s'ensuit que pour accomplir la loi divine, il faut s'efforcer d'aimer Dieu, non par la terreur des supplices, ny pour l'amour de quelqu'autre chose, comme par exemple des delices, de la renommée, &c. mais seulement par ce que l'on connoist Dieu, ou que l'on sçait que le souverain bien ne consiste qu'à le connoître, & à l'aimer. Si bien que le sommaire de la Loy divine & le plus grand de ses commandements est d'aimer
Dieu

Dieu pour l'amour de luy mesme, sans y estre incité par les peines, ou par les recompenses, puisque la seule idée que nous en avons, nous dicte clairement qu'il est nostre souverain bien, & que sa connoissance & son amour est la fin derniere, & le but ou doivent viser toutes nos actions. Il est vray que l'homme charnel n'entend point cecy, & qu'il le prend pour une fable, parce qu'il connoist Dieu trop foiblement & qu'il ne trouve rien en luy, qu'il puisse toucher, ny manger, ny enfin qui flatte ses sens, unique objet de ses complaisances: l'amour de Dieu estant purement intellectuel, & détaché de la matiere. Mais ceux qui ont gouté les douceurs de l'Esprit, & qui sçavent par experience que rien ne leur est comparable, ceux là sans doute en jugeront tout autrement. Nous venons donc de voir en quoy c'est principalement que consiste la Loy divine, & quelles sont les loix humaines, à sçavoir celles qui ont un but tout different, à moins qu'elles n'ayent esté establies par revelation; car à cet esgard, les choses se rapportent aussi à Dieu, & c'est en ce sens que la Loy de Moyse

quoy que particuliere, & accommodée au temperament d'une seule Nation, & ordonnée pour sa seureté, se peut appeller Loy divine, c'est à dire entant que nous la croyons revelée par une lumiere prophetique. Or maintenant si nous considerons la nature de la Loy divine qui nous est naturelle suivant l'explication que nous venons d'en donner, nous trouverons 1. Qu'elle est generale, & commune à tous les hommes, puis qu'elle tire son origine de la nature humaine qui est universelle. 2. Qu'elle n'exige point que nous en croyons les histoires quelles qu'elles soient, car cette Loy divine & naturelle, n'estant conceuë que par rapport à la nature humaine, il est certain que nous la pouvons aussi bien considerer en Adam, que dans un autre homme, dans un homme de compagnie, que dans un solitaire; vû que les histoires quelque certaines qu'elles soient, ne nous sçauroient instruire de la connoissance de Dieu, ny par consequent de son amour; puisque l'amour de Dieu vient en suite de la connoissance que nous en avons, & que cette connoissance est tirée des notions communes
qui

qui sont si evidentes d'elles mesmes, & si certaines, qu'elles n'ont pas besoin d'estre appuyées d'aucune raison étrangere; par consequent la foy des histoires n'est pas un moyen necessaire pour parvenir à nostre souverain bien. Mais quoyque les histoires ne nous inspirent ny l'amour, ny la connoissance de Dieu, nous ne nions pas neantmoins qu'elles ne soient fort necessaires au regard de la vie civile; car plus nous connoissons les mœurs, & les humeurs des hommes, qui se connoissent mieux par le portrait que nous en voyons dans les histoires, que par aucun autre moyen; plus nous sçavons avec quelle precaution nous devons vivre parmi eux, & apprenons à nous conduire conformément à leur humeur autant que la droite raison, & la bienseance le permet. Nous voyons en troisieme lieu que cette Loy divine & naturelle n'exige aucune ceremonie, c'est à dire, des actions qui de soy sont indifferentes & nullement bonnes que d'institution; ou qui representent quelque bien necessaire au salut: si l'on n'aime mieux dire que ce sont des actions qui passent nostre capacité; la raison est que la

E 6 lalumiere naturelle n'exige point ce qui est hors de sa jurisdiction, mais cela seul, qu'elle fait voir evidemment comme un bien, & un moyen propre à nostre beatitude. Or ce qui n'est bon que par ce qu'il est commandé, ou qu'il ressemble à quelque bien, ne sert de rien pour éclairer & perfectionner nostre Entendement, & n'est qu'une ombre fréle & indigne d'estre mise au nombre des fruits de l'Entendement, & d'un esprit solide, ce qui n'est que trop manifeste. 4. Nous voyons que la plus grande recompense de la Loy divine, consiste en elle mesme, assavoir à connoistre Dieu, & à l'aimer de tout son cœur, tousjours, & librement. Et que ses châtiments & ses peines sont, la privation de ces choses, l'esclavage de la chair, la legereté, & l'inconstance. Cela posé, examinons si la lumiere naturelle nous peut servir pour considerer Dieu comme un legislateur, & comme un Prince qui prescrit des loix aux hommes. 2. Ce que l'Escriture nous enseigne touchant cette lumiere, & cette Loy naturelle. 3. Pour quelle fin les ceremonies anciennes ont esté instituées. 4. De quelle imporportance il est de sçavoir & de croire les histoires saintes; nous parlerons icy des deux premiers articles, & reserverons les deux autres pour le chapitre suivant. Quant au premier, il est aisé de le determiner, en considerant que la nature de la volonté de Dieu, n'est distinguée de son entendement qu'à nostre esgard, c'est à dire que la volonté & l'entendement de Dieu sont en effet une mesme chose, & qu'ils ne sont distinguez l'un de l'autre qu'en vertu de nos pensées & de l'idée que nous nous formons de l'entendement divin. Quand par exemple nous ne considerons autre chose, si non que la nature du Triangle est comprise de toute eternité dans la nature divine comme une verité eternelle, c'est comme si nous disions que Dieu a une idée du Triangle, & qu'il en connoit la nature; mais si nous concevons que la nature du Triangle est telle dans la Nature divine par la necessité de la nature divine, & non pas par la necessité de l'essence & de la nature du Triangle; si nous concevons, dis-je, que la necessité de l'essence, & des proprietés du Triangle n'est telle, que par la necessité de la nature, & de l'enl'entendement de Dieu, & non pas par la necessité de la nature du Triangle, alors nous attribuons à la volonté de Dieu & à son Decret, ce que nous pensions n'estre que du ressort de son entendement. Si bien que c'est une mesme chose à l'esgard de Dieu, soit que nous disions qu'il a voulu de toute eternité que les trois Angles du Triangle soient esgaux à deux droits, ou qu'il a entendu que cela fut ainsi, d'où vient que tout ce que Dieu veut, ou ne veut pas, est d'une necessité eternelle, & indispensable. Par exemple si Dieu dit à Adam qu'il ne vouloit pas qu'il mangeât de l'arbre qui faisoit connoistre le bien & le mal ; il impliqueroit contradiction qu'Adam en eût pû manger, & par consequent il estoit impossible qu'il en mangeât, tous les Decrets de Dieu estant d'une necessité inevitable & eternelle. Cependant comme l'Escriture dit expressément que Dieu l'ayant defendu à Adam, il ne laissa pas d'en manger, nous devons dire que Dieu ne fit connoistre à Adam que la peine qu'il souffriroit necessairement pour sa desobeïssance, mais non pas que ce fut une necessité eternelle & inevitable qu'il dût

dût souffrir cette peine; ce qui fit qu'Adam ne conçeut pas cette revelation comme une verité eternelle, & necessaire, mais comme une Loy, & une ordonnance qui pouvoit estre suivie de peine ou de recompense; non pas par la necessité & par la nature du forfait, mais parce que la volonté, & le bon plaisir du Prince estoit tel; d'où vient que cette revelation ne doit estre considerée comme Loy qu'à le-gard d'Adam, & pour le defaut de sa connoissance, & Dieu en cette rencontre que comme un legislateur ou un Prince. C'est aussi pour cette raison, à sçavoir pour le defaut de la connoissance des Hebreux, que le Decalogue leur tenoit lieu de Loy; car comme il ne sçavoient ce que c'estoit qu'existence de Dieu, & verité eternelle, il falloit necessairement que ce qui leur estoit manifesté par le Decalogue, à sçavoir que Dieu existe, & qu'il est le seul adorable, leur tins lieu de Loy. Que si Dieu eût parlé à eux immediatement par luy mesme, & sans un corps intermediaire, alors ils n'eussent rien compris de tout ce que Dieu leur eût dit comme une Loy, mais comme une verité eternelle.

nelle. Et l'on obfervera que ce que nous difons icy d'Adam, & des Ifraëlites, fe doit dire auffi des Prophetes qui ont prefcrit des loix au nom de Dieu, à fçavoir que ceux cy n'ont compris non plus que ceux là les Decrets divins dans toute leur eftenduë, ny comme veritez eternelles. Nous difons par exemple que Moyfe apprit des revelations par quel moyen les Ifraëlites pourroient s'unir dans un certain endroit du monde, & y jetter les fondements de leur Empire, & le moyen mefme qu'il devoit prendre pour les faire obeïr, mais il ne comprit pas, comme auffi ne luy fut il pas revelé, que ce moyen là fut le meilleur qu'on pût choifir, ny que par l'obeïffance generale du Peuple dans cette contrée du monde, laquelle leur eftoit marquée, ils donneroient neceffairement au but où ils vifoient, c'eft pourquoy il ne comprit pas tous ces moyens comme veritez eternelles, mais comme des commandements, & des ftatuts, qu'il prefcrivit en forme de loix divines; d'où vient qu'il ne fe reprefenta Dieu que fous ces attributs de Legiflateur, de Roy, de Mifericordieux, de Jufte, &c. quoique ces

at-

attributs ne conviennent qu'à la nature humaine, & nullement à la divine. Mais il faut prendre garde que je ne parle icy que des Prophetes, qui ont prescrit des loix au nom de Dieu, & non pas de Jesus Christ; car quoy qu'il semble avoir aussi establi des loix au nom de Dieu, il est neantmoins à croire qu'il concevoit les choses telles qu'elles estoient, & dans toute leur estenduë, n'estant pas tant Prophete que la bouche de Dieu mesme : Dieu s'estant revelé aux hommes par l'Esprit de Jesus Christ, comme il faisoit autrefois par les Anges, à sçavoir par une voix creée, & par des visions, &c. ainsi, en soûtenant que Dieu ajustoit ses revelations aux opinions de Jesus Christ, on s'éloigneroit autant de la raison, qu'en se figurant que Dieu les eût jadis proportionnées aux sentiments des Anges, c'est à dire d'une voix creée, & des visions, pour communiquer aux Prophetes ce qu'il leur vouloit reveler, chose à la verité la plus absurde que l'on se pourroit imaginer, vû principalement qu'il n'a pas esté envoyé pour ne prescher qu'aux Juifs, mais generalement à tous les hommes. Si bien qu'il ne suffisoit

fifoit pas que fon Efprit ne s'accommodât qu'aux opinions des Juifs, mais mefme à celles de tout le genre humain, & aux principes generaux, c'eſt à dire aux notions communes, & veritables. En effet puis que Dieu fe manifeſtoit immediatement à l'Efprit de Jeſus Chriſt, & non pas comme aux Prophetes par l'entremiſe des paroles, & des images, il eſt indubitable qu'il concevoit les revelations telles qu'elles eſtoient, puis que pour comprendre veritablement une choſe, il ſuffit que ce ſoit par les ſeules forces de l'Eſprit, ſans le ſecours des paroles, & des images. Jeſus Chriſt ayant donc compris les revelations dans leur vray ſens, & dans toute leur eſtenduë, s'il eſt vray qu'il les ait laiſſées, & eſtablies en forme de loix, ce n'a eſté qu'en vûë de l'opiniâtreté, & de l'ignorance du vulgaire; d'où vient qu'il a eſté en cette rencontre le Lieutenant de Dieu, dautant qu'il s'eſt accommodé à la capacité des hommes; & bien qu'il ait parlé un peu plus clairement que les autres Prophetes, il n'a pas laiſſé d'eſtre obſcur, couvrant le plus ſouvent ſes inſtructions de paraboles, & principalement lors qu'il parloit à ceux

à

à qui il n'estoit pas encore donné d'entendre le Royaume des Cieux. Mais quant aux autres qui avoient l'avantage d'en pouvoir comprendre les mysteres, il ne faut point douter qu'il ne leur ait enseigné les choses comme veritez eternelles, sans leur en faire des loix à quoy il voulut les assujetir : & c'est en ce sens qu'il les a delivrez de la servitude de la Loy, en quoy neantmoins il l'a confirmée davantage, & l'a imprimée plus avant dans leurs cœurs. Ce qu'il semble que Saint Paul enseigne en quelques endroits de ses Epistres, quoy qu'il ne s'en explique pas non plus ouvertement, vû qu'il dit en termes exprez qu'il parle à la façon des hommes, lors qu'il attribuë la justice à Dieu : & c'est sans doute à cause de l'infirmité de la chair, & de l'ignorance du Peuple qu'il feint en Dieu une misericorde, une grace, une colere, &c. Et comme il dit en beaucoup d'endroits, il ne leur parle point comme à gens spirituels, mais comme à des hommes charnels, à la portée desquels il s'accommode; car il enseigne formellement ailleurs que la misericorde, & la colere de Dieu dépendent, non des œu-

œuvres des hommes, mais de la seule vocation de Dieu, c'est à dire de sa volonté. Davantage que les œuvres de la Loy ne justifient personne, mais que c'est le propre de la foy, par laquelle il ne peut entendre autre chose que l'entier aquiescement de l'Esprit; & que personne enfin ne peut devenir heureux qu'il n'ait en soy l'Esprit de Jesus Christ, qui luy fasse comprendre les loix divines comme des veritez eternelles. Nous concluons donc que ce n'est qu'en vûë de la foiblesse de l'Esprit humain, & pour s'y accommoder, que l'on represente Dieu comme un Legislateur, & comme un Prince, & qu'on l'appelle juste, misericordieux, &c. puis qu'en effet, Dieu n'agit, & ne dirige toutes choses que par la seule necessité de sa nature, & de sa perfection, & qu'en fin ses Decrets, & ses volontez sont des veritez eternelles qui enveloppent une necessité inevitable. Et c'est ce que j'avois à dire pour l'explication du premier Article. Passons maintenant au second, & feüillettons les saintes lettres pour voir ce qu'elles enseignent de la lumiere naturelle & de cette Loy divine. La premiere chose qui se presente, c'est
l'hi-

Rom. ch. 3. v. 28.

Rom. ch. 8. v. 9.

l'histoire du premier homme, où nous lisons que Dieu defendit à Adam de manger du fruit de l'arbre qui faisoit connoistre le bien & le mal, ce qui ne semble signifier, sinon que Dieu commanda à Adam de faire le bien, & de le chercher comme tel, & non pas entant qu'il est contraire au mal : c'est à dire que Dieu l'incita à la recherche du bien pour l'amour du bien mesme, & non, par la crainte du mal, puis que c'est vivre selon la liberté de l'Esprit que de se porter au bien par la connoissance que l'on en a, & pour l'amour qu'on luy porte; au lieu que c'est vivre en esclave, & tesmoigner sa dependance, que de le faire par contrainte, & pour eviter les chastiments; si bien que cette seule defense que Dieu fit à Adam, comprend toute la loy divine qui nous est naturelle, & convient en toute maniere à la nature de la lumiere naturelle. Je ne voy rien de plus facile que d'expliquer suivant ce principe toute cette histoire, ou parabole du premier homme, mais j'aime mieux en demeurer là, tant parce que je ne suis pas certain si ce que j'en dirois seroit conforme au dessein de celuy qui en est l'Auteur, que parce qu'il qu'il y en a qui croyent que cette histoire bien loin d'estre une Parabole, n'est qu'une simple narration d'une chose qui est arrivée. Il sera donc plus à propos que j'allegue d'autres passages de l'Escriture, & sur tout quelques uns de ceux qui sont sortis de la bouche d'un homme, qui pour n'avoir parlé que naturellement, n'a pas laissé de surpasser tous les plus sages de son temps, & d'aller du pair avec les Prophetes : tant ses sentences ont esté estimées, & reverées dans tous les siecles : je veux dire de Salomon, de la prophetie & de la pieté du quel il n'est pas fait tant de mention dans la Sainte Escriture, que de sa prudence, & de sa sagesse. Ce sage Roy dit en ses Proverbes que l'intelligence humaine est la source de la vraye vie, & l'ignorance le plus grand de tous les maux, & pour me servir de ses propres termes, *que l'homme entendu trouve en soy la source de vie, & que la folie est le supplice des insensez.* Où l'on observera que par le mot de vie en general, l'Hebreu entend la vraye vie comme il appert par le Deuter. ch. 30. verset 19. Ce n'est donc que dans la vraye vie qu'il constituë le fruit de l'entendement, com-

comme ce n'est que dans la privation de cette faculté, & du bon sens, qu'il fait consister le supplice, ce qui convient fort bien à ce que nous avons dit au 4. article en parlant de la Loy divine qui nous est naturelle. Or que cette source de vie, qui est le seul entendement prescrive des loix aux sages, ce sçavant Roy le fait assez entendre, lors qu'il dit dans un autre chapitre que *la loy de l'homme sage* (c'est à dire l'entendement) *est une source de vie*. Ch. 13. v. 14. Enfin il enseigne en termes fort clairs en un autre endroit que l'intelligence fait devenir l'homme heureux, & luy procure la tranquillité de l'esprit. *Bien-heureux l'homme qui trouve la science, & le fils de l'homme qui a de l'intelligence*. La raison qu'il en donne aux versets suivants, est *qu'elle donne directement une longue vie, & indirectement des richesses, & des honneurs: ses voyes*, (à sçavoir celles que la science enseigne) *sont voyes plaisantes, & ses sentiers ne sont que paix*. Il n'y a donc que les seuls Sages au sentiment de Salomon qui puissent vivre d'une vie paisible, & tranquille; au lieu que les meschants qui flottent entre des passions differentes, ne goustent au rapport ch. 3. v. 14. 16. 17.

Chap 17. port d'Isaïe ny paix, ny repos. Mais sur tout il est à noter, qu'il n'y a rien qui confirme mieux nostre opinion que ce qui est escrit au second des Proverbes en ces mots. *Car si tu cherches la prudence, & tu addonnes ta voix à l'intelligence, &c. alors tu entendras la crainte de Dieu, & trouveras sa connoissance* (ou plutost son amour, le mot Hebreux *Jadab*, signifiant l'un & l'autre;) *Car Dieu donne sapience* (paroles tres considerables) *& de sa bouche procede science & prudence.* Paroles, dis-je, qui témoignent en termes fort clairs, 1. qu'il n'y a que la sagesse, & l'intelligence qui nous enseigne la veritable crainte de Dieu, c'est à dire à luy rendre un culte vrayement religieux; davantage que la sagesse & la science coule de la bouche de Dieu, & que c'est luy qui la donne, ainsi que nous l'avons remarqué, lorsque nous avons dit que nostre entendement, & ce que nous avons de connoissance depend de l'idée que nous avons de Dieu, & que c'est de la connoissance, de Dieu qu'il tire toutes ses lumieres, & toute sa perfection. Suivons le jusqu'au verset 9. & nous verrons qu'il y enseigne en termes formels, que cette con-

connoissance de Dieu enferme ce qu'il y a de plus exquis dans la morale, & dans la politique, & que l'une & l'autre en est tirée. *Alors tu entendras justice, & jugement, & des choses equitables, & toute bonne voye*: & pour encherir encore par dessus tout cela, il dit, *lorsque la science entrera dans ton cœur, & que la sagesse te sera douce, & agreable; alors ta precaution te conservera, & ta prudence te gardera.* Paroles qui conviennent parfaitement bien à la science naturelle puis qu'elle traitte de la morale, & de la vraye vertu, à laquelle nous nous adonnons, apres avoir acquis la connoissance des choses naturelles, & goûté l'excellence de la sagesse. Avoüons donc que la beatitude, & la tranquillité de celuy qui travaille à éclairer son entendement des connoissances naturelles ne dépend point, au sentiment de Salomon même de l'Empire de la fortune (c'est à dire du secours que Dieu nous envoye du dehors) mais de sa propre vertu (à sçavoir du secours de Dieu qui luy est naturel, & du ressort de sa puissance) vû que c'est principalement de sa vigilance, de ses soins, & de sa precaution que dépend sa son salut

F

lut. Mais Il ne faut pas oublier icy un passage de Saint Paul traduit du Syriaque de Tremellius, & fort convenable à mon sujet, où l'Apostre parle en ces termes, *car ce qui est caché de Dieu, à sçavoir sa puissance eternelle, & sa divinité, se rend visible aux yeux de nostre entendement, en considerant ses ouvrages dans la creation du monde, afin que nous soyons inexcusables.* Par où il montre evidemment que chacun peut connoistre la vertu de Dieu, & sa divinité par la lumiere naturelle, ce qui suffit pour nous faire entendre ce que nous avons ou à suivre ou à eviter, c'est pourquoy il conclut que nul n'est excusable, non pas mesme par ignorance, comme on le pourroit estre s'il parloit en cet endroit là d'une lumiere surnaturelle, & des souffrances de Jesus Christ en son Corps, de sa resurrection, &c. Et c'est pourquoy il dit un peu plus bas, *qu'à cause de cela Dieu les a livrés aux sales convoitises de leurs cœurs, &c.* declamant dans tout ce chapitre contre les vices de l'ignorance, & faisant voir que ces vices en sont comme le supplice, & la peine.

Rom. ch. 1. v. 20.

Ce qui se rapporte fort bien au sen-

sentiment de Salomon, qui est que la folie est le supplice des Insensez, & par consequent il ne se faut pas estonner si l'Apôtre dit que les meschants sont inexcusables: puis que chacun moissonnera suivant ce qu'il aura semé, le mal du mal, à moins qu'il ne soit suivi d'un veritable amendement, & le bien du bien, pourvû qu'il soit accompagné de perseverance. Par où nous voyons que l'Escriture ne recommande rien tant que la lumiere, & la Loy divine qui nous est naturelle.

CHAPITRE V.

Pour quelle fin les ceremonies ont esté instituées, & de la foy des histoires, à sçavoir en quel sens, & à qui elles sont necessaires.

Nous avons vû au precedent chapitre, que la Loy divine qui nous apprend à devenir heureux, & nous enseigne la veritable vie, est generale

& commune à tous les hommes; & nous avons mesme démontré qu'elle est une proprieté inseparable de nôtre Esprit, & qu'elle y est comme gravée, tant elle nous est naturelle. Or les ceremonies anciennes ne concernant que les Hebreux, & estant tellement appropriées à l'affermissement de leur Empire, qu'elles ne pouvoient estre mises en pratique pour la plus part, que par tout le Peuple en corps, & non pas par un chacun separément, & en particulier; il est certain qu'elles n'appartiennent point à la Loy divine, & ne contribuent nullement à la beatitude, ny à la vertu, mais qu'elles regardent simplement l'élection des Juifs: c'est à dire (ainsi que nous l'avons vû au Chapitre troisiéme) une felicité temporelle, & le repos de leur Estat, & qu'elles ne sont par consequent de nul usage que lors que leur republique est sur pied. Si donc elles sont rapportées dans le vieux testament à la Loy divine, ce n'est que parce qu'elles estoient fondées sur les revelations, & que leur institution en dependoit. Mais comme les plus solides raisons ne sont pas d'un grand poids chez la plus part des Theologiens, nous confirmerons

rons par l'Escriture ce que nous venons d'avancer; & pour rendre la chose plus claire, nous montrerons pour quelle fin, & comment, les Ceremonies servoient à l'establissement & à la conservation de l'Empire des Juifs. Le Prophete Isaïe n'enseigne rien avec plus de clarté que ce qu'il dit en parlant de la Loy divine en general: laquelle signifie, dit il, non les Ceremonies, mais cette Loy universelle qui consiste dans la rectitude qui est la veritable vie. Ce Prophete invite son Peuple à venir apprendre de luy la Loy divine, & apres en avoir exclus toutes les Festes, & tous les Sacrifices, il leur enseigne enfin ce que c'est, & dit en peu de mots qu'elle consiste dans la netteté de cœur, dans la pratique de la vertu, & des bonnes œuvres, & à secourir les miserables. Le témoignage du Psalmiste n'est pas moins autentique, lorsqu'il dit en parlant à Dieu, *tu n'as voulu ny sacrifices, ny presents, tu m'as donné intelligence, tu n'as point demandé d'holocauste, ny d'oblation pour le peché, je me suis resolu d'executer ta volonté, dautant que ta Loy est aude dans de mes entrailles.* Où nous voyons qu'il n'appelle Loy di-

divine que celle qui est écrite dans les entrailles, & dás le cœur, & qu'il en exclut les ceremonies, lesquelles n'estant bonnes que par leur seule institution, & non pas d'elles mesmes, ne sont point écrites dans les cœurs. Je pourrois alleguer d'autres passages de l'Escriture sur ce sujet, mais j'estime que ces deux suffisent. Or que les ceremonies ne concernent qu'une felicité temporelle, & nullement la beatitude, cela est trop visible pour en douter ; vû que l'Escriture ne promet pour cela que des delices, & les commoditez du corps ; au lieu qu'il n'y a que la Loy divine & universelle, à quoy la beatitude soit attachée. En effet nous ne voyons point qu'il soit promis dans les cinq livres, que l'on dit estre de Moyse, que des honneurs, de la reputation, des victoires, des richesses, des plaisirs, la santé, & autres telles recompenses purement temporelles. Et bien qu'outre les ceremonies il s'y trouve plusieurs choses touchant les mœurs, elles n'y sont pas neantmoins comme des instructions morales qui conviennent à tous les hommes, mais comme des commandements appropriez au temperament des Hebreux, & à l'utilité

lité de leur Empire. Lors par exemple que Moyſe defend aux Juïfs de tuer, & de dérober, ce n'eſt point entant que Prophete, ou Docteur qu'il leur fait cette défenſe, mais en Legiſlateur, & en Prince, vû qu'au lieu d'appuyer ſes commandemens de raiſons, il y ajoûte des peines qui doivent eſtre differentes ſuivant l'Eſprit, & le genie de chaque nation. Ainſi, lors qu'il commande de ne commettre point adultere, ce n'eſt qu'en vûë du bien, & de l'intereſt temporel de la Republique des Hebreux, car s'il eût voulu que cela paſsât pour une morale univerſelle touchant non l'intereſt public, mais la tranqvillité de l'Eſprit, & la vraye beatitude de tous les hommes en general; il eſt certain qu'il n'eût pas condamné les œuvres ſeules, mais la convoitiſe meſme & le conſentement au mal, à l'exemple de Jeſus Chriſt, dont la doctrine regarde tout le genre humain, c'eſt pourquoy il promet une recompenſe ſpirituelle, au lieu que Moyſe ne fait eſperer que des biens paſſagers. Car Jeſus Chriſt comme jay déja dit n'a pas eſté envoyé pour inſtituer des loix, & pour le ſalut d'un Empire, mais ſeulement pour

Mat. ch. 5. v. 28.

F 4 en-

enseigner la Loy universelle, & c'est en ce sens qu'il a dit qu'il n'estoit pas venu pour abolir la Loy de Moyse. Aussi n'en a-t-il point introduit de nouvelles dans la Republique, & ne s'est mis en peine que d'enseigner des instructions morales, qu'il a soigneusement distinguées des loix de la Republique, pour l'ignorance des Pharisiens, lesquels s'imaginoient qu'il ne falloit pour vivre heureux que garder la Loy de Moyse, bien qu'elle ne fût établie que pour le seul interest des Hebreux, & encore beaucoup moins pour les instruire, que pour les tenir dans leur devoir. Mais revenons à nostre sujet, & continüons à prouver par l'Escriture que les ceremonies n'avoient que la promesse des commoditez corporelles, & que la beatitude n'est promise qu'à la Loy divine qui est commune à tous les hommes. De tous les Prophetes c'est Isaïe qui en a parlé plus clairement, car apres avoir condamné l'hypocrisie, il exhorte à la liberté, & à la charité envers le prochain, & pour cela, voicy ce qu'il

Cast. promet. *Alors ta lumiere paroistra comme une aurore, & ta santé sera florissante, ta justice ira devant toy, & le*
jour

jour de ta mort sera suivi de la gloire de ton Dieu, &c. Apres cela il recommande le Sabbat, pour l'exacte observation duquel il fait esperer ce qui suit. *Alors je te rassasieray de divertissements honnestes, & feray que ton Empire te sera aussi souple qu'un cheval l'est au frein, je te donneray à manger l'heritage de Jacob ton Pere, ainsi que la bouche de l'Eternel a parlé.* Où nous voyons que pour la liberté, & pour la charité, le Prophete fait esperer la santé du Corps, & de l'Esprit, & la gloire de Dieu apres la mort; mais pour les ceremonies, rien autre chose que la seureté & la prosperité de l'Empire, & les commoditez du corps. Il ne faut pas s'imaginer qu'il soit fait aucune mention des ceremonies dans les Pseaumes 15. & 24. vûqu'il ne s'agit là que de la beatitude qui est la seule chose qu'on nous y represente, bien que ce ne soit qu'en paroles; Car il est certain que par la montagne de Dieu, par ses Tentes, & par la demeure dont parle le Prophete, il faut entendre la beatitude, & la tranquillité de l'Esprit, & non pas la Montagne de Jerusalem, ny le Tabernacle de Moyse : dautantque c'estoient des

F 5   lieux

lieux que personne n'habitoit, & qui n'estoient servis que par les Levites. Davantage nous avons vû au precedent chapitre que la vraye beatitude est promise par Salomon à ceux qui aiment la sagesse : parce que c'est elle qui nous apprend à connoistre, & à craindre Dieu. Or que les Juifs ne soient point obligez aux ceremonies apres la destruction de leur Empire, Jeremie le dit clairement au chapitre 29. où apres avoir predit que la ville estoit sur le point d'estre ruinée, dit que pour aimer Dieu, il faut absolument *sçavoir & entendre que c'est luy qui fait misericorde, jugement & justice en la terre, & que dorénavant il n'y aura plus que ceux qui sçavent les choses qui meritent d'estre loüez.* Comme s'il disoit que Dieu n'exige plus rien de particulier des Juifs depuis la destruction de la ville, & qu'il ne les obligera plus qu'à la Loy naturelle, dont aucun homme n'est exempt. Quant au Nouveau Testament, je n'y voy rien qui ne confirme mon opinion, n'y estant enseigné qu'une doctrine morale dont le Royaume des cieux est le prix, les Apôtres ayant aboli les ceremonies, si tost qu'ils eurent commencé cé à prefcher l'Evangile aux autres Nations qui eſtoient engagées aux loix d'une autre Republique. Que ſi les Phariſiens les ont gardées pour la plus part depuis la perte de leur ville, ç'a eſté plûtoſt pour contrecarrer les Chreſtiens, qu'à deſſein de plaire à Dieu. Car la ville eſtant ruïnée pour la premiere fois : & les Hebreux n'eſtant point encore diviſez en Sectes que je ſçache ; ils ne ſont pas plûtôt dans Babylone, qu'ils negligent les ceremonies : & ſi nous en croyons Nehemie, & Eſdras, à peine y ſont ils captifs, qu'ils diſent tous adieu à la Loy de Moyſe : qu'ils oublient les ſtatuts & les coûtumes de leur païs comme choſes inutiles, & s'incorporent meſmes dans les autres Nations. C'eſt pourquoy il eſt hors de doute, que les Juifs d'aujourd'huy (leur Republique eſtant deſtruite) ne ſont pas maintenant plus obligez à la Loy de Moyſe, qu'avant qu'elle fût eſtablie. Car tandis qu'ils vivoient au milieu des Nations eſtrangeres, avant que de ſortir d'Egypte, ils n'avoient point de Loys particulieres, & n'eſtoient obligez qu'au droit naturel, & aux ordonnances du Païs où ils vivoient : entant qu'elqu'elles n'eſtoient ny contraires, ny oppoſées à cette Loy divine qui eſt naturelle à tous les hommes. Que ſi les Patriarches ont ſacrifié à Dieu, je ne doute pas qu'ils ne l'ayent fait, parce qu'ils y eſtoient accouſtumez dés leur enfance, pour exciter leur devotion, tout le monde depuis Enos en ayant tellement pris la couſtume, qu'ils s'en ſervoient pour réveiller leur zele & leur pieté. Ce n'eſtoit donc pas, ny que Dieu les y obligeât, ny qu'ils l'euſſent appris des fondements generaux de la Loy divine, mais parce que les ſacrifices eſtoient en vogue en ce temps là ; & s'ils l'ont fait par l'ordonnance de quelqu'un, ce n'a eſté ſans doute que pour obeïr aux loix des lieux où ils vivoient, auxquelles ils eſtoient obligez, pour les raiſons que nous avons dites au chapitre troiſiéme en parlant de Melkiſedech.

Il me ſemble que c'en eſt aſſez, pour confirmer mon opinion par l'Eſcriture, paſſons donc au reſte & voyons comment & pour quelle fin, les ceremonies eſtoient utiles à l'eſtabliſſement & à la ſeureté des Hebreux, ce que je montreray par des raiſons plauſibles & generales le plus brévement que

que je pourray. Ce n'est pas seulement pour se precautionner contre les Ennemis qu'on éleve des societez, mais pour plusieurs autres raisons qui ne sont pas de moindre importance, car si les hommes se refusoient un secours mutuel, le temps leur manqueroit, & toute leur adresse ne suffiroit pas pour se pourvoir des necessitez de la vie ; car comme les dons, & les talents sont limitez, il n'est point d'homme qui pût suffire à tant de choses ; en effet qui pourroit trouver le temps de labourer la terre, de l'ensemencer, de moissonner, de moudre, de cuire, & de venir à bout d'une infinité d'autres choses qui sont necessaires à la vie, sans parler des arts, & des sciences qui sont d'un secours indispensable pour la perfection de nôtre nature, & pour acquerir la beatitude; les Peuples qui sont sans police, estant tousjours miserables, & menant une vie brutale, sans neantmoins qu'ils se puissent passer absolument les uns des autres, quoy qu'ils se contentent de peu, & que les choses dont ils se servent soient grossieres, & sans art. Or si les hommes estoient d'un temperament à ne rien souhaiter que de raisonnable, il est certain que pour vivre ensemble, ils n'auroient pas besoin de loix, mais il suffiroit de les instruire d'une bonne morale qui leur apprît à se porter volontairement au bien, & à ne desirer que ce qui est veritablement utile : mais la nature humaine est bien éloignée de cette moderation, tous courent à leur interest, mais ce n'est pas selon les loix de la raison : & comme ils sont gourmandez par leur convoitises, sans se soucier du passé ny de l'avenir, ils vont aveuglément où leur appetit les entraine. De là vient que l'authorité & la violence sont le maintien des societez, & qu'il y faut absolument des loix, qui tiennent en bride la licence effrenée des hommes, & repriment leur insolence. Cependant la nature humaine est ennemie d'une severité trop grande, & comme dit Seneque, la violence destruit les Empires, & la moderation les soustient : car qui n'agit que par la crainte, ne fait rien que contre son gré, & sans examiner si ce qu'on luy commande luy est utile, ou necessaire, il n'a pour but que d'éviter la peine portée par les loix. Dans cet estat violent le Prince est l'objet de sa hayne, ses desastres font toute sa joyé,

&

& quoy qu'il en arrive, il ne peut s'empescher de faire mille imprecations contre luy; d'ailleurs il n'est rien de si rude que d'obeïr à nos semblables, ny rien plus difficile que de nous oster la liberté apres l'avoir goustée. De tout cela, il s'ensuit, premiérement que tout Estat doit estre gouverné ou en commun, dautant que c'est le moyen d'eviter d'estre esclave de son semblable; au lieu que s'il n'y a que peu de personnes à gouverner, ou mesmes un seul, il faut qu'il soit doüé de dons au dessus de l'humain, ou du moins qu'il tasche de le persuader à la multitude. Davantage il faut que les loix en toute sorte de gouvernement soient telles, que la crainte ait moins de pouvoir à retenir les hommes, que l'esperance de ce qu'ils souhaitent le plus, car alors ils se portent avec ardeur à leur devoir; & comme l'obeïssance, consiste à suivre les ordres de celuy qui a l'authorité en main, il s'ensuit que l'on est exemt de cette servitude dans un Estat où la puissance est partagée, & où les loix sont establies d'un commun consentement. Car soit que les loix y soient augmentées ou diminuées, la liberté est toûjours égale, puis qu'il n'y a

ny

ny contrainte, ny dependance : mais dans les Monarchies, il n'en va pas de mesme, car comme il n'y a qu'une teste qui gouverne l'Etat, tout le reste est éclave, & depend de sa volonté; de sorte que si dés l'enfance on n'a appris aux Peuples à obeïr à un Monarque, il sera malaisé dans l'occasion de leur imposer un nouveau jong, & de leur arracher la liberté de leur naissance.

Ces choses ainsi considerées en general, venons à l'Empire des Hebreux. D'abord qu'ils furent hors d'Egypte, exemts de toute servitude, ils ne dependoient que d'eux mesmes. Dans cet Estat de liberté ils avoient droit d'establir de nouvelles loix, d'élever leur Empire où ils voudroient, & de s'habituer à leur choix. Mais comme ils estoient trop grossiers pour un si grand ouvrage, & qu'ils n'estoient propres à rien moins qu'à l'establissement d'un droit commun, & populaire : il fallut que Moyse prit la charge de leur conduite, qu'ils s'y abandonnassent, & qu'il leur fît des loix, dont il seroit le seul interprete. Or comme Moyse estoit doüé d'un genie Extraordinaire, & d'une vertu toute divine qu'il confirma par plusieurs signes à la vuë

Exod. ch. 14. v. 31. & le ch. 19. v. 9.

vuë de son Peuple; il ne luy fut pas difficile de se maintenir dans cette authorité. Ce personnage donc tout extraordinaire fait de saintes & divines loix, & les prescrit au Peuple; mais avec cette circonstance que chacun luy obeïssoit moins par contrainte que volontairement. Deux raisons principales luy firent prendre cette voye de douceur, le naturel revesche de ce Peuple (sur qui la violence ne peut rien) & une guerre inevitable; temps mal propre à trop de rigueur, & où la flaterie est plus de saison que les menaces; car par ce moyen le Soldat s'anime, & prend bien plus de peine à faire paroistre son courage, qu'il ne feroit pour eviter l'ignominie, ou le supplice. Voilà donc la raison qui obligea Moyse divinement inspiré à introduire la religion dans la Republique, à sçavoir afin que le Peuple fist son devoir plus par devotion, que par crainte. Ajoûtez à cela qu'il les combla de bienfaits, avec promesse de la part de Dieu qu'avec le temps ils en recevroient de plus grands. Quant à ses loix, elles n'estoient pas trop severes, & pour peu qu'on les examine, on y verra bien moins de rigueur qu'on n'en n'en croit, particulierement si l'on prend garde aux circonstances qui s'observoient dans la punition des coupables. Et afin que ce Peuple à qui la liberté estoit fatale, fut souple aux ordres de Moyse, ce grand homme ne souffrit pas que des gens nez & élevez dans l'esclavage fissent rien sans sa permission; rien ne se faisoit donc sans son ordre, & la moindre de leurs actions estant limitée par la Loy, ils ne pouvoient pas eviter de l'avoir toûjours devant les yeux; car pour labourer, pour semer, pour moissonner, c'estoit elle qu'ils consultoient, ils ne pouvoient pas mesmes manger, se vestir, se couper les cheveux, se raser, ny se réjouyr, ny s'occuper à quoy que ce soit que par l'ordonnance de la Loy. Mais non seulement leurs actions, mais leurs mains mesmes, l'entrée de leurs maisons & leur front portoient les marques de leur servitude, & les incitoient à l'obeïssance. C'estoit donc là le but des ceremonies, à sçavoir d'obliger le Peuple à ne rien faire de son propre mouvement, mais par l'ordonnance de Moyse; afin qu'ils avoüassent par leur conduite tant interieure qu'exterieure, qu'ils dependoient

doient d'une authorité souveraine. Apres cela doutera-t-on que les ceremonies du vieux testament ne sont rien à la beatitude? & n'avoüera-t-on pas que toute la Loy de Moyse ne concernoit que l'Empire des Hebreux, & par consequent rien autre chose que des biens temporels, & les commoditez de la vie? Et quant à celles du Nouveau, le Baptême, la Cene, les Festes, les Prieres, & toutes les autres qui sont en usage parmi les Chrestiens, & qui l'ont tousjours esté, s'il est vray qu'elles ayent esté instituées par Jesus Christ, ou par les Apôtres (ce qui ne m'est pas encore evident) elles n'ont esté establies que comme des signes visibles de l'Eglise universelle, & non pas comme choses qui importent à la beatitude, ny qui contiennent rien de saint; d'où vient qu'encore qu'elles n'ayent pas esté fondées en vûë d'aucun Estat, elles ne laissent pas de l'estre en consideration de tout le corps du Christianisme; de sorte que celuy qui meine une vie solitaire, n'y est nullement obligé, & que l'on doit mesme s'en abstenir absolument dans les païs, où l'exercice de la religion Chrestienne est interdit, sans

en

en vivre moins saintement ny estre moins heureux. Nous avons de cecy un exemple au Japon, où le Christianisme estant defendu, les Hollandois qui y habitent n'en font nulle profession ouverte par l'ordre de la compagnie des Indes Orientales. J'ajouterois quelqu'autre authorité à celle cy s'il en estoit besoin: & quoy qu'il me fut tres facile de soûtenir mon opinion par les fondemens mesmes du Nouveau Testament, & de l'appuyer sur d'autres témoignages fort autentiques; je ne veux pourtant pas m'y arrester, ayant quelqu'autre chose de plus important pour objet. Je continueray donc mon dessein, & feray voir quels sont ceux aux quels les histoires de la Bible sont necessaires, & pourquoy il y faut croire. Et pour y reüssir, consultons là dessus avant toute autre chose les lumieres de la raison.

Lors qu'il s'agit de persuader, ou de dissuader quelque chose, outre l'evidence de la question, il faut convaincre les Esprits, ou par quelque experience sensible & journaliere, ou par raisons demonstratives. Mais si l'experience n'est telle qu'on la puisse com-

comprendre clairement & distincte‑
ment, quoy que l'homme en soit con‑
vaincu, l'Entendement ne le sera pas,
ny ses tenebres si bien dissipées qu'el‑
les seroient par des axiomes purement
intellectuels, ou par la seule force de
nostre Entendement, & par l'ordre
qu'il garde dans la comprehension des
choses : particulierement s'il ne s'agit
que d'une chose toute spirituelle, &
qui ne tombe nullement sous les sens.
Mais comme les operations de l'En‑
tendement requierent d'ordinaire une
longue enchaînure de conceptions,
beaucoup d'esprit & de precaution,
& outre tout cela une grande retenuë,
(circonstances extremément rares;) de
là vient que les hommes aiment mieux
estre instruits par l'experience, que de
s'assujettir à tirer leurs connoissances
de quelque peu d'axiomes, & à les en‑
chaîner ensemble. D'où il s'ensuit que
pour enseigner une doctrine à quelque
Nation, pour ne pas dire à tout le gen‑
re humain, & la faire entendre distin‑
ctement à tout le monde, il n'est be‑
soin que de la confirmer par l'experien‑
ce, & d'accommoder ses raisons à la
capacité du vulgaire, qui constituë la
plus grand' part du monde, sans les en‑
chaîner

chaîner ensemble, ny s'amuser à les definir pour les rendre plus intelligibles; car autrement il n'y auroit que les doctes qui l'entendroient, c'est à dire tres peu de personnes, si nous les comparons avec ceux qui ne le sont pas. Or l'Escriture n'ayant d'abord esté revelée que pour une seule Nation, & en suite pour tout le monde, il est certain que les choses qui y sont comprises devoient estre si familieres & si sensibles, que les plus grossiers les pûssent entendre. Je m'explique plus clairement. Les points de Theologie que nous enseigne l'Escriture sont principalement ceux-cy ; à sçavoir qu'il y a un Dieu, c'est à dire un Estre qui a fait toutes choses, qui les gouverne par une sagesse toute admirable, qui les conserve, qui a grand soin des hommes, particulierement des bons, & qui punit les meschants qu'il relegue dans un lieu à part. Et tout cela n'est prouvé que par l'experience, c'est à dire par les histoires de la saincte Escriture, qui sans alleguer ny raisons, ny definitions pour appuyer ce qu'elle enseigne s'accommode en toute rencontre à la portée des simples & des moins éclairez. Et bien que l'experience ne nous enseigne

gne point ce que c'est que Dieu, ny quels sont les moyens dont il se sert pour la conservation de l'univers, comment il le gouverne, ny quels sont les ressorts de sa providence sur les hommes: nous ne laissons pas d'en tirer autant de lumiere qu'il en faut pour nous porter à l'obeïssance, & pour allumer le feu de la devotion en nos cœurs. Nous pouvons donc maintenant juger qui sont ceux à qui les histoires sacrées sont necessaires, & à quoy elles sont utiles; car à considerer ce que nous venons de dire; il s'ensuit que le Peuple qui n'a pas l'Esprit de rien comprendre clairement & distinctement, les doit necessairement sçavoir; de plus que celuy qui les nie, parce qu'il ne croit pas qu'il y ait un Dieu qui gouverne tout par sa providence, n'a ny religion, ny pieté: mais que celuy qui sans leur secours, & sans estre aidé que de la seule lumiere naturelle, sçait qu'il y a un Dieu, au quel convient ce que nous luy avons attribüé: si d'ailleurs il est sans reproche, il s'ensuit, dis-je, que cet homme vit religieusement & beaucoup plus sans comparaison que le Peuple; d'autant qu' outre les veritaritables opinions, il a une idée, & un concept clair & distinct que le Peuple n'a pas. Enfin il s'ensuit que qui ne sçait rien ny par ces histoires, ny par la lumiere naturelle, s'il n'est impie ou refractaire, est un brutal qui n'a que le nom d'homme, & que Dieu n'a doüé d'aucune bonne qualité. Mais on observera qu'en disant qu'il faut absolument que le vulgaire sçache les histoires, nous ne pretendons pas comprendre dans cette connoissance toutes les histoires saintes sans exception, mais seulement celles qui sont les principales, & qui prises separément prouvent avec plus de netteté & d'evidence l'existence de Dieu, & ce que nous en avons dit, & qui ont plus d'efficace que les autres pour ébranler, & pour émouvoir les Esprits. Car si toutes les histoires de l'Escriture estoient esgalement necessaires pour la confirmation de sa doctrine, & qu'on n'en pût tirer de consequence, que par la consideration generale de toutes celles qu'elle contient; il est certain que la demonstration de sa doctrine seroit non seulement impossible au Peuple, mais mesmes entiérement au dessus de la capacité humaine. Car

Car qui pourroit eitre attentif à tant d'hiſtoires en meſme temps & à une infinité de circonſtances qui enveloppent le fruit, & l'inſtruction que l'on devroit tirer d'une ſi grande diverſité. Pour moy je ne puis croire que ceux de qui nous tenons l'Eſcriture en l'Eſtat où nous la voyons, ayent eu aſſez d'Eſprit pour débroüiller ce grand Chaos, & beaucoup moins que ſa doctrine ne ſe puiſſe entendre que l'on ne ſçache la guerre civile des Juifs & des Iſraëlites; ſans oüir les differents d'Iſaac, les conſeils d'Achitophel à Abſalon, & beaucoup d'autres de cette nature; ou que les premiers Juifs qui vivoient du temps de Moyſe n'ayent pû comprendre l'evidence de cette meſme doctrine par le moyen de ces hiſtoires avec autant de facilité que les contemporains d'Eſdras; mais nous parlerons de cecy plus expreſſément dans la ſuite. Le Peuple n'eſt donc obligé de ſçavoir d'entre les hiſtoires que celles qui ſont les plus propres à les porter à l'obeïſſance & à la devotion. Mais dautant qu'il n'eſt pas capable d'en faire un diſcernement juſte, & qu'il a plus d'eſgard aux evenements ſinguliers, & aux aventu-

G res

res de l'histoire qu'au profit qu'il en doit tirer, on establit des Ministres & des Pasteurs qui suppléent à son ignorance par le soin qu'ils prennent de l'instruire selon la foiblesse de son esprit. Mais revenons à nostre sujet, & concluons que les histoires quelles qu'elles soient tant les sacrées que les profanes n'appartiennent point à la Loy divine, ne contribüent nullement à la beatitude, & ne sont de nulle importance qu'en consideration de leur doctrine, en quoy seulement les unes sont plus excellentes que les autres. Et comme c'est le principal fruit qu'il en faut tirer; lors que l'on n'y a point d'esgard, & que l'on n'en prend point occasion de s'amender; l'histoire sainte n'est pas de plus grande efficace que la lecture de l'Alcoran, d'une comedie, ou de ces histoires communes que la multitude ne lit que par forme de passetemps. Au lieu que si sans les sçavoir on a de pieux sentiments, & que l'on vive bien, c'est estre vrayement Saint, & avoir l'Esprit de Jesus Christ en soy. Les Juifs prevenus du contraire soûtiennent ouvertement que la bonne vie & les meilleures opinions, ne servent de de rien tandis qu'on demeure dans les bornes de la lumiere naturelle, & qu'on n'embrasse point ces opinions, & cette bonne vie en consequence des revelations de Moyse. Voyons ce qu'en dit Maimonides. *Recevoir les sept * commandements & estre ponctuel à les observer, c'est estre dit il des Nations saintes, & heritier du monde à venir; pourvû qu'on les reçoive, & qu'on les observe, parce que Dieu les a commandez dans la Loy, & nous a fait connoistre par Moyse, que ce sont les mêmes auxquels les enfants de Noé ont esté obligez. Mais ne les observer que par la lumiere naturelle, ce n'est point estre du nombre ny des habitans, ny des sçavants des Nations.* A ces paroles de Maimonides, R. Ioseph fils de Sem Tob, ajoûte dans son livre qu'il appelle Kebod Elohim, c'est à dire, la gloire de Dieu, que bien qu' Aristote (qu'il croit avoir escrit une morale universelle, & qu'il estime par dessus tous les autres) n'eût suivi que la verité dans cette morale, & eût vescu de mesme; tout cela neantmoins n'eût pû

---

* Les Juifs s'imaginent que Dieu ne laissa à Noé que sept commandements pour les Nations, mais beaucoup davantage pour les Hebreux afin de rendre leur election plus eclatante, & faire croire qu'ils estoient de beaucoup plus heureux que les autres Nations.

pû contribüer à son salut, ne l'ayant mis en pratique que par un instinct de raison, & sans avoir esgard ny à revelation, ny à Prophetie. Mais il n'est pas besoin que je m'areste à refuter une opinion qui n'est fondée ny sur la raison, ny sur l'Escriture, & qu'il ne faut que lire pour en connoistre l'absurdité. Il y en a d'autres qui s'imaginent que la Nature est si corrompuë que ses lumieres ne peuvent servir au Salut, ny nous enseigner la verité; mais quelle apparence de croire une chose si ridicule? & comment faire fond sur les raisons des gens qui confessent que toute leur raison est pervertie? ils repartent à cela qu'il y a quelque chose en eux fort au dessus de la raison, mais que font-ils pour le prouver? pour moy plus je les considere, plus je vois qu'ils sont au dessous de la raison & du bon sens; pour le moins leurs paroles, & leurs actions le font assez connoistre. Mais sans m'en expliquer davantage, je diray seulement pour la conclusion de ce chapitre que ce sont nos œuvres qui témoignent ce que nous sommes, & quels nous sommes, si bien que comme dit S. Paul celuy qui a la charité,
la

la joye, la paix, la patience, la benigni- *Gal. ch.*
té, la bonté, la loyauté, la douceur, & la *v. 11.*
continence, contre lesquelles choses
la Loy n'est point establie, soit que ce
soit par la raison, ou par l'Escriture, cet
homme la est instruit de Dieu, & est
veritablement heureux.

Chapitre VI.

Des Miracles.

Comme la science qui est au dessus de nos forces, est appellée divine, ainsi a-t-on accoustumé de rapporter à Dieu les choses dont on ignore la cause: le vulgaire estant persuadé que la puissance & la providence de Dieu n'éclate jamais si visiblement que lors qu'il voit ce qu'il n'a point accoustumé de voir, particulierement si cela tourne à son profit; & s'imaginant que rien n'est plus propre pour appuyer l'existence de Dieu que ces prodiges qu'il appelle des dereglements dans la Nature, & l'interruption de son cours; de sorte qu'il croit que c'est détroner Dieu & nier sa providence que de vouloir expliquer les miracles, comme toutes les autres choses par leurs causes naturelles, & se picquer de les entendre : & d'autant plus qu'il se figure que Dieu ne fait rien, tandis que le cours de la Nature est toûjours le mesme : & qu'au contraire la puissance de la Nature est suspenduë ou reprimée, tandis que Dieu agit ; establissant par ce moyen deux puissances réellement distinctes, l'une divine, & l'autre naturelle : que Dieu neantmoins a determinée ou (suivant l'opinion moderne) que Dieu a crée d'une certaine maniere. Or de sçavoir ce que le Peuple entend par ces deux puissances c'est une chose bien difficile, & luy mesme sans doute n'en sçait rien, si ce n'est peut estre qu'il s'imagine la puissance divine comme une Reyne dans un trosne, & la naturelle comme une puissance qui agit avec violence, & impetuosité. C'est donc la coustume du Peuple de prendre pour miracle, ou pour un ouvrage divin ce qui luy paroist inoüy ; & tant par devotion, qu'a dessein de contrecarer les amateurs des sciences naturelles, il fait gloire d'ignorer les causes de ce qui se fait dans la Nature, & ne demande qu'à ouïr des choses qui se font dans la Nature, qu'il qu'il admire d'autant plus qu'il ne les entend point : comme s'il ne pouvoit adorer Dieu, ny rapporter toutes choses à sa volonté, que par la destruction des causes naturelles, & par l'interruption du cours de la Nature; Dieu ne luy paroissant jamais si admirable que lors qu'il s'imagine que la Nature est comme enchaînée, & qu'il tient sa puissance en bride. Erreur qui à mon sentiment tire son origine des premiers Juïfs, qui pour convaincre les Payens de leur temps qui adoroient des Dieux visibles comme le Soleil, la Lune, la Terre, l'Eau, l'Air, &c. & leur montrer que ce n'estoient que des Dieux foibles, sujets au changement & soûmis à l'empire d'un Dieu invisible : s'efforçoient par là de prouver que toute la Nature n'agissoit, & ne se mouvoit par l'ordre du Dieu qu'ils adoroient que pour eux, & leurs descendants. Ruse qui fut d'abord si favorablement reçeuë, qu'ils ont tousjours continué depuis à feindre des miracles : afin de faire accroire qu'ils sont les favorits de Dieu ; que leur Nation est la cause finale pourquoy il a creé toutes choses, & ce qui l'oblige à en prendre soin. Audace des plus temeraires, & nullement pardonnable à des ignorants, qui n'ont aucune bonne idée ny de Dieu, ny de la nature; qui confondent les choses divines avec les humaines, & qui se figurent enfin une nature si bornée qu'ils croient que l'homme en est la plus noble, & la principale partie. Mais c'est assez parlé des opinions, & des prejugez du vulgaire, touchant la nature, & les miracles. Commençons à traitter nostre question avec methode, & faisons voir, 1. qu'il n'arrive rien contre la nature, mais que son cours est fixe, immuable & eternel, & en mesme temps ce que c'est que miracle. 2. Que nous ne sçaurions connoistre par les miracles ny l'essence, ny l'existence de Dieu, ny par consequent sa providence; mais que tout cela se comprend bien mieux par l'ordre fixe & immuable de la nature. 3. Je montreray par des passages tirez de la Bible, que l'Escriture n'entend par les Decrets & par la volonté de Dieu, & consequemment, par sa providence, que ce mesme cours de la Nature qui suit une Loy inviolable. Nous traitterons en quatriéme lieu de la maniere d'interpreter les miracles dont parle

parle l'Escriture, & des choses plus remarquables qui y sont comprises. Voilà le sommaire de ce chapitre, qui n'est pas des moins importants pour aider à entendre le dessein de tout cet ouvrage. Qu'il n'arrive rien contre la Nature, il est aisé de le prouver par ce que nous avons enseigné, en parlant de la Loy divine, à sçavoir que tout ce que Dieu veut ou entend est d'une necessité inevitable; car nous avons montré que l'entendement de Dieu n'estant point distinct de sa volonté, il s'ensuit que vouloir & entendre, c'est à l'esgard de Dieu une mesme chose ; tellement que Dieu ne peut concevoir une chose comme elle est en elle mesme, qu'il ne la vueille aussi de la mesme façon qu'elle est. Or comme il n'y a rien qui ne depende necessairement de la volonté de Dieu, il est evident que les loix universelles de la Nature ne sont autre chose que les Decrets de Dieu qui coulent de la necessité & de la perfection de sa Nature divine. Donc, s'il arrivoit quelque chose dans la Nature, qui fût contraire à ses loix universelles, il faudroit de necessité que cette chose fût aussi côtraire au decret, a l'entendement, & à la Nature divine;

ne ; ou si quelqu'un pouvoit soûtenir que Dieu pût quelque chose contre les loix de la Nature : il faudroit aussi qu'il soûtint que Dieu peut agir contre sa nature, chose ridicule & absurde. Ce raisonnement se pourroit encore appuyer sur ce que la puissance de la Nature, est la puissance de Dieu mesme & sa vertu : & que la puissance divine est la propre essence de Dieu. Mais ce n'est pas mon dessein de traitter icy à fond de cette matiere. Il me suffit de faire voir qu'il n'arrive rien dans la * Nature qui repugne à ses loix universelles, ny aussi qui n'y convienne, & qui n'en soit une suite infaillible, vûque rien ne se fait que par la volonté de Dieu, & son Decret eternel. C'est à dire que tout ce qui se fait, depend des loix & des regles qui enveloppent une verité, & une necessité eternelle. Donc, la Nature observe tousjours des regles, & des loix inviolables, bien qu'elles ne tombent pas toutes sous nostre connoissance : & garde aussi par consequent un ordre fixe, & immuable. Aussi n'y a t'il point de bonne raison pour soûtenir que la puissance de la la Nature soit bornée, & que ses loix ne sont pas infinies. Car comme la vertu, & la puissance de la Nature, est la propre vertu, & puissance de Dieu, d'ailleurs les loix, & les regles de la Nature, n'estant autre chose que les Decrets de Dieu : il est indubitable que la puissance de la Nature est infinie, & ses loix si vastes qu'elles s'estendent à toutes les choses qui sont l'objet de l'entendement divin. Autrement que s'ensuivroit il? si non que Dieu auroit creé une Nature si impuissante, & dont les loix seroient si steriles, que pour la conserver, & faire reüssir toutes choses à sa volonté, il seroit souvent obligé de l'aider d'un nouveau secours. Erreur certes des plus grossieres, & des plus éloignées de la raison. Puis donc qu'il n'arrive rien dans la Nature que selon le cours de ses loix inviolables, que ses loix s'estendent aussi loin que l'entendement divin, & que son cours enfin est fixe & immuable, il s'ensuit manifestement que ce mot de miracle ne doit estre entendu que respectivement aux opinions des hommes, & ne signifie qu'une chose, dont on ne peut expliquer la cause naturelle par l'exemple d'une autre, à laquelle

G 6

quelle on soit accoutumé : ou que du moins ne peut expliquer celuy qui escrit, ou qui raconte le miracle. Il est vray que je pourrois dire que le miracle est, ce dont on ne peut expliquer naturellement la cause par les principes des choses naturelles ; mais puis que les miracles ont esté faits pour le vulgaire qui n'avoit nulle connoissance des principes des choses naturelles, il est certain que les anciens prenoient pour miracle ce qu'ils ne pouvoient expliquer de la façon que le vulgaire a accoûtumé d'expliquer les choses naturelles : à sçavoir en taschant de se ressouvenir d'une chose semblable qu'il ait déja vuë sans admiration ; le peuple se flattant toûjours de comprendre ce qu'il n'admire point. Donc, les anciens, & presque tous les hommes jusqu'aujourd'huy n'ayant point eu d'autre regle toûchant les miracles, il est indubitable qu'il y en a beaucoup dans la S. Escriture, dont il est facile d'expliquer les causes, par les principes des choses naturelles, lesquels nous sont connus. Tels que sont ceux de Josué & d'Achaz dont nous avons desja parlé au Chapitre second, & dont nous parlerons encore dans celuy

celuy-cy lors que nous traitterons de l'interpretation des miracles. Presentement nous allons voir que ce n'est nullement d'eux que nous devons apprendre ny l'essence, ny l'existence, ny la providence divine, mais que c'est au contraire de l'ordre fixe & immuable de la Nature. Comme l'existence de Dieu n'est point evidente de soy, on ne peut l'inferer que des notions, dont la verité soit si ferme, & si incontestable, qu'elle ne puisse estre alterée par aucune puissance, ou du moins ces notions doivent nous paroistre telles, depuis le temps que nous en inferons l'existence de Dieu, si nous pretendons l'en inferer de telle sorte que nous n'en doutions plus: car si l'on pouvoit concevoir que ces notions pussent estre alterées par quelque puissance quelle qu'elle fût : alors nous serions bien fondez à douter de leur certitude, & par consequent de nôtre conclusion, à sçavoir de l'existence de Dieu : & ne pourrions jamais estre certains d'aucune chose. Davantage nous avons montré que rien ne convient ny ne repugne à la Nature, que ce que nous avons fait voir estre conforme, ou opposé à ces mesmes principes;

cipes; d'où vient que si nous pouvions imaginer une puissance (quelle qu'elle fût) qui pût faire quelque chose d'opposé à la Nature, ce seroit une necessité que cette chose fût aussi contraire à ces premiers principes, ou notions, ce qui seroit par consequent ridicule & absurde, & comme tel il ne seroit pas recevable ; ou nous serions reduits à douter des premieres notions (comme nous venons de dire) & ensuite de Dieu, & de toute autre chose de quelque biais que nous la pûssions regarder. Tant s'en faut donc que les miracles, entant que nous entendons par là ce qui repugne à l'ordre de la Nature, prouvent l'existence de Dieu, que mesmes, ils nous en feroient douter, puisque sans eux, nous en pouvons estre certains, à sçavoir en ne doutant point que toutes les choses de l'Univers ne suivent une Loy inviolable. Mais supposons que ce qui ne peut estre expliqué par les causes naturelles, soit un miracle. Ce qui se peut entendre en deux façons, ou comme ayant à la verité des causes naturelles, mais qui sont au dessus des forces de l'entendement humain, ou comme ne reconnoissant point d'autre cause que

que Dieu mesme, & sa volonté : mais dautantque tout ce qui se fait par les causes naturelles, se fait aussi par la puissance & par la volonté de Dieu; il en faut toûjours revenir là, que le miracle, soit qu'il ait des causes naturelles, ou qu'il n'en ait point, est un ouvrage qui ne peut estre expliqué par sa cause, c'est à dire qu'il passe les forces, & la capacité humaine; or est il qu'il est impossible de tirer aucune instruction de ce qui surpasse nos forces. Car tout ce que nous concevons clairement & distinctement, nous paroist tel, ou par sa nature, ou par quelqu'autre chose : or il est certain que nous ne sçaurions manquer de connoistre ce qui de soi est clair, & distinct. Par consequent les miracles, & tout ce qui passe nos forces, ne l'estant point, nous n'en sçaurions inferer ny l'essence, ny l'existence divine, ny aucune bonne Idée de Dieu, & de la Nature; au contraire lorsque nous sçavons que toutes choses sont ordonnées de Dieu, que les ouvrages de la Nature sont une suite, & une illation de son essence, & que ses loix sont les Decrets eternels de Dieu, & sa volonté mesme; il faut absolument conclurre que plus nous con-

connoissons Dieu, & sa volonté; d'autant plus clairement aussi concevons nous comment les ouvrages de la Nature dependent de la premiere cause, & comment ils agissent suivant les regles eternelles de la Nature. C'est pourquoy à l'esgard de nôtre entendement, il y a bien plus de raison d'appeller ouvrage de Dieu, & de referer à sa volonté ce que nous entendons clairement & distinctement, que ce que nous n'entendons point, quoy qu'il occupe entierement nostre imagination, & mesme que nous l'admirions; puisque de tous les ouvrages de la Nature, il n'y a que ceux dont nous avons une connoissance claire & distincte, qui nous fassent connoistre Dieu d'une façon plus sublime, & qui nous montrent clairement ses Decrets, & sa volonté. C'est donc payer d'une sotte raison que d'avoir recours à la volonté de Dieu dans les choses obscures, & une façon bien ridicule de confesser son ignorance. Et quand il seroit vray que l'on pourroit conclurre quelque chose des miracles, ce ne pourroit pas estre l'existence de Dieu; car le miracle estant un ouvrage borné, & qui au fond ne peut exprimer qu'une

qu'une puissance limitée, il est certain que par un tel effet nous ne sçaurions conclurre l'existence d'une cause dont la puissance soit infinie, mais au plus d'une cause dont la puissance soit plus grande que n'est l'effet qu'elle produit; je dis au plus, n'estant pas impossible que de plusieurs causes concourant ensemble, il ne puisse sortir un effet dont la puissance & la vertu soit à la verité bien moindre que la puissance de toutes les causes cooperantes ensemble, mais de beaucoup plus grande que la puissance de chacune en particulier. Mais comme les loix de la Nature s'estendent à l'infiny, que nous ne les concevons que sous l'idée de l'eternité & que c'est suivant ces mesmes loix que la Nature marche d'un pas tousjours esgal; c'est dans cette consideration qu'elles nous marquent comme au doigt l'infinité de Dieu, son immutabilité, & son eternité. Donc, ce ne sont pas les miracles qui nous demontrent l'existence, ny la providence divine, mais nous en sommes bien mieux instruits par l'ordre fixe & immuable que garde la Nature. Et l'on observera qu'en parlant icy du miracle, je n'entends autre
chose

chose que ce qui passe, ou que l'on croit passer l'intelligence humaine; car si l'on supposoit qu'il destruisit, ou qu'il interrompit l'ordre de la Nature, tant s'en faut qu'il pût nous conduire à la connoissance de Dieu, qu'au contraire il nous osteroit celle que nous en avons naturellement, & nous feroit douter, & de Dieu & de toutes choses. Davantage je ne reconnois point de difference entre un ouvrage qui est contraire à la Nature, & celuy qui est au dessus; (c'est à dire qui à l'opinion de quelques uns n'est point à la verité contraire à la Nature, mais qui pourtant n'en peut estre produit.) Car comme c'est dans la Nature mesme, & non pas hors d'elle que se fait le miracle, quoy qu'on l'establisse au dessus, il est neantmoins necessaire qu'il en interrompe le cours, que nous concevons d'ailleurs reglé par une providence, & par une Loy inviolable. Donc, s'il se faisoit quelque chose dans la Nature qui repugnât à ses loix, il faudroit necessairement que cette mesme chose repugnât aussi a l'ordre, que Dieu à establi de toute eternité dans l'univers, par les loix generales & universelles de la Nature, & en mesme temps

temps qu'elle fut contraire à la Nature & à ses loix; & par consequent on n'y pourroit donner creance que l'on ne s'exposât à douter de tout, & à tomber dans l'atheïsme. Il me semble que ces raisons sont plus que suffisantes pour prouver ce que j'ay promis en second lieu, & assez fortes pour en conclurre de nouveau que le miracle, soit qu'il soit contre, ou au dessus de la Nature, est une pure absurdité, & partant que l'Escriture ne peut entendre par ce mot de miracle que ce qui est, ou que l'on croit estre au dessus de la capacité humaine. Il reste maintenant avant que d'entrer dans le troisiesme point, de confirmer nostre opinion par l'Escriture, & de montrer par son authorité que les miracles ne nous sçauroient conduire à la connoissance de Dieu. Et bien qu'elle n'en dise rien ouvertement en aucun endroit, il est neantmoins tres facile de l'inferer de plusieurs passages, particulierement de ce que dit Moyse au *Deuteronome*, c. 13. lors qu'il commande de condamner à mort le faux Prophete, quelques miracles qu'il fasse, en ces termes. *Et bien que le signe, ou le miracle dont il t'aura parlé, arrive, &c. n'escoute pourtant pas*

pas les paroles de ce Prophete, &c. dautant que l'Eternel vostre Dieu vous esprouve, &c. qu'on fasse donc mourir ce Prophete là. D'où il s'ensuit que les faux Prophetes font aussi des miracles, par lesquels on peut estre aussi facilement induit à l'adoration des faux Dieux que du veritable, à moins que d'estre bien versez dans sa connoissance, & fortifiez dans son amour. Car il ajoûte, *puisque l'Eternel vostre Dieu vous esprouve pour sçavoir si vous l'aimez de tout vostre cœur, & de toute vostre ame.* D'autre costé nous ne voyons pas qu'une infinité de miracles ayent porté les Hebreux à se former aucune bonne idée de Dieu, car lors qu'ils crûrent que Moyse ne reviendroit plus, ils demanderent des Dieux visibles à Aaron, & en mesme temps éleverent un veau, qui fit paroistre (j'ay honte de le dire) la haute idée que ce peuple élû avoit de Dieu apres avoir vû tant de miracles. Asaph ne laissa pas de douter de la Providence quoy qu'elle luy fut confirmée par beaucoup de miracles, jusques là qu'il estoit sur le point de tomber dans l'erreur, lors qu'il commença à comprendre la veritable

Pseau. 73.

bra-

beatitude. Salomon mesme sous le regne du quel les affaires des Juifs estoient florissantes, soupçonne qu'il n'arrive rien que fortuitement, & par hazard. La plus part des Prophetes ont eu la mesme difficulté, ne pouvant accorder l'ordre de la Nature, & la fortune des hommes, avec l'idée qu'ils se formoient de la providence divine. Ce que les Philosophes qui s'attachent à la verité n'ont jamais manqué de comprendre, non par le secours des miracles, mais par le moyen de concepts extremement clairs & distincts. J'appelle Philosophes ceux qui ne constituënt la veritable beatitude que dans la vertu, & securité, sans pretenire que la Nature devienne leur esclave mais au contraire s'efforçant de luy obeïr; fortement persuadez que Dieu la gouverne suivant ses loix universelles, & non pas selon l'exigence des loix particulieres de la Nature humaine; & par consequent qu'il n'a pas plus d'esgard au genre humain qu'au reste de la Nature. Donc, il est evident par l'Escriture mesme que les miracles ne donnent point la vraye connoissance de Dieu, ny ne prouvent evidemment,
ny

ny clairement sa providence. Que si nous y lisons en plusieurs endroits que Dieu a fait des prodiges pour se manifester aux hommes, qu'il a deceu les Egyptiens, & produit des signes au milieu des Israëlites pour leur faire connoistre que c'est luy qui est Dieu; il ne s'ensuit pas neantmoins que les miracles enseignent cela en effet, mais seulement que les Juïfs estoient preoccupez de sorte, qu'ils en pouvoient estre facilement convaincus; car nous avons montré au chapitre second que les revelations des Prophetes ne sont point tirées des notions communes, & universelles, mais des opinions qui ont cours, quoy qu'absurdes, & des prejugez de ceux à qui les revelations sont faites, & que le Saint Esprit veut convaincre. Ce que nous avons appuyé de plusieurs exemples, & du tesmoignage de Saint Paul mesme lequel étoit Grec avec les Grecs, & Juïf avec les Juïfs. Mais bien que les Juïfs, & les Egyptiens fussent disposez à estre convaincus par ces miracles, il ne s'ensuit pas qu'ils pûssent leur servir à connoistre Dieu, ny à leur en donner une veritable idée, mais seulement à leur faire avoüer qu'il

y a

y a une divinité plus puissante que tout ce que nous connoissons, & qui avoit un soin tout particulier des Hebreux, auxquels toutes choses reüssissoient alors au dela de leur esperance; mais non pas que Dieu ait le mesme soin de tous les autres hommes, vû qu'il n'y a que la seule Philosophie qui nous le puisse apprendre. C'est pour cette raison que les Iuifs, & tous ceux qui ne jugent de la providence que par l'inegalité des conditions, & les differentes fortunes: se sont figurez que les Hebreux estoient les favoris de Dieu, quoy qu'en effet ils ne fussent ny mieux instruits, ny plus parfaits que les autres hommes, ainsi que nous l'avons montré solidement au chapitre troisiéme. Prouvons maintenant par l'Escriture que les Decrets, & les Ordonnances de Dieu, & par consequent sa providence ne sont rien autre chose que l'ordre de la Nature, c'est à dire que toutes les fois qu'il est fait mention dans l'Escriture que Dieu a fait telle ou telle chose, ou qu'elle est arrivée par sa volonté; elle n'entend par là si non que cela s'est fait suivant les loix de la Nature, & non pas ainsi que le Peuple se l'est de tout temps imaginé, que

la

la Nature ait cessé d'agir, ou que son cours ait esté quelque temps interrompu. Or comme l'Escriture n'enseigne pas directement ce qui n'appartient point à sa doctrine, dautant que ce n'est pas à elle (ainsi que nous l'avons montré en parlant de la Loy divine) de rien prouver par les causes naturelles, ny d'enseigner ce qui n'est que speculatif : nous infererons les preuves de la question dont il s'agit de certaines histoires de l'Escriture, lesquelles y sont fortuitement recitées assez au long, & avec beaucoup de circonstances, du nombre des quelles sont celles cy. Il est dit dans Samuel que Dieu revela à ce Prophete qu'il luy envoyeroit Saül, & neantmoins il ne luy envoya pas, comme les hommes ont accoustumé de s'envoyer quelqu'un, l'un à l'autre; mais cette mission divine ne fut autre chose que le cours ordinaire de la Nature, & voicy comment Saül cherchoit ses asnesses qu'il avoit perduës, & sur le point de retourner à la maison sans les avoir trouvées, à la persuasion de son valet, il va chez le Prophete Samuel, & luy demande en quel endroit il les pourroit trouver, sans que nous voyons

voyons dans tout ce recit que Dieu ait donné à Saül d'autre ordre que celuy-cy (qui est celuy de la nature) de s'addresser à ce Prophete. Au Pseaume 105. vers. 24 il est dit que Dieu changea le cœur des Egyptiens pour les faire haïr les Israëlites, & neantmoins il n'y a rien dans ce changement qui ne soit naturel comme il paroist par le premier chapitre de l'Exode, où l'on voit la raison d'estat qui poussa Pharaon à opprimer les Israëlites. Lors que Dieu promet à Noë qu'il mettra son Arc en la nuée, cet ouvrage divin qu'est ce autre chose qu'une refraction, & une reflexion des rayons du soleil dans les petites goutes d'eau ? au Pseaume 147. cette chaleur d'un vent naturel qui fait fondre la neige & la gelée est appellée la parole de Dieu, & au verset 15. le vent & le froid sont nommez son dire & sa parole. Au Pseaume 104. v. 4. il est dit que le vent & le feu sont ses Anges & ses Serviteurs. outre ces passages il y en a une infinité d'autres dans l'Escriture qui marquent clairement que le Decret de Dieu, son commandement, son dire, & sa parole, ne sont autre chose que l'ordre inviolable de la Nature, c'est pourquoy

quoy il est hors de doute qu'il n'y a rien dans l'Escriture qui pour n'estre que naturel, ne laisse pas de se referer à Dieu, dautant que l'Escriture, comme nous avons déja dit, ne se met pas en peine de prouver ses enseignements par les causes naturelles, mais seulement de reciter des choses qui occupent abondamment l'imagination, & tout cela d'une certaine methode, & d'un stile qui est effectivement le plus propre pour attirer l'admiration, & par consequent pour imprimer la devotion dans l'Esprit du Peuple. S'il se trouve donc quelque chose dans l'Escriture, dont nous ne sçaurions rendre raison, & qui semble estre arrivée au dessus, & mesmes contre l'ordre de la Nature; cela ne nous doit point arrester, mais il faut croire sans hesiter que ce qui est effectivement arrivé, est arrivé naturellement. Ce qui se confirme encore en ce qu'il y avoit plusieurs circonstances dans les miracles qui ne sont pas toûjours exprimées, vû principalement qu'elles sont conceuës & enoncées d'un stile entierement poëtique; je dis que les circonstances des miracles montrent clairement qu'ils requierent des causes naturelles, car
par

par exemple pour couvrir les Egyptiens d'ulceres, Moyse prit de la cendre chaude qu'il espandit en l'air. Ce fut par le mesme ordre naturel & divin, à sçavoir par un vent d'Orient qui souffla tout un jour, & toute une nuict, que les sauterelles couvrirent tout le païs d'Egypte ; & par l'impetuosité d'un vent occidental qu'elles en furent chassées. Pour ouvrir la mer aux Hebreux, Dieu ne se servit point d'autre moyen, que d'un vent d'orient tres vehement qui souffla toute une nuict. Si Elisée fait revenir la force & la vigueur à un enfant que l'on tient pour mort, c'est en se panchant sur luy à diverses reprises, jusqu'à ce qu'il soit eschauffé, & qu'il ouvre les yeux. Dans l'Evangile de St. Jean, on voit de certaines circonstances dont Jesus Christ se sert pour guerir un aveugle, outre que toute l'Escriture est remplie de choses semblables. Preuve evidente que les miracles exigent quelqu'autre chose qu'un commandement absolu de Dieu comme l'on dit communement. D'où nous devons conclurre qu'encore que toutes les circonstances des miracles ne soient pas tousjours exprimées, jamais

Exod. ch. 14. v. 11.
Liv. 2 des Rois ch. 4. v. 34.35.
Ch. 9.

neant-

neantmoins il n'en est arrivé sans cela. Nous en avons un exemple considerable au 14. Chap. de l'Exode, où il est dit qu'au seul commandement de Moyse, & sans qu'il y soit fait mention d'aucun souffle ny d'aucun vent, la mer s'enfla comme elle estoit auparavant: quoy qu'il soit dit dans le Cantique de Moyse que cela arriva par ce que Dieu souffla de son vent, c'est à dire par le moyen d'un vent tres fort & tres vehement, circonstance qui n'est obmise dans le corps de l'histoire qu'afin de donner plus de poids, & d'authorité au miracle. Mais on me pourroit objecter qu'il y a plusieurs choses dans la Sainte Escriture qu'il est ce semble impossible d'expliquer par les causes naturelles, comme par exemple ce qui se dit des prieres des hommes & de leurs pechés, qui peuvent estre cause tant du bon que du mauvais temps; ou que la foy à gueri les aveugles, & choses semblables qui se trouvent en plusieurs endroits de la Bible. Mais il me semble que j'ay déja répondu à cette objection, lors que j'ay dit que l'Escriture, bien loin de prouver ce qu'elle enseigne par ses causes prochaines, se contente de raconter les choses d'un d'un ſtile propre à eſmouvoir la devotion des peuples ; & comme elle n'entreprend pas de convaincre la raiſon, mais de remplir la fantaiſie, & l'imagination des hommes ; c'eſt pour cela qu'elle parle ſi improprement & de Dieu, & de toutes choſes. Car ſi elle repreſentoit la deſolation d'un empire à la façon d'un hiſtorien politique, l'eſprit du peuple n'en ſeroit nullement touché ; au lieu que par l'energie de ſes narrations où tout eſt referé à Dieu, les cœurs ſont ébranlez, & la devotion enflammée. Lors donc que l'eſcriture dit que les pechez des hommes peuvent eſtre cauſe de la ſterilité de la terre, ou que les aveugles eſtoient gueris par la foy, nous n'en devons eſtre non plus eſtonnez que de l'entendre dire que les crimes des hommes incitent Dieu à la colere, qu'il en eſt contriſté, qu'il ſe repent d'avoir promis, ou fait du bien, ou qu'il ſe ſouvient de ſa promeſſe, toutes les fois qu'il voit un certain ſigne en l'air : & pluſieurs autres choſes qui ſont d'un ſtile tout pöetique, ou conformes aux opinions, & aux prejugez de l'Eſcrivain. Il eſt donc indubitable que toutes les

mer-

merveilles dont l'escriture fait mention, s'il est vray qu'elles soient effectivement arrivées, ce n'a esté que suivant les loix de la Nature; que s'il s'y trouve quelque chose de visiblement contraire, ou qui n'ait point de rapport à ces loix, il ne faut point douter qu'il n'y ait esté ajoûté par des mains sacrileges, puisque tout ce qui est contre la Nature est contre la raison, & que ce qui est contre la raison est absurde, & par consequent indigne de nôtre creance. Il ne nous reste plus qu'à parler de l'interpretation des miracles, ou plûtust (ce qu'il y a de plus remarquable sur ce sujet ayant desja esté touché) d'ajoûter un ou deux exemples qui nous apprennent à interpreter les miracles: de peur que quelqu'un s'y prenant mal, ne soupçonne temerairement avoir trouvé quelque chose dans l'escriture, qui soit directement contraire à la lumiere naturelle. Il est bien rare que nous sçachions la verité des choses, le recit qu'on en fait, estant presque toûjours meslé d'incidents estrangers, & la chose est si delicate, qu'à moins que d'estre sur ses gardes & desinteressé; tout ce qu'on voit ou que l'on entend

tend, prend la teinture des préjugez, particulierement si la chose dont il s'agit est au dessus de la portée du narrateur ou de l'auditeur. Et s'il importe à tous les deux, qu'elle soit arrivée d'une façon plûtost que d'une autre : de là vient que par les histoires nous connoissons moins le passé que les opinions des Escrivains ; & qu'une mesme aventure est narrée si diversement par deux hommes dont les sentiments sont contraires, que l'on ne diroit pas qu'ils parlent de la mesme chose ; & qu'enfin il est difficile que la seule lecture des histoires nous fasse connoistre les opinions d'un Historien. Pour la confirmation de cecy, il me seroit aisé de rapporter plusieurs exemples tant des Philosophes qui ont écrit l'histoire de la Nature, que des Chronologistes ; mais je m'en abstiens comme d'une chose superfluë, pour en alleguer un de l'escriture, laissant le jugement des autres à la prudence du lecteur. Du temps de Josué, les Hebreux s'imaginoient comme le vulgaire d'aujourd'huy que le Soleil faisoit son tour en 24 heures à l'entour de la terre, laquelle à leur avis demeuroit immobile ; & ce fut à ce préjugé qu'ils approprièrent le miracle qui leur arriva dans la défaite des cinq Roys dont nous avons parlé. Car ils ne dirent pas simplement que ce jour là avoit esté plus long que de coûtume, mais que le Soleil & la Lune s'estoient arrestez, & que leur cours avoit esté interrompu ; ce qui ne leur servoit pas peu en ce temps là pour desabuser les Payens qui adoroient le Soleil, & pour leur prouver par l'experience, que cet Astre est soûmis à une autre divinité, suivant l'ordre de laquelle il estoit obligé de changer son cours ordinaire. Ainsi partie par religion, partie par la passion qu'ils avoient pour leur prejugez, ils conçeurent la chose, & la contérent tout autrement qu'elle n'estoit arrivée. Donc, pour interpreter les miracles, & pour apprendre au vray par le recit que l'on en fait comment la chose s'est passée, il est necessaire de sçavoir les opinions de ceux qui ont esté les premiers à les debiter tant de bouche que par escrit, & de les distinguer des impressions des sens, si nous pretendons eviter de confondre leurs opinions avec la verité, & de connoistre le miracle tel qu'il est arrivé ;

joint

joint que par ce moyen on peut encore démesler la realité, de ce qui n'exiſtoit que dans l'imagination des Prophetes. Car nous voyons qu'il eſt narré dans l'eſcriture pluſieurs choſes comme reélles, & qui, paſſoient pour telles, quoy que ce ne fût neantmoins qu'un pur ouvrage de l'imagination; tel eſt par exemple ce que nous liſons dans l'Exode, que Dieu (l'eſtre des Eſtres) deſcendit du Ciel, & que la montagne de Sinaï eſtoit toute en fumée, dautant que Dieu en eſtoit deſcendu au milieu d'un grand feu : qu'Elie monta au Ciel dans un char enflammé, traiſné par des chevaux de meſme; repreſentations pures & ſimples, accommodées aux opinions de ceux qui nous les ont laiſſées, de la façon qu'ils les ont vuës, à ſçavoir comme choſes actuelles. Car pour peu que l'on ſoit plus éclairé que le vulgaire, on ſçait que Dieu n'a ny droite ny gauche, repos, ny mouvement ; que bien loin d'eſtre en aucun lieu, il eſt infiny, & tout parfait. C'eſt dis-je ce que ſçavent ceux qui pour juger des choſes n'ont recours qu'à l'entendement, & ne ſuivent que ſes lumieres:

Exode Ch. 19. v. 18. & Deuter. ch. 4. v. 11.

ſans

sans s'arrester à l'imagination, qui n'emprunte ses connoissances que des sens exterieurs, à l'exemple du peuple, qui par cette raison se figure un Dieu corporel dont la pompe est royale, & le trosne placé sur la voute des cieux au dessus des estoiles, qu'il s'imagine fort peu éloignées de la terre. C'est à ces sortes d'opinions que sont ajustées la plus part des expressions de l'escriture, lesquelles par consequent les Philosophes se gardent bien de prendre pour réelles. Enfin pour n'estre point trompé au recit des miracles, & pour découvrir la verité au travers de tant de nuages, il est important de sçavoir les phrases, & les figures qui estoient autrefois en usage parmy les Hebreux ; car si l'on n'y est bien versé, on s'imagine voir des miracles dans l'Escriture, à quoy ceux dont nous la tenons n'ont jamais pensé, outre que l'on ignore entierement sans cela leur but, & leur dessein. Nous lisons par exemple dans Zacharie la prediction d'une certaine guerre en ces termes: *& le jour sera tout un, & connu de Dieu seul, car il ne sera point jour & nuit, mais sur le soir il y aura lumiere.* Ne diroit on pas

ch. 14. v. 7.

pas que ce Prophete predit un grand miracle? & cependant cela ne signifie sinon que le combat sera tout le jour incertain, & qu'il n'y a que Dieu seul qui en sçache l'evenement, mais que sur le soir on gagnera la bataille. Car c'est de ces sortes de phrases que les Prophetes se servoient pour predire les victoires, & les défaites des nations. Isaïe n'est pas moins obscur ch. 13. lorsqu'il dépeint la ruïne de Babylone. Puis dit-il *que les estoiles du Ciel, & ses Astres ne feront plus briller leur lumiere, que le Soleil s'obscurcira à son lever, & que la clarté de la Lune ne paroistra point.* Ce que nul ne croira sans doute estre arrivé dans la Chûte de cet Empire, non plus que ce qu'il dit ensuite, *c'est pourquoy je feray trembler les cieux, & la terre sera ostée de sa place.* C'est à peu pres comme il s'explique lors qu'il predit le retour des Juifs de Babylone en Ierusalem ch. 4. sans souffrir la soif en chemin: *& ils v. 21. n'ont point eu soif lors qu'il les à menez par les deserts, il leur a fait couler l'eau du rocher, il a fendu le rocher, & les eaux en sont découlées.* Paroles, qui ne signifient sinon, que les Juifs trouveront des fontaines dans les deserts (ce qui est assez ordinaire) pour se desalterer; car nous ne lisons point que rien de tel leur soit arrivé lors qu'ils retournerent en Jerusalem par la permission de Cyrus. Il n'y a rien de si frequent dans l'Escriture que ces façons de parler qui n'estoient familieres qu'aux juifs; & sans qu'il soit besoin de les rapporter l'une apres l'autre, je diray seulement en general que les Hebreux se servoient de ces expressions pour orner leurs discours, & principalement pour leur donner un plus grand lustre de pieté, & de devotion. C'est pour cette raison que l'on voit benir pour maudire dans la Sainte Escriture, & que tout y est referé à Dieu, d'où vient qu'il semble qu'il n'y soit parlé que de miracles, encore que ce ne soient que des choses tres naturelles, ainsi que nous venons de le prouver par quelques exemples. C'est pourquoy lors qu'il est escrit que Dieu endurcit le cœur de Pharaon, nous devons croire que cette façon de parler ne signifie sinon que Pharaon estoit rebelle & opiniastre. Et quand nous lisons que Dieu ouvrit les fenestres du Ciel, cela veut dire qu'il plût beaucoup, & ainsi du reste.

reste. Il ne faut donc que lire ces choses avec un peu d'attention, & considerer qu'elles sont décrites fort brevement, sans aucunes circonstances, & par parcelles, pour reconnoistre qu'il n'y a presque rien dans l'Escriture qui soit visiblement contraire à la lumiere naturelle, & que rien mesme n'est plus aisé avec un peu d'application, que d'entendre, & d'interpreter ce qui nous paroist fort obscur. Ces choses clairement expliquées je finirois icy ce chapitre, si je ne me croyois obligé d'avertir le lecteur que la methode dont je me sers pour les miracles, n'est pas la mesme dont je me suis servi en traitant de la Prophetie; car je n'ay rien dit de cellecy qu'en consequence de ce qui se trouve de plus exprés dans les revelations fondamentales de la Sainte Escriture : au lieu qu'icy je ne consulte que les principes communs, & sensibles à la lumiere naturelle, pour en tirer mes principales preuves: la raison pourquoy je l'ay fait, c'est que la Prophetie estant une question purement Theologique, & au dessus de la capacité humaine, je ne pouvois avoir recours qu'aux

fon-

fondements de la revelation, tant pour en raisonner, que pour sçavoir en quoy elle consiste principalement; ce qui m'a obligé de faire l'histoire de la Prophetie, & d'en former quelques dogmes qui me fissent connoistre autant qu'il est possible ses proprietez, & sa nature. Mais icy touchant les miracles : comme la chose dont il s'agit (assavoir si l'on peut tomber d'accord qu'il arrive quelque chose dans la Nature qui repugne à ses loix, ou qui n'en puisse estre tiré en bonne consequence) comme ceste question est de philosophie, je n'ay pas eu besoin de garder le mesme ordre ; & j'ay crû mesmes plus à propos d'esclaircir la difficulté par des principes dont la connoissance est fondée sur la lumiere naturelle, parce qu'ils sont les plus connus. Je dis que j'ay jugé plus à propos d'en user de la sorte, vû qu'il m'eût esté aussi facile de soudre la difficulté par les fondements & par les dogmes de l'Escriture, ce que je vas montrer en peu de mots afin que personne n'en doute. L'Escriture parlant en quelques endroits de la Nature en general, dit qu'elle garde un ordre fixe & toûjours
immua-

immuable, lisez le Pseaume 148. verset 35. 36. Salomon dans son Ec- Ch. 1.
clesiaste dit nettement qu'il n'arrive v. 10.
rien de nouveau dans la Nature, &
pour encherir sur sa pensée, il ajoûte
au verset suivant que si l'on voit quelque chose de nouveau de temps en temps ou plutost qui paroisse tel, il ne l'est pourtant pas : la mesme chose s'estant vûë dans les siecles passez, dont il n'y a plus de memoire ; car comme il dit fort bien, presentement l'on ne se souvient plus de ce qui nous à precedé, & la posterité ne sçaura rien de ce qui se fait maintenant. Il
dit encore en un autre chapitre que Ch. 3.
Dieu a parfaittement bien reglé tou- v. 11.
tes choses en leur temps, & qu'il & 14.
sçait bien que tout ce que Dieu fait
durera eternellement, sans qu'on y puisse rien ajoûter, ny qu'il soit possible d'en oster. Peut on dire en termes plus clairs que la Nature garde en son cours une Loy inviolable, & que dans tous les siecles connus, & inconnus, Dieu a toûjours esté le mesme, & que les Loix de la Nature sont si parfaites, & si fertiles que l'on n'y sçauroit qu'ajoûter, & que l'on n'en peut rien oster, & qu'enfin c'est
noſtre

noſtre ignorance qui nous fait prendre les miracles pour quelque choſe de nouveau. Voila donc ce que l'Eſcriture enſeigne expreſſement, mais on n'y trouve point que rien ſe faſſe dans la Nature de contraire à ſes Loix, ou qui n'en ſoit une conſequence neceſſaire, pour quoy donc luy en impoſer? ajoûtez à cela qu'il eſt de l'eſſence des miracles d'exiger de certaines cauſes, & d'eſtre accompagnez (comme nous avons dit) de quelques circonſtances, & non pas de dependre de je ne ſçay quelle authorité royale que le peuple s'imagine en Dieu, mais du Decret divin, c'eſt à dire (comme nous l'avons auſſi prouvé par la Sainte Eſcriture) de l'ordre, & des Loix de la Nature: & *Deut.13.* qu'il ſe trouve enfin des ſeducteurs *& Mat.* qui font des miracles auſſi bien que *24.v.24.* les vrays Prophetes. Il s'enſuit donc evidemment de tout ce que nous avons dit, que les miracles n'eſtoient rien de ſurnaturel, & qu'il les faut prendre pour choſes qui n'eſtoient ny nouvelles (pour parler comme Salomon) ny oppoſées à la Nature, mais qui reſſembloient, autant qu'il eſtoit poſſible aux naturelles. Ce que
je

je me suis efforcé de rendre intelligible à tout le monde par quelques regles tirées de la Sainte Escriture. Mais en soûtenant, & confirmant mon opinion par l'Escriture, on ne doit pas s'imaginer que je pretende dire qu'elle nous l'enseigne comme une chose necessaire à salut ; mais seulement que je n'ay rien dit des miracles qui ne soit conforme au sentiment qu'en avoient les Prophetes; c'est pourquoy chacun en peut croire ce qu'il luy plaira, & comme il jugera plus expedient pour s'enflammer davantage en l'amour de Dieu, & pour se confirmer de plus en plus dans la pieté & c'est ce que dit aussi Josephe au second Livre de ses Antiquitez en ces termes. *Tout ce qui se dit des miracles n'est pas toûjours fabuleux ; & il se peut faire que la Mer s'ouvrit autrefois, soit par un ordre exprez de Dieu, ou suivant son cours ordinaire pour frayer la voye de salut à de bonnes gens qui s'enfuyoient. Ce miracle dis-je n'est pas incroyable, puisque la Mer de Pamphilie, qui estoit l'unique chemin que pouvoit tenir Alexandre dans sa marche contre Darius s'est aussi ouverte, & divisée pour donner passage à ses troupes:*

pes: Dieu se voulant servir de ce Roy pour abbattre l'Empire des Perses. C'est de quoy demeurent d'accord tous les Escrivains de son Histoire; ainsi le jugement des miracles doit estre libre. Voila la pensée de Josephe touchant la creance, & la foy, qu'on doit ajoûter aux miracles.

CHAPITRE VII.

De l'interpretation de l'Escriture.

Rien n'est si ordinaire aux hommes, que d'appeller la Sainte Escriture la Parole de Dieu, & de confesser que c'est elle qui leur apprend la veritable beatitude, & la voye de salut: mais il faut bien qu'ils en pensent tout autrement; car à n'en juger que par les œuvres, on ne songe à rien moins qu'à vivre suivant sa doctrine; & l'on ne voit presque personne qui ne s'efforce de faire passer ses chimeres pour parole de Dieu, & de forcer les autres sous pretexte de religion à entrer dans ses sentiments. Nous voyons, dis-je, que les Theologiens ordinaires ont souvent cherché les moyens de faire croire que leurs fictions

fictions estoient tirées de l'Escriture, & appuyées sur son authorité : & qu'ils ont eu le front de dire qu'ils sçavoient penetrer dans la pensée du Saint Esprit, & interpreter sans erreur les saintes lettres qui sont ses Oracles : temerité qui les aveugle encore tellement aujourd'huy, que s'ils apprehendent quelque chose, ce n'est pas qu'on impute leurs fables, & leurs mensonges au Dieu de verité : mais d'estre eux mesmes convaincus d'erreur, de peur de perdre leur credit, & de tomber dans le mespris. Que si le cœur répondoit aux paroles, & si le témoignage que l'on porte de l'Escriture estoit veritable, & sincere, certes l'on vivroit autrement que ne font la pluspart des hommes : la discorde & la haine ne regneroient pas tant parmy eux ; & bien loin d'avoir ce penchant temeraire qui les porte insensiblement à interpreter l'Escriture, & à forger des nouveautez qui corrompent la religion, ils ne suivroient de sa doctrine que ce qu'ils y voyent clairement ; & ces profanes qui l'ont alterée tant de fois, en tant d'endroits, & en tant de manieres, se fussent abstenus d'un si enorme sacrilege.

crilege. Mais par malheur l'ambition & l'audace ont prevalu de forte, qu'on ne fait pas tant confifter la religion à obeïr aux enfeignements du Saint Efprit, qu'à defendre les refveries, & les impoftures des hommes; & mefmes avoir le defordre par tout & la licence qu'on fe donne: on diroit que la religion ne fert que de pretexte fous un faux nom & de zele, & d'amour divin, à femer la difcorde, & la haine parmy les hommes. A ces déreglements s'eft joynte la fuperftition, (implacable ennemie de la Nature, & de la raifon) car outre que ce monftre enfeigne à les mefprifer toutes deux, il fait en forte qu'on n'admire, & que l'on ne revere que ce qui leur eft oppofé. C'eft pourquoy ce n'eft pas merveille qu'il fe trouve des hommes, qui pour imprimer plus de refpect, & de veneration pour l'Efcriture n'efpargnent aucun foin pour faire accroire par l'explication qu'ils luy donnent, qu'elle eft abfolument contraire à la raifon, & à la Nature. Pour cela ils publient qu'ils trouvent par tout dans la Bible de tres profonds myfteres & pour les mettre au jour, ou plûtoft leurs propres chimeres,

meres, ils prennent une peine inſ
croyable, & defendent opiniâtrément
tout ce qui ſe preſente à eux
dans une ſi ſotte recherche, ſans faire
aucun ſcrupule de l'imputer au Saint
Eſprit. Donc, pour nous eſcarter d'une
foule ſi ridicule, & nous garder
des prejugez dont les Theologiens
ſont imbus, nous allons voir quelle
eſt l'unique, & la veritable methode
d'expoſer l'Eſcriture, car ſans elle il
eſt impoſſible que nous ſçachions au
vray ce que le Saint Eſprit a deſſein
de nous enſeigner par ſon moyen. Et
pour le faire en peu de mots, je ſoûtiens
que cette methode, bien loin
de differer de celle que nous devons
tenir dans l'interpretation de la Nature,
y eſt entierement conforme;
car comme la methode d'interpreter
celle-cy, conſiſte principalement dans
l'agencement de ſon hiſtoire, d'où
nous inferons comme de principes
certains & indubitables les definitions
des choſes naturelles. De meſmes
il faut pour interpreter l'Eſcriture,
en faire une hiſtoire ſincere,
dont on doit tirer comme de fondements
evidents & inconteſtables,
par des conſequences legitimes la

penſée

pensée de ceux qui l'ont écrite: car par ce moyen (pourvû qu'on ne se serve en l'interpretant, & en discourant des choses qui y sont comprises, de nuls autres principes que de ceux qui sont tirez de l'Escriture & de son histoire) on ne sera point en peril de s'égarer, outre qu'il sera aussi facile de raisonner des choses qui surpassent nos forces, que de celles qui nous sont connuës par la lumiere naturelle. Mais pour montrer que cette voye est non seulement certaine, mais mesmes qu'elle est l'unique, & qu'elle convient à la methode d'interpreter la Nature; on observera que l'Escriture parle ordinairement de choses qui ne se peuvent inferer des principes connus par la lumiere naturelle, n'estant composée pour la pluspart, que de revelations & d'histoires, celles cy ne faisant presque mention que de miracles, c'est à dire de narrations de choses innoüies, suivant les opinions des historiens qui les ont escrites; & les revelations, outre qu'elles sont aussi accommodées aux prejugez des Prophetes, estant effectivement au dessus de nôtre intelligence. D'où vient que pour connoistre, & entendre

toutes

toutes ces choses, c'est à dire presque tout ce qui est contenu dans l'Escriture, ce n'est qu'à elle seule qu'il faut avoir recours: ainsi que pour connoistre la nature nous ne devons nous adresser qu'à la Nature mesme. Quant aux enseignements moraux que l'on trouve aussi dans la Bible ; encore qu'on les puisse demontrer par des notions communes, ce n'est pas neantmoins par ces notions qu'il faut prouver que l'Escriture les enseigne, mais par l'Escriture mesme, qui est la seule qui puisse nous en asseurer; Je dis plus, si nous pretendons avoüer la divinité de l'Escriture sans preoccupation, ce n'est que d'elle seule que nous devons apprendre qu'elle contient la vraye morale: vû qu'il n'y a que cela seul qui nous en puisse demontrer la divinité : car comme nous avons fait voir que la certitude des Prophetes consistoit principalement en ce qu'ils estoient portez d'inclination & au bien & à l'equité : il faut avant que de leur ajoûter foy, que cela nous soit evident. Pour ce qui est des miracles nous avons déja dit qu'ils ne servent de rien pour nous porter à la connoissance de Dieu, sans parler que

que les faux Prophetes en pouvoient aussi faire. Ainsi il n'y a qu'une chose qui nous apprenne que l'Escriture est toute divine, à sçavoir parce qu'elle enseigne la veritable vertu, & cecy mesme n'est evident que par elle seule. Que s'il ne l'estoit pas, on ne pourroit sans grand inconvenient ny y donner creance, ny avoüer qu'elle est divine: par consequent nous n'avons nulle connoissance de l'Escriture que par elle mesme. Enfin l'Escriture ne donne point les definitions des choses dont elle parle, ny la Nature non plus. C'est pourquoy comme on les conclut dans les choses naturelles, des divers ouvrages de la Nature: de mesmes il les faut inferer des diverses narrations qui se presentent de chaque chose en l'Escriture. Donc la regle commune, & generale d'exposer l'Escriture est, de ne luy attribuer comme un de ses enseignements, que ce qui nous paroist manifestement tel par son histoire. Or quelle doit estre son histoire, & de quoy principalement elle doit faire le recit, c'est ce que nous allons montrer.

1. Elle doit contenir la nature, & les

les proprietez de la langue où tous les livres de l'Escriture ont esté escrits, & qu'avoient coûtume de parler ceux qui en ont esté les auteurs. Car par ce moyen il nous sera facile de trouver tous les sens que chaque discours peut admettre selon son usage ordinaire. Et parce que les Escrivains tant du vieux que du nouveau Testament estoient tous Hebreux, il est certain que l'histoire de la langue Hebraïque est plus necessaire que les autres, non seulement pour l'intelligence des livres du vieux Testament qui ont esté escrits en cette langue, mais du nouveau mesme; car quoy qu'ils ayent esté traduits en d'autres langues, leurs façons de parler ne laissent pas d'estre Hebraïques.

2. L'histoire de l'Escriture doit recueillir les sentences de chaque livre, & les reduire en sommaires, afin de pouvoir trouver sans peine toutes celles qui traittent du mesme sujet, & mesmes noter celles qui sont douteuses, ou obscures, ou qui semblent se contredire. J'appelle icy claires & obscures, celles dont la raison nous en fait comprendre le sens facilement, ou difficilement par la con-

I struction

struction du discours. Car il faut remarquer que ce n'est que du sens des discours dont nous sommes en peine, & nullement de la verité qu'ils contiennent. Il faut mesmes bien prendre garde dans la recherche du sens de l'Escriture, de ne nous laisser pas surprendre à nos raisonnements, en tant qu'ils sont fondez sur les principes de la lumiere naturelle (pour ne rien dire des prejugez); mais de peur de confondre le veritable sens avec la verité des choses, il ne faut avoir recours pour le trouver qu'à l'usage de la langue, ou à quelque raisonnement qui ne soit fondé que sur l'Escriture. Esclaircissons cecy par un exemple. Ces deux endroits où Moyse dit que *Dieu est un feu*, & que *Dieu est jaloux*, sont extremément clairs, si nous n'avons esgard qu'à ce que signifient ces paroles, aussi est ce pourquoy je les mets du nombre des plus clairs, quoy qu'au respect de la verité, & de la raison, il n'y ait rien de plus obscur & mesmes encore que le sens literal soit directement opposé à la lumiere naturelle, si est ce qu'il le faut garder, à moins qu'il ne paroisse en mesme temps visiblement contraire

aux

aux principes, & aux fondements de l'histoire de l'Escriture. Mais s'il se trouvoit que ces paroles dans leur sens litteral repugnassent aux principes tirez de l'Escriture, quoy que d'ailleurs la raison fût de leur costé, il faudroit neantmoins les expliquer tout autrement, c'est à dire en un sens impropre, & metaphorique. Pour donc sçavoir si Moyse a cru que Dieu soit un feu, ou non, il ne faut pas s'en rapporter à la raison, ny conclurre l'un ou l'autre de la liaison ou de la repugnance que cette opinion y peut avoir; mais pour cela il s'en faut rapporter aux autres sentences qui sont ordinaires à Moyse. Et puisqu'il dit fort clairement ailleurs que Dieu n'a nulle ressemblance à ce qui se voit aux cieux, sur la terre & dans l'eau; je concluë qu'il faut expliquer metaphoriquement la premiere sentence, ou ces dernieres. Mais comme on ne doit s'escarter que le moins que l'on peut du sens litteral, la premiere chose qu'il faut examiner est, si ce passage *Dieu est un feu*, n'admet point d'autre sens que le litteral, c'est à dire si ce mot de *feu*, ne signifie point autre chose qu'un feu naturel. Que s'il ne se

I 2 trou-

trouvoit point que l'usage de cette langue luy donnât d'autre signification, il ne faudroit point aussi l'expliquer autrement, quoyque la raison s'y opposât, mais au contraire tous les autres, quoyque conformes à la raison devroient suivre son sort, & s'y accommoder. Que si cela non plus que le reste ne se pouvoit connoistre par l'usage de la langue, alors ces passages seroient irreconciliables, & en ce cas il faudroit suspendre son jugement. Mais d'autant que ce mot *de feu* se prend aussi pour la colere, & pour la jalousie, par la il est aisé de juger que les façons de parler de Moyse ont rapport entr'elles : & que ces deux sentences *Dieu est un feu*, & *Dieu est jaloux*, ne sont qu'une mesme chose. Enfin Moyse ayant dit en termes fort clairs que Dieu est jaloux, sans enseigner nulle part que Dieu soit exempt des passions de l'ame, il faut necessairement conclurre que Moyse l'a crû ainsi, ou du moins qu'il l'a voulu faire entendre, encore qu'il soit manifeste que cela est directement contraire à la raison. Car comme nous venons de dire tant s'en faut qu'il nous soit permis de violenter l'Escriture pour

pour luy faire dire ce qu'il nous plaist, & de l'accommoder à nos raisonnements, & à nos prejugez, qu'il nous est impossible de la connoistre que par elle mesme.

3. Cette histoire doit faire mention des hazards qu'ont couru tous les livres des Prophetes qui sont venus à nostre connoissance; comme par exemple la vie, les mœurs, & les prejugez de l'auteur de chaque livre, quel il estoit, par quelle avanture, en quel temps, à qui, & enfin en quelle langue il a escrit. Davantage elle nous doit apprendre la fortune de chaque livre en particulier: à sçavoir comment il fut receu d'abord, & qui estoient ceux, entre les mains desquels il tomba, combien il y en a eu de leçons diverses; en quelle assemblée il fut mis au nombre des livres sacrez, & enfin comment tous ces livres qui sont appellez saints tout d'une voix, ont esté redigez en un corps. Je dis qu'il faut que l'histoire de l'Escriture nous instruise de tout cela. Car pour distinguer les passages qui ont vigueur de loy, d'avec ceux qui ne sont qu'enseignements moraux, il est important de sçavoir la vie, les mœurs, & les

prejugez de l'auteur, joint que plus nous connoissons le genie & le temperament d'un auteur, plus il nous est facile d'expliquer ses paroles. D'ailleurs pour ne confondre ses instructions moralles qui regardent l'eternité avec celles qui n'estoient que pour un temps, & pour peu de personnes, il importe encore de sçavoir à quelle occasion, en quel temps, & pour quelle Nation elles ont esté escrites. Outre toutes ces circonstances, & quoy qu'on soit bien informé de l'autorité de chaque livre, il faut encore sçavoir s'il n'auroit point esté souillé par quelques mains impures s'il ne s'y est point glissé d'erreurs, & si ceux qui les ont corrigez estoient sçavans & dignes de foy. Tout ce que nous venons de dire est absolument necessaire si nous voulons embrasser l'Escriture d'un Esprit desinteressé, & n'en rien croire que ce qui nous paroist evident & incontestable.

Apres avoir establi de la sorte l'histoire de l'Escriture, & que nous serons bien resolus de ne recevoir pour doctrine des Prophetes que ce qui suit evidemment de cette histoire : cherchons à y connoistre leur pensée, &
l'Esprit

l'Esprit de Dieu ; & pour cela on observera le mesme ordre, & la mesme methode dont on se sert pour interpreter la Nature par son histoire. Car comme en la recherche des choses naturelles, on commence par les plus communes & les plus generales, à sçavoir par le mouvement & par le repos, en suivant pied à pied leurs regles, & leurs loix que la Nature garde inviolablement, & par lesquelles elle agit toûjours, descendant peu à peu à celles qui sont moins generales ; il en est de mesme de l'Escriture, car il faut chercher dans son histoire ce qu'il y a de plus universel, ce qui en est la base, & le fondement, & enfin ce que les Prophetes y recommandent comme une doctrine eternelle, & qui concerne l'interest de tout le genre humain, comme par exemple qu'il n'y a qu'un Dieu qui est tout puissant, & uniquement adorable, qui a soin de tout le monde, cherissant sur tout ceux qui l'adorent, & aiment leur prochain comme eux mesmes, &c. ces paroles & autres semblables sont escrites si clairement, & si distinctement que l'on n'a jamais eu de peine à en trouver le veritable sens. Mais

I 4 pour

pour sçavoir ce que c'est que Dieu, comment c'est qu'il voit tout, & pourvoit à tout, ce n'est point l'Escriture qu'il en faut consulter, vû qu'elle n'en dit rien positivement, ny ne l'enseigne comme une doctrine eternelle : au contraire nous avons fait voir que les Prophetes n'en estoient pas d'accord entr'eux ; c'est pourquoy il faut prendre garde à ne rien establir touchant cela comme un commandement divin, bien qu'il n'y ait rien de plus aisé que d'en avoir une parfaite connoissance par la lumiere naturelle. Cette doctrine de l'Escriture estant connuë en general, il faut descendre à d'autres moins universelles, lesquelles neantmoins sont de l'usage ordinaire de la vie, & qui decoulent comme autant de petits ruisseaux de cette doctrine generale ; telles sont toutes les œuvres particulieres, & exterieures de la veritable vertu ; lesquelles ne se pratiquent qu'en certaines rencontres ; touchant quoy tout ce qui se trouve d'obscur & d'ambigu, doit estre expliqué, & determiné par la doctrine universelle de l'Escriture : mais s'il s'en trouve de contraires les unes aux autres, il faut voir en quelle occasion,

en

en quel temps, & pour qui, elles ont esté escrites. Par exemple quand Jesus Christ dit, *bien heureux ceux qui pleurent, dautant qu'ils seront consolez;* Ce texte ne nous apprend point de quels pleureurs il entend parler; mais parce qu'il enseigne ensuite à ne nous mettre en peine que du Royaume de Dieu & de sa justice, qu'il recommande comme le souverain bien, il s'ensuit qu'il n'entend par là que ceux qui pleurent le Royaume de Dieu, & la justice si mesprisée des hommes, vû que c'est la seule chose que puissent pleurer ceux qui aiment le Royaume de Dieu & l'equité, & qui mesprisent entierement les biens de la fortune. Ainsi quand il dit, *si quelqu'un te frappe à la joüe droite, tourne luy aussi l'autre,* & ce qui suit. Si Jesus Christ ordonnoit cela aux juges à la façon d'un legislateur: par ce commandement il eut destruit la loy de Moyse, contre ce qu'il enseigne ouvertement ailleurs: c'est pourquoy il faut voir qui c'est qui a dit ces paroles, à qui elles s'adressent, & en quel temps elles ont esté prononcées. Celuy qui les a proferées, c'est Jesus Christ, dont le but n'estoit pas d'instituer de nouvelles loix à la façon d'un

I 5 legis-

legiflateur, mais d'eftablir fes enfeignements en docteur, tendant plûtoft
(comme nous avons desja dit) à corriger les vices de l'Efprit que l'exterieur
des hommes. Quant à ceux à qui il
parloit, c'eftoit à tous les affligez,
lefquels vivoient en une Republique fi
corrompuë, que la juftice n'y eftoit
en nulle confideration, & laquelle il
confideroit fur le point d'eftre ruïnée.
Or puifque nous voyons que ce que Jefus Chrift enfeigne icy fur le declin de
la ville, Jeremie l'avoit enfeigné en
pareille occafion dans la premiere de-
ftruction de Jerufalem, & que les Prophetes ne l'ont enfeigné que dans la
mifere des temps : fans que cela ait jamais eu vigueur de loy en aucun endroit, & que Moyfe au contraire, (lequel
bien loin d'avoir efcrit dans un temps
d'oppreffion, ne cherchoit [chofe re-
marquable] qu'à eftablir une bonne
republique) quoy qu'il condamnât la
vangeance, & la hayne du prochain,
n'a pas laiffé de commander d'arracher
œil pour œil. Il s'enfuit clairement de
ces fondemens de l'Efcriture que fi
Jefus Chrift, & Jeremie enfeignent à
fouffrir les injures, & à ceder en toute rencontre aux mefchants, cela ne
doit

*Les la-
menta-
tions Ch.
3. à la
lettre
Tel. &
Jer.*

doit avoir lieu que dans les Estats où la justice est negligée, & dans les seuls temps d'oppression, mais nullement dans une bonne Republique où la justice est protegée : car tant s'en faut qu'on y soit obligé de tout souffrir, & de tout ceder, qu'on est mesme tenu pour conserver la reputation d'homme juste, d'exiger en justice la reparation des injures : non pas à dessein de se vanger, mais pour defendre la justice & les loix du païs, & pour empescher les meschants de prendre de là occasion de faire le mal, ce que la raison mesme autorise. Je pourrois alleguer beaucoup d'autres exemples, si je ne croyois en avoir assez dit tant pour appuyer mon opinion, que pour expliquer l'utilité de cette methode, ce qui est icy mon principal soin. Or jusqu'icy nous n'avons montré qu'à nous esclaircir des passages qui ne regardent que la conduite de la vie, chose facile, & dont il n'y a jamais eu de controverse entre les Escrivains de la Bible. Pour le reste de l'Escriture, il est d'autant plus difficile qu'il est tout abstraict, & speculatif, & le chemin qui nous y conduit est de beaucoup plus estroit que l'autre. Car comme les Prophetes en matiere de speculation avoient des sentimens contraires, & que les narrations de chacun d'eux sont accommodées aux prejugez des hommes de leur temps, il ne nous est permis ny d'inferer ny d'expliquer la pensée d'un Prophete par ce qui nous paroist de plus clair dans un autre, à moins que d'estre tres asseurez qu'ils avoient le mesme dessein. Faisons donc voir en peu de paroles ce qu'il faut faire en cette rencontre pour decouvrir la pensée des Prophetes par l'histoire de l'Escriture. Pour y bien reüssir, il faut observer le mesme ordre dont nous avons déja parlé, & commencer par les choses plus generales, taschant sur tout d'apprendre par les plus clairs passages de l'Escriture ce que c'est que Prophetie ou revelation, & en quoy c'est principalement qu'elle consiste. Apres, ce que c'est que miracle, & ainsi des choses plus communes : de là il faut passer aux opinions de chaque Prophete, & enfin de ces opinions, au sens de chaque revelation ou Prophetie, de chaque histoire, & de chaque miracle. Quant à la precaution dont nous devons user en cette recherche pour ne point confondre la pensée des Prophetes, & des histo-

historiens avec la pensée du Saint Esprit, & la verité de la chose, nous l'avons dejà dit en son lieu ; c'est pourquoy je m'en tais icy âjoûtant seulement touchant le sens des revelations, que cette methode n'apprend à chercher que ce que les Prophetes ont réellement vû, ou oüi, & nullement ce qu'ils ont voulu nous faire entendre par ces enigmes, & hieroglyphes, car c'est une chose que l'on peut deviner, à la verité, mais qui ne se peut inferer des fondements de l'Escriture. Nous avons donc montré la façon d'interpreter l'Escriture, & prouvé en mesme temps qu'elle est l'unique voye, & la plus asseurée pour parvenir à son vray sens. J'avouë que s'il s'en trouve qui en ayent receu une tradition certaine, & à qui les Prophetes mesmes en ayent donné la veritable explication, de quoy les Pharisiens se flattent, comme aussi les Catholiques Romains, lesquels se vantent que leur Pontife ne peut errer en interpretant l'Escriture : j'avouë dis-je que si cela est, ceux là en sont plus asseurez. Mais comme cette tradition est extremement incertaine, & que l'autorité des Papes est fort mal appuyée, nous n'y devons aussi fonder

aucune

aucune certitude; car comme les premiers Chreſtiens ſe ſont oppoſez à cellecy, les plus anciennes ſectes d'entre les Iuifs ont toûjours nié l'autre; joint que ſi nous avons eſgard à la ſuite des années (pour ne rien dire de beaucoup d'autres choſes qui ne ſont pas plus aſſurées laquelle les Phariſiens diſent avoir receu de leurs Rabins, & par laquelle ils font monter cette tradition juſqu'à Moyſe, nous la trouverons fauſſe, ainſi que nous le verrons en ſon lieu. Par conſequent nous avons ſujet d'en douter; Et bien que dans nôtre methode nous ſuppoſions par neceſſité, quelque tradition des Iuifs comme incorruptible, à ſçavoir la ſignification des mots de la langue Hebraique que nous tenons d'eux, nous ne laiſſons pas neantmoins de douter de cellelà, mais nullement de cellecy, car quoy qu'il arrive ſouvent de changer le ſens d'un diſcours, il n'en eſt pas de meſme de la ſignification d'un mot, dautant que cela eſt ſi difficile que pour y reüſſir, il faudroit expliquer ceux qui ont eſcrit en cette langue, & uſé d'un tel mot dans la ſignification receuë par l'uſage, ſelon le genie, & la penſée de chaque auteur ou les corrompre tous avec

beau-

beaucoup d'adresse & de precaution. D'ailleurs le vulgaire & les doctes n'ont qu'une mesme langue, au lieu qu'il n'y a que ceuxcy qui soient depositaires du sens d'un discours, & des livres ; Ce qui fait aisément comprendre qu'il n'a pas esté difficile aux sçavants, d'alterer ou corrompre le sens d'un livre rare dont ils estoient les maistres, mais qu'ils n'ont jamais pû changer la signification des mots : ajoûtez à cela que si quelqu'un vouloit changer la signification d'un mot, à laquelle il est accoûtumé en une autre : il auroit de la peine a s'y contraindre toutes les fois qu'il en auroit besoin soit en parlant, ou en escrivant. Ainsi il est aisé de juger que nul n'a jamais entrepris de corrompre une langue, mais bien la pensée d'un auteur soit en alterant son discours, ou en luy donnant une fausse interpretation. Donc, nôtre methode (laquelle consiste à tirer de l'Escriture mesme ce que nous en voulons connoistre) estant l'unique & la veritable, s'il y a quelque chose dont nous ne puissions estre esclaircis par son moyen, il ne faut pas esperer de l'estre d'ailleurs. Or pour sçavoir qu'elle difficulté il s'y rencontre, ou ce qui luy man-

manque pour nous conduire à une certaine & parfaite connoissance des livres sacrez, il faut lire ce qui s'ensuit. La plus grande difficulté qui se trouve en cette methode est, qu'elle exige que l'on soit bien versé dans la langue Hebraïque, mais quel moyen de l'estre maintenant ? les vieux grammairiens de cette langue n'ayant rien transmis à la posterité touchant ses fondements & sa doctrine, du moins nous n'en voyons aucune trace ny vestige, & n'en avons ny dictionnaire, ny grammaire, ny rhetorique : la Nation Hebraïque ayant perdu tous ses ornements, & toutes ses beautez, sans qu'il luy soit resté (aprés tant de calamitez & de persecutions) que tres peu de fragments tant de la langue, que de quelques livres ; car la plus part des noms des fruits, des oiseaux, des poissons, & plusieurs autres ont peri par l'injure des temps : Outre cela, la signification de beaucoup de noms, & de verbes qu'on trouve dans la Bible, est, ou entierement ignorée, ou en dispute, joint que la phraseologie de cette langue ne se voit plus, presque toutes les phrases, & les façons de parler qui estoient propres, & particulieres à cette

cette Nation, ayant esté effacées de la memoire des hommes par la malice du temps. Nous aurons donc bien de la peine à trouver tous les sens que chaque discours peut admettre suivant l'usage de la langue, & il s'en trouvera plusieurs quoy que conçeus en termes tres communs, dont le sens neantmoins paroistra fort obscur, & mesme imperceptible. Outre que nous sommes depourvûs de la parfaite histoire de la langue Hebraïque, il faut encore considerer qu'il naist tant d'ambiguitez de la constitution, & de la nature de cette langue qu'il est impossible de trouver une methode qui enseigne un moyen infaillible de penetrer dans le vray sens de tous les passages de l'Escriture. Car outre les causes des doutes lesquelles sont communes à toutes les langues, il y en a d'autres en cellecy d'où grand nombre d'ambiguitez tirent leur origine : & c'est de quoy nous allons parler.

La premiere ambiguité si frequente en la Bible, & l'obscurité de ses passages, naist de ce que les lettres d'un mesme organe se prennent les unes pour les autres : les Hebreux divisant toutes les lettres de l'Alphabet en cinq Classes,

à cause

à cause qu'il y a cinq choses dont on se sert pour les prononcer, à sçavoir les levres, la langue, les dents, le palais & le gosier, par exemple *Alpha, ghei, hgain, he* sont appellées gutturales, & prises indifferemment l'une pour l'autre, à sçavoir *el*, qui signifie *jusques à* est souvent pris pour *hgal* qui signifie *dessus*, & au contraire. D'où vient que toutes les parties du discours sont d'ordinaire, ou douteuses, ou comme des mots qui ne signifient rien.

La seconde ambiguité vient de ce que les conjonctions, & les adverbes ont plusieurs significations. Par exemple *vau* qui est aussi bien conjonctive que disjonctive signifie *&, mais, parceque, or, alors*: *Ki* à sept ou huict sortes de significations; à sçavoir *dautantque, quoyque, si, quand, toutainsi que, ce que, combustion*, &c. il en est de mesmes de la pluspart des particules.

La troisiésme ambiguité, & qui est la source d'une infinité d'autres, vient de ce que les verbes à l'indicatif n'ont ny present, ny preterit imparfait, ny plusqueparfait, ny futur parfait, ny les autres temps si usitez dans les autres langues; à l'imperatif, tout y manque hors-

horsmis le present, & le subjonctif n'en a point du tout. Et quoy qu'il eût esté aisé & avec elegance mesmes de reparer ces defauts de temps & de modes, par des regles certaines tirées des principes de la langue, si est ce neantmoins que les plus anciens Escrivains les ont entierement negligées, mettant sans distinction le futur pour le present, & pour le preterit: & au contraire le preterit pour le futur; & se servant aussi de l'indicatif pour l'imperatif, & pour le subjonctif. Ce qui a sans doute causé tant de difficultez dans la langue outre ces trois causes d'où procedent les ambiguitez de l'Hebreu, il y en a encore deux à noter, chacune desquelles est d'une consequence bien plus grande. La premiere, que les Hebreux n'ont point de voyelles. La seconde, qu'ils ne se servoient d'aucunes marques pour distinguer leurs discours, ny pour les exprimer, ny pour les estendre : & quoy qu'ils ayent accoutumé de mettre au lieu de marques & de voyelles, des points, & des accents; si est ce pourtant que nous ne pouvons y acquiescer, puis qu'ils n'ont esté inventez & instituez qu'és derniers temps, par de certains auteurs modernes dont l'autorité

rité ne doit estre de nulle valeur parmi nous. Or nous sçavons par tesmoignages autentiques que les Anciens ont escrit sans points, (c'est à dire sans voyelles, & sans accents,) & que les modernes ayant pris la liberté d'interpreter la Bible à leur fantaisie, y ont ajouté ces deux choses; ainsi les points, & les accents que nous avons aujourd'huy, ne font qu'interpretations de gens des derniers siecles, auxquelles on ne doit pas ajouter plus de foy qu'aux expositions des autres auteurs. Or ceux qui ignorent l'origine de ces points, ne sçavent pas pourquoy l'auteur de l'Epistre aux Hebreux est excusable d'avoir interpreté au Chapitre 11. verset 21. le texte de la Genese, tout autrement qu'il n'est au texte Hebreu, où les points sont marquez, l'Apostre n'estant pas obligé de consulter les inventeurs des points pour en apprendre le sens de l'Escriture. Tant s'en faut donc qu'il soit blasmable en cette rencontre, qu'au contraire ceux-cy le sont, & pour le faire voir, & montrer en mesme temps que cette difference ne vient que faute de voyelles, examinons sans prejugez, l'une & l'autre interpretation. Les ponctistes ont
inter-

interpreté par le moyen de leurs points, *& Israël se pencha sur*, ou (en changeant *hgain* en *aleph* qui est une lettre du mesme organe) *vers le chevet de son lict*: & l'auteur de l'Epistre, *& Israël se courba sur le bout de son baston*, à sçavoir en lisant *mate*, au lieu que les autres lisent, *mita*, les seules voyelles estant cause de cette difference. Or comme il ne s'agit dans cette narration que de la vieillesse de Jacob, & non pas de sa maladie dont il est parlé au chapitre suivant, il est plus vray semblable que la pensée de l'auteur est, que Jacob se courba sur le bout de son baston, (à la façon des vieillards qui en ont besoin pour s'appuyer) que non pas sur le chevet de son lict, vû qu'en usant ainsi il n'est pas necessaire de supposer de subalternation dans les les lettres. Par cet exemple non seulement j'ay pretendu concilier ce passage de l'Epistre aux Hebreux avec le texte de la Genese, mais mesmes montrer combien peu de foy il faut ajoûter aux points & aux accents; si bien que pour interpreter l'Escriture sans prejugez, il les faut avoir pour suspects, & les examiner tout de nouveau.

Donc, (pour revenir à nôtre sujet) à con-

considerer la nature, & la constitution de la langue Hebraïque, il est fort aisé de juger qu'il en doit naître tant d'ambiguitez qu'il n'est point de methode, par l'entremise de laquelle on les puisse toutes esclaircir, & determiner. Car il ne faut pas esperer d'y pouvoir reüssir par la collation mutuelle des passages qui ont rapport entr'eux, encore que cela soit (ainsi que nous l'avons déja dit) l'unique voye que nous puissions tenir, pour reconnoître le veritable sens parmi une infinité d'autres que chaque passage peut souffrir suivant l'usage de la langue ; joint que ce n'est que par hazard qu'un passage puisse servir à l'esclaircissement d'un autre, nul Prophete n'ayant escrit à dessein d'esclaircir, & d'expliquer, soit ses propres paroles, ou celles d'un autre Prophete. Ajoûtez à cela que nous ne sçaurions juger sainement quelle estoit la pensée d'un Prophete, d'un Apostre, &c. par la pensée d'un autre, excepté en ce qui concerne l'usage de la vie ; dautantque cela est impossible dans les choses speculatives (comme nous l'avons demontré), & lors qu'ils ne racontent que des miracles, ou des histoires. Il me seroit aisé de trouver des exemples, pour prou-

prouver qu'il y a quantité de passages dans l'Escriture qui sont inexplicables, mais il vaut mieux les remettre à une autre fois, pour achever ce qui nous reste à remarquer touchant d'autres difficultez qui se rencontrent dans la veritable methode que nous donnons icy pour interpreter l'Escriture.

Il se trouve encore une difficulté dans cette methode, en ce qu'elle exige l'histoire des hazards que tous les livres de l'Escriture ont couru, & cette histoire nous est inconnuë pour la plus part. Car ou nous ignorons entierement les auteurs, ou (si vous voulez) les Escrivains de beaucoup de livres, ou nous en doutons, comme nous le verrons tantost plus au long. D'ailleurs nous ne sçavons ny en quel temps, ny pourquoy ces livres dont les auteurs nous sont inconnus, ont esté escrits. D'autre costé nous ignorons entre les mains de qui tous ces livres sont tombez, qui estoient ceux dans les exemplaires desquels tant de leçons differentes se sont trouvées, & enfin si d'autres n'en ont point eu davantage. Or nous avons fait voir brévement en son lieu, de quelle importance il est d'estre informé de tout cela, & comme nous y avons obmis quelque chose

chose à dessein, c'est icy le temps d'en parler. Si nous lisons dans un livre des choses incroyables, & imperceptibles, ou que nous trouvions qu'il soit escrit en termes fort obscurs : si l'auteur en est inconnu, & qu'on ne sçache ny en quel temps il a escrit, ny le motif qui l'a obligé à escrire, nous cherchons en vain d'en connoistre le veritable sens. Car si l'on ignore tout cela il est impossible de sçavoir quelle a esté, ou pû estre l'intention de l'auteur : au lieu qu'estant bien informez de toutes ces circonstances, nous determinons nos pensées de sorte, que nous ne donnons point d'accez aux prejugez, de peur d'attribuer plus ou moins qu'il n'est dû à l'auteur, ou à celuy en faveur duquel il a escrit, & que nous ne pensions toute autre chose que ce que l'auteur a pensé, & tout autrement que le temps, & l'occasion ne l'a exigé. Ce que je crois trop evident pour estre ignoré de personne, n'y ayant rien de plus ordinaire que de juger differemment des histoires de mesme genre quand nous les lisons en divers autheurs, selon les opinions differentes que nous avons des Escrivains. Je me souviens d'avoir lû qu'un certain Roland le furieux voloit par l'air de region

gion en region, tüant & maſſacrant tout ſeul quantité d'hommes & de Geants, & mille autres fadaiſes où l'entendement ne voit goute. Il y a dans Ovide une hiſtoire pareille de Perſée, & dans les livres des Juges & des Roys il eſt dit de Samſon, qu'eſtant ſeul & ſans armes, il tüa des milliers d'hommes, & d'Elie, qu'apres s'eſtre promené dans l'air, il fût enfin enlevé au Ciel dans un char tout en feu, tiré par des chevaux de meſme. Je dis que ces hiſtoires ſont tout à fait ſemblables, & neantmoins nous en jugeons bien differemment, car nous diſons, que le premier n'a pretendu eſcrire que des bagatelles, que le ſecond parle de politique, & le troiſieſme de choſes ſaintes, cette difference n'eſtant fondée que ſur l'eſtime que nous faiſons de leurs autheurs. Il eſt donc certain qu'il eſt de la derniere importance de connoiſtre les autheurs qui n'ont eſcrit que choſes obſcures, & imperceptibles à l'Entendement: & ce d'autant plus que delà depend l'interpretation de leurs eſcrits. Pour ces meſmes raiſons, il ne faut pas pretendre qu'on puiſſe diſcerner entre tant de leçons qui ſe voyent dans les

les Histoires obscures, celles qui sont les veritables, à moins que de sçavoir en quels exemplaires on a trouvé ces diverses leçons & s'il ne s'en est jamais vû davantage chez d'autres autheurs plus fameux, & de plus grande authorité.

La troisiesme difficulté qui se trouve en interpretant par le moyen de cette methode quelques livres de l'Escriture est que nous ne les avons plus dans la mesme langue qu'ils ont d'abord esté escrits. Car c'est la commune opinion que l'Euangile selon Saint Mathieu, & mesmes l'Epître aux Hebreux, ont esté escrits en Hebreu, & cependant on ne les voit point en cette langue. Pour le livre de Job, on n'est pas bien certain en quelle langue il a esté escrit. Abenhezra asseure dans ses commentaires qu'il a esté traduit d'une autre langue en Hebreu, & que c'est pour cette raison que nous le voyons si obscur. Je ne parle point des apocryphes, puisqu'il s'en faut beaucoup qu'ils n'aillent du pair avec les autres. Et c'est ce que j'avois à dire sur les difficultez de la methode dont il se faut servir pour interpreter l'Escriture suivant l'histoire que nous en pou-

pouvons avoir ; difficultez si grandes à mon avis, que je ne crains point d'asseurer, ou que nous ignorons le veritable sens d'une infinité de passages de l'Escriture, ou que nous en parlons sans raison, & sans certitude. Toutefois on observera qu'encore que ces difficultez nous empeschent de penetrer dans la pensée des Prophetes où il s'agit de choses imperceptibles, & qui sont du ressort de l'imagination, il n'en va pas de mesme dans les *Voy les* passages clairs & que l'Entendement *remarques.* peut facilement démesler, vû que ce qui est de soy perceptible & aisé à comprendre, n'est jamais si obscur qu'on ne le puisse entendre sans peine ; suivant le Proverbe, qui dit qu'à un homme d'esprit, & de bon sens, il ne faut qu'un mot. Euclide qui n'a traitté que de choses extremement simples, & fort intelligibles, est entendu des moins habiles en toute sorte de langues, sans que pour entrer dans sa pensée, & pour en connoistre le veritable sens, il soit necessaire de posseder parfaitement la langue en quoy il a escrit, il suffit pour cela d'une fort mediocre connoissance, & n'est nullement besoin de sçavoit la vie, les prejugez, & les mœurs de cet autheur, ny en quelle langue, à qui, ny quand il a escrit, ny quelle a esté la fortune de son livre, ny combien de leçons diverses il y en a eu, ny comment, ny enfin par qui il a d'abord esté approuvé. Et ce que nous disons icy d'Euclide, se doit approprier à tous ceux qui ont traitté des choses de soy perceptibles. D'où je concluë qu'il n'est rien plus aisé que de comprendre le veritable sens de l'Escriture par l'histoire que nous en avons en ce qui ne concerne que la morale, vüque ce qui regarde la pieté, est exprimé en termes fort communs, n'y ayant rien ny de plus simple, ny de plus facile à entendre; & comme le salut & la vraye beatitude consiste en un total acquiescement de l'Esprit : d'ailleurs n'acquiesçant veritablement qu'à ce qui nous paroist fort clair, il s'en suit manifestement qu'il nous est facile de penetrer dans le vray sens de l'Escriture, lors qu'il ne s'agit que du salut & de la beatitude ; du reste, il n'est point necessaire de nous en mettre tant en peine, vû qu'il y a plus de curiosité que de fruit en ce qui ne releve point

de

de la jurifdiction de la raifon & de l'entendement. Ie ne crois pas avoir manqué à prouver par bonnes raifons, que la methode que nous enfeignons pour interpreter l'Efcriture, eft la veritable & l'unique & je ne doute pas non plus que l'on ne foit prefentement convaincu que cette methode n'exige que la lumiere naturelle dont la nature & la perfection confifte principalement à deduire, & conclure par de legitimes confequences ce qui eft obfcur, de ce qui eft clair & evident, ou qui paffe pour tel : & c'eft fur cela feul que roule toute nôtre methode. Et quoyque je tombe d'accord qu'elle ne fuffit pas pour efclaircir tous les paffages de la Bible, j'avouë pourtant que ce n'eft pas fa faute, mais cela vient de ce que les hommes fe font fourvoyez du chemin qu'elle enfeigne comme le plus droit, & le veritable; negligence qui l'a rendu par fucceffion de temps fi difficile, & fi efpineux, qu'il nous eft prefque inacceffible, chofe aifée à connoître par les difficultez que nous venons de rapporter. Paffons maintenant à l'examen des opinions de ceux qui combattent la nôtre la premiere qui

se presente est de ceux qui soûtiennent que l'interpretation de l'Escriture est au dessus des forces de la lumiere naturelle, mais que pour cela il en faut une toute surnaturelle. Or de sçavoir ce qu'ils entendent par cette lumiere surnaturelle, c'est la difficulté ; pour moy je ne puis soupçonner, si non qu'ils ont voulu avoüer en termes encore bien plus obscurs qu'ils doutent presque par tout du veritable sens de l'Escriture : Car si l'on prend bien garde à l'explication qu'ils en donnent, bien loin d'y trouver quelque chose de surnaturel, on n'y verra que de tres simples conjectures; du moins je ne vois pas que ce qu'ils en disent estant comparé avec les lumieres de ceux qui avoüent franchement n'avoir rien de surnaturel, soit plus relevé, ny plus divin, mais à mon sens tout y est semblable, & l'exposition des uns, & des autres n'est en fin que le fruict d'une longue meditation, & d'une peine incroyable. Or quant à ce qu'ils disent que la lumiere naturelle est trop foible pour cela, il est manifestement faux, tant parceque nous avons déja demontré que la difficulté d'interpreter l'Escriture, ne
vient

vient pas du defaut des forces de la lumiere naturelle, mais de la nonchalance, (pour ne pas dire de la malice) de ceux qui ont negligé de faire le plan de l'Histoire de l'Escriture lors qu'ils pouvoient, qu'à cause que cette lumiere surnaturelle est (au sentiment de tout le monde) un don divin qui n'est accordé qu'aux fidelles. D'ailleurs il faut sçavoir que ce n'estoit pas aux seuls fidelles que les Prophetes, & les Apotres avoient coûtume de prescher, c'estoit particulierement aux infidelles & aux meschants & qui par consequent estoient capables de comprendre ce que disoient les Prophetes & les Apotres. Autrement il faudroit que ces divins oracles eussent plûtost presché à des enfants, qu'à des hommes raisonnables : & Moyse mesme eût vainement prescrit des loix, s'il n'y avoit que les fidelles (qui n'ont besoin d'aucune loy) qui pûssent les entendre. C'est pourquoy il est hors de doute que ceux qui cherchent une lumiere surnaturelle afin d'entendre les Prophetes & les Apôtres, sont effectivement destituez de la naturelle. Donc il s'en faut beaucoup que ces gens là ne soient doüez d'un don surnaturel. Maimonimonides est d'un sentiment tout opposé au leur : Car il a crû qu'il n'est point de passage dans l'Escriture qui n'admette divers sens, & mesme tout contraires, sans qu'on puisse connoistre lequel est le meilleur & le veritable, si l'on ne sçait à mesme temps que ce passage ne contient rien dans l'interpretation qu'on luy donne, qui ne convienne à la raison, ou qui y repugne ; car s'il se trouve que son sens litteral quoy que d'ailleurs fort clair, soit opposé à la raison, il est d'avis de l'interpreter autrement, ce qu'il dit en termes fort clairs au chapit. 25. part. 2. du livre More Nebachim, *Sçache que ce ne sont pas les passages où l'Escriture parle de la creation du monde, qui nous empeschent de dire que le monde a toûjours esté, vû que ceux qui montrent que le monde a esté creé, ne sont pas en plus grand nombre, que ceux qui enseignent que Dieu est corporel ; & tant s'en faut que nous manquions de lumieres pour donner un autre sens à ceux qui establissent la creation du monde, qu'au contraire, il nous eût esté tres facile de les interpreter comme nous avons fait en soûtenant que Dieu n'a point de corps ; & peut estre mesme que cela eût esté*

esté plus aisé à faire, & que nous eussions moins sué à leur chercher une explication propre à appuyer l'Eternité du monde, que nous n'avons fait, pour faire dire à l'Escriture que Dieu n'a point de corps: Mais deux raisons m'ont empesché de croire que le monde soit eternel. 1. Parce qu'il est tout evident que Dieu n'a point de corps, & qu'il faut necessairement expliquer les passages, dont le sens litteral repugne à la demonstration; car il est certain qu'en ce cas là, ils doivent necessairement souffrir une autre explication que la litterale. Mais il n'en est pas de mesme de l'Eternité du monde, car estant impossible de la prouver par demonstration, il n'est pas necessaire de faire violence à l'Escriture pour une opinion apparente dont la contraire peut estre appuyée sur quelque sorte de raison. 2. D'autant qu'il ne repugne point aux fondements de la loy de croire que Dieu n'a point de corps, &c. au lieu que c'est la destruire de fond en comble que d'appuyer l'Eternité du monde sur les raisonnements d'Aristote, &c. Voilà ce que dit Maimonides, d'où s'ensuit en bonne consequence ce que nous avons dit cy dessus; Car si la raison luy dictoit que le monde est eternel, il ne feindroit point d'expliquer l'Escriture, & de luy donner la question pour luy faire dire que cela est en effet. Et dez là mesme il ne douteroit plus qu'elle n'eut voulu enseigner l'Eternité du monde, quoy qu'elle dise par tout & ouvertement le contraire; si bien qu'il seroit incertain du veritable sens de l'Escriture, quoy que fort clair d'ailleurs, tandis qu'il le seroit de la verité de la chose. Car tant qu'on n'est point asseuré de la verité d'une chose, on doit toûjours douter, qu'elle soit ou convenable, ou repugnante à la raison; & par consequent, il n'est rien aussi de plus difficile, que de sçavoir en cette occasion si le sens litteral est veritable ou faux. Si Maimonides disoit vray, j'âvoüerois franchement qu'il nous faudroit pour interpreter l'Escriture quelque chose de plus que la lumiere naturelle. Car comme il n'y a presque rien dans toute la Bible que l'on puisse inferer de principes qui soient sensibles à la lumiere naturelle, il est constant que cellecy ne nous pourroit aider à decouvrir la verité de l'Escriture; ny par consequent à en trouver le veritable sens, mais pour cela nous aurions besoin indispensableblement de quelqu'autre lumiere. D'autre costé si cette opinion estoit vraye; il s'ensuivroit que le vulgaire qui ne sçait pour la pluspart ce que c'est que demonstration, ou qui n'a pas le temps de s'y appliquer, n'auroit de connoissance de l'Escriture que par l'authorité & le témoignage des Philosophes, & en ce cas là il faudroit supposer que les Philosophes ne sçauroient errer en l'interpretant, rare authorité dans l'Eglise, & nouveau genre de Sacrificateurs & de Pontifes, pour qui le peuple auroit plus de mespris que de veneration. Et quoy que nostre methode exige la connoissance de la langue Hebraïque, à quoy le peuple ne sçauroit vacquer, on ne peut neantmoins nous objecter rien de semblable, vû que la populace des Juifs & des Gentils, (à qui les Prophetes & les Apostres ont presché & escrit,) entendoit la langue des Prophetes, & des Apotres, ce qui leur aidoit à la verité à comprendre la pensée des Prophetes, mais nullement à penetrer dans les raisons de ce qu'ils leurs preschoient, ce qu'ils eussent dû neantmoins sçavoir selon l'opinion de Maimonides pour bien entendre les Pro-

K 6   phe-

phetes. Il n'est donc pas de l'essence de notre methode d'obliger le peuple à acquiescer au tesmoignage des interpretes de l'Escriture, car je montre un peuple qui entendoit la langue des Prophetes & des Apotres, & Maimonides n'en sçauroit produire qui connoisse assez les causes des choses, pour s'en servir à penetrer dans leur pensée. Quant au vulgaire d'aujourduy, nous avons desja dit qu'il est aisé d'entendre en chaque langue tout ce qui est necessaire à salut, quoy qu'on n'en sçache pas les raisons, vû qu'il n'est rien de si commun ny de si populaire que cela, outre que le Peuple y voit assez clair de soy mesme sans estre obligé de s'en rapporter au tesmoignage des interpretes ; du reste, ils courent la mesme fortune que les doctes qui n'y sont pas plus esclairez qu'eux, mais revenons à l'opinion de Maimonides, & examinons la de plus prés. Il suppose premierement que les Prophetes estoient d'accord entr'eux de toutes choses, & qu'ils estoient mesmes grands Philosophes & Theologiens, car il pretend que leurs conclusions soient tirées de la verité de la chose : fausseté evidente, & que nous

avons

avons refutée au Chapitre second. Il suppose encore que l'Escriture ne fournit point les lumieres necessaires pour en connoistre le veritable sens, car comme elle ne demontre rien, ny n'enseigne ce qu'elle avance par les definitions, ny par ses premieres causes, il s'ensuit que ce n'est point en elle qu'il faut puiser la verité des choses, & par consequent dit il ce n'est point par son moyen que nous en decouvrons le veritable sens. Or cette fausseté aussi evidente que l'autre est manifestement détruite par le mesme Chapitre, où nous avons fait voir tant par la raison que par des exemples que le sens de l'Escriture ne se doit point chercher ailleurs que chez elle, lors mesme qu'elle ne parle que de choses connuës, par la lumiere naturelle. Il suppose enfin qu'il nous est permis d'expliquer l'Escriture selon nos prejugez de luy donner la torture, d'en rejetter le sens litteral bien que d'ailleurs tres evident, & de le changer en un autre. Mais outre que cette licence est directement opposée à ce que nous avons prouvé demonstrativement, dans ce Chapitre, & dans les autres, qui ne voit qu'elle est te-
me-

meraire? mais accordons luy cette grande & excessive liberté, qu'avancera t'il pour cela? rien sans doute, puis qu'il sera toujours impossible d'expliquer & d'interpreter par cette reigle les passages obscurs, & impenetrables qui font la plus part de l'Escriture, au lieu qu'il n'est rien de plus facile que d'eiclaircir par nostre methode beaucoup de ces obscuritez, & d'en decider seurement, comme nous venons de le prouver par la raison, & par des exemples: quant aux passages qui sont d'eux mesmes intelligibles, on en connôit assez le sens par la construction du discours. D'où je concluë que cette methode est entierement inutile. Joint qu'elle oste au peuple toute la certitude qu'il peut tirer d'une lecture sincere, & que tout le monde peut avoir du sens de l'Ecriture en suivant une autre methode. Ainsi nous rejettons l'opinion de Maimonides comme inutile, dangereuse, & absurde. Quant à la tradition des Pharisiens, nous avons déja dit qu'il n'est pas seur de s'y arrester, puis que les Hebreux mesme n'en tombent pas d'accord entr'eux, & qu'il est besoin pour appuyer l'authorité du Pape
d'un

d'un témoignage plus authentique ; du reste, je n'y trouve rien à redire. Car s'il pouvoit nous la prouver par l'Escriture aussi clairement que faisoient les Pontifes des Juifs, il n'importeroit pas qu'il y ait eu de meschants Papes, & mesmes d'heretiques, puis qu'il s'en est trouvé de mesme trempe parmi les Pontifes Hebreux, & qui se sont emparez du Pontificat par des moyens sinistres, auxquels neantmoins l'Escriture donnoit un pouvoir souverain d'interpreter la Loy ; Mais comme le Pape ne nous fait rien voir de semblable en toute la Bible, son authorité est fort suspecte ; & depeur que quelqu'un deçeu par l'exemple du Pontife des Hebreux, ne s'imagine que la religion Catholique a aussi besoin de Pontifes, il est à remarquer que les loix de Moyse estant les droits publics du Païs, elles ne pouvoient subsister sans une authorité publique ; car s'il estoit permis à chaque citoyen d'interpreter les droits publics, il n'est ny Estat, ny Republique qui se pût maintenir, & des là que chacun se donneroit cette licence, le droit public deviendroit droit particulier. Mais en matiere de Religion la difference est

gran-

grande. Car comme elle confiste moins dans les œuvres exterieures, que dans une certaine candeur & simplicité d'esprit, elle n'a ny droit, ny authorité fur le public. Car les dons de l'ame ne relevent ny de l'empire des loix, ny de l'authorité publique, & il n'y a ny loix, ny supplices qui nous puissent contraindre à suivre la voye de salut, mais il est besoin pour cela d'une sainte & fraternelle admonition, d'une bonne education, & principalement d'avoir la liberté & le choix de juger de tout. Puis donc qu'il est permis de droit à un chacun d'avoir tel sentiment qu'il veut en matiere de religion, sans que personne puisse renoncer à ce droit, il s'enfuit que chacun a droit & authorité souveraine de juger en toute liberté de la religion, & par consequent de se l'expliquer, & d'en estre soy mesme l'interprete; car comme l'authorité d'interpreter les loix, & la decision souveraine des affaires publiques n'est duë au Magistrat, que par ce quelles font de droit public : ainsi chaque particulier a une authorité souveraine & d'expliquer la religion, & d'en juger par ce qu'elle est de droit particulier.

Tant

Tant s'en faut donc que l'on puisse inferer que le Pape ait l'authorité d'interpreter la religion, de celle qu'avoit autrefois le Pontife des Hebreux d'interpreter les loix du pays; qu'au contraire on est mieux fondé à conclurre de là que cette authorité est duë à chacun en particulier, & non seulement cela, mais mesme que nôtre methode touchant l'interpretation de l'Escriture, est la meilleure de toutes. Car puisque chacun a droit de l'interpreter, il s'en suit que la regle dont il se faut servir pour cela n'est autre chose que la lumiere naturelle qui est commune à tous les hommes, & par consequent que la surnaturelle & toute authorité estrangere, n'y sont point necessaires. Aussi ne doit elle pas estre si difficile qu'elle ne puisse estre suivie que des Prophetes, mais il faut qu'elle soit a la portée de toutes sortes d'Esprits, telle est nôtre methode ainsi que nous l'avons fait voir. Car nous avons montré que ce n'est pas de sa nature que naissent les difficultez qui s'y trouvent aujourduy, mais de la negligence ou de la malice des hommes.

CHA-

CHAPITRE VIII.

Que les cinq premiers livres de la Bible n'ont point esté écrits par Moyse, ny ceux de Josué, des Juges, de Rut, de Samuel, & des Roys par ceux dont ils portent le nom. On examine ensuite si plusieurs Escrivains s'en sont mélez, ou s'il n'y en a eu qu'un, & qui c'est.

NOus avons vû au precedent Chapitre sur quels principes doit estre fondée la connoissance de l'Escriture, & montré en mesme temps que ces principes ne sont autre chose que son histoire sincere qui toute necessaire qu'elle est n'a pas laissé d'estre negligée par les Anciens, ou, s'ils ont eu soin de l'Escrire, & de la transmettre à la posterité, de perir par l'injure des temps, & par consequent que la plus part des Fondements, & des principes de cette connoissance, son perdus. Ce qui seroit en quelque façon supportable, si ceux qui sont venus depuis, en

avoient

avoient bien ufé, & qu'ils euffent laiffé de bonne foy à leurs fucceffeurs le peu qu'ils en auroient reçeu, ou qui eftoit tombé entre leurs mains, fans y mefler des Nouveautez de leur façon : Audace qui eft caufe que l'hiftoire de l'Efcriture eft non feulement imparfaitte, mais mefme qu'elle eft demeurée en fi mauvais Eftat, qu'il eft impoffible de la reftablir, tant elle eft defectueufe, & tronquée. Puis donc qu'il ne nous refte que des Fondements imparfaits, & des moyens obfcurs de parvenir à fa connoiffance; j'entreprends de les corriger, & de déraciner les prejugez de la Theologie ordinaire. Mais je crains qu'il ne foit trop tard, car on en eft venu au point de ne vouloir plus ouïr parler d'efclairciffement fur ce fujet, & de defendre opiniâtrement ce que l'on a une fois embraffé fous l'image de la Religion ; & par malheur ces prejugez fe font tellement emparez de l'efprit des hommes, qu'il n'y a prefque plus perfonne qui efcoute la raifon. Voilà de grands obftacles au deffein que je me propofe, mais ne les croyant pas invincibles, je tafcheray de les furmonter. Et pour le faire avec methode, commençons par les prejugez touchant

chant les veritables Escrivains des livres de la Bible, & premierement touchant l'Autheur des cinq premiers : que la plus part attribuënt à Moyse, opinion que les Pharisiens ont soustenuë avec tant d'opiniâtreté qu'ils ont tenu pour heretique quiconque l'a crû autrement. Ce qui a empesché Abenhezra, homme franc, de singuliere erudition, & le premier de tous ceux que j'ay lû qui ait découvert ce prejugé, de s'en expliquer ouvertement, se contentant d'en dire sa pensée en termes obscurs que je ne feindray point d'esclaircir, pour mettre la chose en evidence. Voicy donc les paroles de ce sçavant homme, lesquelles se trouvent dans les commentaires sur le Deuteronome. *Au delà du Jordain &c. pourvû que tu entendes le mystere des douze, Moyse a aussi escrit la Loy, & alors le Cananeen estoit en ce païs là, ce qui sera manifesté sur la montagne de Dieu, & lors que tu découvriras son lict de fer, tu connoistras la verité.* Par ce peu de paroles il fait entendre que ce n'est pas Moyse qui a escrit ces 5. premiers livres, mais quelqu'autre qui a vescu long temps aprés, & que celuy que Moyse a escrit, n'est point de ce nombre

bre là. Voicy comme il le prouve, 1. Parce qu'il est, dit il, impossible que Moyse ait escrit la preface du Deuteronome, vû qu'il ne passa pas le Jordain. 2. Que tout le livre de Moyse avoit esté escrit fort elegamment dans le seul circuit d'un autel, lequel au rapport des Rabins n'estoit construit que de douze pierres, d'où il s'ensuit que le livre de Moyse avoit beaucoup moins d'estenduë que le Pentateuque *. Et j'estime que c'est ce que nôtre Autheur a voulu signifier par *le Mystere des douze*; si ce n'est peut estre, qu'il ait entendu par là les douze Maledictions dont il est parlé dans le mesme Chapitre. Ne croyant peut estre pas qu'elles fussent escrites au livre de la Loy, vû que Moyse outre la description de la Loy, commande aux Levites de les lire devant le peuple, afin de l'obliger par serment à l'observation de la Loy. Peut-estre aussi qu'il a voulu marquer le dernier chapitre du Deuteronome, où la mort de Moyse est décrite en douze versets. Mais c'est trop s'amuser à ce qui n'a rien de solide, & qui n'importe en rien à nôtre sujet. Passons

Ce sont les cinq premiers livres de la Bible.

sons à sa troisiéme remarque, où il fait voir qu'il est dit au Deuteronome, *& Moyse a escrit la Loy.* Paroles qu'il est impossible que Moyse ait prononcées, mais quelqu'autre Escrivain qui raconte ce que Moyse a fait, & escrit. 4. Il fait reflexion sur ce passage de la Genese, où il est dit qu'Abraham passa au païs de Canaan, à quoy l'Historien âjoute *que le Cananéen estoit alors en ce païs là*: Paroles qui excluënt visiblement le temps auquel il escrivit ces choses; & par consequent ce ne peut estre qu'apres le deceds de Moyse, & depuis que les Cananéens furent chassez de leur païs, qu'elles ont esté escrites; ce qu'Abenhezra fait connoistre dans les Commentaires qu'il a faits sur ce mesme passage en ces termes. *Et le Kananéen estoit alors en ce païs là : il y a apparence que Kanaan (qui estoit neveu de Noë) s'empara du païs du Kananéen lors qu'il y avoit un autre Maistre, que si cela n'est pas, il y a là dessous quelque Mystere, dont se doit taire celuy qui l'entend.* C'est à dire que si Kanaan envahit ce païs là, cela signifie *qu'il avoit déja esté habité par le Kananéen*, à sçavoir en excluänt le temps passé pendant lequel il avoit esté
ha-

habité d'une autre Nation. Que si Kanaan a esté le premier qui l'ait habité, comme il s'ensuit de ce qui en est escrit dans la Genese, en ce cas là le texte exclut le temps present, à sçavoir celuy de l'Escrivain, qui par consequent ne peut pas estre celuy de Moyse, du vivant duquel il estoit encore habité par les Kananéens, & c'est là le mystere qu'il conseille de tenir caché. 5. Il montre que la montagne de * Morya est appellée dans la Genese la montagne de Dieu, nom qu'elle n'a point eu qu'apres avoir esté consacrée à la structure du Temple, or est il que ce choix n'estoit point encore fait du vivant de Moyse, vû que bien loin de marquer un lieu destiné à celà, il predit au contraire que Dieu s'en choisiroit un quelque jour, qui porteroit son nom. 6 Il fait voir qu'on a interposé ces paroles à la narration d'Og Roy de Basan. *Il ne demeura de la défaite des Geants * que le seul Og Roy de Basan; voicy que son lict qui estoit un lict de fer, est asseurement le mesme qui se trouve en Rabat des enfants d'Hamon, la longueur duquel est de neuf coudées.*

* Rephaim signifie dawnts. & il semble à voir ce qui s'en trouve au ch. 20. des Paralip. que ce soit aussi un nom propre: ce qui me fait croire qu'il se prend icy pour le nom de quelque famille.

dées. Parenthese qui sert de preuve que l'Escrivain de ces livres n'a vescu que long temps aprés Moyse, car cette façon de parler est d'un homme qui raconte des choses fort anciênes, & qui indique les reliques des choses, pour appuyer la verité de son recit ; comme en effet ce lict ne fut trouvé pour la premiere fois que du temps de David qui se rendit maistre de cette ville, ainsi qu'il est escrit au deuxiesme livre de Samuel.

ch. 12. v 30.

Or ce n'est pas seulement en cet endroit, mais mesmes un peu plus bas que ce mesme Historien insere aux paroles de Moyse, *que Jaïr fils de Manassé prit toute la contrée d'Argob, jusqu'à la frontiere des Geburites, & des Mahachatites, & appella tout ce païs là avec Bassan, de son nom, les Villages de Jaïr jusqu'aujourdhuy.* Ce que l'Historien n'ajoûte que pour expliquer les paroles de Moyse qu'il venoit de rapporter, & qui sont telles. *Et j'ay donné à la moitié de la tribu de Manassé le reste de Giliad, & tout Bassan qui estoit le Royaume de Hog, toute la contrée d'Argob par tout Bassan estoit appellée le païs des Geants.* Il ne faut pas douter que les Hebreux qui vivoient du temps de cet Escrivain ne sçeussent quels

quels estoient ces villages de Jaïr de la tribu de Juda, mais comme ils ne les connoissoient pas sous le nom de contrée d'Argob, ny pour avoir esté le païs des Geants, il luy a fallu dire ce qu'estoient anciennement ces lieux là, & comment ils s'appelloient, & mesme rendre raison pourquoy de son temps ils portoient le nom de Jaïrus, qui estoit de la tribu de Juda, & non pas de Manassé. Voilà l'explication de l'opinion d'Aben hezra, & les passages du Pentateuque qu'il allegue pour la confirmer. Mais il ne faut pas croire que cet homme de bonne foy ait pris garde à tout, ny remarqué ce qu'il y a de plus notable dans ces livres, vû qu'il s'y trouve bien d'autres choses à observer, & d'une plus grande importance. A sçavoir 1. que l'Escrivain de ces livres parle de Moyse non seulement à la troisieme personne, mais qu'il en porte mesme plusieurs grands témoignages, comme par exemple que *Dieu parloit à Moyse, qu'il luy parloit face à face, que Moyse estoit le plus humble de tous les hommes. Que Moyse se mit en colere contre les Capitaines de l'armée, que Moyse estoit un homme Divin. Que Moyse serviteur de*

L Dieu

Deut. ch. 2. v. 2. c. 17. *Dieu mourut. Qu'il n'y eut jamais de Prophete en Israël comme Moyse*, &c. Au lieu que dans le Deuteronome où il est fait mention de la Loy que Moyse avoit escrite, & expliquée au peuple, il parle de soy mesme à la premiere *Deut. ch. 3. c. 1. c. 17.* personne, en ces termes. *Dieu parla à moy. Je priay Dieu, &c.* Excepté sur la fin du livre, où apres avoir rapporté les paroles de Moyse l'historien recommence a parler de luy à la troisieme personne, & dit la façon dont il escrivit cette Loy qu'il avoit expliquée, & la laissa au peuple, les derniers discours qu'il luy tint, & enfin comment il mourut. Toutes lesquelles choses à sçavoir, cette façon de parler, ces témoignages, & le tissu mesme de toute l'histoire, font assez connoistre que ces livres ont esté escrits par un autre Escrivain que Moyse. 2. Il est encore à remarquer qu'on voit dans cette histoire non seulement sa mort, sa sepulture, & comment il fut pleuré trente jours, mais il y est dit mesme, apres l'avoir comparé à tous les Prophetes qui ont vescu depuis, que nul d'eux ne luy ressembla, *il ne s'est jamais vû* (dit le texte) *de Prophete en Israël comme Moyse, que Dieu ait connu nu face à face.* Témoignage que ny Moyse n'a pû porter de luy mesme ny aucun autre qui soit venu immediatement apres luy, mais plusieurs siecles depuis, vu principalement que l'historien parle d'un temps passé, *jamais il ne s'est vû de Prophete &c.* Et touchant son sepulchre, que *nul ne l'a jamais connu jusqu'aujourduy.* 3. Prenons garde qu'il y a certains lieux qui ne sont pas celebrez du mesme nom qu'ils l'estoient du temps de Moyse, mais d'autres, qu'on ne leur a donné que long temps depuis. Tel est ce passage où il est dit qu'*Abraham poursuivit ses ennemis jusqu'à Dan*, nom qui ne fut donné à cette ville que long temps apres la mort de Iosué. 4. que les histoires s'estendent quelquefoys au delà du temps de la vie de Moyse. Car il est dit dans l'Exode que les enfans d'Israël mangerent la manne par l'espace de quarante ans jusqu'à ce qu'ils fussent venus au païs habité, & aux confins de Kanaan. C'est à dire jusques au temps dont il est parlé dans Iosué, & dans la Genese, *ce sont icy les Roys qui ont regné au païs d'Edom avant qu'aucun Roy ait regné sur les enfants d'Israël* : Il ne faut pas douter

Gen. Ch. 14. v. 14.
Iosué Ch. 18. v. 29.
Ch. 16. v. 34.
Ch. 5. v. 12.
Ch. 16. v. 14.

que l'historien ne parle en cet endroit
des Roys que les Iduméens avoient
eu avant que David les eût subjuguez,
& qu'il eût establi des gouverneurs
dans l'Idumée. De tout cela il s'ensuit
manifestement que ce n'est point
Moyse qui a escrit le Pentateuque,
mais quelqu'autre qui a vescu plusieurs
siecles apres. Mais outre de si fortes
conjectures, voyons je vous prie
quels sont les livres que Moyse a
escrits, & qui sont citez dans le Pentateuque, & nous trouverons infailliblement qu'ils sont tout autres que ces
cinq livres de la Bible. Car premierement il est bien vray qu'on lit dans
l'Exode que Dieu commanda à Moyse d'écrire la guerre contre Hamalek,
mais il n'y est point dit dans quel livre : joint qu'il en est allegué un, dans
les Nombres chapitre 21. vers. 12. qui
portoit le titre des guerres de Dieu,
& sans doute que cette guerre contre
Hamalek y estoit décrite, & de plus,
tous les campements que Moyse écri-
vit au témoignage de l'auteur du Pentateuque. Ce qui se confirme encore
par l'Exode, où il est parlé d'un autre livre intitulé * *le livre de l'alliance*,
lequel

On observera que Sephet en Hebreu signifie tantost une epistre.

lequel il lut en presence des Israëlites, la premiere fois qu'ils firent alliance avec Dieu. Or ce livre, ou cette Epitre ne pouvoit contenir que fort peu de choses, à sçavoir les loix & les commandements de Dieu, qui sont décrits depuis le 22. verset du 20. de l'Exode, jusqu'au 24. chapitre du mesme livre, ce qui ne peut estre disputé; pourvû qu'on lise ce chapitre d'un esprit desinteressé, & qui n'espouse aucun party. Car il y est dit qu'aussi tost que Moyse eut appris la resolution du peuple, & qu'il estoit tout prest à faire alliance avec Dieu, il escrivit les paroles & les loix divines, & que le matin apres quelques ceremonies, il en lut les conditions devant toute l'assemblée, apres quoy le peuple qui sans doute avoit bien compris ce qu'il venoit d'entendre, y donna son consentement & s'y engagea sans contrainte; Ainsi tant pour le peu de temps qui fut employé à l'ecrire, qu'à cause de l'alliance qu'il estoit question de traitter, il s'ensuit que ce livre ne contenoit, que ce peu de choses dont je viens de parler. Enfin il est constant que la quarantiesme année apres la sortie

d'E-

<small>Deut. Ch. 1. v. 5. Deut. Ch. 29. v. 14. Deut. Ch. 5. v. 9.</small>

d'Egypte, Moyse expliqua toutes les loix qu'il avoit faites, qu'il y obligea le peuple tout de nouveau, & qu'il escrivit le livre où ces loix expliquées, & cette *nouvelle alliance* estoient contenuës, & que ce livre enfin fut appellé *le livre de la loy de Dieu*, lequel Iosué augmenta depuis de quelque chose, à sçavoir du recit de l'alliance que le peuple renouvella de son temps, & qu'il traitta alors avec Dieu pour la troisiesme fois. Or, ne se trouvant <small>Josué Ch. 24. v. 25. & 26.</small> point de livre qui contienne l'alliance de Moyse, & celle de Iosué, il est indubitable que ce livre est perdu, à moins que de s'en rapporter aux resveries de Ionathan paraphraste Chaldéen, & de violenter à son exemple le sens de l'Escriture : cet homme embarassé d'une difficulté si evidente, a mieux aimé la corrompre, que d'avoüer son ignorance. Car ce passage où il est dit *& Josué escrivit ces paroles au livre de la loy de Dieu*, voicy comme il le traduit en Chaldéen, *& Josué escrivit ces paroles, & les garda avec le livre de la loy de Dieu*. Mais qui ne voit que d'en user ainsi c'est nier l'Escriture, & y glisser les commentaires d'un homme de mauvaise foy ?

pour

pour nous, qui sommes plus sinceres, nous concluons que ce livre de la loy de Dieu que Moyse a escrit, n'estoit nullement le Pentateuque, mais un autre tout different, que l'auteur de ces cinq livres a inseré en son rang dans son ouvrage, ce qui s'ensuit tres clairement tant de ce que nous avons desja dit, que de ce qui nous reste à dire. Car pour reprendre le mesme ch. 31. chapitre du Deuteronome, où il est dit que Moyse escrivit le livre de la loy, l'historien ajoûte que Moyse le donna aux sacrificateurs, & leur commanda de le lire au peuple en certain temps au commencement de l'assemblée, preuve convaincante qu'il s'en falloit beaucoup que ce livre ne fût si ample que le Pentateuque, puisqu'il pouvoit estre lû dans une seule assemblée, & entendu de tous les assistans. Mais il ne faut pas oublier icy, que de tous les livres que Moyse a escrits, il ne commanda de garder, & de conserver religieusement que celuy de la seconde alliance, & le Cantique, qu'il escrivit aussi depuis, afin que le peuple l'apprît. Car comme il n'y avoit que ceux qui avoient juré la premiere alliance, qui y fussent obligez,

& que

Deut. 29.
v. 14. 15.

& que leur postérité estoit engagée par la seconde, c'est pour cela que Moyse commande aux siecles à venir de garder inviolablement le livre de la seconde alliance, comme aussi le Cantique, qui regarde principalement l'avenir. Puis donc qu'il ne paroist point que Moyse ait escrit d'autres livres que ceuxcy, & qu'il ne commande à la posterité de garder religieusement que le petit livre de la loy & le Cantique, & qu'il se trouve enfin bien des choses dans le Pentateuque que Moyse n'a pas escrire, il s'ensuit que bien loin de pouvoir dire avec fondement que Moyse soit l'auteur des cinq premiers livres de la Bible, cela est directement contraire à la raison. Mais on pourroit icy demander si Moyse n'escrivoit point aussi les loix d'abord qu'elles luy estoient revelées? C'est à dire si par l'espace de quarante années, il n'escrivit aucunes de ses ordonnances, excepté ce peu que nous avons dit estre contenuës au livre de la premiere alliance? à quoy je réponds qu'encore que j'accordasse que vraysemblablement Moyse escrivoit ses loix, à mesme temps, & au mesme lieu qu'il les falloit communi-

quer,

quer, il ne s'enfuit pas neantmoins qu'il nous soit permis d'asseurer que cela est, parceque ce n'est pas à nous, comme nous avons dit cy dessus, de rien resoudre en ces rencontres, que suivant les lumieres que nous en donne l'Escriture, ou qui ne soit tiré de ses fondements par bonnes consequences, sans le secours de la raison. Joint que la raison mesme ne nous oblige point d'en rien croire positivement ; car il se peut faire que le conseil de Moyse publioit ses ordonnances par escrit, & que l'historien les ayant recueillies ensuite, les a inserées chacune en leur rang dans la vie de Moyse. Voila ce qui concerne les cinq premiers livres de la Bible, il est temps de passer aux autres. Nous avons les mesmes raisons pour prouver que Josué n'a pas escrit le livre qui porte son nom, car ce ne peut pas estre luy qui temoigne de soy mesme que sa renommée s'estendoit par toute la terre, qu'il n'obmit rien de tout ce que Moyse avoit commandé, qu'il devint vieux, qu'il convoqua l'assemblée, & enfin qu'il mourut. Il y est mesme encore fait mention de quelques choses qui arriverent apres sa mort,

mort, à sçavoir que les Israëlites furent fidelles à Dieu du vivant des anciens qui avoient esté témoins des merveilles que Dieu avoit faites parmi eux. Davantage qu'*Ephraim & Manassé ne chasserent point les Kananéens qui habitoient Gazer, mais que les Kananéens ont vescu avec Ephraim jusques aujourd'huy, & qu'ils ont esté tributaires.* Paroles qui sont les mesmes qui se trouvent au livre des Juges, outre que cette façon de parler *jusques aujourduy*, marque que l'Escrivain parle de quelque antiquité. A cecy se rapporte le texte du Chapitre 15. verset dernier, & l'histoire de Kaleb depuis le 13. verset du mesme Chapitre. Et cette autre encore du Chapitre 22. depuis le verset 10. où il est dit que deux tribus & une demie éleverent un autel au delà du Jordain, cellecy dis-je semble n'estre arrivée que depuis la mort de Josué: puisqu'il n'y est nullement parlé de Iosué, mais que le peuple deliberant tout seul des affaires de la guerre, envoye des Ambassadeurs, & attend leur réponse, à quoy enfin il donne les mains. D'ailleurs il s'ensuit evidemment du témoignage qui se trouve au Chapitre 19. verset 14.

que ce livre a esté escrit plusieurs siecles apres Iosué, *il n'y a point eu* (dit le texte) *de jour semblable à celuy là, ny devant, ny apres, auquel Dieu ait exaucé personne*, &c. par consequent s'il est vray que Iosué ait escrit un livre, il faut de necessité que ce soit celuy dont il est parlé au mesme endroit. Ch. 10. v. 13.

Quant au livre des Iuges, nul homme de bon sens ne croira jamais à mon avis, que les Iuges mesmes l'ayent escrit, car à ne lire que le second Chapitre qui est l'abregé de toute l'histoire, il est tout evident qu'un seul historien en est l'auteur. D'ailleurs celuy qui l'a escrit avertissant souvent qu'en ce temps là il n'y avoit point de Roy en Israel, indubitablement il n'a esté escrit que depuis que les Roys eurent commancé à regner.

Ie ne dis rien de ceux de Samuel, son histoire qu'on a estenduë bien loin au dela de sa vie, rend la chose sans difficulté. Ie diray seulement que pour ne point douter que ces livres n'ont esté escrits que plusieurs siecles apres la mort de ce Prophete, il ne faut que lire le Chap. 9. du 1. livre vers. 9. où l'historien avertit par parenthese, *que par cy devant chacun disoit ainsi en Israël quand*

I. 6

(252)

il alloit vers Dieu pour s'enquerir, venez, allons chez le voyant, car celuy qu'on appelle aujourd huy Prophete, s'appelloit autrefois le voyant *.

Enfin il ne faut que lire les livres des Roys, pour voir qu'ils sont extraits de ceux où sont escrits les faits de Salomon. C'est pourquoy nous concluons que tous ces livres dont nous venons de parler ne sont que des copies qui ne contiennent que des antiquitez. D'ailleurs si nous avons esgard à la connexion, & à l'argument de chacun de ces livres, nous jugerons sans peine qu'ils sont tous l'ouvrage d'un mesme auteur, lequel a cherché, & escrit les antiquitez des Juifs depuis leur naissance, jusqu'à la premiere destruction de la ville. Car l'enchaînement en est tel qu'à le considerer de prés il est aisé de voir que tous ces livres ne contiennent que la narration d'un seul historien, lequel apres avoir achevé la vie de Moyse, commence l'histoire de Iosué par ces paroles. *Et il arriva apres la mort de Moyse serviteur de Dieu, que Dieu dit à Josué,* &c. Et apres le deceds de celuy-cy il commence l'histoire des Iuges par la mesme

* 1 Reg. Ch. 11. v. 4. Ch. 14. v. 19. 29. des Chron. des Roys de Juda & des Chron. des Roys d'Israel.

me transition & conjonctive en ces termes. *Et il avint qu'apres la mort de Josué les enfans d'Israël demanderent à Dieu*, &c. Ioignant à ce livre celuy de Rut comme en estant une suite & une dependance de cette sorte. *Et il arriva que du temps que les Juges jugeoient, il y eut famine au païs.* Auquel il joint de la mesme façon le premier livre de Samuel, lequel fini, il commence le second par sa transition ordinaire, & apres celuy-cy il met avant la fin de l'histoire de David, le premier livre des Roys, auquel enfin apres avoir continué à parler de David, il joint le second livre par la mesme conjonctive. D'autre costé l'arrangement & l'ordre des histoires est encore une marque que ce n'est qu'un mesme historien qui s'est fixé un certain but : car ayant debuté par la naissance des Hebreux, il continuë à dire par ordre pourquoy, & quand Moyse leur donna des loix, & leur predisit plusieurs choses : Comment ensuite selon les predictions de Moyse, ils envahirent le païs qui leur avoit esté promis, où estant à leur aise ils mespriserent les loix, ce qui attira sur leurs testes une infinité de malheurs. Apres,

Ch. 7. Deut.
Ch. 11.
16.&17.

Deut. 28.
v. 36.

com-

comment ils voulurent avoir des Roys, à qui les affaires avoient succedé bien, ou mal, suivant le soin qu'ils avoient pris de faire observer les loix, & continuë enfin jusqu'à la ruïne de l'Empire qu'il raconte de la façon que Moyse l'avoit predite. Quant au reste, qui n'importe en rien pour confirmer la loy, ou il le passe sous silence, ou il renvoye le lecteur à d'autres historiens. Il faut donc tenir pour constant que l'on a eu pour but dans tous ces livres, de tenir registre des paroles, & des ordonnances de Moyse, & de les demontrer par les evenements des choses. C'est pourquoy de ces trois chefs considerez ensemble, à sçavoir de la simplicité de l'argument de tous ces livres, de leur liaison, & de ce qu'ils ne sont que des extraits de choses passées plusieurs siecles auparavant, nous concluons comme nous avons dit, qu'un seul historien en est l'auteur ; mais de sçavoir qui c'est, cela n'est pas si evident, je crois neantmoins par d'assez fortes conjectures, que c'est Esdras. Car puisque l'historien, (je parle au singulier à cette heure que nous sçavons qu'il n'y en a eu qu'un) estend les bornes de son histoire jusques

ques au temps de la liberté de Joachin, & qu'il ajoûte ensuite qu'il mangea tout le temps de sa vie à la table du Roy (c'est à dire ou de Joachin, ou du fils de Nebucadnesor, car le sens en est fort douteux) il s'ensuit qu'il n'y en a point eu avant Esdras. Joint que l'Escriture ne dit point qu'il y eût alors d'homme celebre horsmis Esdras, qui s'addonnast à la recherche de la loy de Dieu, ny qui fût scribe aussi expert que luy dans la loy de Moyse. Tout cela me fait soupçonner que ce ne peut estre qu'Esdras qui a escrit ces livres. Ajoutez à cela qu'il s'ensuit manifestement de ce témoignage que l'Escriture porte de luy, qu'il s'estoit appliqué non seulement à s'enquerir de la loy de Dieu, mais mesmes à la rediger par ordre, outre qu'il est dit dans Nehemie *que l'on lisoit au livre de la loy de Dieu selon qu'il estoit exposé, qu'ils s'y rendirent attentifs, & qu'ils entendirent l'Escriture.* Or puis que le livre de la loy se trouve tout entier, ou presque tout, dans le Deuteronome, & que l'on y a mesmes inseré plusieurs choses pour le rendre plus intelligible, j'infere vraysemblablement, que le Deuteronome est le livre de la loy

loy de Dieu, lequel a esté escrit, expliqué, & reduit par Esdras dans l'ordre où nous le voyons, & que c'est le livre que le peuple lisoit alors. Quant aux parentheses qui s'y trouvent s'y frequemment pour une plus grande netteté, nous n'en avons allegué que deux exemples à l'endroit où nous avons expliqué l'opinion d'Abenhezra encore qu'il s'en trouve plusieurs autres. Tel est ce qui se lit au Chapitre 2. vers. 12. *Pareillement les Horiens demeuroient auparavant en Sehir, mais les enfants d'Esau les en chasserent, les osterent de leur presence, & l'habiterent apres eux, ainsi qu'a fait Israël du païs de son heritage, lequel Dieu luy a donné.* Par ces paroles il explique le 3. & le 4. verset du mesme Chapitre, où il est dit que les enfants d'Esau occupoient la montagne de Sehir, non comme une terre qui fut inhabitée auparavant, mais qu'ils avoient envahie sur les Horiens, peuples qui habitoient ce païs là avant eux, & dont ils les chasserent, de mesmes que les Israëlites apres la mort de Moyse chasserent les Cananéens. On voit encore que les paroles de Moyse sont coupées d'une parenthese
qui

qui commence au verset 6. du Chapitre 10. & finit au 9. inclusivement, car il est evident que le verset 8. qui se commence, *Or en ce temps Dieu avoit separé la tribu de Levi*, se doit rapporter au 5. verset, & non pas à la mort d'Aaron, qu'il semble qu'Esdras n'ait inseré en cet endroit, qu'à cause que Moyse avoit dit dans le recit du veau que le peuple avoit adoré, qu'il avoit aussi prié pour Aaron. Apres, il fait voir que Dieu au mesme temps dont Moyse parle icy, se choisit la tribu de Levi, pour faire entendre la cause de cette election, & pourquoy les Levites n'eurent point de part à l'heritage de leurs freres, apres quoy il reprend le fil de son histoire, qu'il continuë par les paroles de Moyse. Ajoûtez à cela, la preface du livre, & tous les passages où il est parlé de Moyse à la troisiéme personne, outre plusieurs autres, que nous n'entendons point maintenant, mais qu'il ajoûta sans doute ou exprima en d'autres termes pour les rendre plus intelligibles à ceux qui vivoient de son temps. Or si nous avions le livre que Moyse escrivit de sa propre main je ne doute pas qu'il ne se trouvât bien de la difference

rence tant aux paroles, qu'à l'ordre, des commandements, & à la maniere dont ils estoient conçeus. Car à comparer seulement le Decalogue de ce livre, à celuy de l'Exode (qui est le propre lieu de son histoire) je trouve à cet esgard, qu'il differe de celuy-cy: car outre que le quatriesme precepte y est couché tout autrement, il est encore bien plus estendu, joint que la maniere de l'un est toute opposée à la maniere de l'autre, & que l'ordre tenu dans l'explication du dixiesme de celuy-cy, n'est pas le mesme que l'on a suivi dans l'Exode. J'estime donc que c'est Esdras qui a donné tant à ces Decalogues, qu'aux autres endroits dont nous avons parlé, la forme que nous leur voyons, parceque c'est luy qui a exposé la loy de Dieu à ceux de son temps & par consequent que le Deuteronome est le livre de la loy de Dieu, laquelle il a, & illustrée, & expliquée : & je croy mesmes que c'est le premier de tous ceux que j'ay dit qu'il a escrits; ce que je soupçonne de ce qu'il contient les loix du païs, desquelles le peuple a plus de besoin : & encore, de ce que ce livre, au lieu d'avoir en teste la conjonction qui sert

sert à les lier ensemble, se commence en ces termes, *Ce sont icy les paroles de Moyse*, &c. Mais apres qu'il l'eut achevé, & qu'il eut enseigné les loix au peuple, ma pensée est qu'il se mit à escrire toute l'histoire des Hebreux, laquelle il estend depuis la creation du monde, jusqu'à la destruction totale de la ville, à laquelle il a inseré le Deuteronome en son lieu, & dont les cinq premiers livres sont peut estre appelez du nom de Moyse, à cause qu'ils contiennent particulierement sa vie, & que c'est pour cela qu'il a voulu leur donner le nom de ce qui en fait la partie principale : comme au sixiéme le nom de Josué pour la mesme raison ; au septiesme celuy des Juges, au huitiéme celuy de Rut ; au neufviéme, & peut estre aussi au dixiéme celuy de Samuel ; & enfin à l'onziéme & au douxiéme celuy des Roys. Mais pour sçavoir si Esdras a mis la derniere main à cet ouvrage, & s'il l'a achevé comme il le desiroit, voyez le Chapitre suivant.

CHA-

Chapitre IX.

Quelques autres particularitez touchant les mesmes livres, à sçavoir si Esdras y a mis la derniere main : & si les notes qui se trouvent à la marge des livres Hebreux estoient des leçons differentes.

LE soin que nous venons de prendre pour découvrir qui c'est qui a escrit ces livres, contribuë merveilleusement à nous les faire entendre : & cela est si vray, qu'il est aisé de l'inferer des seuls passages que nous avons citez au precedent Chapitre pour confirmer nôtre opinion, puisque sans cela, ces passages seroient impenetrables. Mais outre l'importance & la necessité de connoistre l'Escrivain de ces livres, il reste à observer une infinité d'autres choses, inaccessibles pour la pluspart à la superstition du peuple, (obstacle invincible à son esgard.) Et la plus importante de ces choses est, qu'Esdras (lequel nous tiendrons d'orerenavant pour l'Escrivain de ces livres, jusqu'à ce qu'on en montre un autre par de plus fortes conjectures,) n'a pas mis la derniere main aux narrations qui sont contenuës dans ces livres, & qu'il n'a rien fait qu'un precis de toutes les histoires qu'il avoit recueillies de divers Escrivains, se contentant de les décrire en quelques endroits aussi simplement qu'il les trouvoit, & les ayant enfin transmises à la posterité, qu'il ne les avoit pas encore examinées, ny mises en ordre. Or de sçavoir au vray ce qui l'a empesché d'y mettre la derniere main ; (à moins que ce ne soit une mort soudaine, & imprevuë) c'est ce qui nous est impossible. Nonobstant ces inconvenients & l'extréme disette où nous sommes aujourd'huy de vieux historiens Hebreux, cela ne laisse pas d'estre tres evident par le peu de fragments qui sont venus d'eux jusqu'à nous. Car l'histoire d'Ezechias est décrite depuis le verset 17. du Chapitre 18. du 2. livre des Roys sur le rapport qu'en a fait Isaïe, & telle qu'elle a esté trouvée dans les Chroniques des Roys de Juda, vû qu'elle se trouve tout au long, & aux mesmes termes qu'en cet endroit * si

vous

vous en exceptez fort peu de choses, au livre d'Isaïe qui estoit écrit dans les Chroniques des Roys de Juda; d'où neantmoins on ne peut rien conclurre, sinon qu'il s'est trouvé diverses leçons du recit qu'Isaïe en a fait, à moins que d'aimer mieux s'imaginer qu'il y a encore icy du mystere. D'ailleurs le Chapitre dernier de ce livre est encore contenu au Chapitre dernier, 39. & 40. de Ieremie. Davantage le Chapitre 7. du 2. livre de Samuel, se retrouve au 17. du premier livre des Chroniques, * mais en paroles si diverses pour la pluspart, qu'il est aisé de voir qu'on a tiré ces deux Chapitres, de deux divers exemplaires de l'histoire de Nathan. Enfin la Genealogie des Roys d'Idumée décrite en la Genese depuis le 30. verset du Chapitre 36. se trouve encore en mesmes termes au Chapitre 1. du 1. livre des Chroniques, quoy qu'il soit evident que l'auteur de ce livre, a tiré d'autres historiens le recit qu'il en fait, & non pas de ces douze livres que nous attribüons à Esdras. C'est pourquoy nous ne doutons pas que la chose ne fût plus claire si nous avions les auteurs mesmes, mais en estant destituez

com-

comme nous avons dit, ce que nous pouvons faire en cette rencontre, c'est d'examiner ces histoires, d'en remarquer l'ordre, & la suite, les diverses repetitions, & enfin le peu de rapport qui se trouve entr'elles dans la supputation des années, afin de pouvoir juger du reste. Appliquons nous y donc serieusement, du moins aux principales, & commençons par celle de Iuda & de Tamar; dont on voit le recit que l'historien en fait au 38. de la Genese. *Or il avint qu'en ce temps là, Juda quitta ses freres.* * Temps qui se doit necessairement rapporter à ce qu'il a dit immediatement auparavant: or ce ne peut pas estre aux paroles dont il est fait mention dans la Genese immediatement auparavant. Car depuis ce temps là, c'est à dire depuis que Ioseph fut mené en Egypte, jusqu'à ce que le Patriarche Iacob y allit avec toute sa famille, il ne peut y avoir que vingt deux ans; vû que Ioseph n'en avoit que dix sept lors qu'il fut vendu par ses freres, & trente, quand Pharao le fist sortir de prison: à quoy si vous ajoûtez les sept années d'abondance, & les deux de famine, vous trouverez que tout cela fait en-
sem-

Voy les remarques

semble vingt deux ans. Or qui pourroit comprendre que tant de choses soient arrivées en si peu de temps? A sçavoir que Iuda eut trois enfants l'un apres l'autre d'une mesme femme, qu'il espousa depuis la vente de Ioseph, l'aisné desquels estant en âge d'estre marié, le fut à Tamar, laquelle comme il fut mort, fut donnée au second qui mourut aussi, & que long temps apres tout cecy, Iuda luy mesme eut affaire à sa bru Tamar sans la connoistre, du fait duquel elle accoucha de deux jumeaux, l'un desquels fut aussi marié, & eut des enfants, & tout cela dans l'espace de vingt deux années. Puis donc que tant d'avantures n'ont nul rapport au temps dont il est parlé dans la Genese, il s'ensuit necessairement qu'elles se referent à quelqu'autre chose dont il s'agissoit immediatement dans un autre livre; & de là vient qu'Esdras s'est contenté de décrire aussi cette histoire avec la mesme simplicité qu'il l'a trouvée, & de l'inserer aux autres avant que de l'avoir examinée. L'erreur n'est donc que trop visible en ce Chapitre: mais il n'est pas le seul où il y en ait, car il faut avouër que toute l'histoire de
Joseph,

Ioseph, & de Iacob a esté tirée de divers historiens, & escrite sur plusieurs memoires, tant il y a peu de liaison entre ses parties, & qu'elle est peu conforme à elle mesme. Car au rapport de la Genese Iacob avoit 130. ans la premiere fois que Ioseph le presenta à Pharaon, desquels si vous ostez les 22. qu'il passa en tristesse pour l'absence de Ioseph, & outre cela les 17. dont celuycy estoit âgé lorsqu'il fut vendu, & mesme les 7. du service à quoy Iacob s'assujettit pour espouser Rachel, on trouvera qu'il estoit extremément âgé, à sçavoir de 84. ans lors que Lea luy fut donnée, * & au contraire qu'à peine Dina avoit 7. ans quand elle fut violée par Sichem, & que Simeon & Levi à peine en avoient onze ou douze, lors qu'ils pillerent une ville, dont ils passerent tous les habitans au fil de l'espée. Mais il n'est pas besoin que nous nous amusions icy à esplucher tout le Pentateuque, puis qu'avec un peu d'attention, il est aisé de voir que tout est escrit pesle mesle dans ces cinq livres, qu'il n'est ny histoire, ny narration qui y soit en son lieu, que l'on n'y a nul esgard aux temps, & qu'une mesme histoire y est souvent repe-

repetée, & quelquefois mesme diversement, & qu'enfin tout ce qu'on y lit avoit esté recueilli, & mis confusément ensemble, pour estre ensuite examiné tout à loisir, & redigé par ordre. Outre les histoires de ces cinq livres, celles qui sont dans les sept suivants ont esté ramassées de mesmes. Car qui ne voit que ce qui est couché au chap. 2. des Juges depuis le 6. vers. sont d'un autre historien, (lequel avoit aussi escrit les actions de Josué) dont les paroles sont décrites nûment & simplement. Car nostre historien ayant parlé de la mort & de la sepulture de Iosué, au dernier Chapitre du livre qui porte son nom, & promis au commencement de celuy cy de reciter ce qui arriva apres sa mort, s'il avoit eu envie de suivre le fil de son histoire, il eût pû joindre* ce qu'il commence à narrer icy de Josué à ce qu'il en avoit dit auparavant. Il est encore certain que les Chap. 17, 18, &c. du premier livre de Samuel ont esté pris d'un autre historien, qui avoit opinion que le sujet pourquoy David commença à frequenter la Cour de Saul, estoit tout autre que celuy dont il est parlé au Chapitre 16. du mesme livre :

*I y les remarques.

livre : car il ne croyoit pas que Saul à la persuasion de ses Courtisans eût fait venir David (ainsi qu'il est dit au Chapitre 16.) mais qu'ayant esté envoyé par hazard au camp vers ses freres, & tüé Goliat, cela le fit connoître à Saul, & fut la raison qui l'obligea de le retenir à la Cour. Il y a apparence qu'il en est de mesme du Chapitre 26. du mesme livre, parce qu'il semble que l'historien y recite l'histoire du 24. Chapitre suivant le sentiment d'un autre. Mais sans nous arrester plus long temps aux erreurs des histoires, passons à celles des années. Il est escrit au Chapitre 6. du premier livre des Roys qu'en l'an quatre cents quatre vingt depuis que les enfans d'Israël furent sortis d'Egypte, Salomon edifia le temple, & cependant si nous en croyons les histoires mesmes, il y en a bien davantage. Car

Moyse gouverna le peuple au desert par l'espace de	40.
Josué qui vescut cent & dix ans ne le jugea, au sentiment de Josephe, & de quelques autres que	26.
Kusan Rishgataim tint le peuple sous sa puissance	8.

Ans

voy les remarques	Hotniel fils de Kenas	40.
	Heglon Roy de Moab le tint en bride	18.
	Ehud & Sangar le jugerent	80.
	Iachin Roy de Kanaan le tint encore sous le joug	20.
	Apres quoy le peuple fut en repos	40.
	Il fut ensuite sous la Domination de Madian	7.
	Du temps de Gedeon il fut libre l'espace de	40.
	Sous l'empire d'Abimelech	3.
	Tola fils de Puah le jugea	23.
	Iaïr	22.
	Le peuple demeura depuis sous le joug des Philistins & des Ammonites	18.
	Iephté le jugea	6.
	Abſan Betlehemite	7.
	Elon Sebulonite	10.
	Habdan Pirhatonite	8.
	Le peuple fut encore sous la puissance des Philistins l'espace de	40.
voy les remarques	Samson le jugea	20.
	Heli	40.
	Le peuple gemit de nouveau sous l'Empire des Philistins, avant que Samuel le mit en liber-	

⎫ Ans.

liberté 20.
David regna 40.
Salomon avant la construction du temple 4.
Ioignez tous ces nombres ensemble, & vous trouverez } Ans.
───────
580.

Ajoûtez y encore les années du siecle que mourut Iosué, pendant lesquelles la Republique des Hebreux demeura en splendeur, jusqu'a ce qu'ils furent subjuguez par Kusan Rishgataim, & je ne doute pas que le nombre de ces années là ne soit grand, ne pouvant comprendre que tous ceux qui avoient esté témoins oculaires des prodiges de Iosué, soient morts incontinent apres luy, ny que leurs successeurs ayent esté de concert pour abolir tout à coup les loix, & pour tomber de la vertu de leurs ancestres dans une infame laschété, ny enfin que Kusan Rishgataim les ait défaits, aussi tost qu'il l'eut entrepris. Mais comme chacune de ces choses exige presque un âge entier, il ne faut pas douter que l'Escriture ne comprenne aux versets 7. 9. & 10. du Chapitre 2. du livre des Iuges les histoires de plusieurs années, mais qu'elle a passé sous silence. Il faut encore y ajouter celles, pendant lesquelles Samuel jugea le peuple, dont le nombre est aussi obmis dans l'Escriture, & celles du regne de Saül, dont je n'ay rien dit à dessein dans la table precedente, parce que son histoire ne dit pas assez clairement combien de temps il a regné. Il est vray que je trouve au Chapitre 13. verset 1. du 1. livre de Samuel, qu'il regna deux ans, mais outre que ce texte est un de ceux qui ont esté tronquez, nous recueillons de son histoire qu'il en a regné davantage. Or que ce texte ait esté tronqué, il ne faut que sçavoir les premiers rudiments de la langue Hebraïque pour n'en point douter. Car voicy comme il commence. *Saul estoit âgé de, en son regne, & regna deux ans sur Israël.* Qui ne voit dis-je qu'on a obmis l'âge qu'avoit Saül lorsqu'il fût appellé à la couronne ? Or il n'est pas moins evident par son histoire qu'il a regné bien plus long temps. Car il est dit au 27. Chapitre du mesme livre verset 7. que David demeura un an & quatre mois parmi les Philistins, chez qui il s'estoit refugié, pour se mettre à couvert de la mauvaise humeur de Saul, suivant quoy il faudroit que le reste de son histoire ne contint que huit mois, creance absurde, & hors de toute raysemblance; du moins si l'on en croit Iosephe, lequel dit sur ce texte à la fin du sixiesme livre de ses antiquitez *que Saul regna dixhuit ans du vivant de Samuel, & deux autres apres sa mort.* Ajoûtez à cela que cette histoire du Chapitre 13. n'a nul rapport à ce qui precede. Sur la fin du 7. il est dit que les Philistins furent défaits par les Hebreux, de sorte qu'ils n'oserent plus les attaquer du vivant de Samuel; & dans le 13. que les Hebreux furent tellement investis par les Philistins (Samuel vivant encore), & reduits à telle extremité, qu'outre la misere & l'indigence de toutes choses, ils n'avoient point d'armes pour se defendre, ny les moyens d'en fabriquer. Certes, ce seroit entreprendre un ouvrage trop difficile que de se mettre en peine de concilier toutes les histoires du 1. livre de Samuel, & les ajuster si bien qu'il semblât qu'une mesme main, les eût décrites, & ordonnées. Mais reprennons nôtre discours; & concluons

qu'il

qu'il faut ajoûter à nôtre compte, les années du regne de Saul. D'autre coûté je n'ay pas nombré les années de l'anarchie des Hebreux, dautant que cela n'est pas evident par l'Escriture. Car il est incertain en quel temps arriva ce qui se lit depuis le Chapitre 17. jusqu'a la fin du livre des Juges. Et par consequent il s'ensuit que les histoires ne nous instruisent pas suffisamment du nombre des années, & mesmes que bien loin de s'accorder entr'elles de ce qu'elles contiennent, elles supposent des choses toutes diverses. Ainsi il est indubitable qu'elles ont esté recueillies de divers auteurs & qu'elles n'ont jamais esté ny bien examinées, ny mises chacune en son lieu. Mais s'il se trouve du desordre, & de la confusion dans les histoires, il n'y en a pas moins dans les Chroniques des Rois de Juda, & d'Israel touchant la supputation des années. Car il est dit aux Chroniques des Rois d'Israël que Joram fils d'Achab commença à regner la seconde année du regne de Joram fils de Josaphat & dans les Chroniques des Rois de Juda, que Ioram fils de Iosaphat commença à regner l'an cinquiesme du regne de Joram

Ioram fils d'Achab. Outre cela, comparez les histoires des Paralipomenes avec celles des livres des Rois, & vous verrez de semblables discordances, au denombrement desquelles, il n'est pas necessaire que je m'amuse icy, & beaucoup moins à deduire les songes, & les resveries des auteurs qui font tout ce qu'ils peuvent pour montrer, qu'il y a du rapport entr'elles. Tant il est veritable que les Rabins ont peu de sens commun; & que les commentateurs que j'ay lûs, corrompent entierement la langue par leurs fictions toutes fabuleuses. Par exemple il est dit au 2 livre des Paralipomenes, qu'Achasia estoit âgé de 42. ans quand il commença à regner: quelques uns feignent que ces années se doivent commencer au regne d'Homri, & non pas à la naissance d'Achazia: que s'ils pouvoient montrer que c'estoit là l'intention de l'auteur, je ne feindrois point aussi de dire qu'il ne sçavoit ce qu'il disoit. Ils avancent plusieurs autres choses de cette nature qui ne sont pas mieux appuyées; que si elles estoient veritables, je soutiendrois que les Anciens Hébreux ne sçavoient ny leur langue, ny la façon de dire les choses, & bien loin de pouvoir connoistre ny reigle, ny methode pour interpreter l'Escriture, je conclurrois de là qu'il seroit permis à un chacun d'en parler selon son caprice. Toutesfois s'il semble à quelqu'un que ma these est trop generale, & ce que j'avance mal fondé, il m'obligera de mieux faire, & de me montrer dans ces histoires quelque reigle certaine que les historiens pourroient imiter sans peché dans leurs Chronologies : & d'observer si rigoureusement en les interpretant, & taschant de les concilier, les phrases, les façons de parler, l'arrangement & la liaison des paroles, qu'ils puissent nous servir de reigle dans nos œuvres suivant l'explication qu'il en donnera; & s'il y reüssit, je le revereray comme un oracle; car pour moy je confesse qu'apres beaucoup de peine, je n'y ay rien trouvé d'approchant : je puis mesme asseurer que je n'écris rien icy qui ne soit le fruit d'une longue meditation, & quoy que j'aye esté imbu dés mon enfance des opinions communes de l'Escriture, il m'a neantmoins esté impossible d'en penser autrement. Mais cecy ne vaut pas la peine d'amuser

ser le lecteur, vû principalement que la chose est desesperée, cependant je n'ay pû m'en taire, & il falloit que la chose fût sçeuë, pour donner jour à ma pensée : continuons maintenant à estaler ce que nous avons remarqué touchant la fortune de ces livres. Outre ce qui a esté dit, il faut encore observer que ceux entre les mains desquels ils sont tombez, n'en ont pas eu tant de soin qu'il ne s'y soit glissé des fautes ; car les plus anciens d'entre les Scribes y ont remarqué plusieurs leçons douteuses, & outre cela beaucoup de passages mutilez. Or de sçavoir si ces vices sont de telle importance, qu'ils meritent d'arrester le lecteur, ce n'est pas maintenant de quoy il s'agit, je diray seulement que je ne les crois pas considerables, du moins pour ceux qui lisent l'Escriture d'un esprit libre, & non preoccupé, & je puis asseurer de n'avoir observé touchant les instructions morales ny vices, ny leçons diverses, qui soient capables de les rendre ou obscures, ou douteuses. Quant au reste, la pluspart soûtiennent qu'il n'y a aussi rien à redire ; que par une providence singuliere la Bible est tousjours

jours demeurée incorruptible, & que les leçons diverses sont autant de signes de mysteres tres profonds. Ils disent le mesme des estoiles qui se trouvent au milieu du paragraphe 28. & qu'il y a de grands secrets cachez sous la sommité de chaque lettre. Or je ne sçais s'ils ont dit cela ou par ignorance, & par zele, ou par arrogance & par malice pour faire croire qu'ils sont les seuls depositaires des secrets de Dieu, mais je suis asseuré que bien loin d'avoir jamais rien vû chez ces gens là de mysterieux & de secret, je n'y ay lû que des pensées extravagantes, & pueriles. Outre ceux là, j'ay encore lû & vû certains diseurs de rien que l'on appelle Kabalistes, autre espece de resveurs dont la folie est à mon gré des plus impertinentes. Or pour nier qu'il ne s'y soit glissé quelque chose de vitieux, comme nous avons dit, il faudroit estre destitué de bon sens, ou fermer les yeux au texte que nous avons allegué au sujet de Saul, & au vers. 2. du Chapitre 6. du 2. liv. de Samuel, *& il se leva, & David avec tout le peuple qui estoit avec luy partit de Juda, pour en transporter l'arche de Dieu,*
n'y

n'y ayant rien de plus evident, que le lieu où ils allerent pour en retirer l'arche, à sçavoir * Kiriat Jaarim, a esté obmis. On ne sçauroit non plus nier que le 37. vers. du Chapitre 13. du 2. liv. de Samuel, ne soit confus & mutilé. *Et Absalom s'enfuit & se retira chez Ptolomée fils d'Amihud Rey de Gesur : & il pleuroit tous les jours son fils, * & Absalom s'enfuit & s'en alla en Gesur, & y demeura trois ans.* Outre lesquels j'en ay remarqué d'autres en quelque endroit dont je ne me souviens pas maintenant. Quant aux notes qui se trouvent par tout à la marge des livres Hebreux, on ne doutera point que ce ne soit des leçons douteuses, si l'on prend garde que la pluspart tirent leur origine de la grande ressemblance que les lettres Hebraïques ont entr'elles, par exemple de *Kaf* avec *Bet*, de *Jod* avec *Vau*, de *Dalet* avec *Res*; comme quand il est dit dans Samuel, *& au temps que tu oiras*, il y a en marge, *quand tu orras*. Et dans les Juges, *& quand leurs peres, & leurs freres viendront souvent à nous*, il y a en marge, *Pour plaider*. D'autres doivent encore leur naissance à l'usage des lettres qu'on appelle le muettes parce qu'elles sont si peu sensibles dans la prononciation, qu'on les prend indifferemment l'une pour l'autre, ainsi que dans le Levitique. *Et la maison qui est dans une ville sans murailles, demeurera à l'acquereur,* il y a en marge, *dans une ville murée* &c. Mais encore que ces choses soient assez claires d'elles mesmes je ne laisseray pas de répondre aux raisons de certains Phariliens, par lesquelles ils pretendent prouver que les notes des marges representent quelque mystere, & que c'est pour cela que les Escrivains de la Bible les y ont ou mises, ou marquées. Donc, la premiere de ces raisons, & l'une des plus foibles, est fondée sur l'usage, suivant lequel on avoit coûtume de lire l'Escriture : Si, disent ils, ces notes eussent esté mises pour servir de leçons diverses, dont la posterité ne pût decider, comment se peut il faire que l'usage ait tellement prevalu que le sens de la marge soit par tout suivi? & pourquoy a t-on noté en marge le sens que l'on vouloit garder? au lieu que l'on eût bien mieux fait d'escrire les livres comme l'on vouloit qu'on les lût, sans mettre en marge le

sens

sens & la leçon qui plaisoient davantage? La seconde raison & qui a quelque vray-semblance est tirée de la nature mesme de la chose, à sçavoir que ce n'a pas esté de dessein formé, mais par hazard que ces vices se sont glissez dans les livres, ce qui s'est fait comme il arrive d'ordinaire en diverses manieres. Or le nom qui signifie *jeune fille*, est escrit par tout dans les cinq livres, excepté dans un seul endroit comme un nom defectueux contre les regles de la Grammaire sans la lettre *he*, mais à la marge il est fort bien escrit selon la regle generale de la Grammaire. Dira t-on aussi que cela est arrivé par la faute de la main qui s'est trompée en escrivant? & par quelle avanture s'est il pû faire que la main se precipitât toutes les fois qu'il falloit écrire ce mot? D'ailleurs il eût esté facile de suppléer à ce deffaut, & l'on eût bien pû sans scrupule le corriger suivant les regles de la Grammaire. Puis donc que ces leçons ne sont pas un effet du hazard, & que des vices si sensibles sont demeurez sans correction, il s'ensuit que les premiers Escrivains les y ont laissez à dessein, & pour signifier par là quelque chose.
Mais

Mais il nous est aisé de destruire ce beau raisonnement, car quant à l'usage qui prevaloit alors, & qui est le fort de leur argument, cela est aisé à refuter; d'abord la superstition s'en mesla, & comme ils estimoient l'une & l'autre leçon esgalement bonne, ou tolerable, de là vint que pour n'en negliger aucune, ils en escrivirent une, & destinerent l'autre pour estre luë. Et cela, par ce qu'ils craignoient de se determiner dans une affaire de cette importance, de peur qu'incertains de la verité, ils ne prissent l'une pour l'autre, la fausse pour la veritable, tellement qu'ils n'oserent se declarer pour aucune des deux, ce qu'ils eussent fait sans doute s'ils eussent ordonné de n'en lire, & de n'en escrire qu'une, vû principalement que dans les livres de la B.ble il n'y a point de notes en marge : ou peut estre que cela est arrivé de ce qu'ils vouloient qu'on lût certaines choses quoy que bien décrites, tout autrement, à sçavoir comme ils les avoient notées en marge, & c'est pour cela qu'ils ordonnerent une fois pour toutes qu'on lût la Bible selon les notes de la marge. Or c'est icy le lieu d'exposer les raisons qui

qui poufferent les Scribes à noter expreffément en marge certaines chofes qu'ils vouloient qu'on lût, car il ne faut pas croire que toutes les notes des marges foient des leçons douteufes, vû qu'ils y efcrivoient auffi les mots qui eftoient hors d'ufage, à fçavoir tant ceux qui eftoient vieux, que ceux que les mœurs de ce temps là ne pouvoient fouffrir en public parce que les anciens Efcrivains, gens fimples & fans malice nommoient les chofes fans biaifer, & par leur nom propre. Mais lors que la fimplicité eut fait place au luxe & au peu de fincerité, ce qui ne bleffoit point les oreilles des anciens; devint impur & deshonnefte. Et bien que ce ne fut pas là une bonne raifon pour alterer l'Efcriture, ils eurent neantmoins efgard à l'imbecillité du peuple, & ordonnerent que les noms qui expriment le devoir du mariage, & les excrements fe lûffent en termes plus honneftes, & comme ils font efcrits en marge. Mais quelque motif qu'ils ayent eu pour eftablir que la Bible ne foit luë & interpretée que felon qu'elle y eft efcrite, il eft indubitable que ce n'a pas efté pour montrer que c'eft de là que l'on en doit tirer la
veri-

veritable interpretation. Car outre que les Rabins sont d'ordinaire opposez aux Mazoretains en ce qui concerne le Talmud, & qu'ils avoient d'autres leçons qu'ils approuvoient (comme nous l'allons voir,) il s'en trouve encore quelques unes en marge qui ne sont pas si bien receuës par l'usage de la langue: tel est par exemple ce qui se lit au 2. liv. de Samuel. *D'autant que le Roy a suivi le Conseil de son serviteur.* Construction reguliere, & qui convient fort bien à celle du 16. vers. du mesme Chapitre, au lieu que celle de la marge *ton Serviteur*, ne s'accorde nullement avec la personne du verbe. De mesmes au Chap. 16. vers. dernier, il est escrit, *comme si l'on demandoit le conseil de Dieu.* Où l'on a ajoûté à la marge *quelqu'un* pour le nominatif du verbe, ce qui n'est nullement dans les regles de la Grammaire, ny selon l'usage de la langue, lequel veut qu'on exprime les verbes impersonels par la troisiesme personne du singulier. Il y a plusieurs autres notes de cette nature en marge, lesquelles on ne sçauroit raisonnablement preferer à la leçon écrite. Quant à la seconde raison des Pharisiens, ce que nous avons déja

déja dit suffit pour y répondre; à sçavoir que les Scribes outre les leçons douteuses, ont encore noté les vieux mots: Car il ne faut pas s'imaginer que la langue Hebraïque ait esté exemte des caprices de l'usage, & qu'il ne se trouve chez elle comme en toutes les autres, beaucoup de vieux mots abolis, que les derniers Scribes ont escrits, & notés comme nous avons dit pour estre lûs devant le peuple selon l'usage de ce temps là. Et c'est pour cette raison que le nom *Nahgar*, se trouve noté par tout, vû qu'il estoit anciennement de commun genre, & signifioit *jeune homme*. Ainsi, les anciens appelloient la capitale des Hebreux *Ierusalem*, & non pas *Ierusalaim*: de ce nombre est encore le pronom *luy mesme*, & *elle mesme*, les modernes ayant changé *Vau* en *Jod* (changement frequent & usité dans la langue Hebraïque) pour signifier le genre feminin; encore que les anciens n'eussent accoûtumé de distinguer le feminin d'avec le masculin, que par les voyelles du mesme pronom. Il en est de mesmes de quelques verbes anomaux, dont le changement estoit tout autre chez les premiers Hebreux que

parmi

parmi ceux qui sont venus depuis; enfin c'estoit chez les anciens une grande elegance d'ajoûter à la fin des mots une syllabe ou une lettre. Et de tout cela je pourrois rapporter beaucoup d'exemples, si je ne craignois de me rendre ennuyeux au lecteur. Que si l'on me demande d'où je sçais ces particularitez? je réponds que je les ay luës dans les plus anciens Escrivains, à sçavoir dans la Bible, sans toutefois que les modernes se soient mis en peine de les imiter, unique raison pourquoy on ne laisse pas de connoistre les vieux mots dans les autres langues quoy que mortes comme cellecy. On pourroit encore demander, s'il est vray comme je le dis, que la pluspart de ces notes soient des leçons douteuses, pourquoy il ne s'est jamais trouvé plus de deux leçons d'un mesme passage, & pourquoy non quelquefois trois, ou davantage, joint qu'il y a certaines choses notées en marge, si opposées à la Grammaire, qu'il n'est pas croyable que les Scribes ayent eu de la peine à discerner la veritable. Mais il n'est encore rien de plus aisé que de répondre à cette instance, car il est certain qu'il y a eu plus de leçons qu'il ne s'en trouve

trouve de notées dans nos livres. Par exemple il s'en voit beaucoup dans le Talmud que les Mazoretains ont rejettées, & desquelles ceux-cy s'éloignent si ouvertement en plusieurs endroits, que le correcteur de la Bible de Bomberg, homme visionnaire & superstitieux a esté contraint d'avouër dans sa preface qu'il n'a pu les mettre d'accord. *J'avouë dit il que je ne puis répondre en cette rencontre que ce que jay déja répondu, à sçavoir que c'est la coûtume du Talmud de contredire aux Mazoretes.* Apres cela on ne sçauroit soustenir raisonnablement, qu'il n'y ait jamais eu que deux leçons d'un seul passage. Cependant je veux bien leur accorder, & estime mesmes qu'il n'y en a jamais eu davantage, & cela pour deux raisons; 1. Parce que la cause d'où nous avons montré que procedent ces diverses leçons, (à sçavoir de la ressemblance de quelques lettres) n'en peut admettre plus de deux; c'est pourquoy le doute rouloit tousjours sur la mesme difficulté, à sçavoir laquelle des deux lettres il falloit escrire *Bet* ou *Kaf*, *Jod* ou *Vau*, *Dalet* ou *Res*, &c. desquelles l'usage est fort frequent: & d'où il pouvoit souvent arriver

ver que l'une & l'autre fist un sens raisonnable. D'ailleurs si la syllabe estoit longue ou breve, la quantité desquelles est determinée par les lettres que nous avons appellées muettes. Ajoûtez à cela que toutes les notes ne sont pas des leçons douteuses, car nous avons fait voir que l'on y en a mis plusieurs pour la pudeur, & pour expliquer les vieux mots abolis par l'usage. La seconde raison qui me fait croire qu'il ne se trouve pas plus de deux leçons d'un mesme passage, est que les Scribes n'ont vraysemblablement trouvé que fort peu d'exemplaires, & peut estre pas plus de deux ou de trois. Au traitté des Scribes il n'en est fait mention que de trois, qu'ils feignent avoir esté trouvez du temps d'Esdras, parcequ'ils disent que c'est luy qui y a mis ces notes. Quoy qu'il en soit, s'il est vray qu'ils en ayent eu trois, il est bien aisé de juger qu'il y en avoit toûjours deux d'accord en mesme endroit ; & tant s'en faut que cette ressemblance fut un prodige, qu'au contraire il y auroit bien plus de sujet de s'estonner qu'en trois exemplaires seulement, il se trouvât trois leçons diverses d'un mesme passage.

Au

Au reste on pourroit demander comment il se peut faire qu'il ait paru si peu d'exemplaires depuis la mort d'Esdras? mais outre qu'on en voit la cause au chapitre premier du 1. livre des Machabees, & au 7. du livre 12. des Antiquitez de Josephe, c'est une espece de miracle qu'apres une si rude, & si longue persecution, on ait pû conserver le peu que nous en avons; verité trop sensible pour estre mise en doute, pourveu qu'on lise cette histoire avec tant soit peu d'attention. Voila donc les raisons pourquoy il ne se trouve nulle part plus de deux leçons douteuses, & partant il s'en faut beaucoup qu'on ait droit de conclure de ce qu'il ne s'en voit que deux, que la Bible a esté écrite aux lieux qui sont notez pour signifier quelques mysteres. Pour ce qui est de ce qu'ils disent, à sçavoir qu'il s'en trouve de si visiblement mal écrites, que l'on n'a jamais pû douter qu'elles n'ayent esté contre l'usage d'écrire de tous les temps, ce qui les auroit incitez à les corriger plûtost que de les noter en marge, je ne m'en mets pas fort en peine, n'estant pas obligé de sçavoir si c'est par un motif de pieté & de religion qu'ils n'en n'en ont pas ufé de la forte. Il fe peut faire que leur fincerité les ait induits à les laiffer telles qu'ils les ont trouvées en peu d'originaux, & d'en noter les differences, non pour les indiquer comme leçons douteufes, mais comme des leçons diverfes. Enfin outre ces leçons douteufes, les Scribes ont encore noté (en interpofant un efpace vuide au milieu des paragraphes) plufieurs paffages mutilez, qui font vingt huit en nombre fi l'on en croit les Mazoretes, qui s'imaginent encore peut-eftre quelque grand myftere là deffous. Or les Pharifiens obfervent religieufement une certaine diftance en cet efpace, dont on voit un exemple (entre plufieurs autres que je pourrois citer) au 8. verfet du Chapitre 4. de la Genefe : voicy comment il eft efcrit : *& Kaïn dit à fon frere Abel… & il arriva comme ils eftoient à la campagne que Kaïn, &c.* où il fe voit un efpace vuide à l'endroit qui nous devoit informer de ce que Kain dit à fon frere. Il y en a vingt huit de cette nature (outre ceux dont nous avons desja parlé) que les Scribes nous ont tranfmis, mais dont la pluspart neantmoins ne paroiftroient pas mutilez s'il n'y avoit point d'efpace vuide.

CHAPITRE X.

Où le mesme ordre est observé dans l'Examen du reste des livres du vieux Testament.

Passons au reste des livres du vieux Testament. Quant à ceux des Chroniques, je n'y vois rien de certain, ny qui merite d'estre observé, si ce n'est qu'ils furent escrits long temps apres Esdras, * & peut estre mesmes depuis que Iuda Machabée eut relevé le Temple. Car l'historien dénombre au Ch. apitre 9. du 1. livre *les premieres familles à sçavoir du temps d'Esdras) qui habiterent Jerusalem.* D'ailleurs au verset 17. il indique les *portiers*, de deux desquels il est aussi fait mention au verset 19. du Chapitre 11. de Nehemie. Ce qui prouve que ces livres ont esté escrits long temps apres le rétablissement de la ville. Du reste, je ne sçaurois dire ny qui en est l'Auteur, ny de quel poids ils sont, ny quel profit on peut tirer de leur doctrine. Et je ne puis mesmes assez m'estonner qu'ils ayent esté mis

Voi les remarques.

au

au nombre des Canoniques par ceux là mesme qui en ont rayé le livre de la Sapience, de Tobie, & des autres qu'on appelle Apocryphes. Ce n'est pourtant pas que j'aye envie de relever, ny d'abaisser leur authorité, mais puisqu'ils ont l'approbation de tout le monde, je les laisse pour tels qu'ils sont. Les Pseaumes ne sont aussi qu'un recueil, & il est certain qu'ils furent divisez en cinq livres sous le second Temple; car le Pseaume 88 fut mis en lumiere au témoignage de Philon Juif pendant la prison du Roy Joachin en Babilone, & le Pseaume 89. apres sa delivrance; ce que Philon n'eût jamais dit, à mon avis, si ce n'eût esté l'opinion de son temps, ou qu'il ne l'eût appris de personnes dignes de foy. C'est aussi ma pensée que les Proverbes de Salomon furent recüeillis au mesme temps, ou du moins sous le regne de Josias, & ce, par ce qu'il est dit au verset dernier du Chapitre 24. *Et ce sont encore icy les Proverbes de Salomon, lesquels ont esté transportez par les gens d'Ezechias Roy de Juda.* Or je ne puis assez m'estonner que les Rabins ayent eu l'audace de balancer s'ils osteroient ce livre

&

& celuy de l'Ecclesiaste du nombre des Canoniques, pour les garder avec les autres qui nous manquent. Ce qu'ils eussent fait sans doute s'ils n'y avoient trouvé quelques endroits où il est parlé avec eloge de la Loy de Moyse. Certes il est déplaisant que de si saintes, & de si bonnes choses, ayent esté au choix de ces gens là. Cependant nous leur rendons graces d'avoir bien voulu nous les communiquer tels qu'ils sont, quoy qu'il y ait lieu de douter qu'ils l'ayent fait de bonne foy, ce que je ne veux pas examiner presentement afin de passer aux Prophetes. A voir leurs livres un peu de prés, il est tout evident que les Propheties qu'ils contiennent ne sont qu'un recuëil tiré des autres livres, & qu'elles n'y sont pas toûjours décrites au mesme ordre que les Prophetes les ont ou dictées, ou escrites, & mesmes qu'elles n'y sont pas toutes, mais seulement celles que l'on a pû trouver de costé & d'autre: c'est pourquoy l'on peut dire que ce que l'on appelle les livres des Prophetes n'en sont que des fragments. Car Isaïe ne commença à prophetiser que sous le regne d'Hozias, ainsi que l'Escrivain mesme le témoigne au premier verset, mais il ne faut pas s'imaginer qu'il n'ait prophetisé qu'en ce temps là, vû qu'au rapport du second livre des Chroniques, il a encore escrit l'histoire de ce Roy dans un livre qui ne paroît point. Et ce qui nous en reste est tiré comme nous avons dit, des Chroniques des Rois de Juda & d'Israël. Ajoûtez à cela que les Rabins asseurent qu'il prophetisa aussi sous le regne de Manassé lequel le fit enfin mourir ; & bien que cela soit apparemment fabuleux, il marque neantmoins qu'ils ont crû, que l'on n'a pas toutes ses Propheties. On peut dire la mesme chose des Propheties de Jeremie, car il est aisé de juger du mauvais ordre qui s'y trouve, que ce n'est qu'un recüeil tiré de divers historiens ; joint qu'outre qu'elles sont accumulées en confusion, & sans distinction des temps, une mesme histoire y est repetée diversement. Car le Chapitre 21. expose la cause de l'apprehension de ce Prophete, à sçavoir pour avoir predit la prise de Jerusalem à Sedecias qui l'en consultoit, & tout à coup interrompant son histoire au Chapitre second, il passe au recit de la la declamation contre le Roy Joachin qui avoit precedé Sedecias, & de la prediction de sa captivité. Davantage il se voit au Chapitre 25. ce qui avoit esté revelé auparavant au Prophete, & dés la quatriéme année de Joachin. Ensuite, ce qui estoit arrivé la premiere année de ce Roy, & ainsi du reste où l'on ne voit que des propheties entassées confusement, & sans aucun ordre des temps, jusqu'au Chapitre 38. où l'on reprend ce qui avoit esté entamé au Chapitre 21. comme si ces 15 Chapitres avoient esté mis en parenthese. Car la conjonction par où commence ce Chapitre, se rapporte au verset 8, 9, & 10 de celuy-cy; où la derniere détresse du Prophete est décrite tout autrement, & la cause de sa longue detention dans la cour de la prison toute autre que celle qui se voit au Chapitre 37. Preuve evidente que tout cela n'est que pieces cousuës ensemble, du moins je ne vois point d'autre raison pour excuser le desordre qui s'y rencontre. Quant au reste des propheties contenuës aux autres Chapitres, où le Prophete parle à la premiere personne, il y a apparence qu'elles ont esté tirées du livre que Jeremie dicta à Baruch, lequel ne contenoit (comme il appert par le Chapitre 36 verset 1.) que ce qui avoit esté revelé à ce Prophete depuis Josias, jusqu'a la quatriéme année du regne de Joachin, temps auquel ce livre commence. D'ailleurs il semble qu'on ait encore tiré du mesme livre ce qui se trouve depuis le 2. verset du Chapitre 45. jusqu'au 59. verset du Chapitre 51. Les Propheties d'Ezechiel n'ont pas eu un meilleur sort, & à ne voir que les premiers versets de son livre, il est aisé de juger que ce n'est qu'un fragment. En effet qui ne voit que la conjonction par où il commence n'est qu'une liaison de ce qui a precedé avec la suite du discours ? & non seulement la conjonction, mais toute la structure de l'ouvrage suppose d'autres escrits : car l'an trentiesme, par où ce livre commence, sert de preuve que le Prophete bien loin de commencer sa Prophetie, la continuë; ce que l'Escrivain mesme note par parenthese au troisiéme verset en ces termes. *La parole de Dieu avoit souvent esté adressée à Ezechiel sacrificateur, fils de Buzi, au païs des Chaldéens,* &c. comme s'il disoit que ce qu'il qu'il a narré d'Ezechiel jusques là, se rapporte à d'autres choses que Dieu luy avoit fait connoistre avant cette trentiéme année. Davantage Iosephe *Liv. 10. Ch. 9.* asseure dans ses Antiquitez qu'Ezechiel avoit predit, que Sedecias ne verroit point Babylone; ce qui ne se voit point au livre que nous avons de luy, mais au contraire que ce Roy seroit mené captif en Babylone. Il n'est pas evident qu'Ozée ait escrit autre chose que le livre qui porte son nom. Il y a toutefois de quoy s'estonner que nous n'ayons que si peu de chose d'un Prophete qui a prophetisé au tesmoignage de l'Escrivain, plus de quatre vingt quatre ans. Du moins sçavons nous en general que toutes les Propheties de tous les Prophetes, ny toutes celles de ceux que nous avons, ne sont point tombées entre les mains des Escrivains de ces livres: & la raison est que nous n'avons nulle Prophetie de tous les Prophetes qui ont prophetisé sous le regne de Manassé, & desquels il est fait mention en general au 2. liv. des Chroniques, ny toutes celles de ces douze dont nous avons si peu de chose. Car nous n'avons de Jonas que ce qui concerne

cerne les Ninivites, bien qu'il soit dit au 2. livre des Rois qu'il a aussi prophetisé aux Israëlites.

Il y a eu entre les Escrivains des opinions bien differentes touchant Iob & son livre. Les uns disent que cette histoire n'est qu'une parabole, & que c'est Moyse qui l'a escrite; tradition de quelques Rabins au Talmud, & qui est appuyée de Maimonides en son livre *More Nebuchim*. D'autres ont crû que cette histoire est veritable, & que Iacob du temps duquel il vivoit luy donna sa fille Dina en mariage. Mais Abenhezra comme nous avons dit ailleurs asseure dans les commentaires qu'il a faits sur ce livre, qu'il a esté traduit d'une autre langue en Hebreux; ce que je souhaitterois qu'il nous eût montré plus evidemment, pour en conclure que les Gentils avoient aussi de saints livres. Puisqu'il ne l'a pas fait, je laisse la chose indecise, mais s'il m'est permis d'en dire ma pensée, je crois que Iob estoit gentil, esprit fort & heureux d'abord, mais miserable ensuite, & qui se relevant enfin de la derniere misere, redevint plus heureux qu'il n'avoit esté auparavant. Et ce qui me con-

confirme dans mon opinion, c'est que le Prophete Ezechiel le nomme entre les autres, dont il fait mention. Ch. 14. v. 14. Apparemment une fortune si bizarre, sa constance, & sa fermeté ont donné occasion à plusieurs, de s'esgayer sur la providence divine, ou du moins à l'Auteur qui nous en a laissé l'histoire de faire un Dialogue sur ce sujet: car a mon avis ny la matiere, ny le stile ne sont point d'un homme ulceré & gisant dans les cendres; mais de quelqu'un qui avoit le temps de mediter en un Cabinet bien à son aise, & en repos. Et ce qui me fait croire avec Abenhezra qu'on l'a traduit d'une autre langue, c'est qu'il me semble qu'il affecte la poësie des Gentils. Car le Pere des Dieux convoque deux fois l'assemblée, où Momus sous le nom de Satan critique les actions de Dieu avec beaucoup de liberté, &c. mais tout cela n'est qu'une conjecture qui n'est pas assez bien fondée pour nous y arrester. Passons au livre de Daniel; indubitablement ce qu'il contient depuis le Chapitre 8. est de ce Prophete. Mais il est incertain d'où l'on a pris les sept premiers. Il y a apparence que ça esté des Chronologies

Chaldéennes, parce que c'est en cette langue, (à la reserve du premier,) qu'ils ont esté escrits. Que si cela estoit evident, ce seroit une preuve convaincante que l'Escriture n'est appellée sainte, qu'en consideration des choses qui y sont signifiées, & non pas en vertu des paroles, ny de la langue, ny des discours qui nous representent les choses; & que les livres qui contiennent de bonnes instructions, en quelque langue que ce soit, & de quelque Nation qu'on les tienne, sont esgalement saints. Du moins il est à remarquer que ces Chapitres pour avoir esté escrits en Chaldéen, ne sont pas reputez moins saints que le reste de la Bible. Quant au premier livre d'Esdras, il a tant de rapport à celuy de Daniel, qu'il est aisé de conjecturer qu'ils sont tous deux d'un mesme Escrivain, lequel continuë à décrire successivement les affaires des Juifs depuis leur premiere captivité. Pour le livre d'Ester, il n'y a point de doute que ce ne soit une suite de celuy d'Esdras; vû que la conjonction par où il commence ne se peut rapporter ailleurs, & il ne faut pas croire que ce soit celuy que Mardochée a escrit. Vû
qu'au

qu'au chap. 9. verſ. 20, 21, 22. un tiers dit de luy qu'il eſcrivit des lettres, & de plus ce qu'elles contenoient. Davantage au verſ. 31. du meſme chapitre il eſt dit que la Reine Eſter avoit confirmé par Edict toutes les ſeuretez pour la ſolemnité de la feſte des Sorts de (Purim) & qu'on l'avoit eſcrit dans le livre, c'eſt à dire (ſelon la phraſe Hebraïque) dans le livre connu de tous ceux qui vivoient, lorſque ces choſes furent eſcrites : & il faut avoüer avec Abenezra que ce livre a eſté perdu avec les autres. Pour ce qui eſt du reſte touchant Mardochée, l'hiſtorien le rapporte aux Chroniques des Rois de Perſe. C'eſt pourquoy je ne doute pas que ce livre n'ait eſté eſcrit par le meſme qui eſt Auteur de l'hiſtoire de Daniel, & d'Eſdras, * comme auſſi *voy les remarques* le livre de Nehemie qu'on appelle le le ſecond d'Eſdras. Nous diſons donc que ces quatre livres de Daniel, d'Eſdras, d'Eſter, & de Nehemie ſont l'ouvrage d'un meſme Auteur, mais de ſçavoir qui c'eſt, c'eſt la difficulté, car pour moy j'avoüe que je n'en ſçais rien. Or pour connoiſtre par quelle avanture ces hiſtoires ſont tombées entre les mains de cet hiſtorien quelqu'il ſoit,

soit, & dont il a peut estre escrit la plus grande partie ; on observera que les Princes des Juifs au second Temple, comme les Rois au premier, avoient des Scribes ou Historiographes, qui escrivoient sans interruption leurs Annales, & leur Chronologie, car nous voyons que les Annales & les Chronologies des Rois, sont par tout citées dans les livres des Rois : au lieu que celles des Princes, & des Sacrificateurs du second Temple sont citées, premierement dans Nehemie Chap. 12. vers. 23. & en suite dans les Machabées livre 1. chap. 16. vers. 24. Et sans doute que ce livre est celuy dont nous venons de parler, où l'Edict d'Ester & ce qui touche Mardochée estoit escrit, & que nous avons dit avec Abenhezra avoir esté perdu. Il y a donc grande apparence que tout ce qui est contenu en ceux-cy a esté tiré de celuy là, car je ne voy point que l'Auteur en allegue d'autres, ny n'en connois point dont l'autorité soit evidente. Or que ny Esdras, ny Nehemie ne les ayent point escrits, il appert de ce que Nehemie estend la genealogie de Jesuhga souverain Pontife jusqu'a Jaduah sixiesme en nombre, & qui alla au devant

devant d'Alexandre apres la défaite *Voyez les Antiquitez de Joseph, 7. versiéme liv. ch. 2.* de Darius; ou comme dit Philon Juif au livre des temps, le sixiesme & le dernier sous la domination des Perses. Opinion confirmée par ce qui s'en dit en termes fort clairs au mesme chapitre de Nehemie verset 22. *Les Levites*, dit l'historien, *du temps d'Eliasib, Jojada, Jonatan, & Jaduah sont escrits jusqu'au regne de Darius de Perse*, à sçavoir, dans les Chronologies: aussi ne vois-je pas qu'il y ait lieu de croire que la vie d'Esdras, & *Voy les remarques* de Nehemie ait esté si longue, qu'ils ayent survescu à 14. Rois de Perse; vû que Cyrus est le premier de tous qui ait permis aux Juifs de rebastir le Temple, d'où jusqu'à Darius quatorziéme, & dernier Roy de Perse, il y a plus de 230. ans. C'est pourquoy je ne doute pas que ces livres n'ayent esté escrits long temps apres que Iudas Machabée eut restabli le culte du Temple, & ce qui m'oblige à le croire, c'est qu'il couroit alors de faux livres de Daniel, d'Esdras, & d'Ester par les menées de certains malveillans, qui estoient sans doute Saducéens; les Pharisiens ne les ayant jamais receus que je sçache. Et encore qu'il se

trouve

trouve je ne sçais quelles fables au 4. livre dit d'Esdras, lesquelles se lisent aussi au Talmud, il ne faut pourtant pas les imputer aux Pharisiens, car hors les plus stupides d'entr'eux il n'y en a point qui ne croient qu'elles y ont esté inserées par quelque impertinent ; ce qui peut estre aussi arrivé afin de rendre leurs traditions plus ridicules. A moins qu'ils n'ayent esté publiez en ce temps là pour faire voir au peuple que les Propheties de Daniel estoient accomplies, & le confirmer par ce moyen dans la religion, de peur qu'il ne desesperât parmi tant de calamitez d'une meilleure fortune, & mesmes du salut. Mais encore que ces livres soient si nouveaux, il s'y trouve neantmoins beaucoup de fautes, qui s'y sont glissées si je ne me trompe par la trop grande precipitation des Escrivains. Car il s'y voit comme dans les autres dont nous avons parlé au precedent Chapitre plusieurs notes en marge, outre quelques passages que l'on ne sçauroit excuser autrement, comme nous l'allons voir : mais auparavant on observera touchant les leçons de la marge, que si l'on accorde aux Pharisiens qu'elqu'elles sont aussi anciennes que ceux qui ont escrit ces livres, il faut necessairement que ces Escrivains, s'il est vray qu'ils soient plusieurs, les ayent notées parce qu'ils ne trouverent pas les Chronologies dont ils les ont prises, assez correctement écrites ; & qu'ils n'oserent pas y toucher, ny corriger des fautes quoyque visibles & manifestes, pour le respect qu'ils portoient à la memoire de leurs ancestres. Mais de peur de rebattre icy ce que nous en avons déja dit, commençons à parler de celles qui ne sont point notées en marge. Il s'en est glissé une infinité au Chapitre 2. d'Esdras: car au verset 64. la somme totale de ceux qui sont comptez separément dans le corps du Chapitre se monte à 42360. bien qu'à compter chaque somme à part, le total ne se monte qu'à 29818. de sorte qu'il faut que l'erreur qui se trouve icy soit, ou dans le total, ou dans les sommes particulieres. Or pour le total, il y a apparence que le compte en est juste, n'y ayant jamais eu personne entre les Hebreux qui ne le sçeut par cœur comme une chose memorable : ce qui ne s'est point fait de chaque somme particuliere. C'est pour-

pourquoy si l'erreur tomboit dans la somme totale, chacun l'appercevroit d'abord & la faute par ce moyen seroit aisée à corriger. Ce qui se confirme sans replique de ce que dans Nehemie Chapitre 7. où le 2. d'Esdras (nommé l'Epitre de la Genealogie) est décrit tout de mesme qu'au verset 5. du mesme Chapitre de Nehemie, la somme totale s'accorde avec celle du livre d'Esdras, & les particulieres nullement : car les unes y sont plus grandes, les autres plus petites que dans Esdras, & font toutes ensemble 31089. C'est pourquoy il est hors de doute qu'il n'y a de l'erreur que dans les sommes prises à part tant dans Nehemie, que dans Esdras, & qu'il s'y est glissé des fautes en grand nombre. Les commentateurs estourdis par de si evidentes contradictions se mettent en devoir de les concilier chacun selon ses forces, & c'est à qui inventera plus de fables & de chimeres pour en venir à bout, quoy qu'ils ne fassent par un travail si ridicule, & en idolâtrant la lettre, & les paroles de la Bible, qu'exposer au mépris ceux qui l'ont écrite, comme gens sans esprit qui ne sçavoient ny l'art de parler, ny
d'es-

d'escrire : & le pis est qu'au lieu d'esclaircir l'Escriture comme ils se l'imaginent, ils l'obscurcissent entierement : car s'il estoit permis de l'interpreter à leur mode, il n'est point de passage du veritable sens duquel nous ne pûssions douter. Mais la chose ne vaut pas la peine de m'y arrester plus long temps, persuadé qu'il n'est point d'Auteur qui ne fût exposé à la risée, & au mespris, s'il prenoit pour modele tout ce que ces devots commentateurs font dire aux historiens de la Bible. Que s'ils s'écrient que c'est un blaspheme que d'y reconnoistre des deffauts ; comment les appellerons nous ? eux qui luy imputent leurs songes ? & qui corrompent tellement les historiens sacrez qu'on les prendroit pour des Idiots qui ont tout mis sens dessus dessous ? eux dis-je qui se mélent de rejetter ce qu'il y a de plus clair, & de plus evident dans l'Escriture ? car qu'y a t-il de plus intelligible que ce qu'Esdras & ses compagnons disent dans l'Epitre de la Genealogie, escrite au 2. Chapitre du livre qui porte son nom, & où sont compris separément & par articles tous ceux qui retournerent en Jerusalem, puis qu'on y voit cotté.

cotté, non seulement le nombre de ceux qui montrerent leur race, mais aussi de ceux qui ne le pûrent faire? Qu'y a-t-il dis-je de plus clair que ce qui se voit depuis le verset 5. du Chapitre 7. de Nehemie, où ce Prophete escrit la mesme Epître avec la mesme simplicité, & sincerité? Par consequent ceux qui expliquent cela tout intelligible qu'il est, tout autrement, & à leur mode, nient en effet le veritable sens de l'Escriture, & l'Escriture mesme ; que s'il est de la pieté comme ils disent d'expliquer un passage par un autre, c'est à mon avis une pieté bien ridicule que de joindre les tenebres à la lumiere, le vice à la vertu, & enfin le pur à l'impur. A Dieu ne plaise neantmoins que j'accuse de blaspheme ceux qui n'ont pas mauvais dessein, & qui n'errent que par ignorance, vice fort naturel à l'homme. Mais revenons à nôtre sujet. Outre les fautes qui se trouvent dans le détail de la Genealogie tant de Nehemie que d'Esdras, il y en a encore plusieurs autres dans les noms mesmes des familles, dans les genealogies, dans les histoires, & peut estre aussi dans les propheties. Du moins je ne vois pas

pas que celle de Jeremie au Chapitre 22. touchant Jechonias, & sur tout les paroles du dernier verset de ce Chapitre ayent aucun rapport avec son histoire qui se trouve sur la fin du 2. livre des Rois, dans Ieremie, & au 1. livre des Chroniques Chapitre 3. verset 17, 18, 19. Ie ne sçais pas non plus comment ce Prophete peut dire de Sedecias à qui on avoit crevé les yeux apres avoir esgorgé ses fils en sa presence, *tu mourras en paix*, &c. Que *Jerem. 34. 5.* s'il estoit permis d'interpreter les Propheties par l'évenement il faudroit renverser l'ordre des noms de celle-cy, & prendre ce semble Iechonias pour Sedecias, & au contraire celuy-cy pour l'autre : il y auroit sans doute plus de vraysemblance en cela. Mais j'aime mieux laisser la chose toute obscure qu'elle est, vû que s'il y a de l'erreur, c'est la faute de l'historien, & non pas des exemplaires. Quant à l'examen du reste des livres dont j'ay parlé, je ne m'y arresteray pas de peur d'ennuyer le lecteur joint que d'autres en ont déja remarqué les defauts. Car R. Selomo estonné de voir des contradictions si manifestes dans les genealogies precedentes

s'és'écrie dans ses commentaires sur le 1. livre des Chroniques Chapitre 8. qu'*Esdras* (qu'il croit Auteur de ces deux livres) *donne d'autres noms aux enfans de Benjamin, qu'il fait leur genealogie tout autrement qu'elle n'est dans la Genese, & marque enfin d'une autre façon que Josué la pluspart des villes des Levites, parce qu'il a trouvé des originaux tout contraires*; & un peu plus bas que la race de *Gedeon & des autres, est décrite plus d'une fois & diversement, dautant qu'Esdras a trouvé plusieurs & diverses Epîtres de chaque Genealogie, dans la description desquelles il a suivi le plus grand nombre des exemplaires, mais que par tout où il a trouvé que les genealogistes estoient esgaux en nombre, il a produit les exemplaires des uns & des autres*; & par ce moyen il avouë que ces livres ont esté tirez d'originaux qui n'estoient ny assez corrects, ny assez certains; mais si les commentateurs estoient bien avisez, ils verroient qu'au lieu de concilier ces passages comme ils se l'imaginent, toute leur peine n'aboutit qu'à découvrir la cause des erreurs; apres tout je ne sçaurois croire qu'un homme de bon sens se puisse figurer que

que les historiens sacrez ayent voulu écrire de la sorte, pour faire connoistre qu'ils avoient envie de se contredire par tout. Cependant on dira peut estre que d'en user ainsi, C'est renverser toute l'Escriture, & faire soupçonner qu'elle est toute pleine de fautes : mais j'ay déja dit au contraire que j'empesche par ce moyen que l'on ne la corrompe en accommodant ses passages clairs & purs, à d'autres obscurs & vicieux, joint que pour estre corrompuë en quelques endroits, il ne s'ensuit pas qu'elle le soit par tout. Quoy, par ce qu'il n'y eût jamais de livre sans deffaut, dira-t-on qu'ils en sont tout pleins ? c'est à mon sens une mauvaise consequence, particulierement si la diction en est si nette, & si claire que l'on n'ait pas de peine à comprendre la pensée de l'Auteur. Voilà ce que j'avois à dire touchant l'histoire des livres du vieux testament.

* D'où il est aisé d'inferer qu'avant les Machabées, il n'y avoit point eu de Canon des livres sacrez, mais que les Pharisiens du second Temple les ayant choisis entre beaucoup d'autres, les firent recevoir de leur authorité privée, & instituerent en mesme temps

Voy les remarques

temps des formulaires de prieres. Donc pour démontrer l'autorité de l'Escriture, il faut prouver l'autorité de chaque livre en particulier, mais ce n'est pas assez de montrer la divinité de l'un pour inferer que tous les autres sont divins, autrement il faudroit conclure que l'assemblée des Pharisiens n'a pû errer en cette election, ce qu'il est impossible de prouver. Or ce qui me fait asseurer qu'il n'y a eu que les Pharisiens qui ayent fait choix des livres du vieux testament & qui les ayent canonisez, c'est que je trouve au livre de Daniel la prediction de la resurection des morts, de laquelle les Saduceens ne tomboient point d'accord: & que les Pharisiens mesmes le disent ouvertement dans le Talmud en ces termes. *R. Jehuda nommé Rabi a rapporté que les Docteurs ont voulu cacher le livre de l'Ecclesiaste, par ce que ses paroles (chose remarquable) sont opposées aux paroles de la Loy, (c'est à dire au livre de la Loy de Moyse.) si donc ils ne l'ont pas caché, c'est qu'il commence selon la Loy, & finit selon la Loy.* Et un peu plus bas, *ils ont aussi voulu cacher le livre des Proverbes,* &c. enfin dans un autre Chapitre. *Certes nous sommes rede-*

redevables à un certain perfonnage nommé Neghunja fils d'Hiskia, car fans luy nous courions fortune d'eftre privez du livre d'Ezechiel, dautant que fes paroles eftoient contraires à celles de la loy, &c. d'où il s'enfuit manifeftement que les docteurs de la loy tinrent confeil pour refoudre du nombre des livres qu'ils canoniferoient, ou qu'ils exclûroient. Si bien que qui voudra connoiftre de quelle importance ils font tous, doit faire affembler ces Meffieurs tout de nouveau, & lesprier de dire de quel poids eft chaque, livre en particulier. Ce feroit maintenant le lieu d'examiner les livres du nouveau Teftament comme nous avons fait les autres ; mais par ce que j'apprends que des gens doctes, & bien verfez dans les langues l'ont déja fait, joint que d'ailleurs je ne me fens pas affez fort en grec pour entreprendre un fi grand ouvrage, & que nous fommes deftituez des exemplaires des livres qui ont efté écrits en Hebreux, je ne m'y engageray pas, mais je toucheray legerement, & comme en paffant ce qui fait à nôtre deffein.

CHA-

Chapitre XI.

Si les Apôtres ont escrit leurs Epîtres entant qu'Apôtres & Prophetes, ou entant que Docteurs ; & quel estoit leur office.

Quiconque a lû le nouveau Testament, ne sçauroit douter que les Apôtres ne fussent aussi Prophetes. Mais comme tout ce que disoient les Prophetes n'estoit pas des revelations, & qu'au contraire ils ne prophetisoient que fort rarement comme nous avons vû au Chapitre 1. il y a sujet de douter si les Apôtres ont escrit leurs Epîtres par revelation, & ordre exprés ainsi que Moyse, Jeremie, & les autres, ou entant que docteurs, & hommes privez ; vû principalement que l'Apôtre dit qu'il y a deux façons de prescher, la revelation, & la science, d'où naist, dis-je, la difficulté, à sçavoir s'ils parloient dans leurs Epîtres entant que Prophetes ou Docteurs. Or si l'on y prend garde au stile, ftile, on trouvera qu'il eft fort efloigné du ftile de la Prophetie; dautant que les Prophetes ne manquoient point à dire qu'ils parloient de la part de Dieu en ces termes *ainfi dit Dieu, le Dieu des armées dit, la parole de Dieu,* &c. façons de parler ufitées ce femble tant dans les Epiftres des Prophetes lefquelles contenoient des revelations, que lors qu'ils parloient en public, ainfi qu'il appert par celle qu' Elie efcrit à Joram, & qui fe commence *Ainfi dit Dieu.* Mais tant s'en faut que nous lifions rien de femblable dans les Epiftres des Apoftres, qu'au contraire Saint Paul dit dans la 1. aux Corinth. qu'il parle de luy mefme, & non point par commandement, jufques là qu'en beaucoup d'endroits on voit des façons de parler qui témoignent un efprit douteux, & qui n'eft pas bien refolu, comme dans l'Epiftre aux Rom. chap. 3. verfet 28. * *Nous eftimons donc.* & au Chapitre 8. verfet 18. *or j'eftime auffi,* & plufieurs autres femblables. Outre cela, il y a d'autres façons de parler bien eloignées de l'authorité Prophetique telles que font celle-cy. Or je dis cecy *en homme foible, & non pas par commandement.*

ment, & au Chapitre 7. verset 25. *or j'en dis mon avis comme un homme qui est fidelle par la grace de Dieu*, &c. sur quoy il est à remarquer que lors qu'il dit dans ce Chapitre qu'il a, ou qu'il n'a pas de commandement de Dieu, il n'entend par là ny precepte, ny commandement que Dieu luy ait revelé, mais cela seul que Christ a enseigné sur la montagne à ses disciples. D'ailleurs si nous avons esgard à la façon dont la doctrine Euangelique nous est laissée dans les Epîtres des Apôtres, nous trouverons qu'elle est bien differente de la façon dont les Prophetes se sont servis pour nous laisser leur Propheties. Car les Apôstres raisonnent par tout de telle sorte qu'on les prendroit plutost pour des Professeurs que pour des Prophetes. Au lieu que les Propheties ne sont que dogmes, & decrets; où Dieu est introduit comme s'il parloit, non pas en raisonnant, mais en commandant avec empire, & en souverain; joint que l'authorité du Prophete est ennemie du raisonnement; & que c'est soûmettre sa doctrine au jugement des hommes, que de l'appuyer sur la raison. Et c'est ce qu'il semble que Saint Paul

Paul ait fait, à cause qu'il raisonne, lors principalement qu'il dit aux Co- rinthiens, *je parle comme à gens sçavants, jugez vous mesme de ce que je dis.* Et enfin d'autant que ce n'estoit pas par le secours de la lumiere naturelle, c'est à dire par la force du raisonnement, que les Prophetes concevoient les revelations, comme nous avons dit au Chapitre premier. Et bien qu'il y ait de certains endroits dans le Penta- teuque qui semblent estre raisonnez, cependant à les considerer de prés, ils ne sont rien moins qu'arguments en forme. Par exemple lorsque Moyse dit aux Hebreux *si vous vous estes rebel- lez contre Dieu, tandis que j'ay vescu parmi vous, que ne ferez vous point apres ma mort?* Il ne faut pas s'imagi- ner que ce soit là une raison dont Moyse se sert pour convaincre les Israëlites de leur revolte apres sa mort, vû que l'argument seroit faux & par l'Escriture mesme: les Hebreux ayant perseveré constamment, du vi- vant de Iosué & des anciens, & de- puis, sous Samuel, sous David, sous Salomon, &c. Ainsi, les paroles de Moyse ne sont qu'une locution mora- le, & une façon de s'enoncer en Ora-

Ch. 1.
v. 15.

O 2 teur

teur qui par la force d'une vive imagination prevoit la rebellion du peuple : or la raison pourquoy je n'estime pas que Moyse ait dit ces paroles de soy mesme afin de faire voir au peuple la vray-semblance de sa prediction, y ayant apparence que ce fut par revelation, & en tant que Prophete, c'est qu'il se voit au 21. verset du mesme Chapitre que Dieu luy revela cette mesme chose en d'autres termes, quoy qu'il ne fût pas necessaire de luy confirmer cette prediction par des raisons vray-semblables, & par un Decret, mais de la representer vivement à son imagination, ainsi que je l'ay montré au 1. Chapitre, ce qui ne se pouvoit mieux faire qu'en s'imaginant comme future une revolte, où il avoit vû le peuple se precipiter tant de fois. Et c'est ainsi qu'il faut entendre tous les arguments de Moyse, lesquels se trouvent dans les cinq livres qu'on luy attribuë ; à sçavoir que ce ne sont pas des ouvrages de la raison, mais de certaines locutions dont il se servoit pour exprimer avec plus d'efficace les Decrets de Dieu qu'il s'imaginoit vivement. Ce n'est pas que je nie que es Prophetes ne pussent tirer quelques

ques conſequences de leur revelations, mais je dis ſeulement que plus ils raiſonnent tant plus leurs propheties approchent des connoiſſances naturelles, & que rien ne prouve plus clairement que leur ſcience eſt ſurnaturelle, que de voir que leurs paroles ſont autant de dogmes, de decrets, de ſentences; d'où je concluë que Moyſe ce grand Prophete n'a fait nul argument en forme, & au contraire que ce n'a point eſté par revelation divine que l'Apoſtre a eſcrit ces longues deductions & argumentations qui ſe liſent dans l'Epitre aux Romains. Ainſi, les façons de parler, & les raiſonnements, dont les eſcrits des Apôtres ſont pleins, marquent ſenſiblement que leurs Epitres n'eſtoient point des revelations que Dieu leur commandât d'eſcrire, mais des productions purement naturelles écrites ſans ordre de Dieu, & de leur propre mouvement, n'eſtant remplies que d'admonitions fraternelles aſſaiſonnées d'urbanité, façon d'écrire trop rempante, & infiniment au deſſous de l'authorité prophetique; Tel eſt ce que dit l'Apoſtre en parlant aux Romains. *Je vous ay écrit mes freres* Ch. 15. v. 15.

un peu trop librement. Outre cette raison, il y en a encore une autre qui nous invite à croire ce que nous disons icy des Apôtres, c'est qu'il ne se trouve nulle part qu'ils ayent eu ordre d'écrire, mais seulement de prescher par tout où ils iroient, & de confirmer leurs predications par quelques signes, circonstance alors essentielle, (aussi bien que leur presence) pour la conversion des Gentils à la religion, & absolument necessaire au témoignage mesmes de Saint Paul pour les y confirmer, *parce que j'ay*, dit-il, *grande envie de vous voir pour vous faire part de quelque don spirituel, afin que vous soyez confirmez*. Mais on m'objectera peut estre qu'on peut conclure de ce raisonnement que les Apôtres n'ont pas non plus presché entant que Prophetes, vû qu'en allant prescher de costé & d'autre, ce n'estoit pas par ordre exprés, comme faisoient autrefois les Prophetes, dont les missions estoient ordonnées. Par exemple Jonas va prescher à Ninive où il est envoyé, & il n'y presche que ce qui luy est revelé. Moyse part pour l'Egypte par ordre exprés, & comme ambassadeur de Dieu ; on luy donne des instructions

ctions tant pour le peuple que pour le Roy, jusques à luy fixer les signes qu'il feroit chez ses freres, & à la Cour pour luy servir de Lettre de creance. Isaie, Jeremie, Ezechiel preschent aux Israëlites par un commandement exprés, & l'Escriture enfin est témoin que les Prophetes n'ont jamais presché que ce qu'ils avoient reçeu de Dieu. Mais nous ne lisons gueres le semblable des Apôtres quelque part qu'ils allassent prescher, & bien loin de cela, quelques endroits du nouveau Testament font foy qu'ils choisissoient les lieux où ils vouloient prescher, & qu'ils y alloient de leur propre mouvement ; tel est ce passage des Actes *Actes des Apôtres Ch. 15. v. 39. &c.* où il est marqué qu'il s'éleva sur ce sujet entre Paul & Barnabas un different jusqu'a la division. Et il se lit encore ailleurs qu'ils ont plusieurs fois tenté vainement d'aller en quelque lieu. Telles sont les paroles de Saint Paul aux Romains, *J'ay souvent fait dessein* *Ch. 1. v. 13.* *dit il de vous aller trouver, mais j'en ay esté empesché*: & dans un autre endroit, *Ch. 15. v. 22.* *C'est pourquoy j'ay souvent esté empesché de vous aller trouver.* Et cet autre aux Corinthiens, *Quant à Apollos mon frere, je l'ay fort prié de vous aller trouver*

O 4 *avec*

avec les freres, mais il n'a pas voulu, ce sera quand il le pourra, &c. Ainsi tant de ces façons de parler, que de la contention des Apôtres, & de ce qu'ils n'avoient point de mission pour aller prescher comme avoient autrefois les Prophetes, je devois conclure qu'ils n'ont presché qu'entant que Docteurs, & non pas entant que Prophetes. Mais il est facile de soudre cette difficulté si l'on prend garde à la difference de la vocation des Apôtres & des Prophetes du vieux Testament; ceux cy n'ayant pas esté appellez à prescher, & prophetiser à toutes sortes de nations, mais à quelques unes en particulier, ce qui requeroit un ordre exprés & singulier toutes les fois qu'ils l'entreprenoient. Au lieu que la vocation des Apôtres s'estendoit à la conversion de tout le monde, & qu'ils estoient appellez pour prescher indifferemment par tout. Ainsi, quelque part qu'ils allassent, ils suivoient les ordres de Christ, & il n'estoit pas necessaire que Dieu leur fist connoistre au commencement de chaque entreprise ce qu'ils devoient prescher, Jesus Christ leur ayant dit une fois pour toutes, *mais quand ils vous livreront,*

Math. Ch. 10. v. 19.

ne

ne vous mettez point en peine de ce que vous direz, ny comment vous parlerez, vû qu'à cette heure là ce que vous aurez à dire vous sera donné. Partant nous concluons que les Apôtres n'ont point eu de revelation que pour ce qu'ils ont presché de vive voix, & confirmé par signes, & que ce qu'ils ont enseigné nuëment & simplement soit par escrit, ou de vive voix, sans y ajouter aucun signe qui fût témoin de ce qu'ils preschoient; Ce n'a esté que par une science ordinaire & commune, & sans inspiration particuliere, toûchant quoy voyez le Chapitre 14 de la 1. Epitre aux Corinth. verset 6. Or il ne faut pas s'estonner que nonobstant cela toutes les Epitres se commencent par la declaration de l'Apostolat, car les Apôtres avoient non seulement le pouvoir de prophetiser, mais l'authorité mesme d'enseigner. Et c'est pour cela que nous demeurons d'accord qu'ils ont escrit leurs Epitres en qualité d'Apôtres, & que chacun d'eux les commence par l'approbation de son Apostolat : ou peut estre que pour arrester l'attention du Lecteur, & se le rendre favorable, ils ont voulu d'abord faire entendre qu'ils

Voyez ce que nous avons dit au Chap. 2.

qu'ils sont les mesmes qui se sont faits connoistre à tous les fidelles par leurs predications, & qui ont montré par des témoignages sensibles que leur doctrine enseigne la vraye religion, & la voye de salut. Car j'avoüe n'avoir rien trouvé en toutes ces Epîtres toûchant la vocation des Apôtres, & l'esprit saint qui les inspiroit, qui ne se rapporte aux predications qu'ils avoient faites, si vous en exceptez les endroits ou l'Esprit de Dieu, & l'Esprit saint se prend pour un Esprit bien né, heureux, & consacré à Dieu, &c. tel est ce verset de l'Apôtre dans la 1. aux Corinth. *Or j'estime qu'elle est heureuse si elle demeure ainsi, & crois aussi que j'ay l'Esprit de Dieu en moy.* Où par *l'Esprit de Dieu*, il entend le sien propre, comme il appert par la construction du discours: car c'est comme s'il disoit, je trouve que la veuve qui ne se remarie point est heureuse, & d'autant plus que je m'estime heureux de pouvoir garder le Celibat. Je n'aurois jamais fait si je voulois rapporter tous les passages qui ressemblent à celuy-cy. Donc puisqu'il est constant que les Epîtres des Apôtres ne contiennent rien que de naturel, voyons

voyons maintenant comment ils pouvoient enseigner par la seule lumiere naturelle ce qui ne releve nullement de sa jurisdiction. Si nous nous souvenons de ce qui a esté dit au Chapitre septiéme de ce Traité, nous n'aurons point de difficulté sur ce sujet. Car bien que la pluspart de ce qui se voit dans la Bible soit fort au dessus de nos forces, nous pouvons neantmoins en parler, & sans avoir peur de nous y tromper, pourvû que nous n'y admettions que les principes de l'Escriture mesme ; aussi est ce le seul moyen dont usoient les Apostres pour tirer des consequences de ce qu'ils avoient vû, oüi, & appris par revelation, & pour l'enseigner au peuple, quand ils le jugeoient à propos. D'ailleurs quoy que la religion, (telle que les Apôtres la preschoient, à sçavoir en faisant un recit sincere de l'histoire de Jesus Christ,) soit au dessus de la raison, cependant il n'y a personne qui n'en puisse comprendre le Sommaire (qui consiste pour la pluspart en instructions morales, * telle qu'est toute la doctrine de Christ) par la lumiere naturelle. Enfin il n'estoit pas besoin que les Apotres fussent éclairez d'une lumiere surnaturelle, affin d'ajuster tellement à la portée des peuples une religion qu'ils avoient confirmée auparavant par signes, qu'ils l'embrassassent sans contrainte; comme il n'estoit pas necessaire qu'ils eussent rien de surnaturel pour induire les hommes à l'embrasser; & c'est icy la fin & le but des Epîtres, à sçavoir d'enseigner & d'admonester les hommes par les voyes & moyens, que chaque Apostre jugeoit les plus propres pour les confirmer dans la religion: Où il faut remarquer ce que nous venons de dire à sçavoir que les Apostres avoient reçeu pouvoir non seulement de prescher l'histoire de Christ entant que Prophetes, & de la confirmer par signes, mais qu'ils avoient aussi reçeu l'authorité de choisir les moyens que chacun d'eux croiroit les meilleurs pour reüssir dans sa doctrine, & dans ses admonitions; & c'est de ces deux dons que Saint Paul s'explique si clairement en l'une de ses Epîtres. *A quoy* dit-il *j'ay esté constitué heraut, apostre, & docteur des gentils.* Et dans un autre endroit, *duquel j'ay esté establi heraut & apostre. (Je dis verité en Christ, je ne mens point)*

point) *Docteur des Gentils* (paroles remarquables) *en foy, & en verité*. Passages evidents & formels, sur lesquels sont fondez & l'Apostolat, & le Doctorat ; Quant à l'authorité d'admonester qui, & quand ils vouloient, elle est prouvée par le 8. verset de l'Epitre à Philemon en ces termes. *Encore qu'il me soit permis en Christ de te commander ce qui est de ton devoir, si est ce*, &c. Où l'on observera que si l'Apostre eût reçeu de Dieu entant que Prophete ce qu'il falloit qu'il commandât à Philemon en cette qualité, il est constant qu'il ne luy eût pas esté permis de changer en prieres le commandement de Dieu. D'où je concluë qu'il parle de la liberté qu'il avoit d'admonêter entant que docteur, & non pas entant que Prophete. Nonobstant cela on peut dire qu'il ne s'ensuit pas assez clairement que les Apostres ayent pû choisir la voye qu'ils jugeoient la meilleure pour establir leur Doctrine, mais soulement qu'ils estoient en vertu de l'Apostolat, & Prophetes, & Docteurs, si ce n'est que nous appellions la raison au secours, par laquelle il est evident que quiconque a l'authorité d'enseigner, a

cella

celle de prendre pour cela les moyens les plus convenables. Mais sans nous arrester aux lumieres de la raison, adressons nous à l'Escriture, & ne nous appuyons en cette rencontre comme en toute autre que sur ses seuls principes. Elle dit en termes fort clairs que chaque Apostre avoit sa façon d'enseigner; *M'efforçant* dit Saint Paul *de prescher où l'on n'avoit point encore oüi parler de Jesus Christ, afin que je n'edifiasse sur les fondemens d'autruy.* Certainement s'il n'y avoit eu parmi les Apôtres qu'une seule façon d'enseigner, & qu'ils eussent tous edifié la religion Chrestienne sur un mesme fondement, je ne vois pas comment Saint Paul pouvoit dire que les fondemens d'un autre Apôtre estoient des fondemens estrangers, puis qu'en effet c'estoient les mesmes: mais puisqu'il leur donne ce nom, il faut necessairement conclure que chacun d'eux édifia la religion sur divers fondemens, & qu'il arriva aux Apôtres dans leur doctorat, ce qui arrive tous les jours aux autres docteurs, à sçavoir que chacun affecte une methode particuliere d'enseigner, & d'aimer mieux pour disciples de nouveaux

Rom. Ch. 15. v. 20.

veaux Apprentifs, & qui n'ont encore rien appris, soit des langues, ou des sciences, sans excepter les mathematiques, dont la verité est evidente, que ceux qui en ont quelque teinture. Davantage, si nous lisons attentivement ces Epîtres, nous trouverons qu'à la verité les Apostres conviennent dans la religion, mais qu'il s'en faut beaucoup qu'ils ne s'accordent dans les fondements. Car Saint Paul voulant confirmer les Chrestiens dans la religion, & leur montrer que le salut depend de la seule grace de Dieu, dit formellement, & en termes fort clairs, que ce n'est point des œuvres, mais de la seule foy qu'il se faut glorifier, & que les œuvres ne justifient personne. Au lieu que Saint Jacques dit au contraire, en comprenant en peu de mots toute la doctrine de la religion, & sans s'amuser comme Saint Paul à de vaines disputes, que la foy sans les œuvres ne justifie personne. Enfin il est indubitable que les Apostres pour avoir edifié la religion sur divers fondements, y ont fait naistre une infinité de discordes & de schismes, dont l'Eglise a toûjours esté déchirée depuis, & le sera indubitable-

Rom. ch. 3. v. 27, 28. & tout le suivant où il est parlé de la predestination.

bitablement, tandis qu'on meslera les speculations de la Philosophie avec la religion, & qu'on ne se voudra pas contenter de la simplicité des dogmes que Jesus Christ a enseignés à ses disciples : ce que les Apôtres n'ont pû faire pour la nouveauté de l'Euangile, qui parut d'abord si estrange, que de peur de blesser des oreilles foibles par des choses inoüyes, accommodérent sa doctrine autant qu'il leur fut possible à la portée de ceux de ce temps là, & l'edifierent sur les fondemens dont ils estoient capables : c'est pour cette raison que Saint Paul qui estoit appellé à prescher aux Gentils est celuy de tous les Apostres qui a le plus philosophé ; & comme les autres ne preschoient qu'aux Hebreux grands contempteurs de la Philosophie, ils s'accommoderent à leur esprit, & leur enseignerent la religion en termes clairs, & dégagez des subtilitez de l'Ecole. Certes nous serions bienheureux si nôtre siecle l'estoit aussi de la superstition.

1 Cor.
Ch. 9.
v. 19.
20. &c.

Gala.
Ch. 3.
11. &c.

Ch a-

CHAPITRE XII.

Du veritable original de la Loy divine, & pourquoy l'Escriture est appellée sainte, & Parole de Dieu; Ensuite il est montré qu'entant qu'elle contient la Parole de Dieu, elle a toûjours esté incorruptible.

JE ne doute pas que ceux qui prennent la Bible telle qu'elle est, comme une Epître celeste que Dieu a écrite aux hommes, ne s'écrient que c'est un peché contre le Saint Esprit, de soûtenir que l'Escriture est vitieuse, tronquée, alterée, & fort inégale; que nous n'en avons que quelques fragments, & que l'original de l'alliance que Dieu a traittée avec les Juifs, a esté perdu. Mais je ne doute pas aussi qu'en prenant bien garde à la chose, ils ne cessent de s'écrier, vû que tant la raison, que les oracles des Prophetes & des Apôtres disent clairement que la parole de Dieu, son Alliance, & la veritable religion est écrite en nos cœurs, & qu'elle est effectivement le veritable original de la Loy de Dieu,

lequel

lequel il a seellé de son sceau c'est à dire de son idée, qui est comme l'image de sa divinité. D'abord la religion fut donnée aux Juifs par escrit en forme de Loy, d'autant qu'on les traittoit alors comme des enfans. Mais depuis, Moyse & Jeremie leur ont predit qu'avec le temps Dieu écriroit sa Loy dans leurs cœurs. C'est pourquoy il n'appartenoit autrefois qu'aux Iuifs, & sur tout aux Saducéens de combattre pour la Loy écrite sur des tables, mais il n'y eut jamais d'obligation à cet esgard pour ceux qui la portent en leurs cœurs. Quiconque donc pesera la chose sans fiel, bien loin de trouver que j'aye rien dit contre la parole de Dieu, & la vraye religion, ny qui détruise, ou qui puisse infirmer la foy, il verra que je la confirme, ainsi que nous l'avons déja dit ; autrement tant s'en faut que j'en parlasse ouvertement, qu'au contraire pour eviter toute contention & dispute, j'avoüerois franchement que les difficultez de l'Escriture sont autant de profonds mysteres ; mais comme c'est de là qu'est sortie une pernicieuse superstition, & une infinité d'autres inconveniens, dont nous avons parlé au Cha-

Deut. 3, 6. Jerem. 31. 33.

Sur la fin du Ch. 10.

Chapitre 7. je n'ay pas jugé à propos de m'en taire, vû principalement que la religion n'a pas besoin de fard, & que ce sont au contraire les fables des superstitieux qui gastent toute sa beauté. On me repliquera peut estre qu'encore que la loy divine soit écrite en nos cœurs, l'Escriture ne laisse pas d'estre la Parole de Dieu, & par consequent que si celle-cy est mutilée & corrompuë, l'autre doit l'estre aussi : mais je crains au contraire que ces bonnes gens qui pourroient faire cette instance n'aspirent à trop de sainteté, & qu'un faux zele ne les fasse prendre l'un pour l'autre, la superstition pour la religion, & qu'enfin au lieu d'adorer la Parole de Dieu, ils ne soient idolâtres de je ne sçais quels caracteres, de l'encre, & du papier. Quoy qu'il en soit on auroit tort de m'imputer d'avoir parlé au desavantage de l'Escriture, & de la Parole de Dieu, n'ayant rien dit dont je n'aye fait voir la verité par des raisons incontestables; & je puis asseurer qu'il n'y a rien en tout ce livre qui approche de l'impieté. Il se peut faire que quelques profanes à qui la religion est à charge, en pourront tirer avantage dans leurs de-

regle-

reglements, & que pour colorer leurs voluptez & leurs débauches, ils en pourront conclure que la Bible estant imparfaite, & toute falsifiée, elle n'est de nulle importance. Mais le moyen de remedier à un mal de cette nature ? les meschants sont toujours meschants, & il n'est rien de si bien dit, ny de si bien prouvé, qu'une fausse interpretation ne puisse empoisonner: Les voluptueux ne manquent jamais de pretextes pour autoriser leurs licences, de tout temps le vice a regné, & ceux qui furent autrefois depositaires des originaux mesmes, de l'Arche de l'alliance, ny ceux qui avoient avec eux les Propheres, & les Apôtres n'en ont esté ny meilleurs, ny plus souples, & nous sçavons que tant les Iuifs que les Gentils ont toûjours esté les mesmes, sans que jamais la vertu ait eu le dessus. Cependant pour me disculper, & oster tout scrupule, nous allons voir en quel sens tant l'Escriture que toute autre chose müette doit estre appellée sainte, & divine: ce que c'est en effet que parole de Dieu, que ce n'est pas dans un certain nombre de livres qu'il nous la faut chercher, & qu'enfin

fin entant qu'elle enseigne ce qui est necessaire à l'obeïssance & au salut, elle n'a pû estre corrompuë. D'où l'on pourra juger si nous avons rien dit de contraire à la Parole de Dieu, ny qui ressente l'impieté.

Ce qui est consacré aux exercices de pieté, & de religion, est appellé saint, & divin, & ces tiltres ne luy sont dûs qu'autant que l'on s'en sert à un usage religieux: que si les hommes deviennent impies, ce qu'ils reveroient auparavant, ne doit plus estre estimé saint, jusques là qu'il devient immonde, dés là que l'on s'en sert à un usage irreligieux. Par exemple il est dit que le Patriarche Jacob dit d'un certain endroit qu'il estoit *la maison de Dieu*, parce que Dieu s'y estoit fait connoistre à luy, & qu'il l'y avoit adoré: cependant nous voyons que ce mesme lieu est appellé par les Prophetes *une maison d'iniquité*, à cause que les Israëlites avoient coûtume d'y sacrifier par l'ordre de Jeroboam. La chose paroistra plus claire par un exemple familier. C'est de l'usage que depend la signification des mots, & s'ils sont tellement disposez selon cet usage, qu'en les lisant nous ayons de la

Amos Ch. 5. v. 5. & Osée Ch. 10. v. 5.

la devotion, alors & les mots, & le livre doivent estre reputez saints. Mais si l'usage abolit tellement ces mots qu'ils ne signifient plus rien, ou que ces livres soient entierement negligez, soit par malice, ou que l'on n'en ait plus affaire, en ce cas là, & le livre, & les mots n'estant plus en usage, ils ne contiennent plus rien de saint. Enfin si ces mots sont tout autrement disposés, ou que l'usage ait prevalu, qu'ils signifient toute autre chose, alors & le livre & les mots, de saints qu'ils estoient auparavant, deviennent impurs & souillez. D'où s'ensuit que c'est l'opinion qui rend les choses ou saintes, ou profanes. De tant d'exemples que je trouve dans l'Escriture pour confirmer la mienne, voyons en un ou deux. Jeremie dit aux Juifs de son temps, que c'est à tort qu'ils appellent le Temple de Salomon, le Temple de Dieu: vû que le nom de Dieu ne pouvoit dit il estre attribué à ce Temple qu'autant qu'il estoit frequenté par des hommes justes, & par de veritables adorateurs; mais que s'il n'y entroit que des meurtriers, des voleurs, des idolâtres, & des scelerats, il ne devoit estre estimé

Ch. 7. v. 4.

Voy le mesme Chap.

mé qu'une caverne de brigands. Je me suis souvent estonné qu'il ne soit point dit dans l'Escriture ce que devint l'arche d'alliance: cependant il est vray que toute sainte qu'elle estoit, & quoy qu'elle fût ce que les Iuifs reveroient le plus, elle a esté ou perduë, ou ensevelie dans les cendres du Temple. Il est donc evident par la mesme raison que l'Escriture n'est sainte, ny ce qu'elle contient divin, qu'autant que les hommes s'en servent pour s'émouvoir à la pieté: mais que s'ils la negligent comme firent autrefois les Iuifs, ce n'est que de l'encre & du papier, un objet de mespris & une chose que l'on abandonne à la corruption, d'où vient que l'on a tort de dire en cas de corruption ou de perte, que la parole de Dieu se soit corrompuë ou perduë, comme l'on n'eût pas eu raison de dire du Temple qui fut brûlé du temps de Ieremie, que c'estoit le Temple de Dieu qui avoit esté consumé encore qu'il en portât le nom. Témoignage que ce Prophete porte de la Loy mesme en un autre endroit, où il declame contre les meschants. *Qui vous incite à dire nous sommes maistres, la loy de Dieu est avec nous? certes c'est en vain*

vain que vous vous en flattez, &c. comme s'il disoit, quoy que vous ayez l'Escriture, ne vous imaginez pas que vous ayez la loy de Dieu, vous qui l'avez aneantie. Il ne faut pas non plus s'imaginer que Moyse en colere en rompant les premieres tables, ait jetté & rompu la parole de Dieu, (car qui croiroit cela ny de Moyse, ny de la Parole de Dieu ?) il ne rompit donc que des pierres, qui pour estre saintes auparavant, à cause de l'Alliance qui y estoit escrite, ne le furent plus depuis que les Juifs y eurent renoncé par l'adoration d'un veau dont ils firent leur Dieu ; & c'est peut estre aussi pour la mesme raison que les secondes Tables ont peri avec l'Arche. Il ne faut donc pas s'estonner que les premiers originaux de Moyse ne paroissent plus, ny que ce qui nous reste ait essuyé tous les hazards dont nous avons parlé, puisque l'on a bien pû laisser perdre le veritable original de l'Alliance divine, & la chose du monde la plus sainte. Que l'on cesse donc desormais de nous accuser d'impieté, nous dis-je qui n'avons rien dit contre la Parole de Dieu, ny qui tende mesmes indirectement à la flestrir, mais

si l'on

si l'on croit avoir quelque raison de se mettre en colere, que ce soit contre les Anciens dont la malice a profané & corrompu l'Arche, le Temple, la Loy de Dieu, & tout ce qu'il y avoit de plus saint & de plus sacré. D'ailleurs si comme dit l'Apostre nous avons en nous l'Epître divine escrite non d'encre, mais de l'Esprit de Dieu, non sur des tables de pierre, mais sur les tables charnelles de nos cœurs, que l'on cesse d'adorer la Lettre, & de s'en mettre tant en peine.

2 Co. 3. 7.

Voyla ce que j'avois à dire pour montrer en quel sens il faut que l'Escriture soit reputée sainte & divine. Voyons à cette heure ce qui se doit proprement entendre par *debar Jehova* la parole de Dieu : Quant à ce mot *debar*, il signifie *parole, discours, ordonnance, & chose*. Or pour sçavoir en quelle occasion on dit en Hebreux qu'une chose appartient à Dieu, & s'y rapporte, lisez ce que nous en disons au Chapitre 1. d'où il est aisé d'inferer ce que l'Escriture nous represente par ces mots, *parole de Dieu, discours, ordonnance, &c.* je ne rebattray donc pas icy ce que nous y disons, ny mesmes ce qui est touché au Chapitre 6.

P au

au sujet des miracles, puis qu'il ne faut que s'en souvenir pour entendre facilement ce qui reste à dire là-dessus. A sçavoir que la parole de Dieu prise pour une chose qui n'est pas Dieu mesme, signifie proprement la Loy divine dont nous avons parlé au Chapitre 4. c'est à dire la religion universelle & Catholique, dont Isaïe fait mention au 1 Chap. vers. 10. &c. lors qu'il appelle la veritable forme de vivre, non les ceremonies, mais la justice & la charité en quoy consistent (dit ce Prophete) la parole, & la loy de Dieu. Elle se prend encore metaphoriquement pour l'ordre mesme de la Nature, & pour le Destin (estant en effet une suite, & une dependance du Decret eternel de la nature divine) & principalement pour tout ce que les Prophetes avoient preveu touchant cet ordre, dautant qu'ils ne concevoient point les choses à venir par les causes naturelles, mais comme des Decrets, & des ordonnances divines. En troisiéme lieu elle se prend pour tous les oracles de chaque Prophete, entant qu'ils les avoient compris par une vertu singuliere dont ils estoient doüez, ou par le don de prophetie. &
non

non pas par les voyes ordinaires, ny par la lumiere naturelle, & sur tout par ce que les Prophetes avoient accoûtumé comme nous avons dit au Chapitre 4. de se representer Dieu comme un Legislateur. L'Escriture est donc appellée parole de Dieu en trois façons: à sçavoir parce qu'elle enseigne la veritable religion dont Dieu est l'eternel Autheur. Ensuite par ce qu'elle raconte les predictions de l'avenir & les fait connoistre pour les Decrets de Dieu; & enfin dautant que ceux qui en sont effectivement les Auteurs, l'ont enseignée pour la pluspart, non par le moyen de la lumiere naturelle, mais par une autre qui leur estoit particuliere, & comme si Dieu l'avoit dictée par leur bouche. Et bien qu'outre cela il y ait quantité de choses dans l'escriture purement historiques, & du ressort de la lumiere naturelle, on leur donne neantmoins le nom des matieres plus considerables dont il y est traité. Apprennons donc de là en quel sens il faut entendre que Dieu est Auteur de la Bible, & que c'est entant qu'elle contient la veritable religion, & non pas entant que c'est un certain nombre de Livres que Dieu ait voulu communiquer aux hommes. Apprennons encore que si la Bible est divisée en Vieux & en Nouveau Testament, c'est qu'avant Jesus Christ les Prophetes preschoient la religion comme estant la loy du païs, & en vertu de l'alliance contractée du temps de Moyse : & que depuis l'avenement de Jesus Christ, les Apôtres l'ont annoncées à tout le monde comme une loy Catholique & universelle, & en vertu de sa passion seulement, mais non pas que les livres du Vieux, & du Nouveau Testament soient divers en doctrine, ny qu'ils ayent esté escrits comme s'ils estoient les originaux de l'alliance, ny enfin que la religion Catholique qui est toute naturelle fut quelque chose de Nouveau, si ce n'est au respect de ceux qui ne la connoissoient point ; *il estoit au monde* dit Saint Jean, *& le monde ne l'a point connû.* Ainsi encore qu'il y eût bien moins de livres du Vieux, & du Nouveau Testament que nous n'en avons, il ne s'ensuit pas que nous fussions destituez de la parole de Dieu, (par laquelle se doit entendre proprement la veritable religion, comme nous ne croyons pas en estre privez

<small>Ch. 1. v. 10.</small>

quoy

quoy qu'il nous manque d'autres tres excellents Ecrits, tel qu'eſt le Livre de la Loy, lequel eſtoit gardé religieuſement dans le Temple comme l'original de l'Alliance, les Livres des Guerres, des Chronologies, & quantité d'autres, dont ceux qui nous reſtent du Vieux Teſtament ont eſté tirez & recueillis. Ce qui ſe peut encore confirmer par beaucoup de raiſons. 1. par ce que les livres de l'un & de l'autre Teſtament, n'ont pas eſté écrits en meſme temps par ordre exprés pour tous les ſiecles, mais par hazard pour quelques perſonnes, ſelon l'exigence des temps & leur conſtitution particuliere, témoin la vocation des Prophetes qui eſtoient appellez pour admonéter les méchants de leur temps & les Epîtres meſmes des Apôtres. 2. dautant qu'autre choſe eſt d'entendre l'Ecriture & la penſée des Prophetes, & autre choſe de comprendre l'Eſprit de Dieu, c'eſt à dire la verité meſme de la choſe, comme il eſt evident par tout ce dont nous avons parlé au ſecond Chapitre touchant les Prophetes.

Et ce qui doit encore avoir lieu dans les hiſtoires, & dans les miracles,

cles, ainsi que nous l'avons dit au Chapitre 6. mais non pas en ce qui concerne la veritable religion, & la vraye vertu. 3. parce que les livres du Vieux Testament ont esté choisis entre plusieurs autres, & enfin recueillis & approuvez par le College des Pharisiens ainsi que nous l'avons fait voir au Chapitre 10. Et que ceux du Nouveau ont esté receus pour Canoniques par les decrets de certains Conciles, qui en ont rejetté plusieurs autres comme Apocryphes, encore qu'ils fussent aussi saints dans l'opinion de beaucoup de gens que ceux qu'ils approuvoient; Or les membres de ces Conciles (tant des Pharisiens, que des Chrestiens) n'estoient point composez de Prophetes, mais seulement de Docteurs & de sçavants hommes; & neantmoins la parole de Dieu leur a sans doute servi de regle en cette election: par consequent ils la devoient necessairement connoistre, avant que de donner leur approbation à tous ces livres. 4 par ce que ce n'a pas esté entant que Prophetes, mais entant que Docteurs que les Apôtres ont écrit, & (comme nous l'avons vû au precedent Chapitre) qu'ils ont choisi.

choisi la voye d'instruction qu'ils jugeoient la meilleure pour les Disciples qu'ils vouloient enseigner: D'où il s'ensuit qu'il y a bien des choses dans ces livres lesquelles ne sont maintenant de nulle importance pour la religion. 5. à cause qu'il se trouve quatre Euangelistes au Nouveau Testament, en effet comment croire que Dieu ait voulu reciter quatre fois l'histoire de Jesus Christ, & nous la laisser par écrit? Et quoy que l'on trouve dans l'un ce qui n'est pas dans l'autre, & que l'un serve à l'intelligence de l'autre, il ne s'ensuit pas neantmoins que tout ce qui y est compris, soit necessaire à sçavoir, ny que Dieu les ait appellez à écrire, pour esclaircir l'histoire de Jesus Christ; dautantque chacun d'eux a annoncé son Euangile en lieux divers, que chacun a écrit ce qu'il avoit presché, & ce, en termes simples, & à dessein de narrer nettement l'histoire de Jesus Christ, sans pretendre expliquer ce que les autres en avoient dit. Que si on les entend quelquefois mieux & plus aisément en les comparant les uns aux autres, c'est un hazard qui n'arrive que rarement, & dont on se passeroit bien, sans que l'histoire en fût

P 4   moins

moins claire, ny les hommes moins heureux. Concluons donc que l'Escriture n'est proprement appellée parole de Dieu qu'à l'esgard de la religion, & de la Loy divine qui est generale, & universelle : Il reste maintenant à prouver qu'en cette consideration elle n'est ny tronquée, ny corrompuë, ny defectueuse. Or j'appelle icy defectueux, tronqué, & corrompu, ce qui est écrit & construit en si mauvais ordre qu'il est impossible d'en trouver le sens par l'usage de la langue, ny par l'entremise de l'Escriture ; non que je vueille soustenir que l'Escriture entant qu'elle contient la Loy divine ait toûjours eu les mesmes accents, les mesmes lettres, & conservé les mesmes mots, (car c'est un soin que je laisse aux Mazoretes, & aux autres superstitieux qui adorent vainement la lettre) mais je pretends que le sens en vertu duquel seul un discours peut estre appellé divin, n'a jamais esté corrompu, encore mesmes que l'on suppose que les paroles dont il a tiré sa premiere signification ayent souvent esté changées. Cela comme nous avons dit ne pouvant lezer la Majesté, ny la divinité de l'Ecriture ;

car

car quand on l'auroit écrite en d'autres termes, & en une autre Langue; elle n'en seroit pas moins divine. Nul ne peut donc douter que la Loy divine à cet esgard n'ait tousjours esté incorruptible. Car l'Ecriture nous dicte clairement & sans ambiguité que son Sommaire est *d'aimer Dieu sur toutes choses, & le prochain comme soy mesme;* paroles qu'on n'a pû changer, & où il ne s'est pû glisser d'erreur de plume ny de main par trop de precipitation; car si l'Ecriture a jamais pû enseigner autre chose, il faut qu'elle ait aussi enseigné tout le reste autrement, puisque ce Sommaire est le fondement de toute la Religion, lequel osté, tout l'Edifice doit necessairement tomber, auquel cas l'Escriture ne seroit plus celle dont nous parlons icy, mais toute autre chose. Donc il est evident que ce precepte a tousjours esté le mesme, & par consequent qu'il n'a jamais esté meslé d'aucune erreur qui pût en corrompre le sens, dont on ne s'apperçeut aussitôt, ny pû estre depravé de personne dont la malice ne fût reconnuë en mesme temps. Ce fondement ainsi establi & reconnu pour inébranlable, il faut avoir la mesme me opinion de tous les autres, lesquels dependent de celuy-cy sans contredit, & qui servent eux mesmes de fondements : comme par exemple qu'il y a un Dieu dont la providence est universelle, qu'il est Tout-puissant, & qu'il veut que les bons soient recompensez, & les meschants punis; en un mot, que nostre salut ne depend que de sa pure grace. Enseignements fort clairs, & qui n'ont pû estre alterez, que tout le reste de l'Ecriture ne demeurât sans fondement : je dis la mesme chose de toute la morale qui s'y trouve, vû qu'elle depend sans contredit de ce fondement universel. Comme de proteger la justice, d'assister les pauvres, de ne tüer personne, de ne point convoiter le bien d'autruy, &c. enseignements dis-je, que ny la malice des hommes n'a pû corrompre, ny le temps effacer. Car on n'y pouvoit rien changer qui ne fut aussi tost découvert par le fondement principal, particulierement par le precepte de charité si frequemment recommandé dans toute la Bible. Ajoûtez à cela qu'encore qu'on ne puisse penser de si execrable forfait dont quelqu'un ne se soit soüillé, jamais neantmoins nul

n'a

n'a tenté d'abolir les loix ny d'establir quelque maxime impie comme un enseignement eternel & salutaire, pour excuser ses crimes : car nostre constitution est telle que tous les hommes (depuis les Roys jusqu'aux Esclaves) ne font rien de honteux qu'ils ne colorent de quelque beau pretexte, & qu'ils ne revestent s'ils peuvent de justice & d'honnesteté. Ainsi nous concluons que la Loy divine que l'Escriture enseigne generalement à tous les hommes, est venuë jusqu'a nous sans tache. Mais ne doutons pas non plus qu'outre cela quelques autres choses ne nous ayent esté données de bonne foy, comme les sommaires des histoires de la Bible dont chacun avoit connoissance; le peuple Hebreux ayant autrefois coûtume de mettre en Pseaumes les antiquitez de sa nation & de les chanter. Outre cela le sommaire des Faits de Christ, & sa passion ayant esté incontinent divulgués par tout l'Empire Romain, il n'est pas croyable que l'essentiel de ces histoires ait esté transmis à la posterité autrement qu'il n'estoit, à moins que la pluspart des hommes ne fussent d'accord pour le falsifier, ce qui est difficile à croître. Par conſequent il faut que les vices & les defauts ne ſe trouvent que dans le reſte: comme dans une ou deux circonſtances de quelque hiſtoire ou Prophetie, pour enflammer la devotion du peuple, dans un ou deux miracles pour eſtourdir les Philoſophes; ou dans les matieres abſtraites & de ſpeculation, depuis que les Schiſmatiques les ont miſes en vogue dans la religion, & qu'ils ont eu l'audace d'abuſer de l'authorité divine pour appuyer leurs reſveries. Mais il importe peu au ſalut que ces ſortes de choſes ayent eſté alterées, ou non : ce que nous allons traitter à fond au Chapitre ſuivant, encore que j'eſtime en avoir déja aſſez dit ſur ce ſujet tant dans celuy-cy, que dans le ſecond.

CHA-

CHAPITRE XIII.

Que l'Escriture n'enseigne que des choses fort simples, qu'elle n'exige que l'obeïssance, & qu'elle n'enseigne de la Nature divine que ce que les hommes peuvent imiter en un certain genre de vie.

NOus avons fait voir au Chapitre second de ce Traitté que l'imagination des Prophetes estoit doüée d'un don particulier, mais non pas leur entendement, que bien loin d'avoir esté éclairez des lumieres & des secrets de la Philosophie, ils n'ont connu par les revelations que des choses fort simples, & que Dieu s'est accommodé à leurs opinions, & prejugez. Nous avons vû ensuite au Chapitre 5. que tout le monde peut aisément comprendre la doctrine de l'Escriture, ne s'y trouvant ny definitions, ny axiomes, ny enchaînure dont l'esprit soit embarassé, & qu'au contraire tout y est exprimé simplement, & confirmé par l'experience, par les miracles, & par les histoires: Au Chap. 6. à la 3. reflexion

flexion nous avons montré que son stile, & ses phrases sont de grande efficace pour ébranler l'esprit du peuple. Au 7. que ce n'est point la sublimité du sujet qui nous empéche d'entendre l'Escriture, mais que toute la difficulté consiste dans la langue. Ajoûtez à cela que ce n'est pas aux doctes & aux sçavants que les Prophetes ont presché, mais generalement à tous les Juifs, & que la doctrine des Apôtres a esté annoncée en des lieux où l'on donnoit accez sans distinction à toutes sortes de personnes : d'où s'ensuit que tant s'en faut que les speculations sublimes, & la Philosophie soient meslées dans la Doctrine de l'Escriture, que tout ce qu'on y voit est si simple, que les plus grossiers mesmes sont capables de les entendre. Pouvons nous donc assez nous écrier contre certaines gens qui trouvent à chaque ligne, à chaque mot de l'Escriture un secret, un mystere, qui protestent qu'elle est au dessus de la fragilité humaine, & qui ont introduit de si vaines subtilitez dans la religion, qu'il semble que l'Eglise soit une Academie, & la Foy une Escole de dissension, & de dispute. Mais j'ay grand tort de m'écrier contre des hom-

hommes tout divins, & ce n'eſt pas merveille que des gens qui ſe picquent de lumieres ſurnaturelles, le vueillent emporter ſur la raiſon, & ſur les Prophetes qui n'ont rien que de naturel. Raillerie à part, ces grands hommes meriteroient d'eſtre admirez, ſi l'on voyoit que leurs ſpeculations fuſſent quelque choſe de nouveau, que les Philoſophes payens (qu'ils accuſent neantmoins d'aveuglement) n'euſſent pas trouvé avant eux. Car ſi vous demandez à voir ces grands myſteres qu'ils remarquent dans l'Eſcriture, on ne vous produit que les reſveries d'un Ariſtote, d'un Platon, &c. que l'on attribuëroit plutôt aux ſonges d'un Idiot, qu'aux meditations qu'un homme ſçavant auroit faites ſur l'Eſcriture. Ce n'eſt pas que je nie abſolument qu'il y ait rien de ſpeculatif en toute la Bible, ayant allegué quelque choſe de cette nature au precedent Chapitre, & qui luy ſert comme de fondement; mais je dis ſeulement que les ſpeculations y ſont en tres petit nombre, & que ce qu'il y a de tel, eſt fort ſimple. Or quelles ſont les ſpeculations, & quelle eſt la maniere de les determiner, c'eſt icy le lieu de le dire,

choſe

chose d'autant plus aisée que nous sçavons déja que le dessein de Dieu, n'est point de nous rendre sçavants par l'Escriture ny de nous apprendre les sciences ; car il n'est rien de si facile que d'inferer en bonne consequence de ce que nous en avons dit, qu'elle n'exige autre chose que l'obeïssance, & que ce n'est ny l'ignorance, ny l'aveuglement qu'elle condamne, mais la seule opiniâtreté & indocilité. Joint que l'obeïssance envers Dieu ne tend qu'à l'amour du prochain ; celuy qui l'aime dans l'intention d'obeir à Dieu ayant accompli la Loy au témoignage de Saint Paul ; D'où il s'ensuit que toute la science que recommande l'Escriture, est celle qui est necessaire pour nous apprendre à obeïr de cette sorte à Dieu, & sans laquelle nous devenons indispensablement rebelles, & tout à fait indociles ; mais que les autres speculations qui ne visent pas directement à ce but, soit qu'elles ayent Dieu, ou les creatures pour objet, ne regardent point l'Escriture, & par consequent qu'il les faut retrancher de la religion qui nous a esté revelée. Mais encore qu'il n'y ait rien de plus evident que cela, cependant comme

Rom. 13. v. 8.

comme c'est l'essence, & le fort de la Religion, voyons la chose de plus prés, pour la mettre mieux en son jour : Mais avant que de l'entreprendre, il est à propos de montrer que la connoissance certaine que nous avons de Dieu, à sçavoir l'intellectuelle, n'est pas un don si commun à tous les fidelles que l'obeïssance pure & simple. D'ailleurs que cette connoissance que Dieu a exigée en general par les Prophetes, & dont personne n'est dispensé, n'est autre chose que la connoissance de la charité, & de la justice divine, ce qui se prouve par l'Escriture. Et 1. par le 2. verset du Chapitre 6. de l'Exode, où Dieu dit à Moyse pour luy montrer qu'il luy faisoit une grace particuliere *il est vray que je me suis fait connoistre à Abraham, à Isaac, & Jacob entant que* Dieu,[*] *mais il ne m'ont pas connu par mon nom d'Eternel*, où l'on observera pour mieux entendre ce passage, qu'*El sadai* en Hebreux signifie *Dieu qui suffit*, à cause qu'il donne effectivement à un chacun tout ce qui luy suffit ; & quoy que *sadai* pris absolument signifie d'ordinaire *Dieu*, il est neantmoins certain qu'il faut sous entendre *El*;

[*] *El sadai.*

El, par tout où il se trouve. D'ailleurs il est à remarquer qu'il ne se trouve point de nom dans l'Escriture, horsmis *Jehova*, qui represente l'essence absoluë de Dieu sans quelque rapport aux creatures. Ce qui a donné lieu aux Juifs de soûtenir que de tous les Noms que l'on attribuë à Dieu, il est le seul qui luy convienne & que tous les autres ne sont qu'appellatifs ; en effet considerons les comme substantifs, ou comme adjectifs, ce ne sont toûjours qu'attributs qui ne regardent Dieu que par rapport aux creatures, & entant qu'il se fait connoistre par leur moyen. De ce nombre est *El*, ou avec la lettre *he* ajoûtée à *Eloha* qui signifie puissant ; nom qui ne luy convient non plus que les autres que par excellence, (ainsi que Saint Paul est designé par celuy d'Apostre) & sous lequel les autres vertus de sa puissance sont comprises, de sorte qu'en l'appellant *El*, c'est à dire puissant, on dit en mesme temps qu'il est grand, terrible, juste, misericordieux, &c. Ou si l'on se sert de ce mot au plurier, & dans une signification singuliere (ce qui est frequent dans l'Escriture, il

com-

comprend tous les attributs ensemble. Or puisque Dieu dit à Moyse qu'il ne s'est point fait connoistre aux Patriarches sous le nom *d'Eternel*, il s'ensuit qu'ils n'ont connu aucun de ses attributs qui explique son essence, mais seulement ses promesses, & ses effets c'est à dire sa puissance entant qu'il se communique par l'entremise des choses visibles. Mais il ne faut pas croire que Dieu die cela à Moyse pour les noter d'infidelité, c'est au contraire pour exalter leur credulité, & leur foy ayant crû sans incertitude la verité de ses promesses, quoy qu'il ne se fût pas manifesté à eux si ouvertement qu'à Moyse, luy dis-je qui pour avoir eu de sublimes pensées de Dieu, douta neantmoins de ses promesses, jusqu'à luy reprocher qu'au lieu de sauver les Hebreux comme il l'avoit promis, il avoit ruiné leurs affaires. Puis donc que les Patriarches n'ont point connu le propre nom de Dieu, & que Dieu dit à Moyse que leur simplicité & leur foy en sont d'autant plus recommandables, & que Moyse en est d'autant plus gratifié, il s'ensuit tres evidemment qu'il n'est ny commandement, ny precepte qui oblige les hommes à con-

connoistre les attributs de Dieu, mais que cette faveur est un don particulier reservé à quelques fidelles; Je pourrois alleguer d'autres exemples de l'Escriture pour appuyer cette verité si la chose n'estoit trop claire pour estre ignorée de personne, si tout le monde ne sçavoit que Dieu ne se fait point connoistre également à tous, & qu'il n'y a pas plus de commandement pour la sagesse, que pour l'estre & pour la vie; les hommes, les femmes, les enfans pouvant également obeïr, mais non pas devenir sages. Que si l'on m'objecte qu'à la verité il n'est pas besoin de sçavoir les attributs de Dieu, mais qu'il faut croire tout simplement, & sans demonstration; je respondray que c'est mal raisonner. Car ce qui est invisible, & qui n'est l'objet que de l'Esprit, ne peut estre vû autrement que par les demonstrations qui sont les yeux de l'Esprit, & par consequent il est impossible que ceux à qui elles manquent, en ayent la moindre connoissance, puisque sans cela tout ce qu'on leur en dit, ne les touche non plus que le jargon d'un perroquet ou d'une machine lesquels parlent sans jugement, & sans esprit.
Mais

Mais avant que de passer outre, je me sens obligé de dire la raison pourquoy il se trouve dans la Genese que les Patriarches ont souvent parlé au nom de *l'Eternel*, ce qui semble tout opposé à ce que nous venons de dire. Mais en se souvenant de ce que nous avons fait voir au Chapitre 8. on ne sera pas long temps en peine sur ce sujet, car nous avons montré que l'Escrivain du Pentateuque ne donne pas precisément aux lieux & aux choses les mesmes noms qu'ils avoient au temps dont il parle, mais bien ceux qui passoient du temps de l'Ecrivain pour estre leur noms propres. Donc quand il est dit dans la Genese que Dieu a esté celebré sous le nom *d'Eternel* par les Patriarches, ce n'est pas que Dieu s'en fist connoistre entant qu'Eternel, mais c'est que les Juifs avoient ce nom en veneration singuliere. Il estoit donc fort à propos que je me fisse cette objection afin de l'esclaircir, le texte de l'Exode dont nous venons de parler marquant expressément que les Patriarches ne connurent point Dieu sous ce nom, & en un autre endroit que Moyse demanda à Dieu de connoistre son Nom : preuve evidente ch. 1. v. 13.

qu'il

qu'il l'eût connu aussi bien que les autres, s'il l'eût esté auparavant. Concluons donc que les Patriarches ont ignoré ce nom, & que la connoissance de Dieu est un don, & non pas un commandement. Il nous reste à prouver que Dieu n'exige point par ses Prophetes que nous le connoissions autrement que par ces deux vertus, la justice, & la charité, attributs divins qui sont tels que les hommes les peuvent imiter en un certain genre de vie. Doctrine que Jeremie enseigne en termes fort exprés en parlant de Josias, *ton pere n'a-t-il pas bû & mangé? quand il a fait jugement & justice, alors il a prosperé; lors qu'il a jugé la cause du pauvre, & de l'affligé, il a esté dans l'abondance, car* (notez bien cecy) *c'est là me connoistre dit l'Eternel.* Ce qu'il dit en un autre endroit n'est pas moins evident. *Mais si quelqu'un se glorifie, que ce soit par ce qu'il a intelligence, & qu'il connoist, que je suis l'Eternel qui fais gratuité, & qui exerce jugement & justice en la terre, vû que c'est en cela que je prends mon plaisir dit l'Eternel.* Outre ces deux passages, la chose se confirme encore par un autre de l'Exode, où
Dieu

Dieu ne revele à Moyse qui demande a le voir & à le connoître que les effets de sa charité, & de sa justice. Cét autre de Saint Jean, dont nous parlerons encore dans la suite n'est pas moins remarquable, cét Apôtre conclut de ce que nul ne vit jamais Dieu qu'il ne peut mieux s'en expliquer qu'en disant *qu'il est charité, & que c'est avoir & connoistre Dieu que d'avoir la charité.* Nous voyons donc que Jeremie, Moyse, & Saint Jean comprennent en peu de mots la connoissance que chacun doit avoir de Dieu, & qu'ils ne la font consister qu'en ce seul point à sçavoir que Dieu est souverainement juste & misericordieux, & l'unique modele de la veritable vie. Ajoûtez à cela que l'Escriture ne donne expressément aucune definition de Dieu, qu'elle ne recommande nul autre de ses attributs hors ceux dont nous venons de parler, & qu'ils sont les seuls qu'elle ordonne de dessein formé. De toutes lesquelles choses nous concluons que l'idée que nous nous formons de Dieu par les forces de l'entendement qui considere la Nature divine comme elle est en elle mesme, & laquelle il est impossible que les hom-

hommes puissent imiter ny prendre pour modele dans la conduite de leur vie, n'appartient nullement ny à la foy, ny à la religion revelée & par consequent que les hommes y peuvent errer sans peché. Il ne faut donc pas s'estonner que Dieu en se manifestant ait eu esgard aux prejugez dont l'imagination des Prophetes estoit imbuë, & que les fidelles en ayent eu de si differentes opinions, ainsi que nous l'avons prouvé par divers exemples au second Chapitre. Il ne faut pas non plus trouver estrange que l'Escriture en parle si improprement en luy donnant des mains, des pieds, des yeux, des oreilles, un esprit, un mouvement local, jusqu'aux passions de l'ame, comme la jalousie, la misericorde, &c. & qu'il y soit representé à la façon d'un Juge, & comme un Roy assis au Ciel dans un Trône royal, Christ estant à sa droite. Tout cela dis-je n'a rien de surprenant, l'Escriture s'estant toûjours accommodée à la portée du peuple, & son dessein ayant esté de luy apprendre l'obeissance, & non pas la Philosophie. Cependant nous voyons que les Theologiens ordinaires ont fait de
grands

grands efforts pour donner à ces expressions un sens metaphorique toutes les fois qu'ils ont jugé par la lumiere naturelle, qu'elles n'avoient point de rapport à la nature divine, sans prendre à la lettre que les endroits qui leurs estoient inaccessibles. Mais ne leur en déplaise, s'il falloit entendre, & expliquer metaphoriquement, tous les passages de cette nature, il s'ensuivroit que la Bible ne seroit écrite que pour les doctes, principalement pour les Philosophes, & nullement pour le peuple rude, & grossier. Joint que si c'estoit une impieté de croire simplement de Dieu ce que les Prophetes en ont dit, ceux-cy se devoient bien garder, au moins en consideration de la foiblesse du peuple, d'user de ces sortes de phrases, & devoient au contraire avoir soin d'enseigner en termes fort clairs les attributs de Dieu comme ils vouloient que le peuple les crût, ce qui ne se voit pourtant point. Ainsi nous ne devons pas croire que les opinions qui ne passent point aux effets soient bonnes ny mauvaises, mais que la foy de l'homme est telle qu'il la fait paroistre par ses œuvres; bonne, si elle le rend docile,

Q

le, souple, & obeïssant ; mauvaise, si elle l'incite aux deréglements & au peché, tellement que si en croyant la verité, il est mauvais, sans doute, sa foy est impie, & si au contraire en croyant ce qui n'est point vray, il est obeïssant, on peut dire que sa foy est bonne; car nous avons fait voir que la connoissance de Dieu est un pur effet de sa grace, & non pas un commandement, & que Dieu n'exige effectivement que celle de sa justice, & de sa charité, connoissance à la verité qui nous est necessaire pour bien apprendre à obeïr, mais non pas pour devenir doctes.

Chapitre XIV.

Ce que c'est que la foy, quels sont les fidelles, & les fondemens de la foy, & que celle-cy doit estre separée de la Philosophie.

Avec un peu de reflexion on jugera d'abord que pour comprendre ce que c'est que la foy, il est absolument necessaire de sçavoir que l'Ecriture a esté ajustée non seulement à la capa-

capacité des Prophetes, mais des plus grossiers mesmes d'entre les Juifs, peuple variable & inconstant; car à prendre sans distinction tout ce qui est dans l'Ecriture comme une doctrine absoluë que Dieu adresse à tout le genre humain, sans discerner ce qui a esté dit à la portée du peuple, c'est confondre les opinions du vulgaire ignorant avec la doctrine celeste, c'est prendre les songes des hommes pour des enseignements divins, & abuser enfin de l'autorité de l'Escriture. Qui ne voit que de cet abus les Sectaires prennent occasion de faire passer pour autant de dogmes de la foy une infinité d'opinions si differentes entr'elles, en les appuyant sur l'Escriture. Un seul homme n'est pas l'auteur de tous les livres de la Bible, & ils n'ont pas tous esté escrits en mesme temps, ny pour un mesme peuple, elle est l'ouvrage de plusieurs mains, d'hommes de different Genie, & qui ont vescu en divers siecles, & si éloignez les uns des autres, qu'à les bien compter on trouve entr'eux plus de deux mille ans. Je ne pretends pas neantmoins condamner ces sectaires, ny les accuser d'impieté, pour avoir attiré

tiré l'Ecriture à leurs opinions ; car comme elle fut autrefois appropriée à la portée du peuple, il nous est maintenant permis de l'accommoder à nos sentiments, si nous nous trouvons par ce moyen plus prompts à obeïr à Dieu en ce qui touche la justice & la charité; mais je les blâme de ne vouloir pas accorder la mesme liberté aux autres, & de persecuter comme ennemis de Dieu d'honnestes gens, & sans reproche, pour cela seul qu'ils n'espousent pas leur opinions ; au lieu qu'ils flatent leurs sectateurs quelque vicieux & abominables qu'ils soient, jusqu'à prosner qu'ils sont des saints, & les veritables Elus ; maxime des plus pernicieuses, & fatale à la republique. Donc pour connoistre jusqu'où s'estend la liberté des opinions en matiere de foy, & qui sont ceux qui doivent passer pour fidelles quoy que de sentiment contraire, fixons la foy & ses fondements ; c'est ce que je me suis proposé de faire en ce chapitre, & en mesme temps de separer la Philosophie de la foy, ce que j'ay eu pour but principal dans tout le cours de cet ouvrage. Et pour le faire avec methode repetons icy le sommaire de toute

toute l'Escriture, car c'est de là que nous devons apprendre à bien determiner la foy. Nous avons dit au precedent Chapitre que le dessein de l'Ecriture n'est que d'enseigner l'obeïssance. Et je ne pense pas qu'il y ait personne de bon sens qui revoque cela en doute. Car il est evident que toute la Bible n'est autre chose qu'une doctrine d'obeïssance, & qu'elle n'a pour but que d'inciter les hommes à obeïr volontairement, & sans peine. Et sans rebattre icy ce que nous avons déja dit, Moyse ne s'amusa point à chercher des raisons pour convaincre les Israëlites, mais d'abord il les engagea par contract, par serments, & par bienfaits ; apres, il institua des peines pour les infracteurs des loix, & des recompenses pour les autres ; moyens fort propres comme l'on voit pour apprendre l'obeïssance, mais nullement pour devenir sçavants. Pour l'Euangile il n'y est enseigné que la simplicité de la foy, à sçavoir de croire en Dieu, & de le reverer, ou ce qui est la mesme chose de luy obeïr. Il n'est donc pas besoin pour la demonstration d'une chose si manifeste d'accumuler icy une infinité de passages

ges de l'un & de l'autre Testament, qui recommandent l'obeïssance. D'ailleurs cette mesme Escriture marque en beaucoup d'endroits, & en termes fort clairs ce que chacun de nous doit faire pour obeir à Dieu, & que toute la loy consiste en ce seul point, à sçavoir que nous aimions notre prochain; ainsi, il est indubitable que c'est obeïr comme il faut, & vivre selon la loy, que d'aymer le prochain comme nous mesmes parce que Dieu nous le commande, & au contraire que de le mespriser, & de le hair, c'est estre rebelle & refractaire. Enfin tout le monde est d'accord que l'un & l'autre Testament ont esté escrits & preschez, non seulement pour les doctes, mais pour toutes sortes de personnes de quelqu'âge & condition qu'ils soient : d'où il s'ensuit sans contredit que l'Escriture ne nous ordonne point de croire autre chose que ce qui est absolument necessaire pour executer ce commandement. Et c'est pour cela qu'il doit estre l'unique regle de la religion Catholique, & le seul modele qu'il faut suivre dans les decisions des dogmes de la foy, auxquels tout le monde de est obligé. Cela posé comme une chose incontestable, & estant certain que ce fondement est la source de tous les autres, comment est-il possible qu'il y ait eu tant de dissensions dans l'Eglise? & n'est-il pas vray qu'il n'y en a point d'autres causes que celles que nous alleguons au commencement du Chapitre 7. Ce sont donc ces causes qui m'incitent presentement à montrer de quelle façon il faut determiner les dogmes de la foy sur le pié de ce fondement que nous avons trouvé; car si je ne le fais, & que je laisse la chose indecise sans en donner des regles certaines, tout ce que j'ay dit jusqu'icy n'aura pas produit grand effet, chacun pouvant introduire tout ce qu'il voudra sous ce pretexte, à sçavoir que c'est un moyen necessaire pour apprendre à obeïr, particulierement toutes les fois qu'il s'agira des attributs divins. Donc pour traitter la chose avec ordre, nous commancerons par la definition de la foy, laquelle selon le fondement que nous avons posé, n'est autre chose que d'avoir certains sentiments de Dieu, la connoissance desquels nous porte indispensablement à luy obeïr, au lieu

Q 4 qu'en

qu'en les ignorant, il est impossible de le faire. Definition si claire, & qui suit si evidemment de ce que nous venons de dire qu'il n'est pas besoin de l'expliquer. Mais pour les consequences que l'on en doit tirer, c'est ce que nous entreprennons de faire voir en peu de mots. Et 1. que la foy n'est point salutaire de soy mesme, mais seulement en vertu de l'obeïssance, ou comme dit Saint Jacques, que la foy sans les œuvres est une foy morte. 2. que l'on ne peut obeïr en sincerité, sans avoir en mesme temps la foy qui est necessaire à salut, vu qu'il est impossible d'estre obeïssant, qu'en mesme temps, on ne soit fidelle, ce que le mesme Apôtre dit expressément en ces termes, *montre moy ta foy sans les œuvres, & je te montreray ma foy par mes œuvres.* Et Saint Jean, *quiconque aime,* (à sçavoir le prochain,) *est né de Dieu, & connoist Dieu, celuy qui n'aime point, ne connoist point Dieu. car Dieu est charité.* D'où il s'ensuit encore que nul ne doit estre reputé fidelle ou infidelle que par ses œuvres: c'est à dire que si les œuvres sont bonnes, il ne laisse pas d'estre fidelle encore qu'il ne soit pas du sentiment des autres; & que

que si au contraire ses œuvres sont mauvaises, bien qu'il se vante d'estre de l'opinion commune, il est neantmoins infidelle. Vû qu'où se trouve l'obeïssance, là est necessairement la loy, & que la foy sans les œuvres, n'est qu'une foy morte. Ce que le mesme Apôtre enseigne encore en mots exprés, *nous connoissons que nous demeurons en luy, & luy en nous, par ce qu'il nous a donné de son Esprit,* à sçavoir la charité. Car ayant dit auparavant que Dieu est charité, il infere suivant ce principe dont personne ne doutoit de son temps, que quiconque a la charité, a veritablement l'Esprit de Dieu. Jusques là que de ce que nul ne vit jamais Dieu, il conclut qu'il est impossible de le connoistre, ny d'en avoir une idée réelle; & sensible qu'en aimant son prochain, & par consequent que la charité entant que nous y participons, est le seul que nous puissions connoistre de tous les attributs divins. Que si ces raisons ne sont convaincantes, il faut neantmoins avoüer qu'elles expliquent assez nettement la pensée de Saint Jean, mais ce qu'il dit dans un autre endroit est encore bien plus clair, & plus ex-

prés

prés à nôtre sujet. *Et par cela, dit-il, nous sçavons que nous le connoissons, si nous gardons ses commandements. Celuy qui dit je le connois, & n'observe point ses preceptes, c'est un menteur, & il n'y a point de verité en luy.* D'où il est encore à inferer que c'est estre Antechrist que persecuter les honnestes gens, & ceux qui aiment la justice à cause qu'ils sont d'un autre sentiment, & qu'ils ne s'accordent pas avec eux dans les points de la foy, car comme nous ne connoissons les fidelles que par ce qu'ils exercent la justice & la charité ; ceux qui les persecutent ne sont point fidelles, & par consequent ils sont Antechrist. Enfin il s'ensuit que la foy ne requiert pas tant la verité que la pieté, c'est à dire, que ce qui sert à nous induire à l'obeïssance : quoy que la pluspart de ses dogmes n'ayent pas seulement l'ombre de la verité ; pourvû que celuy qui les embrasse, en ignore la fausseté, autrement il seroit rebelle ; car comment se pourroit il faire que celuy qui aime la justice, & qui a dessein d'obeïr à Dieu, pût adorer comme Divin ce qu'il sçauroit estre fort éloigné de la nature divine: Quant à la simplicité

cité de l'Esprit, elle peut errer sans consequence, & l'Escriture ne condamne pas les ignorants, mais les seuls refractaires, ainsi que nous l'avons fait voir; il ne faut mesmes pour le prouver que la definition de la foy dont toutes les parties se doivent tirer du fondement universel que nous avons marqué, comme de l'unique but de toute l'Escriture, (à moins que d'y mesler du nostre); or ce n'est point positivement la verité que cette definition exige, mais ce qui nous porte à l'obeïssance, & nous confirme dans l'amour du prochain, en vertu de laquelle seule l'homme est en Dieu (pour me servir des paroles de Saint Jean) & Dieu en l'homme. Puis donc que notre foy n'est reputée bonne ou mauvaise qu'en consideration de l'obeïssance, ou de la rebellion, & non pas en vertu du vray ou du faux, & que nul ne doute que les esprits ne soient si divers qu'il ne s'en trouve point qui soient d'accord en toutes choses chacun ayant son opinion, & un mesme objet nous incitant à la pieté ou à l'indevotion, & au mespris selon les sujets differents, il s'ensuit que les dogmes qui peuvent

estre

estre disputez par les honnestes gens, n'appartiennent point à la foy Catholique & universelle: vû que ceux qui sont de cette nature, peuvent estre bons au respect des uns, & mauvais à l'esgard des autres, puisque ce n'est que par les œuvres que l'on en doit juger. Il ne faut donc sçavoir pour estre vrayement Catholique, que ceux qui nous enseignent l'obeïssance que nous devons à Dieu, & sans lesquels cette obeïssance est absolument impossible; du reste, comme chacun se connoist mieux que nul autre, c'est à luy d'en penser comme il jugera plus à propos pour se fortifier dans l'amour de la justice. Et par ce moyen on ne verra plus de disputes, ny de controverses en l'Eglise: & rien ne sera plus aisé que de supputer les dogmes de la foy Catholique, & les fondemens de l'Escriture, lesquels (comme il s'ensuit evidemment de tout ce que nous avons dit dans ces deux Chapitres) doivent tous viser à ce but, à sçavoir qu'il y a un Estre souverain qui aime la justice & la charité, auquel tout le monde doit obeïr pour estre sauvé, & qui demande a estre adoré d'un culte de justice, & que l'on aime le prochain.

chain. Aprés quoy il eſt tres-facile de determiner tous les autres qui ſont ceux-cy, à ſçavoir 1. qu'il y a un Dieu, c'eſt à dire un Eſtre ſouverain, infiniment juſte, miſericordieux, & le modele de la veritable vie; dautant que quiconque ne ſçait pas qu'il exiſte, ou ne le croit pas, ne ſçauroit luy obeïr, ny le reconnoiſtre pour Juge. 2. Qu'il eſt ſeul & unique: circonſtance qui au ſentiment de tout le monde eſt abſolument neceſſaire pour faire naiſtre l'admiration, l'amour, & le zele envers Dieu; & ce d'autant plus que l'excellence d'un Eſtre ſur tous les autres, attire indiſpenſablement l'admiration & l'amour. 3. Qu'il eſt partout, & que rien ne luy eſt caché: Car ſi l'on croyoit qu'il ne ſçait pas tout, ou que l'on ignorât qu'il voit tout, on douteroit de l'equité, & de la juſtice avec laquelle il gouverne tout, ou l'on ne la connoiſtroit pas. 4 Qu'il a un droit ſouverain, & une puiſſance abſoluë ſur toutes choſes, qu'il eſt independant, & qu'il agit par ſoy meſme par un privilege ſingulier, tous les hommes eſtant obligés de luy obeïr, & luy à perſonne. 5. Que le culte de Dieu, & l'obeïſbeïssance qu'on luy doit, ne consiste que dans la justice, & dans la charité, c'est à dire dans l'amour du prochain. 6. Que ceux qui obeïssent à Dieu à cet esgard, sont sauvez, & que les autres qui s'abisment dans les plaisirs sont damnez; opinion qui doit estre universellement receuë: car si les hommes n'en estoient fortement persuadez, il n'y auroit point de raison qui les obligeât à obeïr plutost à Dieu qu'à leurs sens, & à leurs plaisirs. 7. Que Dieu pardonne les pechez à ceux qui s'en repentent: car comme il n'est point d'homme qui ne péche, si cette creance n'estoit establie, il n'y en auroit point qui ne desesperât de son salut, ny qui pût comprendre la misericorde de Dieu; au lieu qu'estant bien persuadez que Dieu pardonne les pechez par sa misericorde, & par la grace dont il use dans la direction de toutes choses, & prennant de là occasion de s'enflammer de plus en plus en son amour, c'est veritablement connoistre Christ selon l'Esprit, & quiconque en est là, peut bien dire que Christ est en luy. Or nul ne peut douter que tout cela ne soit absolument necessaire à sçavoir, afin que tous les hom-

hommes sans exception puissent obeïr à Dieu selon l'ordonnance de la loy comme nous l'avons expliquée: vû que d'en oster un seul point, c'est aussi oster l'obeissance. Au reste il n'est point necessaire que nous sçachions ce que c'est que Dieu, c'est à dire cet Estre qui est le modele de la veritable vie : à sçavoir si c'est un feu, une lumiere, une pensée, cela ne regarde point la foy, non plus que de sçavoir par quelle raison il est le modele de la vraye vie, si c'est par exemple par ce qu'il est juste, & misericordieux, ou à cause que tout est & agit par luy, & par consequent que c'est par luy que nous entendons, & que nous voyons ce qui est bon & juste; car de tout cela, le jugement en est fort libre, & de nulle consequence. Il n'est point encore de la foy de croire si c'est par essence ou par puissance que Dieu est par tout, si c'est librement ou par necessité qu'il gouverne tout; s'il prescrit des loix entant que Prince, ou s'il les enseigne comme veritez eternelles, si l'homme joüit de son franc arbitre, & si c'est librement ou par la necessité du decret divin qu'il obeit à Dieu, ou enfin si la recompense

pense des bons, & le supplice des meschants, sont quelque chose de naturel, ou de surnaturel. Je dis que tout cela, & choses semblables ne touchent point la foy, & que la creance en est libre; pourvû que l'on n'en tire pas des consequences qui incitent au peché, ou qui détournent de l'obeïssance que l'on doit à Dieu; hors cet inconvenient, il est libre à chacun comme nous avons dit d'accommoder à sa portée ces dogmes de la foy, & de les interpreter d'une maniere qui luy facilite les moyens de les embrasser avec moins de peine, & de contrainte, & qui l'excite par consequent à obeir à Dieu non seulement sans repugnance, mais mesmes avec plaisir. Car comme la foy fut anciennement escrite & revelée suivant les opinions & la capacité des Prophetes, & du peuple de ce temps là, de mesmes chacun peut maintenant l'ajuster à ses prejugez, pourvû que ce soit à dessein de l'embrasser plus volontiers; car nous avons fait voir que ce n'est pas tant la pieté que la bonne vie qu'elle exige, & qu'elle n'est sainte & salutaire qu'à l'esgard de l'obeïssance; & par consequent que nul n'est fidelle qu'en qu'en cette confideration. D'où il faut conclure que ce n'eſt pas toûjours celuy qui étale les meilleures raiſons qui ait la meilleure foy, mais celuy qui montre de meilleures œuvres de juſtice & de charité. Que l'on juge donc maintenant de quelle importance eſt cette doctrine à une Republique pour maintenir les hommes en concorde, & en union : & ſi ce n'eſt pas là le moyen de couper pié à tant de troubles, & de crimes. Mais avant que de paſſer outre, il eſt icy à remarquer que ce que nous venons de dire peut ſervir de reſponſe aux objections que nous nous ſommes faites au Chapitre 1. à l'endroit où nous avons dit que Dieu parla aux Iſraëlites ſur la montagne de Sinaï : car bien que la voix qu'ils entendirent, ne leur pût donner de certitude evidente de l'exiſtence de Dieu, elle ſuffiſoit neantmoins pour les ravir en admiration, ſuivant l'idée qu'ils en avoient conçeuë auparavant, & pour les inciter à l'obeïſſance, qui eſtoit la fin de ce prodige, vû que ce n'eſtoit pas alors le deſſein de Dieu de les inſtruire des Attributs de ſon eſſence, (car en effet il ne leur en revela rien,) mais de

rendre

rendre souples & dociles ces testes revesches, & les induire à l'obeïssance ; & pour cela bien loin de raisonner avec eux, ils s'en approche au bruit des trompettes, des foudres, & des esclairs.

Exod. Co. 10. v. 20.

Il reste à faire voir qu'il n'y a nul commerce ny liaison entre la foy qui est la Theologie, & la Philosophie ; & que tant à l'esgard du but que du fondement de l'une, & de l'autre ce sont deux facultez entierement opposées : la Philosophie n'ayant pour but que la verité : & la foy que la pieté, & l'obeïssance, ainsi que nous l'avons déja suffisamment prouvé. Joint que les fondemens de la Philosophie ne sont que des notions communes qui n'ont que la nature pour objet, & que ceux de la foy sont les histoires, & la Langue, lesquels ne roulent que sur l'Escriture, & sur la revelation, ainsi que nous l'avons fait voir au Chapitre 7. Avoüons donc que la foy donne à tout le monde une pleine liberté de raisonner à sa mode, afin que chacun puisse juger de tout sans crime, ne condamnant comme heretiques & schismatiques que ceux qui enseignent des opinions qui tendent à la revolte,

à la

à la haine, à la discorde, à la colere: & au contraire ne reputant fidelles que ceux qui font tout ce qu'ils peuvent pour estendre les bornes de la justice, & de la charité. Enfin ce que je viens de dire estant la fin, & le principal but que je me propose dans ce Traité, je prie instamment le Lecteur de lire & relire ces deux Chapitres, & de les mediter avec grand soin; mais sur tout de croire que bien loin d'avoir escrit pour introduire des nouveautez, je l'ay fait seulement à dessein de déraciner des abus qui ne sont pas encore à mon avis hors d'esperance de remede.

CHAPITRE XV.

Que la Theologie ne releve point de la jurisdiction de la raison, ny la raison de celle de la Theologie, & la raison pourquoy nous sommes persuadez de l'Autorité de l'Escriture.

CEux qui ne sçavent pas que la Philosophie & la Theologie ont leur jurisdiction à part, sont en dispute
tou-

touchant leur presseance, les uns voulant que la raison le cede à l'Escriture, & les autres que l'Escriture le cede à la raison; ou ce qui est la mesme chose ces gens là doutent, si le sens de l'Escriture doit suivre les loix de la raison, ou s'il faut que la raison s'assujettisse à l'Escriture : les Sceptiques qui nient la certitude de la raison sont de ce dernier sentiment, & les Dogmatiques de l'autre : Mais les uns & les autres sont esgalement dans l'erreur: ne pouvant suivre l'un de ces deux partis qu'ils ne corrompent ou la raison, ou l'Escriture; ce qui se prouve par nos principes : car nous avons fait voir que l'Escriture ne touche point à la Philosophie, & que sa doctrine ne tend qu'à nous porter à la pieté, & qu'elle a esté accommodée aux prejugez & à l'infirmité du peuple. Si bien que de l'assujettir aux loix de la raison, c'est en imposer aux Prophetes, & leur faire dire des choses à quoy ils n'ont jamais pensé. Ceux au contraire qui subordonnent la raison à la Theologie, ne pourront s'empescher d'admettre les opinions d'un Ancien peuple pour des oracles, & de s'en coiffer aveuglément comme d'une chose

divi-

divine; ainsi quel party que l'on prenne, soit pour, ou contre la raison, l'erreur sera toûjours esgale. Maimonides (dont nous avons refuté l'opinion au Chapitre 7.) est le premier d'entre les Pharisiens qui s'est declaré ouvertement pour la raison au prejudice de l'Escriture, & bien que cét Auteur soit fort celebre parmi eux, si est ce que la plus part l'abandonnent en cette rencontre pour suivre l'opinion d'un certain R. Juda Alpakhar, lequel pour ne tomber dans l'erreur de Maimonides, s'est precipité dans une autre toute opposée, mais aussi ridicule. * Car il soûtient que l'Escriture doit l'emporter sur la raison, & que celle-cy doit suivre les loix & l'empire de l'autre; & que s'il faut interpreter metaphoriquement quelque chose dans l'Escriture: ce n'est pas pour ce qu'il repugne à la raison, mais à l'Escriture mesme, c'est à dire à ses dogmes, dont la clarté est evidente; d'où il a pris sujet de former cette reigle generale, à sçavoir que tout ce que l'Escriture enseigne, & ce qu'elle asseure en termes exprés, doit estre crû comme veritable sur son autorité, parce qu'on ne

* Cette opinion contre Maimonides se trouve parmi les lettres qu'on attribué à cet Autheur.

ne trouvera point d'autre dogme en toute la Bible lequel y repugne directement, quoy que cela se puisse d'une façon indirecte, à sçavoir en beaucoup d'endroits où il semble que l'Escriture suppose tout le contraire de ce qu'elle enseigne clairement ailleurs: ce n'est dit il, qu'en ce cas là qu'elle peut souffrir un sens metaphorique. Comme par exemple lors qu'elle enseigne en paroles intelligibles qu'il n'y a qu'un Dieu, il ne se trouve point d'endroit où elle affirme directement qu'il y en ait plusieurs, quoy qu'il y en ait beaucoup où Dieu en parlant de soy mesme, & les Prophetes en parlant de luy, usent du nombre plurier, façon de parler qui suppose à la verité, mais qui ne marque pas, comme effectivement ce n'est pas le dessein du texte de prouver qu'il y ait plusieurs Dieux; c'est pourquoy il faut expliquer metaphoriquement tous ces passages, à sçavoir non pas à cause qu'il repugne à la raison d'en admettre plusieurs, mais parce que la Bible asseure directement qu'il n'y en a qu'un seul. Tout de mesmes quand l'Escriture affirme directement (du moins comme il se l'imagine) que Dieu n'a point de

Deut. 6.4.

Deut. C. 4. 15.

de corps; pour cela, & sur la seule autorité de ce passage, & non pas de la raison, nous sommes obligez de croire que Dieu est incorporel, & par consequent de prendre dans un sens impropre tous les passages qui attribuënt des membres corporels à Dieu, vû que l'erreur est dans ces façons de parler qui supposent ce qui n'est pas. Voila l'opinion d'un Auteur, digne de loüange à la verité de vouloir expliquer l'Escriture par l'Escriture, mais je m'estonne qu'un homme doüé de raison entreprenne de perdre & de ruiner son Empire. J'avoüe que c'est par l'Escriture qu'il faut expliquer l'Escriture, tandis qu'il ne s'agit que du sens des Passages, & de l'intention des Prophetes, mais ce sens une fois trouvé, comment y consentir que par l'entremise du jugement & de la raison? Que si la raison malgré sa resistance, doit neantmoins estre soumise à l'Escriture, que l'on me die comment il faut que cela se fasse? ou ce sera avec la raison, ou sans elle & aveuglement? Si ce dernier, on m'avoüera que c'est manquer de jugement; si au contraire c'est par le moyen de la raison, il s'ensuit que c'est par son ordre que nous embras-

embrassons l'Escriture, & que nous n'en demeurons d'accord qu'autant qu'il luy plaist de le permettre. Hé de grace qu'elle apparence que les operations de l'esprit se fassent sans le secours de la raison? Car que peut rejetter celuy-là, que ce que celle-cy rejette, & qui luy repugne? & se peut il que l'on prefere des lettres mortes, & qui ont pû estre corrompuës par la malice des hommes, à la raison qui est le plus grand de nos tresors, & une lumiere toute divine? Se peut-il dis-je qu'on la mesprise impunement? Et que l'on ne croye pas pécher lors qu'on declame contre l'esprit qui est le vray original de la parole de Dieu, comme si c'estoit un magazin d'aveuglement & d'impieté? au lieu qu'on se croiroit coupable de leze Majesté divine si l'on avoit ces sentimens de la lettre qui n'est en effet que l'idole de la parole de Dieu. Mais c'est dit-on une chose sainte de se défier toûjours de la raison, & de son propre jugement, & une impieté de douter de la fidelité de ceux de qui nous tenons les livres sacrez; estrange aveuglement de prendre pour pieté ce qui n'est que pure folie! Mais au fond de quoy a-t-on peur,

peur, & pourquoy tant d'inquietude?
la religion & la foy ne peuvent-elles
subsister que par l'ignorance des hommes, & sans renverser la raison? si
cela est, il est constant qu'ils craignent
plus pour l'Escriture qu'ils n'y mettent leur confiance. Mais tant s'en
faut que la foy pretende empiéter sur
les droits de la raison, ny la raison sur
ceux de la foy, qu'au contraire, elles
sont paisibles chacune en son Empire,
sans avoir rien à démesler ensemble,
ainsi que nous le montrerons apres
avoir examiné la Regle de notre Rabin. Cette Regle est que nous devons
indispensablement admettre comme
une chose vraye tout ce que l'Escriture affirme, & rejetter aussi comme
faux tout ce qu'elle nie: d'ailleurs que
l'Escriture ayant une fois affirmé ou
nié une chose en mots exprès, en
quelqu'endroit, elle n'asseure, & ne
nie jamais le contraire en un autre.
Regle visiblement temeraire. Car
sans parler que l'Escriture est composée de livres divers, qu'elle a esté escrite en divers temps, par divers
hommes, & enfin par divers Auteurs, outre que cela n'a de fondement que sur la propre authorité,

R   l'Esl'Escriture ny la raison ne disant rien de tel ; du moins ne nous montre-t-il pas que tous les endroits qui ne repugnent aux autres qu'indirectement, se puissent expliquer sans violence metaphoriquement, selon l'usage de la Langue, & la nature du passage, ny que l'Escriture soit tombée entre nos mains sans avoir esté alterée. Mais voyons la chose par ordre, & pour ce qui est du premier article, je luy demande s'il faut recevoir pour veritable ce que l'Escriture dit estre tel, & rejetter comme chose fausse ce qu'elle nie, lors que la raison s'y oppose ? il répondra peut estre qu'il ne se trouve rien en l'Escriture de repugnant à la raison. Mais à cela je repartiray qu'elle affirme & enseigne formellement au Decalogue, au Deuteronome, & en plusieurs autres endroits que Dieu est jaloux, or est il que cela repugne à la raison, donc il ne faut pas laisser de l'admettre comme chose veritable. Et mesme s'il se trouvoit quelques autres endroits de l'Escriture qui supposassent que Dieu n'est point jaloux, il faudroit necessairement les expliquer en un sens impropre & metaphorique pour leur faire dire qu'ils ne supposent rien

Exod. ch. 4. v. 14. Deut. ch. 4. v. 24.

rien de tel. L'Escriture dit encore positivement que Dieu descendit sur la montagne de Sinaï, & luy attribuë bien d'autres mouvements locaux, sans dire expressément ailleurs qu'il ne se meut point, donc il faut aussi que tout le monde le croye comme une chose veritable. Et ce passage où il est dit que Dieu n'est compris en aucun endroit, n'asseurant pas positivement que Dieu ne se meut point, mais seulement par illation, doit necessairement estre expliqué en ce sens-là, de peur qu'il ne semble oster à Dieu le mouvement local. De mesmes, il faudroit prendre les Cieux pour la demeure & pour le Trosne de Dieu, par ce que l'Escriture le dit expressément. Il y a plusieurs autres choses de cette nature escrites & dictées selon les opinions des Prophetes & du peuple, qui à n'en croire que la raison, & non pas l'Escriture, sont visiblement fausses, & que l'on devroit neantmoins supposer comme choses vrayes dans l'opinion de cet Auteur, par ce qu'il ne veut pas qu'on en consulte la raison. Davantage il est faux qu'un passage ne repugne à l'autre qu'indirectement, vû que Moyse asseure directement

R 2 que

que *Dieu est un feu*, & nie aussi directement *qu'il ressemble aux choses visibles*. Que s'il replique que ce passage ne nie pas directement que Dieu soit un feu, mais seulement par illation, & par consequent qu'il faut l'y ajuster, de peur qu'il ne semble qu'il le nie; à la bonne heure, accordons luy que Dieu est un feu, ou plûtost laissons ce passage de peur de tomber dans la mesme erreur, & produisons un autre exemple. Samuel nie directement que Dieu se repente de ses decrets. Jeremie au contraire dit que Dieu se repent du bien & du mal qu'il avoit resolu de faire. Je luy demande si ces deux passages ne sont pas directement opposez l'un à l'autre? & lequel des deux il faut expliquer metaphoriquement ; l'un & l'autre est universel, & à la façon des contraires, ce que l'un affirme directement, l'autre le nie de mesmes. Donc suivant cette Regle nous sommes obligez d'embrasser comme veritable ce qu'il faut que nous rejettions en mesme temps comme faux. D'ailleurs qu'importe qu'un passage ne repugne qu'indirectement à un autre si la consequence en est claire, & que la circonstance, & la nature

ture du passage ne souffrent point d'explications metaphoriques : Il y en a dans la Bible une infinité de semblables, dont nous avons parlé au Chapitre 2. où nous avons fait voir que les Prophetes estoient divers, & contraires en leurs opinions, mais plus particulierement au Chapitre 9. & 10. où nous avons marqué ce grand nombre de contradictions qui se trouvent dans les histoires. C'est où je renvoye le lecteur pour m'exempter de rebattre icy ce que nous traittons là à fond, joint que ç'en est assez pour montrer les absurditez qui naissent de cette opinion, & pour convaincre de faussetté la regle de cet Auteur. Ainsi nous rejettons le sentiment de cet Auteur, & celuy de Maimonides, & soustenons comme une verité incontestable, que la Theologie & la raison n'ont rien à démesler ensemble, mais que l'une & l'autre est souveraine, & independente. La raison ayant en partage le regne de verité, & de sagesse ; & la Theologie celuy de pieté, & d'obeïssance. Car ainsi que nous avons dit, la puissance de la raison ne s'estend pas jusqu'à pouvoir determiner si la seule obeïssance sans l'intelli-

gence

gence des choses nous peut rendre heureux : mais la Theologie nous l'apprend, & hors l'obeïssance que celle-cy nous recommande, il est constant qu'elle ne veut ny n'entreprend rien contre la raison ; car elle n'est l'arbitre des dogmes de la foy qu'entant qu'elle suffit pour induire à l'obeïssance ; le reste, la raison le fait, & c'est à elle seule à nous en faire entendre la verité, à elle dis-je qui est la lumiere de l'esprit, & sans laquelle celuy-cy n'est capable que de songes, & de chimeres. Or par ce mot de Theologie, j'entends precisement ce qui a esté revelé, entant qu'il indique ce que nous avons dit estre le but de l'Escriture, (à sçavoir de nous apprendre la maniere d'obeïr, & quels sont les dogmes de la foy, & de la vraye pieté,) c'est à dire à proprement parler ce qui s'appelle la Parole de Dieu, laquelle comme nous avons dit au Chapitre 12. ne consiste pas à estre compris en un certain nombre de livres. Dautant que la Theologie ainsi consideree, soit à l'esgard de ses preceptes, ou de sa morale : soit quant à son but, & à sa fin, convient à la raison de telle sorte, qu'elle n'y repugne nullement, ce qui

qui fait qu'elle est generale, & que tout le monde en est capable. Pour ce qui est de toute l'Escriture en general, nous avons aussi vû au Chapitre 7. que pour en connoistre le sens, il ne faut consulter que son histoire, & non pas celle de la Nature qui ne peut servir de fondement qu'à la seule Philosophie; Que si apres en avoir trouvé le veritable sens, il se trouve par cy parlà quelques endroits qui repugnent à la raison, il ne s'en faut pas mettre en peine, vû que tout ce qui se rencontre de cette nature en la Bible, ou que les hommes peuvent ignorer sans prejudicier à la charité, ne touche nullement la parole de Dieu, & par consequent chacun est libre d'en juger comme bon luy semble, sans craindre que ce qu'il en croit le rende criminel. D'où il s'ensuit que la raison & l'Escriture ont leur jurisdiction à part. Mais si nous ne pouvons user de la raison pour demontrer, que le fondement de la Theologie c'est à dire pour prouver que l'obeissance est la seule vertu qui puisse nous sauver, est veritable, ou faux; on pouroit demander pour quoy c'est que nous le croyons? Si sans le secours de la raison, & en aveugles, donc c'eft fans jugement & à la façon des infenfez. Si au contraire c'eft par le moyen de la raifon, il s'enfuit que la Theologie eft une partie de la Philofophie, & que ce font deux facultez infeparables Je refponds à cela que la lumiere naturelle ne nous fuffit pas pour trouver ce dogme fondamental de la Theologie, ou du moins qu'il n'y à encore eu perfonne qui l'ait demontré, & c'eft pourquoy la revelation eftoit abfolument neceffaire : mais nonobftant cela nous nous pouvons fervir du jugement pour embraffer au moins avec quelque certitude morale ce qui a efté revelé : je dis avec certitude morale, car il ne faut pas efperer que nous en puiffions eftre plus certains que les Prophetes mefmes, qui ont receu les premieres revelations, & dont la certitude n'eftoit que morale, ainfi que nous l'avons fait voir au Chapitre 2. de ce Traité. C'eft donc fe tromper lourdement que de vouloir prouver par demonftrations Mathematiques l'autorité de l'Efcriture, car comme elle depend toute entiere de l'autorité des Prophetes; on ne la fçauroit demontrer avec de plus forts arguments que

que ceux dont se servoient les Prophetes pour la persuader au peuple; & nous ne sçaurions mesmes l'apuyer sur d'autre fondement que celuy où les Prophetes fondoient toute leur autorité & leur certitude, celle-cy comme nous avons dit consistant en trois choses, à sçavoir 1. en une vive & distincte imagination ; 2. en quelque signe 3. & sur tout à estre porté d'inclination au bien ; comme c'estoient là toutes les raisons sur quoy ils estoient fondez, ils n'en avoient point d'autres pour demontrer leur autorité tant au peuple auquel ils parloient alors de vive voix, qu'a nous maintenant par escrit. Quant au premier, à sçavoir qu'ils avoient l'imagination forte, & vive, cela ne pouvoit estre connu que d'eux, ainsi toute la certitude que nous pouvons avoir des revelations, dépend des deux autres circonstances qui sont les signes, & la doctrine. Et c'est ce que Moyse enseigne expressément. Car il commande au Deuteronome Chapitre 18. que le peuple ait à obeïr au Prophete qui fait paroistre un veritable signe au nom de Dieu, mais que l'on punisse de mort celuy qui predira des faussetez, (quoy qu'il le faſſe au nom de Dieu) auſſi bien que le ſeducteur qui tâſchera de détourner le peuple de la vraye religion, encore qu'il confirme ſon autorité par ſignes & miracles. D'où il s'enſuit que le vray Prophete ſe diſtingue du faux par la doctrine & par les miracles tout enſemble, dautant que Moyſe dit que celuy-là eſt vray Prophete & qu'on luy doit ajoûter foy ſans nul ſoupçon de fraude: au lieu qu'il declare ceux-là faux, & dignes de mort qui font de fauſſes predictions, quoy qu'ils les faſſent au nom de Dieu, ou qui annoncent de faux Dieux encore qu'ils faſſent de vrays miracles. Donc, il n'y a que ces deux raiſons, les ſignes, & la doctrine qui nous obligent maintenant, comme autrefois le Peuple Hebreux d'ajoûter foy à l'Eſcriture, c'eſt à dire aux Prophetes. En effet voyant que ceux-cy recommandent ſur toutes choſes la juſtice & la charité, & qu'ils n'ont pour but que d'eſtablir le regne de ces deux vertus, nous inferons de là, que ce n'a pas eſté à mauvais deſſein, mais d'un eſprit ſincere qu'ils ont enſeigné que l'obeïſſance & la foy nous devoient rendre heureux; & dautant qu'ils ont confirmé cette doctri-

Deut. Ch. 13.

doctrine par signes & miracles, nous en tirons cette consequence, qu'ils ne l'ont pas preschée temerairement, & qu'ils ne resvoient pas lorsqu'ils prophetisoient; mais ce qui nous confirme davantage en cette opinion, c'est de voir leur morale s'accorder avec la raison, & c'est quelque chose d'admirable que la Parole de Dieu dans les Prophetes ait un raport si evident à cette mesme Parole qui se fait entendre en nos cœurs. Verité que nous pouvons aujourduy inferer de la Bible avec autant de certitude que l'inferoient autrefois les Juifs de la propre bouche des Prophetes. La raison est que l'Escriture n'a jamais esté corrompuë (ainsi que nous l'avons montré au Chapitre 12.) tant à l'esgard de sa doctrine, que de ses histoires principales. Ainsi la foy que nous ajoûtons à ce fondement de toute la Theologie & de l'Escriture, quoy qu'il ne se puisse prouver par demonstration Mathematique ne laisse pas d'estre judicieuse. Car tant s'en faut que ce soit estre sage que de nier ce que les Prophetes ont confirmé par tant de témoignages, ce qui sert de consolation aux simples, & aux foibles, & d'où

R 6   resul-

resulte un si grand avantage aux Estats, & aux Republiques, & que nous pouvons croire sans risque & sans peril : tant s'en faut dis-je que ce soit un effet de bon sens que de le rejetter parce qu'il ne se peut prouver Mathematiquement, qu'au contraire c'est en manquer que de n'y ajoûter pas foy; comme si l'institution d'une bonne vie, ne pouvoit souffrir que des maximes infallibles, ou si la pluspart de nos actions n'estoient pas meslées en tout temps d'incertitudes, & de hazards. J'avoüe que ceux qui s'imaginent que la Theologie, & la Philosophie sont fort opposées l'une à l'autre, & que pour cela il en faut anneantir une afin d'élever l'autre, j'avoüe que ceux-la ont raison de chercher à bien affermir les fondements de la Theologie, & de pretendre la démontrer par des preuves Mathematiques ; car où est l'homme si desesperé, & si hors du sens que de mespriser les sciences & les arts, de licentier temerairement la raison, & d'en nier la certitude ? Cependant on ne peut pas dire que ces gens là soient tout à fait inexcusables, de se servir de la raison pour la battre de ses propres armes, & de tascher d'en

d'en faire voir l'incertitude par ses propres lumieres. Joint qu'en usant ainsi, ils font plus de tort à la Theologie qu'ils ne pensent, puisqu'au lieu d'en montrer la verité & l'autorité par des raisons Mathematiques, & de luy élever un thrône comme ils pretendent sur les ruines de la lumiere naturelle, il se trouve tout le contraire ; car ils reduisent par ce moyen, la Theologie à la raison, & protestent tacitement qu'elle doit toute sa splendeur à la lumiere naturelle. Que s'ils se vantent au contraire d'avoir le Saint Esprit en eux, au témoignage duquel ils acquiescent, sans avoir besoin de la raison que pour convaincre les infidelles, il ne faut pourtant pas ajoûter foy à leurs paroles : & rien n'est plus aisé que d'en faire voir la vanité. Car nous avons montré au precedent Chapitre que le témoignage du Saint Esprit ne se donne qu'aux bonnes œuvres ; qui pour cela sont appellées dans l'Epître aux Galates les fruits du Saint Esprit, lequel n'est en effet qu'un certain acquiescement de l'Esprit que nous sentons interieurement, & qui doit sa naissance aux bonnes œuvres. Quant à la certitude de ce qui
n'est

n'eſt purement que ſpeculatif, nul Eſprit hors mis la raiſon n'en porte témoignage, c'eſt la Reine de verité, auſſi n'y a-t-il qu'elle ſeule que nous en devions conſulter. Donc s'ils ſe vantent d'eſtre inſtruits de la verité par un autre Eſprit que celuy-là, on peut dire qu'ils s'en vantent à faux par un excés de preſomption, ou que l'apprehenſion qu'ils ont d'eſtre vaincus par les Philoſophes, & expoſez à la riſée publique, les oblige à chercher un Azyle au pied des autels, mais ces ames vaines ont beau chercher, il n'eſt point de lieu de refuge pour les ennemis de la raiſon. Cependant nous avons fait voir par quelle raiſon la Philoſophie & la Theologie n'ont rien de commun, & prouvé en quoy c'eſt principalement qu'elles conſiſtent toutes deux, & que l'une n'eſt point ſous la juriſdiction de l'autre, mais qu'elles joüiſſent paiſiblement, & ſeparement de leurs droits. Nous avons vû auſſi en ſon lieu combien d'abſurditez & d'inconvenients ont pris naiſſance de la confuſion & du mélange de ces deux facultez, & pour n'avoir pas ſçeu les diſtinguer l'une de l'autre avec aſſez de precaution,

tion. Il reste à repeter icy ce que nous avons desja dit touchant l'utilité & la necessité de la Sainte Escriture, que je trouve de grande importance. * Car comme il nous est impossible de concevoir par la lumiere naturelle que la simple obeïssance soit la voye de salut, n'y ayant que la seule revelation qui nous apprenne que cela se fait par une grace de Dieu toute particuliere & inconnuë à la raison, il s'ensuit que l'Escriture est d'une grande consolation pour les pauvres mortels, car quoy qu'ils puissent tous obeïr, il y en a pourtant bien peu, si vous les comparez à tout le genre humain, qui deviennent vertueux en ne suivant que les lumieres de la raison, tellement que si nous n'avions ce témoignage de l'Escriture, j'ay peine à croire que personne se pût sauver.

voy les remarques.

CHAPITRE XVI.

Des fondements de la Republique, du droit naturel & civil de chaque particulier, & de celuy des Souverains.

JUsqu'icy nous avons eu soin de separer la Philosophie de la Theologie, & de prouver la liberté que celle cy donne de raisonner chacun à sa mode. Voyons maintenant jusqu'où peut s'estendre cette liberté de juger, & de dire son sentiment dans un Estat bien policé. Et pour y proceder par ordre, nous traitterons des fondements de la Republique, & premierement du droit naturel d'un chacun, sans y comprendre ny religion, ny republique.

Je n'entends autre chose par le droit naturel que les reigles de la nature de chaque individu, suivant lesquelles nous concevons que chacun d'eux est determiné à estre, & à agir d'une certaine maniere. Comme par exemple les poissons estant determinez par la nature à nager, les grands à manger
les

les petits, il s'enfuit que les poissons jouïssent de l'eau de droit naturel & absolu, & que les grands par ce mesme droit peuvent manger les petits. Car il est certain que la Nature considerée en general a un droit souverain sur tout ce qui tombe sous sa puissance, c'est à dire que ce droit s'estend aussi loin que ses forces ; & que tout ce qu'elle peut, luy est permis ; car la puissance de la Nature est la puissance mesme de Dieu, dont le droit n'est point limité : mais comme la puissance de la Nature considerée en general, n'est autre chose que la puissance de tous les individus sans exception, il s'ensuit que le droit de chacun d'eux n'est point borné, & qu'il s'estend aussi loin que les forces, & l'industrie que la Nature luy a données : & comme c'est une loy generale pour toutes les choses naturelles que chacune en particulier se perpetuë en son estat autant qu'il est en elle, sans avoir esgard qu'à la propre conservation, il s'ensuit que le droit naturel de chaque individu est de subsister & d'agir selon les forces que la Nature luy en a données. Dans cet estat nous ne distinguons point les hommes d'avec les autres

tres estres naturels, ny les hommes doüez de la veritable raison d'avec ceux qui ne l'ont pas, & ne mettons nulle difference entre les imbeciles, les sages, & les insensez, chaque chose ayant droit d'agir selon les loix de sa constitution, c'est à dire selon qu'elle est determinée par la Nature à telle, ou telle chose, sans qu'elle puisse faire autrement. C'est pourquoy à l'esgard des hommes, tandis qu'on ne les considere que sous l'empire de la Nature, celuy qui ne sçait pas encore ce que c'est que raison, ou qui n'a point encore acquis l'habitude de la vertu, celuy-là dis-je a autant de droit à la vie en ne suivant que les regles de l'appetit, que tel qui vit selon les loix de la raison. C'est à dire que comme le sage a droit de faire tout ce que la raison luy dicte, & de vivre selon ses lumieres ; demesmes l'ignorant & l'insensé ont droit sur tout ce que l'appetit leur suggere & de vivre selon ses loix. Ou pour parler suivant la pensée de Saint Paul avant la loy, c'est à dire sous la Nature, les hommes ne sçauroient pécher.

Ce n'est donc point à la raison de regler le droit naturel, mais à la convoitise, voitife, & aux forces de chacun en particulier. Car tant s'en faut que la Nature nous ait determinez à vivre felon les loix, & les regles de la raifon, qu'au contraire nous naiffons tous dans une profonde ignorance, & nonobftant la bonne education, notre vie eft fort avancée, avant que nous puiffions connoiftre ny raifon, ny vertu; Cependant comme nous vivons avec obligation de conferver nôtre eftre naturel, ce ne peut eftre que par les loix de l'appetit: puis que la Nature nous refufe l'ufage actuel de la raifon, & que chacun de nous n'eft pas plus obligé de vivre fuivant les regles du bon fens, qu'un chat felon les loix de la nature du lyon. D'où il s'enfuit que dans l'eftat purement naturel, nous avons droit legitime fur toutes chofes fans diftinction, & pouvons en ufer fans crime fi nous les pouvons obtenir, foit par force, par rufe, ou par prieres, jufqu'à tenir pour ennemi quiconque nous empefche de contenter notre appetit.

Donc le droit de nature fous lequel tous les hommes naiffent & vivent pour la pluspart, ne leur defend que ce qu'aucun d'eux ne convoite, &
qui

qui n'est point en leur pouvoir ; il n'interdit ny la discorde, ny la haine, ny la colere, ny la fraude, ny rien enfin de tout ce que veut l'appetit : & tout cela n'a rien de surprennant, puisque la Nature n'est pas enfermée dans les bornes de la raison humaine, laquelle ne vise qu'à la conservation & à l'utilité des hommes, mais ce mot de Nature, dont l'homme n'est qu'un petit point, dit une infinité d'autres choses qui regardent un ordre eternel, & cette loy inviolable qui donne l'estre, la vie, & le mouvement à toutes choses. De là vient que ce qui nous semble ridicule, absurde, ou mauvais ne paroist tel que pour ne connoistre les choses qu'en partie, & par ce que nous ignorons pour la pluspart les liaisons de la Nature, & que nous voudrions que tout suivit les regles de nôtre petite raison, encore que ce que la raison nous represente comme un mal, ne le soit point à l'esgard de l'ordre & des loix de la Nature universelle, mais seulement au respect des loix de la nôtre.

Nonobstant ces grand avantages, & cette vaste liberté que donne la Nature, le plus seur est de ne suivre que
la

la raison, & de vivre suivant les loix qui ne regardent que ce qui nous est veritablement utile. D'ailleurs il n'est personne qui ne souhaite de mener une vie paisible & tranquille autant qu'il est possible, chose neantmoins inconcevable tandis que le desordre regne, & que la haine & la colere sont plus en vogue que la raison, nul ne pouvant vivre en repos, & sans inquietude parmi la violence & les fourbes, que chacun tasche d'eviter par toutes sortes de moyens. Ajoûtez à cela que n'y ayant rien de plus triste que nôtre vie destituée d'un secours mutuel, il falloit de necessité pour nous mettre à couvert de tant d'insultes, à quoy nous sommes tous sujets, que nous conspirassions unanimement à nous defaire de notre droit naturel, pour le posseder en commun, & à renoncer à notre appetit pour le soûmettre à la puissance, & aux Edits de toute une communauté. Ce que l'on eût neantmoins tenté vainement, si chacun eût voulu demeurer ferme dans la resolution de tout sacrifier à sa convoitise, tant il est veritable que les appetits sont divers : & c'est pourquoy il falloit demeurer d'accord de n'escouter

couter que la raison, (à quoy personne n'oze contredire ouvertement, de peur de se décrediter) & consentir en mesme temps à tenir l'appetit en bride, & à le gourmander entant qu'il veut nuire au prochain; il falloit se resoudre à 'ne traitter les autres que comme on veut estre traitté, & enfin à defendre l'interest & le bien d'autruy aussi ardemment que le sien propre. Or pour passer un contract de cette nature, & le rendre fixe & valide, voyons comment il s'y faut prendre. C'est une Loy commune, & generale à tous les hommes, de ne mespriser aucun bien que sur l'esperance de quelque chose de meilleur, & de ne souffrir point de mal que pour en eviter un plus grand, ou pour obtenir un plus grand bien: c'est à dire que de deux biens nous ne manquons pas à choisir celuy qui semble le plus grand, & de deux maux celuy qui nous paroist le moindre. Je dis expressément ce qui nous paroist ou plus grand ou plus petit, dautant que ce n'est pas une necessité que la chose soit telle que nous l'imaginons, & cette Loy est si profondément gravée dans la nature humaine qu'au consentement de tout

le

le monde elle doit estre mise au rang des veritez eternelles. * Mais il s'ensuit necessairement de là, que nul ne promet sans fraude de renoncer au droit qu'il a sur toutes choses, & que personne ne tiendra effectivement sa promesse s'il n'y est incité par la crainte d'un plus grand mal, ou par l'esperance d'un plus grand bien. Je m'explique plus clairement. Supposons qu'un voleur me fait promettre de remettre mon bien à sa discretion ; or puisque mon droit naturel n'est limité que par mes forces, ainsi que nous l'avons fait voir, il est constant que je puis mettre tout en usage, & promettre frauduleusement pour me delivrer de ses mains. Ou supposons que j'ay promis sans fraude à quelqu'un de ne boire ny manger quoy que ce soit par l'espace de vingt jours, & qu'ensuite m'appercevant que ma promesse est ridicule, & que je ne la puis tenir sans un notable prejudice, j'use de mon droit naturel, de deux maux je choisis le moindre, & me dédis de ma parole. Je dis que cela est permis de droit naturel, soit que la raison ou l'opinion me fasse voir la sotise de ma promesse : car de quelque façon que je

m'en

m'en apperçoive, si j'en augure quelque grand mal, la Nature veut que je l'evite si je puis. D'où nous devons conclure que nulle obligation n'est valide qu'autant qu'elle est utile, & que sans cette circonstance, tout contract est de nul effet. Par consequent que l'on ne doit exiger de personne une foy inviolable, à moins que l'on n'ait fait en sorte que l'infracteur encoure plus de dommage que de profit par la rupture du contract : circonstance tres remarquable, & à quoy l'on doit prendre garde, sur tout où il s'agit de fonder une Republique. Il est vray que si tout le monde n'avoit que la raison pour guide, & qu'il pût connoistre de qu'elle consequence il est que chacun contribuë au salut de la Republique, les fourbes seroient en horreur ; & chacun à l'envy en vüe d'un si grand bien, garderoit sa foy inviolablement, & feroit ceder ses propres interests à ceux de la Communauté ; mais nous sommes bien esloignez d'avoir de si bons sentiments, la raison est comme abysmée, & bien loin de suivre ses lumieres, chacun court à ses voluptez ; l'avarice, l'envie, la gloire, &c. sont les delices de l'esprit,

& il

& il en est si prevenu que la raison luy est à charge : C'est pourquoy on a beau promettre & donner des preuves sensibles de sincerité, & de bonne foy, nul ne peut neantmoins s'y fier si la promesse n'est suivie de quelque chose de plus solide ; vû qu'il est du droit naturel d'user de fraude, & de ne tenir sa promesse que sur l'esperance d'un plus grand bien, ou pour la crainte d'un plus grand mal. Mais puisque le droit naturel est determiné par la puissance d'un chacun, il s'ensuit qu'autant qu'on transporte par force, ou volontairement, de cette puissance à un autre, autant cede-t-on de son droit, & que celuy-là a un droit souverain sur tous les autres duquel la puissance est si souveraine qu'il peut contraindre & retenir par la crainte du dernier supplice : droit dont il jouira seulement tandis qu'il aura le pouvoir d'executer ses volontez, car si la force qui est le nerf de son autorité luy manque, son trosne est fort mal affermi, & nul plus fort que luy n'est tenu de luy obeïr.

Voyla donc la façon d'establir une societé, & de faire tenir inviolablement ce que l'on a promis, sans blesser

ser le droit naturel; à sçavoir si chacun se démet de tout ce qui est en sa puissance en faveur de la communauté, le droit de laquelle par ce transport n'aura ny bornes, ny limites, tellement qu'elle regnera, & que chaque particulier sera obligé de gré, ou de force d'obeïr à ses ordonnances. Gouvernement qui s'appelle Democratique, & que l'on définit pour ce sujet, une assemblée de gens qui regnent en commun, & qui ont un droit souverain sur tout ce qui tombe en leur puissance. D'où il s'ensuit que le souverain est au dessus des loix, & que ses sujets sont obligez de luy obeïr en toutes choses : car c'est de quoy ils ont dû demeurer d'accord tacitement, ou expressément lorsqu'ils luy ont transferé toute la puissance qu'ils avoient de se deffendre, c'est à dire tout leur droit. Vû que s'ils pretendoient se reserver quelque sorte de droit, ils devoient tellement se precautionner tous ensemble qu'ils le pussent defendre en toutes rencontres ; mais ne l'ayant pas fait, comme effectivement ils ne le pouvoient sans diviser l'Estat, & par consequent sans le perdre, dés là, ils se sont soumis sans reserve à l'arl'arbitre du souverain : Et ainsi liez tant par la necessité que par la raison, il faut, à moins que de se declarer ennemis de l'Estat, & d'agir contre la raison qui veut que les particuliers se sacrifient pour le défendre, il faut dis-je obeïr aux volontez du souverain quelque absurdité qu'il commande ; car c'est à quoy la raison mesme nous oblige pour eviter de deux maux le plus dangereux. Joint que chacun ainsi plongé dans l'obeïssance courroit risque à toute heure de tomber au mesme peril & de se voir soumis à la puissance de quelqu'autre ; les souverains n'ayant ce droit de commander tout ce qu'ils veulent que tandis qu'ils sont assez forts pour maintenir leur autorité : car s'ils la perdent, ils perdent en mesme temps le droit de se faire obeïr, dont celuy qui se l'est acquis entre aussi-tost en possession. C'est pourquoy l'on voit rarement que les ordres des souverains soient fort absurdes, car il est de leur interest de prendre garde à n'irriter pas les esprits, & de mesnager le bien public par des voyes raisonnables : la domination tyrannique au témoignage de Seneque ne pouvant long temps subsister.

Ajou-

Ajoutez à cela que les abſurditez ſont moins à craindre dans la Democratie qu'en tout autre gouvernement. Eſtant preſque impoſſible que la pluſpart d'une aſſemblée, ſi elle eſt grande, donnent leur voix tout d'un accord à ce qui eſt abſurde. Outre cet avantage l'Eſtat Democratique eſt encore preferable aux autres pour ſon fondement, & ſa fin, qui eſt de reprimer les dereglements de l'appetit, & de tenir les hommes dans les bornes de la raiſon autant qu'il eſt poſſible, afin qu'ils vivent enſemble dans une concorde mutuelle; que ſi ce fondement eſt oſté, tout l'edifice doit tomber. Il n'appartient donc qu'aux ſouverains de mettre ordre à cela, comme c'eſt le devoir des ſujets d'executer leurs commandements, ſans que ceux-cy puiſſent reconnoiſtre d'autre droit, que ce qui leur eſt declaré tel par les puiſſances ſouveraines. Mais on m'objectera peut-eſtre, que d'en uſer ainſi, c'eſt rendre les ſujets eſclaves, par ce qu'on s'imagine que c'eſt eſtre Eſclave que d'obeïr, & que pour eſtre libre, il faut vivre à ſa fantaiſie, ce qui n'eſt pas abſolument vray, vû que c'eſt eſtre effectivement

Eſclave

Esclave que de l'estre de ses passions, & de s'y abandonner de telle sorte qu'on se rende incapable de voir, & d'acquerir ce qui nous est utile; au lieu que la liberté dépend de l'integrité, & du seul usage de la raison. J'avouë que ce qui se fait par un ordre superieur, c'est à dire par obeïssance, oste en quelque façon la liberté, mais il ne s'ensuit pas qu'il rende esclave quiconque obeït, vû que l'esclavage dépend de la maniere d'obeïr. Car si c'est l'interest du maistre, & non pas du sujet qui soit le but, & la fin de l'action, il est vray que l'agent est serf, & inutile à soy mesme : mais dans l'Estat où le salut du peuple, & non de celuy qui commande est ce à quoy l'on a esgard, celuy qui obeit sans reserve à son souverain, n'est point reputé serviteur inutile à soy mesme, mais simplement sujet ; ainsi, plus les loix d'un Estat sont fondées sur la rectitude, plus cet Estat est libre, chacun y pouvant estre libre, ce qui s'entend en suivant les loix de la raison, & de l'equité. Comme nous voyons que les enfans qui sont obligez d'obeïr en toute rencontre à leur pere, & à leur mere ne sont pas tenus pour esclaves, à cause que le bien & l'utilité de ceux-là, est le but & la fin des commandements de ceux-cy. Il y a donc bien de la différence entre un serviteur, un enfant, & un sujet; vû qu'un serviteur n'execute que des commandements qui ont pour but l'interest de son maistre & non pas le sien; qu'un enfant agit pour luy mesme en obeïssant à son pere: & qu'un sujet qui obeït à son souverain, le fait pour le bien du public, & par consequent pour soy mesme. Voilà ce me semble assez clairement en quoy consistent les fondements de la Democratie, dont j'ay voulu parler preferablement à toute autre domination par ce qu'elle approche davantage de la liberté qui est naturelle à tous les hommes. Car dans cet Estat nul ne renonce tellement à son droit naturel pour le transporter à un autre qu'il ne puisse plus deliberer, mais s'il s'en démet, c'est en faveur de la plus grand' part d'une communauté dont il fait partie. Et par ce moyen tous demeurent esgaux comme dans l'Estat naturel. D'ailleurs je n'ay parlé exprés que de cette sorte de gouvernement sans toucher aux autres, que par ce qu'il importe le plus

plus au dessein que j'ay de traiter des avantages de la liberté dans une Republique libre. Je ne diray donc rien des fondements des autres dominations, aussi bien il est inutile que nous sçachions quel est leur droit, ny que nous en marquions l'origine, qu'il n'est pas mal aisé d'inferer de ce que nous venons de dire. Car de quelque façon que l'on soit gouverné, soit par l'autorité d'un seul, de quelques uns, ou de la pluspart des membres d'une communauté, cela se fait de droit, & personne n'y peut contredire : & quiconque a cedé volontairement ou par contrainte le droit de se defendre, a renoncé en mesme temps à son droit naturel, & s'est obligé par consequent de ne point resister aux ordres de son souverain, & de luy obeïr tout le temps que le Roy, les nobles, ou le peuple se conserveront la puissance qui a servi de fondement au transport du droit d'un chacun ; mais sans nous arrester plus long temps sur cette matiere il suffit d'en avoir donné une idée generale.

Apres avoir montré quels sont les fondements & le droit d'un Estat, voyons maintenant ce que c'est que

S 4   droit

droit civil & particulier, ce que c'est qu'injure, ce que c'est qu'on appelle justice, & injustice : ensuite ce que c'est qu'allié, & qu'estre ennemi & criminel de leze Majesté. Par le droit civil & particulier on ne peut entendre que la liberté que le souverain donne par ses Edits de se conserver chacun en son Estat, lesquels Edits sont les arbitres de la liberté de ses sujets, ainsi que son autorité en est la défense. Car apres nous estre défaits de notre liberté & du pouvoir de nous défendre, nous dependons de la volonté, & de la protection de celuy qui en est devenu le maistre. L'injure est une offense qu'un citoyen ou un sujet fait à un autre contre l'edict du souverain, ce qui ne se peut concevoir que dans un Estat civil & politique : mais il faut prendre garde que les souverains à qui tout est permis de droit n'en sçauroient faire à leurs sujets, & par consequent qu'elle n'a lieu que parmi ceux-cy qui doivent vivre ensemble sans s'offenser les uns les autres. La justice consiste à rendre à un chacun ce qui luy appartient de droit civil ; & l'injustice à oster à quelqu'un sous pretexte de droit ce que les loix luy donnent

nent dans leur sens le plus naturel : on les appelle aussi équité & iniquité, dautant que les juges des parties doivent estre equitables en leurs jugements & faire droit à tout le monde sans distinction du pauvre ny du riche. Les confederez sont des personnes de deux Estats differents, qui de peur d'en venir aux mains, & de s'offenser les uns les autres, ou pour quelqu'autre utilité se promettent mutuellement de ne se point lezer, & mesmes de s'aider dans leurs besoins, sauf les interests & les droits particuliers de chacun de ces Estats. Alliance qui subsistera tandis que ce qui en est le fondement, à sçavoir la crainte des armes, & la consideration de l'interest, aura lieu. Vû que nul ne contracte & ne fait alliance, & n'est mesmes obligé à sa parole qu'autant qu'il espere, ou qu'il craint : que si vous ostez ce fondement, vous ruïnez l'alliance, ostez l'un, vous détruisés l'autre; & rien n'est de plus ordinaire : Deux Estats ont beau estre unis, ils font tant par leurs menées sourdes qu'ils s'empeschent l'un l'autre d'accroistre leurs limites, & sans ajoûter foy à ce qui se dit de part & d'autre, s'ils ne

voyent

voyent clair dans leurs interests, ils apprehendent, & avec raison; car comment se fier aux paroles & aux promesses d'un souverain à qui tout est permis, & qui ne connoist point d'autre loy que le salut & l'interest de son Empire: Outre ces esgards temporels, la religion est encore un motif qui les empesche de tenir leur promesse, & ils ne le peuvent sans crime au dommage de leur Estat, & quoy qu'ils ayent promis, s'il y va de son interest, ils ne peuvent tenir leur promesse sans manquer de foy à leurs sujets, à quoy neantmoins ils sont religieusement obligez, & ce qu'ils promettent d'ordinaire de garder inviolablement. Enfin on appelle Ennemi quiconque n'est ny confederé ny sujet de l'estat que nous habitons; car ce n'est pas la hayne qui fait un ennemi d'Estat, c'est le droit, lequel est le mesme à l'esgard de celuy qui n'est ny sujet, ny allié, que de celuy qui a causé quelque dommage, & comme tel il peut estre contraint de droit par toutes sortes de moyens ou à se soûmettre, ou à faire alliance. Le crime de Leze Majesté n'a lieu qu'à l'esgard des sujets, & des citoyens, qui par voye tacite ou expresse

presse ont revestu la communauté de leur droit, crime dont est coupable le sujet qui tasche par quelque motif que ce soit d'oster au souverain le droit de puissance absoluë pour se l'approprier, ou pour le donner à un autre. Je dis qui tasche, car si l'on attendoit à punir apres le forfait, on puniroit souvent trop tard, ou l'on l'entreprendroit en vain apres la perte ou le transport de l'autorité souveraine. Je dis de plus par quelque motif que ce soit, parce qu'il est esgal que son entreprise succede au prejudice de l'Estat, ou à son avantage. Car de quelque façon qu'il l'ait entrepris, il a lezé la Majesté, & par consequent il est coupable; ce qui s'observe exactement par tout, & sans remission dans la guerre; où si quelqu'un quitte son poste à l'insçeu de son General pour aller trouver l'ennemi, quoy qu'il ait bon dessein s'il l'attaque sans ordre, il merite la mort pour avoir violé son serment. Or que les sujets soient tous obligez & en tout temps à la rigueur de ce droit, c'est de quoy tout le monde n'est pas esgalement d'accord, & neantmoins c'est toûjours la mesme raison. Car puisque l'Estat doit sa conservation, &

dire-

direction, à la conduite du souverain, & que tous les sujets sont demeurez d'accord que ce droit luy estoit dû, nul ne peut de soy mesme, & à l'insçeu du grand Conseil rien entreprendre qui touche l'Estat quoyque l'avantage de son entreprise soit visible (ainsi que nous venons de dire,) qu'il ne viole le droit souverain, & ne leze la Majesté & par consequent qu'il ne merite d'estre puni.

Il reste maintenant à voir, pour ne laisser aucun scrupule, si ce que nous avons dit cy-dessus, à sçavoir que ceux qui n'ont point l'usage de raison dans l'Estat naturel, ont droit de vivre selon les loix de l'appetit, ne repugne point visiblement au droit divin & revelé? car tous les hommes sans exception (soit qu'ils ayent l'usage de raison, ou qu'ils ne l'ayent pas) estant esgalement obligez par ordonnance divine d'aimer leur prochain comme eux mesmes, il s'ensuit qu'ils ne peuvent l'offenser sans crime, & qu'il ne leur est pas permis d'obeir à leur appetit. Mais pour répondre à cette objection il ne faut que considerer que l'estat naturel precede la religion de priorité de nature & de temps.

Car

* Car la nature n'apprend à personne que l'on soit tenu d'obeïr à Dieu; la raison mesme n'en sçait rien, & pour le sçavoir, il faut une revelation suivie de quelques signes. Sans cela il est impossible de connoistre le droit divin, par consequent nul n'y est obligé. C'est pourquoy ne confondons point ces deux estats de Nature, & de religion, mais concevons toûjours celuy-là sans loy & sans religion, (comme nous avons desja fait, & confirmé par l'autorité de Saint Paul,) donc sans peché & sans injure. D'ailleurs nôtre ignorance n'est pas la seule qui nous fait concevoir que l'Etat naturel precéde la revelation: la liberté où nous naissons tous, nous fait comprendre l'un sans l'autre. Car s'il estoit vray que le droit divin fût d'obligation naturelle, l'alliance de Dieu avec les hommes estoit une chose superfluë, & il n'estoit pas necessaire qu'il les liât par promesse ny par serment. Il faut donc que le droit divin ne soit pas plus ancien que l'alliance, & qu'il ne commança que quand les hommes jurerent d'obeïr à Dieu, car alors renonçant à leur liberté naturelle, ils transportéportérent leur droit à Dieu comme nous avons dit qu'il se pratique dans un Estat civil, & politique. Mais c'est de quoy nous traiterons à fond dans la suite. Cependant nous avons encore une difficulté à resoudre, car l'obligation de ce droit divin estant generale, les souverains y sont compris, & neantmoins nous avons dit qu'ils retiennent le droit naturel, & que tout ce qu'ils veulent & peuvent, leur est permis de droit. Pour la solution de ce doute qui touche moins l'Estat que le droit naturel, je réponds que tous les hommes dans l'estat naturel sont autant obligez au droit revelé, qu'ils sont tenus de vivre selon l'instinct de la raison, à sçavoir d'autant que cela leur est plus avantageux, & qu'il est necessaire au salut; que s'il s'en trouve qui n'en veuillent rien faire, il leur est permis à leur dam. Et en ce cas là ils peuvent vivre à leur volonté sans reconnoistre aucun mortel pour juge, ny personne dont il dependent par droit de religion. Tel est le droit du souverain, qui peut bien demander conseil, mais il n'est obligé de se soûmettre au jugement ny à la censure d'aucun homme,

hors

horsmis d'un Prophete lequel soit envoyé de Dieu, encore faut-il qu'il séelle sa mission par des signes indubitables, & avec tout cela ce n'est pas l'homme, mais Dieu mesme qu'il reconnoist pour juge. Que si le souverain refuse mesme d'obeïr à la revelation divine, il le peut faire à son dommage, sauf l'interest du droit civil ou naturel: car comme le droit civil ne dépend que de sa volonté, le naturel depend des loix de la Nature, lesquelles bien loin d'estre bornées à la religion qui n'a pour but que l'utilité du genre humain, suivent l'ordre de l'Univers, c'est à dire qu'elles dépendent du decret eternel de Dieu qui nous est inconnu. Ce qu'il semble que quelques uns n'ont pas bien entendu, lorsqu'ils soustiennent qu'à la verité l'homme peut bien pecher contre la volonté de Dieu laquelle nous est revelée, mais non pas contre son decret eternel, par lequel il a predeterminé toutes choses. Si l'on demande maintenant ce qu'il y a a faire, en cas que le souverain commande quelque chose contre la religion & l'obeïssance que nous avons promise expressément à Dieu? & à quel ordre il faut obeïr, de

Dieu,

Dieu, ou de l'homme? En attendant que nous en traitions plus au long dans la suite, je diray brévement icy que nous devons obeïr à Dieu preferablement à tout autre, où il s'agit d'une revelation certaine & indubitable: mais comme il n'est rien de si ordinaire que d'errer en matiere de religion, & que l'experience ne fait que trop voir que chacun se mêle d'en decider, il est certain que si nul n'estoit obligé d'obeïr au souverain en ce qu'il croit appartenir à la religion, le droit public dependroit de la fantaisie & du jugement d'un chacun. Car nul ne seroit obligé d'executer ce qu'il croiroit estre ordonné contre sa foy & sa superstition & sous ce pretexte chacun prendroit telle licence qu'il voudroit: Et comme ce dereglement seroit ruineux à l'Estat, il s'ensuit qu'il n'y a que le souverain auquel seul appartienne tant de droit divin que naturel de le conserver & proteger, qu'il est le seul qui puisse resoudre des points de religion comme il jugera expedient, & que tous ses sujets sont obligez par la prétation du serment qui selon Dieu est inviolable d'executer aveuglément tout ce qu'il en ordonnera. Que si les sou-

souverains sont payens, ou il ne faut contracter avec eux en aucune maniere, & plûtost que d'en venir là, s'exposer à souffrir les dernieres extrémitez, ou s'il arrive que l'on ait contracté, & qu'on les ait fait maistres de son droit, dés-là n'ayant plus celuy de defendre ny soy mesme, ny la religion, il faut leur obeïr indispensablement, & leur garder une foy inviolable, horsmis dans les rencontres où Dieu promet par des revelations positives & asseurées du secours contre le Tyran. Ainsi voyons nous que de tant de Juifs qui avoient esté menez en Babylone, il n'y eut que trois jeunes hommes, dont la foy estoit à l'espreuve de toute sorte de violence, qui refuserent d'obeïr au Roy: tous les autres, excepté Daniel que Nabucodonosor mesme avoit adoré, ayant esté contraints legitimement de ceder à l'edit, dans l'opinion peut-estre qu'ils estoient asservis à ce Prince par ordre divin, que c'estoit Dieu qui l'avoit fait Roy, & qui avoit soûmis toutes choses à sa direction. Eleazar au contraire voyant encore quelque ressource dans la chûte de son Païs demeure ferme & intrepide au milieu des calamitez,

mitez, incitant sa nation par un exemple memorable de resolution & de constance, à s'exposer à tout peril avant que de subir le joug des Grecs, & de prester serment à des infidelles; ce qui se pratique encore tous les jours, les souverains d'entre les Chrestiens faisant alliance sans scrupule avec les Turcs & les Payens, & commandant à leurs sujets qui vont habiter ces contrées de se comporter tant au spirituel qu'au temporel suivant les conditions de l'alliance qu'ils ont faite avec eux, & les coûtumes de ce païs-là. Ainsi qu'il paroist par le traitté des Hollandois avec les Japonois dont nous avons parlé cy-dessus.

Chapitre XVII.

Que nul ne peut faire un transport absolu de tous ses droits au souverain, & qu'il n'est pas expedient: De la Republique des Hebreux, ce qu'elle estoit du vivant de Moyse, & ce qu'elle fut apres sa mort avant la domination des Roys, & de son excellence: Des causes de la chûte de cette divine Republique & qu'il estoit presqu'impossible qu'elle subsistât sans seditions.

ENcore que la contemplation du precedent Chapitre touchant le droit illimité des souverains, & le droit naturel dont les particuliers leur font transport soit aisée à mettre en pratique, & que l'on puisse faire en sorte qu'elle y vienne de plus en plus, jamais pourtant on n'y reüssira si bien que tout ce que l'on en peut dire ne demeure pour la pluspart dans la pure theorie. Nul ne pouvant tellement transporter tout ce qui depend de luy, ny par consequent son droit à un autre, qu'il cesse d'estre homme, & jamais souverain n'aura l'avantage de se faire obeïr en toute rencontre de la façon qu'il le souhaitteroit. Car il commanderoit vainement à ses sujets de haïr ceux qui leur font du bien, d'aimer ceux qui leur font du mal, d'estre insensibles aux injures, intrepides dans les perils, & bien d'autres choses semblables qui sont des suites necessaires de la nature humaine ; ce que l'experience confirme ; car jamais les hommes n'ont tellement renoncé à leur droit pour le transporter à un autre qu'ils n'ayent esté redoutez de celuy auquel ils l'ont transferé, & que l'Estat n'ait esté en plus grand danger du costé des sujets que de la part des ennemis ; En effet s'il estoit possible que les sujets pussent estre privez de leur droit naturel jusqu'à devenir incapables de rien pouvoir que du consentement du souverain, ce seroit frayer le chemin à la tyrannie, & donner les mains à sa propre perte, chose incroyable, & impossible. Il faut donc avoüer que tout sujet demeure dans son droit à l'esgard de beaucoup de choses, & desquelles par consequent

quent il est maistre absolu. Or pour sçavoir en quoy consiste le droit & la puissance d'un empire, on observera que ce n'est pas precisément à reprimer les hommes par la crainte, mais absolument à s'en faire obeïr par toutes sortes de moyens, vû que ce n'est pas la maniere d'obeïr, mais l'obeïssance en general qui fait le sujet; car de quelque façon que l'homme delibere d'obeïr à son souverain soit par la crainte, ou par l'esperance, soit par l'amour de la patrie, ou par quelque motif semblable, c'est deliberer de soy mesme & de son propre mouvement, & neantmoins c'est obeïr. Ce n'est donc pas une consequence que ce que l'homme fait de soy mesme ne se puisse faire en mesme temps par l'ordre du souverain; car puisque c'est tousjours agir de son propre mouvement que de le faire par un motif d'amour, ou de crainte pour eviter un mal; ou l'autorité seroit nulle, & nul le droit que les souverains ont sur leurs sujets, ou il faut necessairement que ce droit s'estende à tout ce qui peut contribuer à inciter les hommes à se resoudre d'y renoncer, & par consequent tout ce que fait le sujet soit par la crainte ou par

par l'esperance, soit (ce qui est le plus frequent) & par l'un & par l'autre ensemble ; soit par respect & reverence, qui est un effet de l'admiration & de la crainte, quelque raison enfin qu'ait le sujet, il n'agit point de son autorité, mais de celle de son souverain. La raison de cela est que l'obeïssance consiste moins aux actions exterieures qu'aux operations de l'esprit ; de sorte que c'est estre extrémement soumis à un autre que de l'estre d'inclination, & par consequent plus on regne sur les cœurs, & sur les esprits, plus on est souverain ; que si ceux que l'on craint le plus avoient le plus d'authorité, les sujets des tyrans auroient sans doute cet avantage parce qu'ils en sont fort redoutez. D'ailleurs quoy qu'il ne soit pas si facile de commander aux esprits qu'aux langues, neantmoins les esprits sont en quelque façon sous l'empire du souverain, qui a mille moyens d'obliger la plus grand' part du monde à aimer, à haïr, & à croire tout ce qu'il veut &c. C'est pourquoy bien que tout cela ne se fasse pas directement par ordre du souverain, il se fait neantmoins par l'authorité de sa puissance & de sa direction, c'est à dire

dire de son droit : ainsi il est indubitable que la pluspart du monde aime, hait, mesprise, & se passionne aveuglement par maxime d'Estat, & par un excés de complaisance aux inclinations du Souverain.

Mais quelque vaste estenduë que nous donnions par ce moyen au droit de la puissance souveraine, jamais pourtant il n'y en aura qui puisse faire executer toutes ses volontez. Or de montrer icy ce qu'il faudroit pour former un empire qui nonobstant cela pût toûjours estre en seureté, j'ay desja dit que ce n'estoit pas mon dessein, cependant pour venir au but que je me propose en ce Chapitre, je feray voir ce que Moyse apprit autrefois par revelation à cette fin. Apres, nous peserons les histoires & les divers succez des Hebreux, d'où nous conclurons ce qu'il faut que les souverains accordent à leur sujets tant pour la seureté que pour les progrés de l'Empire.

Que le Salut des Estats, & Empires dépende sur tout de la foy des sujets, de leur probité, & constance à obeïr à ce qu'on leur commande; la raison le fait voir, & l'experience le confirme: mais

mais quels sont les moyens qu'ils doivent prendre pour garder constamment leur foy, & demeurer dans leur devoir, c'est ce qui n'est pas si visible. Car les uns & les autres, les maistres & les sujets sont hommes, tous enclins à la convoitise. Jusques là que la multitude est d'une nature si bizarre qu'il en faut presque desesperer, & cela, faute de n'escouter point la raison, de ne suivre que les passions, & pour estre inconsiderée, & tres facile à se laisser corrompre par le luxe, & par l'avarice. Chacun est si plein de soy mesme qu'il s'imagine tout sçavoir, & prevenu de cette sote vanité, il veut regler toutes choses à sa fantaisie, rien ne luy semble juste ou injuste, licite ou illicite qu'autant qu'il tourne à son profit, ou à son prejudice, son orgueil luy fait mespriser la domination de ses esgaux, l'envie le rend jaloux de leur prosperité, & comme il souffre inpatiemment de se voir au dessous, il fait des vœux pour leur ruine, & se réiouït de leurs pertes. Mais il seroit trop long de nombrer icy les defauts d'une populace effrenée, on sçait de quoy elle est capable, le present la dégoute, la
nou-

nouveauté la charme, & en tout temps tyrannisée de ses passions elle n'aime que le desordre. Il est donc difficile de surmonter tous ces obstacles, & de pourvoir si bien à la seureté d'un Estat qu'il ne s'y trouve point de fraude, l'homme estant d'un temperament à aimer plus son interest que celuy du public. J'avoüe que la necessité a fait avoir recours à une infinité de precautions, pour remedier à ce desordre, cependant jamais on n'a pû trouver les moyens d'affermir tellement un Empire, qu'il n'ait esté plus ébranlé par les guerres civiles que par les armes estrangeres, & que les souverains n'ayent plus apprehendé leurs sujets que les ennemis mesmes. Témoin l'ancienne Rome, qui pour estre invincible, & redoutable à tout le reste de la terre, ne laissa pas de se voir souvent accablée de ses propres ruines, particulierement dans les guerres civiles qui durèrent depuis Neron jusques à Vespasien, temps fatal à la Republique & qui la défigure en sorte qu'on a bien de la peine à connoistre Rome dans Rome. Alexandre s'imaginoit que les peuples qu'il avoit vaincus rendoient son nom plus celebre

T que

que ses citoyens, par ce qu'il croyoit que ceux-cy faisoient ombre à sa gloire, & s'opposoient à ses triomphes. *Defendez moy dit-il,* parlant à ses amis, *des menées sourdes, & des trahisons domestiques, car pour les hazards de la guerre je m'y exposeray sans crainte. Vous sçavez que Philippe a trouvé plus de seureté dans les combats que sur le theatre, & qu'apres s'estre garanti des armes de ses ennemis, il n'a pû se défendre des embusches des siens. Tous les autres Rois ont le mesme sort, comptez les bien, & vous trouverez que ces attentats en ont plus emporté, que la guerre n'en a détruits.* C'est pour cela que les Rois autrefois ne s'estoient pas plutost emparez d'un Estat, qu'ils taschoient pour leur seureté de persuader aux peuples que leur naissance estoit divine; dans la pensée que leurs sujets souffriroient leur domination avec moins de difficulté s'ils les consideroient non comme leurs esgaux, mais comme des Dieux. Suivant cette maxime: Auguste fit accroire qu'il estoit descendu d'Ænée fils de la Déesse Venus, il fit adorer ses statuës & bastir des temples en son nom, où des Prestres, & des Augures luy ren-

rendoient des honneurs divins. Alexandre vouloit moins par orgueil que par prudence qu'on le crût fils de Jupiter. *Hermolaüs, dit-il, n'est il pas ridicule de croire que je dois m'opposer à l'oracle qui m'appelle fils de Jupiter, comme si les réponses des Dieux estoient en ma puissance, & qu'il s'en fallût prendre à moy? il m'a honnoré de ce nom, j'ay crû qu'en l'acceptant mes affaires en iroient mieux, & je souhaiterois que les Indiens me crûssent un Dieu; car à la guerre la reputation fait tout, & souvent le mensonge autorisé n'a pas moins de force que la verité.* C'est ainsi qu'il abuse de la simplicité de ceux qui ne lisoient pas dans son cœur, & qu'il feint un pretexte pour desguiser son ambition. Cleon prend le mesme détour dans le discours qu'il adresse aux Macedoniens pour les induire à flater Alexandre; car apres s'estre mis sur ses loüanges, & avoir admiré ses perfections divines, il fait un long dénombrement des obligations qu'ils luy avoient, se servant d'une feinte adroite pour venir à son but, qui estoit de le reconnoistre pour un Dieu, à l'imitation des Perses qui faisoient une action non moins de prudence que de pieté en adorant leurs Rois comme des Dieux; par ce que de la Majesté du prince depend le salut de sa personne & celuy de son empire. Puis il conclut *que si le Roy revenoit au festin, il estoit resolu de l'adorer, & qu'il falloit que tous en fissent de mesmes, & principalement ceux qui faisoient profession de sagesse.* Mais les Macedoniens estoient trop avisez pour se laisser ainsi seduire, n'y ayant que des barbares, ou des stupides qui souffrent que l'on change leur simple servitude en un esclavage honteux. D'autres ont fait croire que les Rois sont les images visibles de Dieu, que leur Majesté est sacrée, & que ce n'est point par le choix des hommes, mais par la providence divine qu'ils regnent sur les peuples, & que leur vie est conservée : Les Monarques ont inventé beaucoup d'autres moyens de pourvoir à leur seureté dont je ne parle point icy pour venir à mon but, qui est de considerer comme j'ay dit ce que Moyse apprit touchant cela par des revelations divines.

Nous avons dit au Chapitre 5. que les Hebreux estant sortis d'Egypte n'estoient plus tenus à ses loix, mais qu'ils pouvoient s'en faire de nouvelles,

les, & s'eſtablir où ils voudroient. Car apres s'eſtre delivrez de l'oppreſſion des Egyptiens, & qu'ils en eurent ſecoüé le joug, leur liberté les fit rentrer dans leur droit naturel, de ſorte qu'ils pouvoient ou en uſer, ou le tranſporter à quelqu'un. Dans cet eſtat, Moyſe auquel ils ſe fioient, leur conſeilla de ne point tranſporter à un mortel cet ancien droit où ils ſe voyoient reſtablis, & que s'ils l'en croyoient ils n'en feroient tranſport qu'à Dieu. D'abord ſon conſeil fut ſuivi, & tous promirent unanimement d'executer ce que Dieu leur commanderoit, ſans reconnoiſtre d'autre droit que celuy qu'il leur marqueroit par ſes revelations. Ce contract entre Dieu & eux fut paſſé dans les formes que gardent ceux qui deliberent de ſe demettre de leur droit naturel. Car ils s'obligerent par ſerment ſans y eſtre contraints par violence, *Exod. Ch. 14. v. 7.* ny par menaces d'y renoncer, & de le transferer à Dieu, & pour rendre ce contract plus ferme, & moins ſuſpect de fraude, Dieu ne le ſigna point qu'apres leur avoir fait paroiſtre les merveilles de ſa puiſſance à laquelle ſeule ils devoient leur ſalut, & leur liberté,

T 3

berté, & de laquelle aussi dependoit desormais leur salut, n'ayant plus aucun droit de se défendre eux mesmes comme ils avoient auparavant. Par ce moyen Dieu devint le Roy des Hebreux, & en vertu de cette alliance il n'y avoit que leur empire qui eût le privilege de s'appeller le Royaume de Dieu. Ainsi leurs ennemis estoient les ennemis de Dieu, nul d'entr'eux ne pouvoit prétendre à l'empire sans se rendre coupable de leze Majesté divine, & l'on n'y voyoit point de loix qui ne fussent des loix, & des commandements divins. Ainsi le droit civil, & la religion qui est comme nous avons dit l'obeïssance que nous rendons à Dieu n'y estoient qu'une mesme chose; car les dogmes de la religion n'y estoient pas de simples dogmes, mais des commandements & des ordonnances divines, la pieté, & les bonnes œuvres y passoient pour justice, & l'impieté pour injustice & pour un crime. Il ne falloit que quitter la religion pour cesser d'estre citoyen, & pour devenir ennemi. Donner sa vie pour la religion c'estoit mourir pour la patrie, & les droits de l'un & de l'autre estoient tellement confondus

dus qu'ils n'eſtoient qu'une meſme choſe, ſi bien que l'on peut dire que cet Eſtat eſtoit une Theocratie puiſque le peuple n'eſtoit tenu de droit qu'à ce que Dieu luy reveloit. Cependant ces grands noms de peuple, & de Royaume de Dieu n'eſtoient qu'imaginaires, car en effet les Hebreux en eſtoient les Maiſtres quant à la forme & aux moyens dont il eſtoit adminiſtré. Et c'eſt ce que nous allons voir.

Les Hebreux ne s'eſtant démis de leur droit naturel entre les mains de perſonne en particulier, mais chacun d'eux & tous enſemble y ayant renoncé à la façon de ceux qui regnent en commun dans un Eſtat democratique, jurant qu'ils executeroient tout ce que Dieu leur ordonneroit par luy meſme & ſans mediateur, il s'enſuit que par cette alliance ils demeurérent tous eſgaux, & que les uns avoient autant de droit que les autres de s'adreſſer à Dieu pour le conſulter, d'en reçevoir des loix, de les interpreter, en un mot de pretendre au gouvernement de l'Eſtat. Donc fondez ſur ce droit, tous les Hebreux s'aſſemblent & vont à Dieu pour la premiere fois, afin de

T 4 rece-

recevoir ses ordres, mais aussi-tôt qu'il commence à parler, ils sont si effrayez, & Dieu se fait entendre avec un si grand bruit qu'ils se croyent proches de la mort. Dans cette apprehension ils retournent à Moyse auquel ils representent *qu'ils avoient ouï la voix de Dieu du milieu d'un grand feu qui les consumeroit sans doute s'ils estoient obligez de l'entendre une seconde fois. Il faut donc disent-ils qu'il n'y ait que toy qui en approche, va, escoute sa voix & nous obeïrons à ses ordres par ton entremise.* Dés-là le premier contract fut rompu, car les Hebreux se démirent absolument en faveur de Moyse du droit qu'ils avoient d'aller tous en commun à Dieu pour le consulter, & d'interpreter ses ordonnances, en s'obligeant d'obeïr, non pas à ce que Dieu leur reveleroit immediatement, mais par le moyen de Moyse. Ainsi Moyse demeura seul dépositaire, & le seul interprete des loix divines, par consequent juge souverain qui ne pouvoit estre jugé de personne, & le seul Lieutenant que Dieu eût parmi les Hébreux, c'est à dire le seul souverain, puisqu'il estoit le seul qui eût droit de consulter Dieu, de rendre ses réponses

Deut. Ch. 5. v. 22. & suivants.

ses aux peuples, & de les faire executer. Je dis le seul, car si pendant que
Moyse vivoit encore, quelqu'un s'in-
geroit de prescher au nom de Dieu
* quoy qu'il fût vray Prophete, il *Voy les
estoit neantmoins declaré criminel & remar-
usurpateur de l'autorité souveraine. Aux
Mais il faut prendre garde qu'encore Nomb.
que le peuple eût élu Moyse, il n'a- 11.21.
voit pourtant point de droit de luy elire un successeur, vû que dés-là qu'il
luy eut transporté le droit qu'il avoit
de consulter Dieu, & promis de le reverer comme son Lieutenant, dés ce
moment-là dis-je le peuple se lia les
mains, & s'obligea de s'en rapporter
à luy touchant son successeur & de
prendre comme de la main de Dieu
quiconque il choisiroit. Que si celuy
dont il fit choix eût eu comme luy la
direction de tout l'Empire, c'est à dire qu'il eût eu droit d'estre seul en sa
tente quand il s'agissoit de consulter
Dieu, de faire des loix, & de les
abolir, de resoudre de la paix & de la
guerre, d'envoyer des Ambassadeurs,
d'establir des Juges, d'elire un successeur, en un mot d'estre souverain,
l'Estat eût esté Monarchique avec cette seule difference, que les Monar-
F 5 chies

chies ordinaires sont reglées à la verité par un decret divin, mais ignoré des souverains, au lieu que l'Estat des Hebreux estoit ou devoit estre gouverné par un decret eternel dont le Monarque seul avoit connoissance, & tant s'en faut que cette difference diminuë le droit & l'autorité du souverain, qu'elle l'augmente & le reléve de beaucoup. Mais quant au peuple tant de l'un que de l'autre empire, il est esgalement sujet & ignorant du decret eternel de Dieu : vû qu'il depend absolument du souverain suivant l'autorité duquel toutes choses sont declarées licites ou illicites. Mais Moyse ne laissa point de successeur si absolu, & ceux qu'il establit sur le peuple apres luy, le gouvernérent en sorte que l'Estat des Hebreux n'estoit ny Populaire, ny Aristocratique, ny Monarchique, mais purement Theocratique, car l'un avoit l'autorité d'interpreter les loix, & de les publier, tandis qu'un autre avoit celle d'administrer l'Estat suivant l'explication de ces mesmes loix. * Mais pour mieux entendre toutes ces choses examinons par ordre l'administration de tout l'Estat. Premierement le peuple eut ordre.

Voy les remarques sur le liv. des Nomb. ch. 27. v. 31.

ordre de bastir une maison qui fût comme le palais de Dieu, ou le lieu des assises de la supréme Majesté, ce qui se devoit executer non aux despens d'un seul, mais de tout le peuple en commun, afin qu'il n'y en eût pas un d'entr'eux qui n'eût droit à la Maison où Dieu devoit estre consulté; les Levites furent choisis pour ministres & courtisans de ce palais divin; Aaron frere de Moyse & comme le lieutenant de Dieu & du Roy fut estably leur Chef, les enfans duquel avoient droit de luy succeder. Et comme c'estoit luy qui approchoit la Majesté divine de plus prés, il n'appartenoit qu'à luy seul d'interpreter les loix, de rapporter au peuple les oracles de Dieu, & de faire les prieres publiques; de sorte qu'il ne luy restoit pour estre Monarque absolu que de faire observer les loix, mais c'est un droit qu'il n'avoit pas, ny generalement aucun de la tribu de Levi, laquelle estoit tellement privée des interests publics qu'elle n'avoit nulle part avec les autres tribus, ny aucun heritage dont elle pût subsister; mais Moyse ordonna que les autres en auroient soin, & qu'estant consacrée particu-

lierement à Dieu, le reste du peuple l'eût tousjours en veneration singuliere. Il fit des douze autres tribus un corps d'Armée qu'il commanda pour envahir le païs des Cananéens, & pour le diviser en suite en douze parts qui furent distribuées par sort à ces douze tribus; on choisit douze princes, un de chaque tribu conjointement avec Josué & le grand Pontife Eleazar pour faire cette division; il fit Josué general de l'armée, & lorsqu'il arrivoit quelque nouveauté dans l'Estat, il n'y avoit que luy qui pût demander conseil à Dieu, non pas seul en sa tente ou dans son tabernacle comme faisoit Moyse, mais par le souverain Pontife qui estoit le seul auquel Dieu communiquoit ses oracles & ses responses, c'estoit à luy à faire passer pour decrets divins les ordonnances du Pontife: de contraindre le peuple à les executer, & d'inventer & de prendre ce qu'il jugeoit de plus expedient pour cela. Les ordres de la guerre ne dépendoient que de luy seul, & selon les rencontres il faisoit des destachements comme il le jugeoit à propos, & quand il falloit envoyer des Ambassadeurs, cela se faisoit en
son

son nom. Quant à ce qui est d'estre son successeur, nul n'y pouvoit pretendre que par le choix que Dieu en faisoit immediatement par soy mesme, mais dans l'extrémité des affaires seulement, car ordinairement tant dans la paix que dans la guerre tout dependoit de l'administration des Princes des tribus, ainsi que nous l'allons bien-tost voir. Enfin depuis vingt ans jusqu'à soixante, il obligea tout le monde à porter les armes, mais avec cette restriction qu'il ne pouvoit lever des troupes que parmi son peuple, lesquelles prestoient le serment, non à leur General, ny au souverain Pontife, mais à Dieu seul. De sorte que chez les Hebreux les armées s'appelloient les armées de Dieu, & que Dieu reciproquement se nommoit le Dieu des armées : c'est pour cela que dans les grands combats du succez desquels dependoit ou la joye ou la desolation publique, l'arche de l'alliance marchoit au milieu de l'armée, afin que le peuple animé par sa presence ainsi que de son Roy fist les derniers efforts.

Il est donc aisé d'inferer du plan de cet Empire que Moyse ne voulut pas que

que ses successeurs fussent souverains, mais les ministres seulement : n'ayant donné à personne le privilege d'estre le seul qui pût consulter Dieu, ny de luy demander conseil où, & quand il voudroit, & par consequent il ne donna à personne l'autorité, & le droit qu'il avoit de faire des loys, & de les abolir, de resoudre de la paix, & de la guerre, ny de pourvoir le temple de ministres, & les provinces de gouverneurs, ce qui n'appartient qu'au souverain : il est vray que le grand Pontife pouvoit interpreter les loix, & rendre au peuple les responses que Dieu luy faisoit, non pas comme faisoit Moyse toutes les fois qu'il le desiroit, mais lors seulement que le General, ou tout le peuple ensemble l'en prioit ; au lieu que ceux-cy pouvoient consulter Dieu en tout temps, quoy qu'il n'y eût que le grand Pontife qui pût recevoir ses réponses, lesquelles passoient pour edicts aussi-tost que Josué, & les premiers du peuple les avoient approuvées. Ajoûtez à cela que si le Pontife recevoit les oracles de Dieu, il n'avoit ny armée, ny autorité dans l'Estat, & que ceux au contraire qui avoient du bien, ne pouvoient point faire

faire de loys. D'ailleurs il est vray que Moyse choisit Aaron pour souverain Pontife, & son fils Eleazar aprés luy, mais depuis sa mort personne n'avoit droit d'en élire, le Pontificat estant un droit de succession de pere en fils. Moyse elut aussi un General d'armée, qui fut revestu de sa charge non par Moyse entant que souverain Pontife, mais en vertu du pouvoir que le peuple luy en avoit donné, lorsqu'il se démit de tous ses droits, si bien qu'aprés la mort de Josué, ny le Pontife n'elut personne en sa place, ny les Princes ne consulterent plus Dieu sur l'election d'un nouveau General, mais depuis ce temps là, lorsqu'il s'agissoit de combatre, chacun d'eux conservoit sur sa tribu, & tous ensemble sur toute l'armée la mesme autorité que Josué avoit euë, & il y a grande apparence qu'ils n'avoient pas besoin de General d'armée, que lors qu'il falloit joindre toutes leurs forces ensemble contre leur commun ennemi, ce qui arriva particulierement du temps de Josué, le peuple n'ayant point encore de demeure fixe, & tout estant en commun : mais depuis que chaque tribu se vit en possession des terres
qu'ils

qu'ils avoient conquises, & que le pais ou ils devoient entrer fut divisé, & distribué à toutes les tribus, les biens n'estant plus en commun, les droits du general cessérent, puisque les tribus divisées formoient un corps à part qui estoit moins uni aux autres par communauté, que par alliance. Il est vray qu'à l'esgard de Dieu, elles passoient pour estre toutes citoyénes, mais au respect du droit elles n'estoient unies que par alliance, de la mesme façon (si vous en exceptez la saincteté du temple) que les Estats de Hollande sont unis : car le partage qu'ils en ont fait entr'eux consiste à posseder chacun à part ce qui luy est escheu, les autres ayant cedé les pretensions qu'ils y avoient. Moyse donc fit un Prince en chaque tribu, afin qu'apres que l'Estat seroit divisé, chacun eût soin de sa portion, à sçavoir de consulter Dieu touchant ce qui concernoit les affaires de sa tribu, de commander son armée, de bastir, & de fortifier les villes de son ressort, d'establir des Juges en chaque ville, d'attaquer son ennemi particulier, & generalement de donner ordre à tout ce qu'il falloit tant pour la paix, que pour

pour la guerre. *Ce Prince ne reconnoissoit que Dieu seul au dessus de luy, ou le Prophete qui avoit pour cela une vocation particuliére. Que s'il arrivoit que ce Prince se revoltât de la religion de ses peres, & du culte de Dieu, il estoit punissable par les autres tribus qui estoient obligées, non pas de le juger comme un sujet ou un citoyen, mais comme un ennemi qui avoit violé son serment. Apres le deceds de Josué, ce ne fut pas un nouveau General, mais tout le peuple ensemble qui s'adressa à Dieu pour en recevoir les oracles, & la nouvelle estant venuë que la tribu de Juda devoit attaquer son ennemi pour la premiere fois, elle traitta alliance avec celle de Simeon, & toutes deux joignirent leurs forces ensemble pour marcher contre l'ennemi. Nulle des autres tribus ne fut comprise en cette alliance, chacune avoit ses guerres à part, & pardonnoit à qui bon luy sembloit, quoy qu'il fut ordonné de passer tout au fil de l'espée sans faire de quartier à personne ; mais bien que ce fût un peché dont ils estoient inexcusables, ils n'en furent pourtant point repris, & ce n'estoit pas un sujet pour

se

se brouïller ensemble, ny qui les obligeât de se mesler des differents qui ne touchoient point leur tribus. Quant aux Benjaminites qui avoient offensé les autres, & tellement violé la paix, qu'il ne se trouvoit plus d'hospitalité parmi eux, ils leur declarérent la guerre, & les ayant attaqués par trois fois, & gagné enfin la bataille, ils les taillérent tous en piéce sans espargner les innocents, & ne se repentirent de cette barbare cruauté qu'apres s'estre saoulez de leur sang.

Voyla ce qui touchoit les interests & le droit de chaque tribu, il ne reste plus qu'à sçavoir à qui appartenoit d'elire des successeurs aux Princes des douze tribus. Et quoy que l'Escriture n'en dise rien de positif, on peut neantmoins conjecturer qu'estant divisées par familles, dont les plus anciens estoient chefs, le plus Ancien de tous ceux-cy estoit esleu successeur des Princes; vûque les soixante & dix que Moyse se choisit pour coadjuteurs, & pour juger les Hebreux avec luy, estoient des plus anciens du peuple; joint que l'Escriture appelle Anciens ceux qui gouvernérent l'Estat apres la mort de Josué. Mais cette circonstan-

ce

ce ne fait rien à nôtre sujet, il suffit de sçavoir que depuis la mort de Josué il n'y eut personne qui eût toute l'autorité en main: car comme rien ne dépendoit de la puissance d'un seul, ny d'une assemblée, ny du peuple, & que chaque tribu avoit ses interests & son gouvernement à part, il s'ensuit que depuis Moyse l'Empire des Hebreux n'estoit ny Monarchique, ny Aristocratique, ny Democratique, mais comme nous l'avons desja dit Theocratique. 1. dautant qu'il n'y avoit point d'autre palais Royal que le Temple, c'est pourquoy toutes les tribus y avoient droit de bourgeoisie. 2. parce que tous les Hebreux estoient obligez de prester le serment à Dieu qui estoit leur juge souverain, & de luy obeïr sans restriction. Et enfin à cause que l'election du Generalissime (quand la necessité requeroit qu'on en elut un) ne dependoit que de Dieu seul. Ce que Moyse predit expressé- *Deut. ch. 19. v. 15.* ment au peuple de la part de Dieu, & qui se confirme par l'election de Gedeon, de Samson, & de Samuel; c'est pourquoy je ne doute pas que l'election des autres Juges ne se fist de la sorte, bien que leur histoire n'en dise rien. Voyla

Voyla l'eſtat de l'Empire des Hebreux, voyons de quel poids il eſtoit pour tenir les Eſprits en bride, & pour reprimer tellement tant les Maiſtres que les ſujets, que ceux-cy ne puſſent devenir rebelles, ny les autres Tyrans.

C'eſt la couſtume des ſouverains, & de leurs miniſtres de colorer tout ce qu'ils font d'une belle apparence, & de perſuader au peuple que tous leurs édits ſont legitimes, ce qui leur ſuccede heureuſement, pouvant donner aux loix telle interpretation qu'il leur plaiſt. En effet c'eſt de là qu'ils prennent la liberté qu'ils ont, & la licence qu'ils ſe donnent, car ſi on leur oſte le droit d'interpreter les loix, ou que la vraye interpretation en ſoit ſenſible à tout le monde, leur liberté, & leur licence en eſt de beaucoup diminuée. D'où il s'enſuit que la liberté des Princes Hebreux eſtoit fort limitée, le droit d'interpreter les loix eſtant reſervé aux Levites, leſquels ne ſe meſlant jamais des affaires d'Eſtat, & n'ayant point de part à l'heritage de leurs freres, toute leur fortune dépendoit de bien interpreter les loix. Ce qui bornoit encore la liberté des Princes, c'eſtoit c'eſtoit une ordonnance qui portoit, que de ſept en ſept ans le peuple s'aſſemblât en certain lieu, où le Pontife luy enſeignoit la loy, outre que chacun en particulier liſoit inceſſamment, & avec attention le Livre où elle eſtoit eſcrite. Il eſtoit donc de l'intereſt des Princes de faire en ſorte que leur domination s'accordât aux ordonnances de la loy, puiſque le peuple les entendoit, & que c'eſtoit en cette conſideration que le peuple les revetoit comme les Lieutenants de Dieu, au lieu que s'ils la negligeoient, ils ne pouvoient manquer d'eſtre haïs comme on hait d'ordinaire ceux qui choquent la religion. Mais ce qui contribuoit le plus à reprimer la licence des Princes, c'eſt que leur armée (dont perſonne n'eſtoit exempt depuis vingt ans juſqu'à ſoixante) n'eſtoit compoſée que d'Hebreux, & qu'il leur eſtoit defendu de ſe ſervir de ſoldats eſtrangers. Politique certes de grande importance, vû qu'il eſt fort aiſé aux Princes d'opprimer le peuple par les troupes qu'ils tiennent à leur ſolde. Joint qu'ils n'apprehendent rien tant que de commander à ceux qui ſe ſont acquis leur liberté, & celle de l'Eſtat

au

au peril de leur sang. C'est pourquoy Alexandre avant que d'en venir à une seconde bataille contre Darius, & aprés avoir ouï l'avis de Parmenion, s'adressa à Polypercon qui estoit de son sentiment, & le blâma de le suivre opiniâtrément. Car comme dit Quinte Curce, *le Roy s'estant déja emporté contre Parmenion avec plus d'aigreur qu'il n'eût desiré, ne voulut pas le mal traitter une seconde fois, ny se roidir ouvertement contre la liberté des Macedoniens, pour laquelle il estoit en d'estranges inquiétudes, qu'apres avoir renforcé ses troupes de ses prisonniers, & que le nombre des estrangers surpassoit de beaucoup celuy de ses sujets; car depuis ce temps là ses frayeurs s'estant diminuées, il ne songea qu'à opprimer la liberté des meilleurs citoyens du monde.* Puis donc que cette liberté a le pouvoir de retenir les Princes de la terre, auxquels est attribuée toute la gloire des heureux succez de la guerre, combien devons nous croire qu'elle ait eu de pouvoir sur l'esprit des Princes Hebreux, les soldats desquels combattoient, non pour les interests d'un Prince temporel, mais pour la gloire de Dieu mesme, dont les oracles estoient

Au liv. 4.

estoient les seuls motifs qui leur faisoient prendre les armes.

D'ailleurs comme la religion estoit le seul lien par où les Princes estoient unis ensemble, nul d'eux ne la pouvoit quitter, ny violer les loix de l'Estat, qu'il ne devint ennemi des Princes alliez, qui avoient droit de se liguer ensemble, & de le perdre s'ils pouvoient.

A tout cela joignez la crainte qu'ils avoient d'un nouveau Prophete: car des-là que quelqu'un prouvoit ses Propheties par quelques signes, il avoit droit de regner, non seulement comme les Princes qui ne pouvoient consulter Dieu que par l'entremise du Pontife, mais à la façon de Moyse, qui commandoit au nom de Dieu, & suivant les oracles qu'il en recevoit immediatement par soy-mesme; & certainement si le peuple eût esté mal-content des Princes, il eût esté aisé à ces Prophetes de l'attirer à eux, & de le tourner à leur volonté au moindre signe qu'ils eussent fait paroistre. Au lieu que si tout alloit bien, & qu'il n'y eût rien à redire au gouvernement, le Prince avoit droit de connoistre de la vocation du Prophete, d'examiner sa vie,

vie, & de voir si les signes qu'il donnoit de sa legation, n'estoient point faux, & si ce qu'il vouloit annoncer de la part de Dieu, estoit conforme à la doctrine, & aux loix du païs; Que si l'on trouvoit que ses signes fussent trop foibles, & que sa doctrine sentit la nouveauté, on le condamnoit a la mort, autrement il ne luy falloit pour se faire agréer que le témoignage, & l'autorité du Prince.

4. Les Princes n'estoient point plus nobles que le peuple, & ce n'estoit point la naissance qui les élevoit à ce rang, mais s'ils regnoient, ils n'en estoient redevables qu'à leur âge, & à leur merite.

Enfin les Princes & les soldats n'avoient pas plus de raison de souhaiter la guerre, que la paix, car l'armée n'estant composée que de soldats Hebreux, c'estoit tousjours entre les mains des mesmes hommes qu'estoient les affaires tant de la paix que de la guerre, vû que celuy qui estoit soldat au camp, estoit bourgeois en ville, que le Capitaine y estoit Juge, & le General Prince, de sorte que personne n'avoit raison de desirer la guerre à cause d'elle mesme, mais pour la paix,

paix, & en vûë de la liberté, outre que le Prince avoit intereft d'empefcher l'ombre mefme de la nouveauté, de peur d'eftre obligé d'aller au fouverain Pontife, & de fe tenir de bout devant luy au prejudice de fon rang & de fa dignité. Apres avoir vû les raifons qui limitoient l'autorité des Princes, paffons à celles qui reprimoient le peuple. Il ne faut que jetter les yeux fur les fondements de l'Eftat pour connoiftre d'abord qu'ils devoient infpirer aux Hebreux tant de paffion pour leur patrie, que rien ne fût capable de les induire foit à la trahir, ou à la quitter, & leur apprendre à endurer les dernieres extremitez, plûtoft que de fubir le joug d'une domination eftrangere. Car depuis qu'ils eurent tranfporté leur droit à Dieu, & qu'ils crûrent que leur Royaume eftoit celuy de Dieu, qu'il n'y avoit qu'eux & leurs enfans qui fuffent fon peuple, dont toutes les autres nations eftoient les ennemies, ce qui les obligeoit à les haïr mortellement (outre qu'ils s'en faifoient un point de religion;) ils ne devoient rien avoir plus en horreur, que de prefter ferment, & d'obeïr à un Prince eftranger; & il ne

Voyez le Pfeaume 151. *c. 21, 22.*

V

ne se pouvoit commettre de plus enorme crime parmi eux que de trahir leur patrie, c'est à dire le Royaume du Dieu qu'ils adoroient; jusques-là qu'ils prenoient pour un grand crime de sortir du païs pour aller demeurer ailleurs, & ce, dautant qu'il estoit defendu d'adorer Dieu hors des limites de la terre qu'ils habitoient, s'imaginant qu'elle estoit la seule qui fût sainte, & que toutes les autres estoient immondes & profanes, c'est de quoy David en exil fait ses plaintes à Saul. *Si ce sont des hommes* (dit-il) *qui t'incitent à me maltraitter, ils sont maudits de Dieu, car ils me chassent de l'heritage du Seigneur pour me porter au culte des Dieux estrangers.* C'est aussi pour cette raison que nul Hebreux n'estoit envoyé en exil pour quelque crime que ce fût, vû qu'en le punissant de la sorte, c'eut esté le punir d'un crime par un autre crime. Ainsi l'amour que les Hebreux avoient pour leur patrie, estoit quelque chose de plus qu'un amour simple & ordinaire, il estoit meslé de pieté, & comme ils haïssoient de tout temps les autres nations, leur haine s'accrût peu à peu, & leur devint insensiblement naturelle, le, car leur façon d'adorer Dieu estoit non seulement differente (ce qui les faisoit s'esloigner du commerce des autres hommes) mais mesmes entierement contraire au culte des autres nations. Il falloit donc de necessité que cette hasne inveterée, & dont ils se faisoient un point de foy & de pieté s'enracinât de plus en plus, vû qu'il n'est rien de plus cruel, ny de plus opiniâtre qu'une haine fondée sur le zele de la religion, & ce qui l'augmentoit encore, c'est qu'ils estoient hais mutuellement des nations estrangeres. Or la raison & l'experience témoignent evidemment combien l'amour de la patrie, la liberté qu'ils y avoient, l'autorité qu'ils s'attribuoient sur le reste des hommes, & qu'ils croyoient d'autant plus legitimes qu'elles se rapportoit à Dieu leurs coûtumes particulieres, & leurs mœurs extraordinaires, toutes ces considerations estoient dis-je assez fortes pour les engager à tout souffrir d'un courage invincible pour le salut, & la durée de leur patrie; en effet jamais on ne put tandis que la ville fut debout, les arrester sous un joug estranger, & c'est pour cela que Jerusalem est appellée

V 2 une

une ville rebelle & meschante & sous la seconde domination (qui n'estoit que l'ombre de la premiere les Pontifes s'estant emparez de l'autorité souveraine) les Romains n'en vinrent à bout au témoignage de Tacite qu'apres des travaux infinis. *Vespasien*, dit-il, *avoit achevé la conqueste de la Judée à la reserve de Jerusalem, dont le siege estoit plus difficile par l'opiniatreté des habitans, que par la situation du lieu, leurs forces n'estant pas suffisantes pour resister à l'Empire Romain.* Mais outre tout cela qui en effet n'est qu'imaginaire, il y avoit une raison solide qui seule estoit capable d'entretenir la devotion du peuple, & d'embraser de plus en plus son zele pour la patrie, à sçavoir l'interest, qui est le nerf & l'ame de toutes les actions humaines, mais qui estoit le tout puissant chez les Hebreux, & avec quelque sorte de raison, vû que jamais sujets ne jouïrent de leurs biens plus paisiblement qu'eux, qui alloient du pair avec leur Prince dans le partage des terres, & les possedoient à perpetuité, car si quelqu'un devenoit si pauvre qu'il fût contraint de vendre son fonds, il y estoit réhabilité au temps du jubilé, &
par

par ce moyen, ou autres semblables, l'alienation des biens fixes & immobiliaires n'eſtoit point eternelle. D'ailleurs la pauvreté ne fut jamais ſi tolerable que chez eux, vû que leur loy les obligeoit à la charité envers leur prochain, c'eſt à dire envers leurs concitoyens, s'ils pretendoient que leur Dieu, & leur Roy leur fût propice, & favorable. Il n'y avoit donc que leur patrie où ils pûſſent eſtre à leur aiſe, par tout ailleurs il n'y avoit pour eux que pertes à eſſuyer, & que deshonneur à ſouffrir. Ajoûtez à cela qu'il n'y avoit rien de plus efficace pour les retenir en leur païs, pour éviter les guerres civiles, & entretenir la concorde, que de ſçavoir qu'ils obeïſſoient non point à un homme comme eux, mais à Dieu ſeul, & que l'amour & la charité qu'ils avoient pour leurs freres eſtoit la plus grande de toutes les vertus qui s'augmentoit de plus en plus à meſure qu'ils haïſſoient les nations eſtrangeres, & qu'ils en eſtoient mutuellement hais. De plus cette grande obeïſſance dans laquelle on les élevoit n'y contribuoit pas peu, car ils n'avoient aucune liberté, & ne pouvoient rien faire que

par

par ordonnance de la loy, il ne leur estoit pas permis de labourer la terre en tout temps, mais en certaines saisons de l'année, & avec une seule sorte d'animaux: ils ne pouvoient pas mesmes semer, ny faire la recolte qu'en certain temps, & d'une certaine maniere; enfin comme toute leur vie estoit un exercice continuel d'obeïssance, & de servitude, cette façon de vivre leur estoit devenuë si commune & si naturelle, que bien loin de vouloir en esclaves involontaires ce qui leur estoit défendu, ils faisoient consister leur liberté dans une obeïssance aveugle. Outre ces considerations il y en avoit encore une qui les y portoit, c'est que certains jours de l'année estoient consacrez à la joye, non pour apprendre à se plonger dans les delices, mais pour s'accoûtumer à obeïr à Dieu. Trois fois l'an ils avoient l'honneur d'estre ses convives; il y avoit chaque semaine un jour pour le repos, & d'autres temps destinés par commandement à l'allegresse, à des festins, & à d'honnestes exercices; rien n'est ce me semble plus engageant que ce procedé, vû qu'il n'est point de plus grand charme pour les esprits,

esprits, que la joye qui naist, & du zele, & de devotion, c'est à dire d'admiration & d'amour. Ils ne faisoient donc rien d'eux mesmes, & jamais ils ne s'exemptoient de leurs coûtumes ordinaires, & cependant ils n'en avoient point de dégoût, car outre que leurs festes estoient rares, la façon de les sanctifier estoit fort differente. Ajoûtez à cela la sainteté du Temple, pour lequel ils ont toûjours eu un respect tout particulier tant pour le culte, que pour ce qu'il falloit qu'ils fissent avant que de s'y rendre, jusques là que le souvenir de l'idole que Manassé y fit eriger autrefois les fait encore fremir aujourduy. On n'avoit pas moins de veneration pour les loix qui estoient gardées dans le Sanctuaire; ainsi les rumeurs & les prejugez n'estoient point à craindre parmi le peuple: car nul n'osoit dire sa pensée ny raisonner des choses divines, mais tout le monde estoit obligé d'obeïr aux oracles que Dieu rendoit dans le Temple, ou aux ordonnances de la loy sans en consulter la raison. Voila en peu de mots l'Estat de l'empire des Hebreux. Voions maintenant pourquoy ils ont si souvent quitté leur loy, ce qui a

esté.

esté cause qu'ils ont esté si souvent défaits, & comment enfin il s'est pû faire que leur Royaume ait eu une si triste chûte.

On me dira peut estre que l'indocilité, & la rebellion de ce peuple a esté cause de tous ces desordres, mais cette raison est puerile, car pourquoy les Hebreux auroient ils esté plus indociles, & plus revesches que les autres peuples? la Nature n'est point plus avare de ses faveurs à une nation qu'à l'autre, joint que ce n'est point elle qui forme les nations, elle ne fait que les individus, lesquels ne forment des nations differentes que par la diversité des langues, des loix, & des mœurs, & si chaque nation a son temperament, & ses prejugez, cela vient des loix, & des mœurs; de sorte que s'il estoit vray que les Hebreux fussent d'un naturel plus revesche que les autres hommes, c'est à leurs mœurs, & à leurs loix que ce vice doit estre imputé. Certainement si Dieu eût voulu que leur regne eût duré plus long temps, il y eût establi d'autres loix, & une politique toute autre: que peut on donc dire en cette rencontre si non que leur Dieu estoit irrité contr'eux, non soulement depuis

puis la fondation de la ville, comme dit Jeremie, mais depuis mesmes l'establissement de leurs loix au témoignage d'Ezechiel dont voicy les paroles. *Aussi leur ay-je donné des statuts qui n'estoient point bons, & des ordonnances par lesquelles ils ne vivroient point, & les ay souillez en leurs dons en rejettant tous leurs aisnez afin que je les détruisisse, & que l'on sçeût que je suis l'Eternel.* Pour concevoir le sens de ces paroles où est comprise la cause de leur ruine, il faut sçavoir que le premier dessein de Dieu estoit de donner aux aisnez l'administration des choses saintes, mais depuis que tous les Hebreux à la reserve des Levites se furent prosternez devant un veau qu'ils adorérent, les aisnez devenus impurs par cette adoration furent aussi-tost rejettez, & les Levites mis en leur place. Plus je pense à ce changement, plus je crois avoir de raison, de m'escrier avec Tacite que Dieu songeoit bien moins alors à leur seureté qu'à leur perte, & je ne puis comprendre qu'il ait esté si irrité contr'eux que d'establir des loix (qui ne doivent avoir pour but que le salut du peuple) pour s'en vanger & pour les punir, les loix

V 5   estant

estant moins loix c'est à dire le salut du peuple, que des peines & des supplices. Car les Hebreux ne faisoient jamais de presents aux sacrificateurs, & aux Levites, ils ne donnoient point à ceux-cy un certain prix par teste, ils ne rachetoient point leurs premiers nez, & ne voyoient point les Levites estre les seuls à s'approcher des choses saintes, ils ne faisoient rien de tout cela qui ne leur reprochât le crime qui estoit cause de leur repudiation, & les Levites de leur costé ne manquoient pas de sujets de plaintes contr'eux, car il n'est pas croyable que parmi tant de milliers d'hommes, il n'y eût une infinité de Theologiens importuns, qui jaloux de leur ministere, faisoient espier leurs actions, & comme il estoit impossible, qu'estant hommes ils ne pechassent, on prenoit occasion des fautes d'un particulier de les décrier tous, d'où naissoient continuellement des rumeurs & des dissensions : qui s'augmentoient jusqu'au dégoût à force de les voir croupir dans une vie oisive ; sur tout dans les temps de cherté, car alors on crioit tout haut qu'il estoit injuste que des gens inutiles fussent nourris aux dépens des autres.

Faut

Faut il donc s'eſtonner que dans l'oiſiveté, lors qu'on ne voioit plus de miracles, ny d'homme de vertu & d'autorité ſinguliere, que les Eſprits eſtoient irritez, & rongez d'avarice, on commençât peu à peu à ſe relaſcher, & à ſe retirer d'un culte qui pour eſtre divin ne laiſſoit pas de leur eſtre ignominieux, & meſmes ſi ſuſpect qu'ils en ſouhaittoient un nouveau. Dans un temps où les Princes qui ne butoient qu'à s'emparer de toute l'autorité gagnoient le peuple par connivence, & le détournoient du Pontife par l'introduction d'un nouveau culte. Que ſi le premier deſſein de la fondation de l'Empire eût eſté ſuivi, toutes choſes euſſent eſté eſgales, & comme toutes les Tribus euſſent participé au miniſtere des Levites, il n'y eût point eu de contention: car ſe fut-il trouvé perſonne qui eût voulu violer le droit ſacré de ſes parents? & qu'eût on pû deſirer de plus avantageux que de les nourrir par devotion? d'apprendre d'eux l'explication des loix? & les oracles de leurs bouches. D'ailleurs l'union de toutes les tribus en eût eſté bien plus eſtroite, & je crois meſmes qu'il n'y eût eu

V 6 rien

rien à craindre si l'election des Levites eût eu toute autre cause que la colere & la vangeance. Mais comme nous avons desja dit ils avoient un Dieu irrité, lequel (pour repeter icy les paroles du Prophete) les avoit soüillez en leurs dons en rejettant leurs premiers nez pour les mettre en desolation. Mais pour confirmer mon raisonnement voyons ce que l'histoire en dit. On commençoit à peine à se reconnoistre au desert, & à goûter les douceurs de l'oisiveté, que la pluspart des principaux du peuple blâmant cette election murmurerent contre Moyse, & dirent ouvertement qu'ayant fixé le Pontificat dans la famille de son frere, & preferé sa Tribu aux autres, il estoit evident que ses loix, & ses ordonnances n'avoient rien de divin, mais que tout rouloit à sa fantaisie, là dessus ils s'assemblent, & dans la chaleur du tumulte, le vont trouver, & luy reprochent qu'estant tous esgalement saints son élevation est injuste. Moyse leur dit ses raisons, mais inutilement, il fallut un miracle pour appaiser la sedition, & si la terre ne s'estoit ouverte pour leur fermer la bouche, l'autorité de Moyse estoit en dan-

danger. Cependant la revolte augmente & à peine le peuple effrayé estoit de retour en ses tentes, qu'il s'assemble tout de nouveau, s'éleve contre luy, & luy demande compte de la mort de leurs freres, où Dieu disent ils n'a point de part : il faut un second coup du Ciel pour dissiper l'orage : une nuée couvrant Moyse le dérobe à ses ennemis, qui sont enfin punis d'une seconde playe dont ils tombérent par milliers. Ce fut alors qu'ils cessérent de murmurer, de sorte toutefois que la vie leur estoit à charge, & que ce moment là fut moins au témoignage de l'Escriture un commencement de concorde, que la fin de la sedition. Car Dieu ayant dit à Moyse qu'apres sa mort, le peuple enfraindroit son alliance, il ajoûte, *car je connois de quoy il est capable, & ce qu'il medite en son cœur qu'il n'est pas encore introduit au païs duquel j'ay juré.* *Deuter. Ch. 11. v. 11. & 31.* Et peu apres Moyse poursuivant, *car je connois,* dit il, *ta rebellion, & ton esprit revesche, si pendant que je vis encore au milieu de vous autres vous vous estes revoltez contre Dieu, que ne ferez vous point apres ma mort?* En effet la chose arriva comme il l'avoit predite;

dite; & c'est de là qu'ont pris naissance tant de revolutions que la Republique a souffertes, & le sujet pourquoy la corruption s'y est glissée, que le zele s'est ralenti, & qu'enfin secoüant le joug de Dieu apres avoir esté vaincus en diverses rencontres, ils ont voulu un Roy mortel qui tint sa cour, non dans le Temple, mais dans un Palais à l'imitation des autres Rois; afin que les Tribus n'estant plus sous l'autorité de Dieu, ny du Pontife ne fissent toutes qu'un mesme corps qui fût sujet à un mesme Roy. Mais ce changement dans l'Estat causa de nouveaux troubles, & enfin sa ruine entiere; en effet est-il rien de plus insupportable aux Rois que de n'estre pas absolus? j'avouë que les premiers qui furent élevez à cette dignité s'en contenterent, mais depuis que le sceptre devint un droit de succession, tout changea insensiblement jusqu'à ce que les Rois devinrent maistres de l'autorité souveraine qu'ils n'avoient qu'en partie, tandis que l'interpretation & la garde des loix estoit reservée au Pontife; car alors les loix obligeoient également les Rois & les sujets, & il n'estoit permis à personne de les abolir ny d'en establir de nouvelles. Ce qui

qui bornoit encore leur autorité, c'est qu'ils estoient reputez profanes comme le moindre de leurs sujets, & que le ministere du Temple leur estoit défendu; & enfin que la seureté & le repos de son Royaume dependoit pleinement de la volonté d'un Prophete, à l'imitation de Samuel qui commandoit en maistre à Saul, & qui pour une seule offense luy osta le sceptre pour le transporter à David. Donc pour vaincre ces difficultez, & se tirer de la tutelle des Prophetes, ils firent bastir d'autres Temples où ils adoroient d'autres Dieux, & où les Levites n'avoient point d'accés, & chercherent de faux Prophetes pour les opposer aux veritables; mais apres tout leurs efforts furent inutiles. Car les Prophetes (gens adroits) attendoient l'occasion qui estoit le temps d'un nouveau Roy, l'autorité duquel chancelante & mal assurée tandis que la memoire du defunt subsistoit encore, estoit facilement destruite par les pratiques de ces Prophetes, qui sous pretexte d'autorité divine poussoient quelque Roy insensé, mais reputé vertueux a vanger la cause de Dieu, & à s'emparer de tout, ou d'une partie

tie de l'Empire. Mais les Prophetes s'abusoient en cette rencontre, & ce n'estoit pas là le moyen de remedier aux maux de l'Estat; car quoyqu'ils ostassent un Tyran, les causes de la tyrannie estoient tousjours les mesmes, & ce n'estoit que s'en acheter un nouveau au prix du sang du peuple. Ainsi les discordes & les guerres estoient éternelles, & le pretexte de violer l'autorité divine estoit tousjours le mesme, sans qu'on ait jamais pû en voir la fin que par la chûte de l'Estat.

Voila comme la religion fut introduite dans la Republique des Hebreux, & comment sa durée eût pû estre éternelle, si la juste colere du Legislateur l'eût permis, mais comme il en estoit ordonné autrement, sa perte estoit inévitable. Jusqu'icy nous n'avons parlé que de l'Estat du premier Temple, vû que le second n'estoit à peine que l'ombre du premier, puisque le peuple estoit alors assujetti à la domination des Perses, & que depuis son élargissement les Pontifes s'emparerent & de l'Empire, & de l'autorité des Princes. Puis donc que l'ambition des sacrificateurs avoit changé

changé la face des affaires, il eſtoit hors de mon ſujet d'en parler. Quant au premier, & à la durée qu'il pouvoit avoir dans le ſens que nous avons dit, nous verrons dans la ſuite s'il eſt poſſible de l'imiter, & s'il eſt bon d'en ſuivre les maximes. Cependant il eſt à propos de ſe ſouvenir de ce qui s'eſt dit cy-deſſus, à ſçavoir que l'autorité divine, & la religion n'ont de vigueur qu'en vertu de l'alliance des Hebreux avec Dieu, que hors de là, ils demeuroient dans leur liberté naturelle, c'eſt pourquoy ils n'avoient aucune obligation de vouloir du bien aux gentils, ceux-cy n'ayant point eſté compris dans le commandement que Dieu leur fait d'aimer leur prochain c'eſt à dire ceux de leur nation.

CHAPITRE XVIII.

Quelques reflexions Politiques ſur la Republique, & ſur les Hiſtoires des Hebreux.

Quoy que l'Empire des Hebreux de la façon que nous l'avons repreſenté au precedent Chapitre pût toûjours

jours subsister, il n'est pourtant plus imitable, aussi n'est il pas à propos. Car s'il se rencontroit un peuple qui voulût traitter avec Dieu, il faudroit qu'il le fist comme le firent autrefois les Israëlites, & que la volonté de Dieu ne fût pas moins sensible, & expresse que celle du peuple. Mais le temps de cela n'est plus, Dieu ayant dit par ses Apostres que l'encre ny les pierres ne serviroient plus d'instruments pour nous communiquer sa loy, laquelle il a luy mesme escrite & gravée dans nos cœurs. D'ailleurs il est à croire que cette sorte de gouvernement ne seroit utile qu'à ceux qui se pourroient passer du commerce des autres hommes, & faire comme un monde à part, d'où je concluë qu'il y a tres peu de nations qui pûssent la mettre en pratique. Mais quoy qu'elle soit inimitable en toutes ses parties, il y en a pourtant beaucoup qui ne sont pas à negliger, & dont l'usage pourroit estre utile. Mais comme ce n'est pas mon dessein de traitter icy à plein fond de ce qui regarde la Republique, je ne le touche qu'en passant, & conformément à mon but, qui est que sans prejudicier aux droits divins, on peut

peut élire une supréme Majesté à laquelle tout soit soumis. Nous avons de cela un exemple chez les Hebreux, qui pour avoir transporté tous leurs droits à Dieu, ne laissoient pas de reconnoistre Moyse pour leur Roy, lequel pouvoit faire, & défaire au nom de Dieu comme il le jugeoit expedient, qui pouvoit, dis-je, commander, & défendre, ordonner des choses sacrées, enseigner, juger, punir, & faire enfin tout ce qu'il vouloit. D'ailleurs encore que les ministres des choses sacrées, & du Temple fussent les interpretes & les dépositaires des loix, ils ne pouvoient pourtant ny excommunier, ny juger, c'estoit un droit reservé aux Juges, & aux Princes establis par le peuple : mais outre tout cela si nous regardons de plus prés la Politique des Hebreux, leurs divers succés, & la suite de leurs histoires, nous y verrons bien d'autres choses dignes d'estre observées. Car 1. ce ne fut que sous le second Temple que les sectes furent introduites, depuis que les Pontifes se furent emparez du gouvernement de l'Estat, & qu'ils voulurent estre appellez Rois. La raison est que sous le second Temple les decrets

Jos. Ch. 6. v. 26.
Ch. 21. v. 18.
du liv. des Juges. & le v. 24. du Ch. 14. du 1. liv. de Sam.

crets du Pontife ne pouvoient avoir vigueur de loy, puisque son droit ne s'estendoit point jusques-là, & que son pouvoir estoit borné à consulter Dieu à l'instance des Princes, ou des Conciles, & à communiquer au peuple les oracles divins; par ce moyen bien loin d'avoir envie de faire de nouveaux decrets, ils ne songeoient qu'à s'acquitter de leur devoir qui estoit de faire observer les loix & les coûtumes; car ils n'ignoroient pas qu'ils ne pouvoient ny conserver leur liberté, ny se défendre contre la jalousie des Princes qu'en gardant les loix dans leur pureté. Mais lors que le Pontificat & la principauté ne fut plus qu'une mesme chose, que les Pontifes se virent les Maistres, & les arbitres des loix, & de l'Estat, les interests publics cedérent aux particuliers, & les Pontifes ne cherchant plus qu'à se signaler, & à rendre leur nom fameux, determinoient de tout d'autorité Pontificale, & faisoient de nouveaux decrets touchant la foy, & les ceremonies qu'ils vouloient qu'on gardât avec la mesme reverence que les loix de Moyse. Ce qui fut cause qu'au lieu du veritable zele, on ne vit plus qu'une vile superstition,

stition, & au lieu du vray sens une corruption generale dans l'interpretation des loix. Ajoûtez à cela que les Pontifes qui aspiroient à la principauté accordoient tout au peuple pour le gagner, dissimuloient ses vices quelque abominables qu'ils fussent, & accommodoient l'Escriture à la corruption de ses mœurs. C'est dequoy Malachie ne s'est pû taire, & ce qui le fait écrier contre les sacrificateurs de son temps, qui estoient autant de contempteurs du nom de Dieu. *C'est dit-il aux levres du sacrificateur à garder la science, & c'est de sa bouche qu'on attend l'interpretation de la loy, par ce qu'il est le messager de Dieu: & cependant vous n'avez point tenu ce chemin là, vous en avez fait errer plusieurs en la loy, & avez corrompu l'alliance de Levi dit le Dieu des Armées*; en suite il continuë à declamer contr'eux par ce qu'ils interpretoient la loy à leur mode, ayant esgard à l'apparence des personnes au prejudice des interests de Dieu. Mais quoyque fissent les Pontifes, ils ne purent empescher ny par leurs ruses, ny par leurs artifices qu'il ne se trouvât toûjours des hommes de bon sens qui penetroient dans leur dessein,

sein, & qui s'y opposoient à mesure que le mal croissoit, soûtenant vigoureusement qu'ils n'estoient tenus de garder que les loix escrites; qu'au reste les decrets appellez par les Pharisiens (gens qui péchoient par ignorance) les traditions de leurs ancestres, estoient de nulle obligation. Quoy qu'il en soit, il est certain que la flaterie des Pontifes, & la corruption de la religion & des loix dont le nombre estoit incroyable, ont souvent servi de pretextes à des altercations, & à des dispute. dont on n'a jamais vû la fin; car depuis que les hommes commencent à se chicaner par un zele superstitieux, on ne les voit jamais d'accord, mais il faut de necessité qu'ils se divisent en sectes differentes, particulierement si le magistrat est du nombre, & qu'il espouse un des partis.

2. Il est à remarquer que les Prophetes hommes privez, irritoient bien plus les esprits par la liberté qu'ils prenoient de donner des avis, & de crier contre les mœurs, qu'ils ne les portoient à se reconnoistre, encore qu'il ne fallût que des menaces ou des peines pour leur fermer la bouche.

Liberté

Liberté d'autant plus coupable qu'ils devenoient à charge aux meilleurs Rois de ce temps-là pour l'autorité qu'ils avoient de decider du bien & du mal, & mesmes de punir les Rois s'il arrivoit qu'ils s'oppôsassent à ce qu'ils ordonnoient dans les affaires publiques & particulieres. Asa qui au té-moignage de l'Escriture estoit un bon Roy fit mettre Ananias en prison par ce qu'il avoit eu l'audace de le blâmer de l'alliance qu'il avoit faite avec le Roy d'Armenie; je n'allegue que cét exemple encore qu'il y en ait bien d'autres qui font foy que la religion à plus receu d'eschec que d'avantage de cette licence, sans parler des guerres civiles dont elle a esté cause.

2 Chron. Ch. 16.

3. C'est une circonstance assez considerable qu'il n'y ait eu sous le regne du peuple qu'une seule guerre civile, encore fut elle entierement esteinte & suivie du regret des vainqueurs qui n'espargnérent rien pour reparer les pertes des vaincus, & pour les restablir dans leurs droits. Sous les Rois tout changea de face, & à peine l'Estat fut il devenu Monarchique que l'on y vit un si grand carnage, & tant de sang répandu, les Hebreux n'estant point

point accoûtumez à leur domination que l'on a de la peine à en croire la renommée. Car dans un seul combat (ce qui est presque incroyable) les Juifs tuérent quelque cinq cents mille Israëlites; & dans un autre ou ceux-cy eurent l'avantage un grand nombre de Juifs demeurérent sur la place, leur Roy fut pris, Jerusalem presque demantelée, & le Temple mesme dépoüillé (tant la rage estoit excessive) de ce qu'il avoit de plus riche; si bien que chargez de butin, & souïllez du sang de leurs freres, apres avoir reçeu des ostages, & laissé à leur Roy un Empire tout desolé, ils posérent les armes, moins sur la parole des Juifs, que sur la confiance que leur perte estoit sans ressource. En effet peu d'années apres les Juifs ayant repris vigueur tentent un nouveau combat, où les Israëlites ayant encore eu le dessus, tuënt cent vingt mille Juifs, ravagent tout ce qu'ils rencontrent & emmenent avec eux deux cens mille prisonniers tant des femmes que des enfants. Une guerre à peine est finie qu'ils en recommencent une autre, de sorte qu'espuisez par ces desordres domestiques, ils deviennent enfin le joüet,

joüet, & la proye de leurs ennemis. D'ailleurs si nous considerons le regne de la paix sous la domination du peuple, nous trouverons qu'il a souvent duré 40. ans de suite & une fois mesme quatre-vingt sans qu'on y vit de guerre ny civile, ny estrangere. Mais depuis l'establissement des Rois comme ce n'estoit plus pour la paix & pour la liberté qu'il falloit combattre, mais pour la gloire du Monarque, il n'y en a point eu excepté Salomon (lequel sçavoit peut estre mieux l'art de regner en paix qu'en guerre) qui n'ait eu quelque démeslé, joint que la pluspart ne sont montez sur le trône, que par le sang & le carnage. Enfin les loix sont demeurées incorruptibles, & ont esté plus religieusement gardées sous le peuple, que sous les Rois. Car il faut prendre garde que les Prophetes qui estoient rares avant le regne de ceux-cy, se multiplierent de sorte depuis leur election, que dans une persecution où ils couroient tous risque de la vie, Abdias la sauva à cent, en les cachant chez luy. Pour ce qui est des faux Prophetes, nous ne lisons point que le peuple en ait esté trompé, que depuis qu'il se mit en teste de faire

faire la cour à ses Rois, & de les flater; outre que la multitude qui de nature est inconstante, prenoit les afflictions comme un avertissement de la part de Dieu de s'ammender, & de remettre les loix en leur entier, & par ce moyen ils se garentissoient des calamitez qui les menaçoient; au lieu que les Rois qui sont d'une humeur plus altiere, & qui croient la respiscence une chose honteuse, se sont plongez opiniâtrément dans les vices qui ont causé la destruction de la Ville, & de leurs sujets.

De tout cela nous inferons 1 qu'il est tres dangereux tant pour la Religion, que pour la Republique de donner aux Ecclesiastiques l'autorité de faire des decrets, & l'administration des affaires d'Estat, qu'il est de l'interest public qu'ils ne se meslent de rien s'ils n'en sont priez, & qu'ils n'enseignent ny ne preschent que des dogmes communs, & reçeus par l'usage. 2. Combien il est pernicieux de rapporter au droit divin des choses purement speculatives, & de faire des loix touchant les opinions: qui sont, ou qui peuvent estre contestées, parce que la plus tyrannique de toutes les dominations

tions est de condamner des sentiments dont la liberté est si naturelle que nous n'y sçaurions renoncer ; outre que c'est appuyer le desordre, & donner pié à la furie, & à l'insolence du peuple : car Jesus Christ n'est declaré coupable qu'à l'instance des Pharisiens, Pilate ne leur ayant permis de l'attacher en croix que de peur de les irriter. D'ailleurs on sçait que ces gens-là attaquoient les riches par la religion, & qu'ils accusoient les Saducéens d'impieté pour leur faire perdre leurs charges. C'est à l'exemple de ces hypocrites qu'il se trouve aujourd'huy des Tartufes, qui sous l'apparence d'un faux zele, persecutent les honnestes gens & d'une vertu consommée, & qui par une rage inoüie déchirent leur reputation, & les rendent odieux au peuple en denigrant leurs opinions. Pour comble de fatalité, c'est que le mal est sans remede où il s'agit de religion particulierement dans les lieux où les Souverains ont donné cours à une secte dont ils ne sont pas les Auteurs. Vû qu'en cette rencontre on ne les considere pas comme les interpretes des ordonnances divines, mais comme de simples

X 2   secta-

sectateurs qui reconnoissent des docteurs pour interpretes de leur foy; si bien qu'à cet esgard l'autorité des magistrats a fort peu de credit; au lieu que les docteurs y en ont tant, qu'ils s'imaginent que les Rois mesmes sont obligez d'applaudir à leurs décisions. Donc pour obvier à des maux de cette importance, le plus seur est de n'appuyer que sur les œuvres, (c'est à dire sur la pratique de justice & de charité) la pieté, & la religion, laissant le choix du reste à la liberté d'un chacun; mais nous traitterons dans la suite cette matiere plus à fond. 3 Nous voyons qu'il est absolument necessaire tant pour la religion que pour l'Estat que les Souverains soient les seuls qui decident du bien, & du mal; vû que si les Prophetes n'ont pû avoir ce droit sans prejudicier à l'un & à l'autre, beaucoup moins le pourront ceux qui n'ont le don ny de miracles, ny de prophetie. 4. Il est constant que le plus grand malheur qui puisse arriver à un peuple qui n'a jamais gousté de la Monarchie, est de se mettre sous la domination d'un Roy, & pour celuy-cy, je ne crois pas qu'il luy fût avantageux d'en entreprendre la conduite;

duite ; vû qu'il seroit indigne de sa Majesté de souffrir, & de proteger des loix establies par une puissance inferieure à la sienne ; joint que dans leur institution on n'a point eu d'esgard à l'autorité d'un Monarque, mais aux seuls interests du peuple, ou du Senat qui pretendoit au gouvernement. De sorte qu'il semble qu'un Roy qui protegeroit les droits anciens du peuple, en seroit plutôt l'esclave & le sujet, que le maistre, & le souverain. Il ne faut donc point douter qu'un nouveau Monarque ne s'efforce d'establir de nouvelles loix pour affermir son autorité, & pour affoiblir tellement le peuple, qu'il soit d'orenavant moins propre à détroner les Rois, qu'à contribuer à leur élevation. Mais s'il est dangereux à une Republique de s'assujettir à un Roy, il ne l'est pas moins de le perdre, aprés l'avoir mis sur le trosne, quelque tyrannie qu'il exerce, parce que le peuple accoutumé à la Majesté des Rois (dont la pompe & l'éclat sert de frein à ses insolences) n'en verra plus de moindre qui ne soit l'objet de son mespris, c'est pour quoy il doit se resoudre à l'imitation des Prophetes, apres s'estre défait d'un

d'un Roy, d'en elire un autre en fa place, lequel doit devenir Tyran encore qu'il n'en eût point d'envie. Car de quel œil pourroit il voir les mains du peuple fouillées du fang Royal, & fe glorifier d'un parricide comme d'une action honorable, particulierement s'il confidere qu'il ne l'a commis que pour luy apprendre à le craindre. Donc s'il veut affurer fon trofne, & garentir fa vie contre les attentats, il faut qu'il montre tant d'ardeur pour la vangeance de la mort de fon predeceffeur, qu'il ne prenne plus envie à perfonne de commettre un pareil forfait. Mais pour le vanger dignement, il ne fuffit pas de répandre le fang de fes fujets, il doit approuver les maximes de celuy dont il tient la place, tenir la mefme route dans fon gouvernement, & eftre auffi tyran que luy. Ainfi le peuple en maffacrant fon Roy ne fait que changer de Tyran, puis qu'il eft impoffible qu'un Eftat Monarchique puiffe devenir populaire. Nous en avons un exemple chez nos voifins. Les Anglois las de vivre fous la domination d'un Monarque, & ayant trouvé les moyens de s'en défaire, apparemment felon les formes de juftice,
ont

ont tenté inutilement de changer la face des affaires, car apres un bouleversement general dans l'Estat, & beaucoup de sang répandu il a fallu subir le joug d'un nouveau Maistre, qui sous un autre nom que celuy de Roy (comme s'il n'eut esté question que du nom) avoit l'autorité souveraine, & vivoit en Monarque, quoy que son regne ne pût subsister que par la destruction de toute la race Royale, & de ses partisans, & qu'en bannissant la paix & le repos du Royaume (temps propre aux mouvements & aux troubles), afin que le peuple occupé aux guerres estrangeres, n'en allumât point de civiles, & n'eût pas le temps de songer au meurtre de son Roy. Par cette precaution on ne s'apperçeut que trop tard qu'au lieu de reformer l'Estat, on avoit avancé sa perte, & qu'un parricide execrable avoit osté le sceptre à un Roy legitime pour le donner à un usurpateur : la faute estant donc reconnuë, on se resoud de rapeller une famille desolée, & de la rétablir auplutost dans sa premiere dignité. On me dira peut-estre qu'à l'exemple du peuple Romain, les peuples d'aujourd'huy se peuvent défaire des Ty-rans,

rans, mais cet exemple fait pour moy, & confirme mon opinion: car bien que le peuple Romain n'eût pas beaucoup de peine à exterminer la Tyrannie, & à changer la face du gouvernement, parce que l'election des Rois luy appartenoit, & qu'outre qu'il estoit composé de meschants & de seditieux, il n'estoit pas encore trop bien accoûtumé à la domination des Rois, vû que de-six il en avoit massacré trois; ce peuple neantmoins ne faisoit par cette election que s'assujettir à plusieurs Tyrans qui les tenoient tousjours en haleine par une infinité de guerres tant domestiques qu'estrangeres, jusqu'à ce que l'Empire reprit enfin sa premiere forme, & se vit de nouveau assujetti au gouvernement d'un Monarque, mais de mesmes qu'en Angleterre sous un autre nom que celuy de Roy. Quant à la Hollande, il n'y a jamais eu de Rois que je sçache, mais bien des Comtes qui n'estoient pas souverains. Car comme les Estats font voir par un manifeste qu'ils mirent au jour au temps du Comte de Leycester, ils se sont toûjours reservé l'autorité d'avertir leurs Comtes de leur devoir, conservé

servé la puissance de defendre leur liberté, de se vanger de leur Tyrannie s'ils l'affectoient, & de les tenir tellement en bride, qu'ils ne pûssent rien faire que du consentement des Estats. D'où il s'ensuit qu'ils ont toûjours esté Souverains, & que leur dernier Comte ne leur a suscité tant de guerres que pour s'emparer de ce droit à leur prejudice. C'est pourquoy tant s'en faut que leur resistance ait dû passer pour rebellion, que c'estoit au contraire un effort juste & legitime, qui tendoit à se maintenir dans leur autorité laquelle estoit alors chancelante & presque estouffée. Nous voyons donc par ces exemples de quelle consequence il est que chaque Estat garde sa forme ancienne, ne s'y faisant point de changement qui ne luy soit funeste.

CHAPITRE XIX.

Que l'administration des choses saintes doit dépendre des Souverains, & que nous ne pouvons nous acquitter de l'obeïssance que nous devons à Dieu, qu'en accommodant le culte exterieur de la Religion, à la paix de la Republique.

Lorsque j'ay dit cy-dessus qu'il n'y a que les souverains, dont le pouvoir soit sans bornes & sans limites, & qu'il ne se fait rien dans leur Empire qui ne dépende de leur autorité ; je n'ay pas pretendu en excepter les loix divines, ny les exercices ordinaires de pieté & de religion, dautant que c'est à eux d'en estre les juges & les interpretes. Mais comme il y en a qui sont d'un sentiment contraire, & qui nient que les Souverains ayent droit sur les choses sacrées, d'où ils se licencient à les censurer, à les trahir, & mesmes à les excommunier, à l'exemple d'un Saint Ambroise (qui eut le front d'interdire

terdire autre fois l'Eglise à l'Empereur Theodose,) je pretends faire voir en ce Chapitre que l'opinion de ces gens là est non seulement pernicieuse, mais qu'elle tend à la division de l'Estat, & au partage de l'Empire; mais avant que de l'entreprendre, je feray voir que les souverains sont les Arbitres du pouvoir & de l'autorité Ecclesiastique; que Dieu n'a nul empire particulier sur les hommes que par leur moyen; & que les exercices de pieté & de religion doivent suivre les interests & l'utilité de la Republique; par consequent qu'il n'appartient qu'à eux de les déterminer, & d'en estre les interpretes. Je parle expressément des exercices de pieté & de religion, & non pas de la pieté mesme, c'est à dire du culte interieur, & des moyens par lesquels l'ame est interieurement disposée à s'elever à Dieu, & à l'aimer en esprit, & en verité, vû que les droits de cette pieté nous sont si naturels, (ainsi que nous l'avons vû à la fin du Chapitre 7.) qu'on ne les sçauroit aliener. Pour ce qui est de ce que j'entends icy par le Royaume de Dieu, il se doit inferer de ce que j'en ay dit au Chapitre 14., où j'ay montré que

X 6 pour

pour accomplir la loy divine, il faut mettre en pratique la justice, & la charité en consideration de l'obeïssance que nous devons à Dieu; d'où il s'ensuit que là est le Royaume de Dieu où la justice & la charité ont vigueur de droit & de commandement: mais il faut remarquer que je ne fais icy nulle difference entre le culte que nous devons naturellement à Dieu, & celuy qu'il nous ordonne de luy rendre par ses revelations, car il n'importe pas de quelle façon ce culte nous soit revelé, il suffit de sçavoir qu'il est d'obligation, & d'une necessité indispensable. Si je puis donc prouver que la justice & la charité n'ont vigueur de commandement que par l'autorité de ceux qui regnent, je seray bien fondé à conclure (puis qu'il n'y a que les souverains qui ayent droit de faire des edits, & des ordonnances) que c'est à eux à limiter le pouvoir de la Religion, & que Dieu ne regne sur les hommes que par leur moyen. Or quant à la pratique de justice, & de charité, nous avons déja vû au Chapitre 16. qu'ils en sont les Arbitres, vû que sous la loy de Nature les avantages de la convoitise, & de la raison

sont

font esgaux, & que tant ceux qui vivent selon leur appetit, que ceux qui suivent la raison ont droit sur tout ce qui leur est possible. Et c'est par cette raison que nous avons banni le peché de l'Estat de Nature, & montré que Dieu ne peut estre consideré comme vangeur des crimes, mais qu'il ne se fait absolument rien dans l'Univers que par les loix communes & ordinaires de la Nature, & qu'un mesme accident (comme dit Salomon) arrive au juste, & à l'injuste, au pur & à l'impur, sans que la justice, & la charité y entrent en consideration. Mais que pour donner autorité, & vigueur de commandement aux lumieres de la raison qui sont des instructions divines, il falloit que chacun renonçât à son droit naturel pour le transporter à toute une communauté, à une partie, ou à un seul, & que c'est enfin par là que l'on a commencé à connoistre ce que c'est que justice & injustice, equité, ou iniquité. Donc nous disons que la justice & generalement tous les dogmes de la droite raison, & par consequent la charité envers le prochain, n'ont ny droit ny pouvoir que ce qu'ils en reçoivent d'un autorité absoluë, &

comme

comme le Royaume de Dieu ne consiste que dans les œuvres de justice & de charité, il s'ensuit ce que je pretends, à sçavoir que l'Empire de Dieu sur les hommes, depend de celuy des Souverains, & qu'il est fort indifferent de concevoir la Religion par les lumieres naturelles, ou par les Propheties, ce qui se fait par une raison tres sensible, puisque la Religion de quelque façon qu'elle vienne à nostre connoissance est divinement revelée; d'où vient que pour donner autorité à la loy des Hebreux, il fallut que chacun renonçât à son droit naturel, & que tous ensemble consentissent de n'obeir qu'à ce que Dieu leur reveleroit, ainsi que nous avons dit qu'il se pratique dans les Democraties, où l'on delibere en commun de s'assujettir à ne vivre que selon les loix de la raison; & mesmes encore que les Hebreux eussent transferé leur droit naturel à Dieu, toutefois ce transport estoit moins réel qu'imaginaire, car en effet l'autorité leur demeura jusqu'à ce qu'ils s'en furent privez en faveur de Moyse, qui par ce moyen devint leur Roy, & par lequel Dieu seul regna sur eux. C'est aussi pour cette

rai-

raison, (à sçavoir pour ce que la Religion n'oblige, & n'a d'autorité qu'autant qu'il plaist au souverain) que Moyse avant l'alliance, le peuple estant encore à soy, ne pouvoit de droit punir les infracteurs du sabbat, comme il fit depuis que chacun eut renoncé à son droit naturel, & se fut engagé de l'observer par cette alliance. Enfin c'est encore pour cela qu'apres la destruction du Royaume des Hebreux, la Religion ne les obligea plus comme auparavant, son autorité, & le regne de Dieu ayant cessé dés le moment que les Hebreux eurent transporté leur droit au Roy de Babilone. Car aussi-tost qu'ils ne pûrent tenir la promesse qu'ils avoient faite d'executer tout ce que Dieu leur commanderoit (ce qui estoit la base & le fondement de l'Empire) ils n'y estoient plus obligez, puisqu'ils n'estoient plus à eux mesmes comme autrefois au desert dans leur païs, mais au seul Roy de Babilone dont ils estoient sujets, & auquel ils estoient tenus d'obeïr en toute rencontre, c'est à quoy Jeremie les exhorte expressément en ces termes, *procurez la paix de la ville où je vous ay mis en captivité,* Ch. 19. v. 7.

vité, car dans sa paix vous trouverez la vostre. Or comment pouvoient-ils procurer la paix de Babilone? ce n'estoit pas en qualité de ministres d'Estat puisqu'ils estoient captifs, par consequent comme bons & fidelles sujets, en evitant les seditions, & en se rendant souples & obeïssants aux loix de Babylone, quoy qu'elles fussent toutes opposées à celles de leur païs, &c. Par où il est evident que la Religion des Hebreux ne tiroit son autorité que de celle de leur Royaume, & que la ruine de celuy-cy estoit aussi la fin de leur loy, qui de particuliere qu'elle estoit, devint par ce moyen cette loy de raison catholique & universelle à laquelle tous les peuples & toutes les nations sont obligées; je l'appelle loy de raison, la Religion catholique n'ayant encore esté alors ny revelée ny preschée. Nous concluons de là que de quelque façon que la Religion soit revelée, soit par la Lumiere Naturelle, ou par les Propheties, elle n'est d'obligation qu'autant qu'il plaist aux Souverains, & que ce n'est effectivement que par eux que Dieu regne sur les hommes. Ce qui s'ensuit encore de ce que nous en avons dit au Chapitre

tre 4. où nous avons montré clairement que les decrets de Dieu sont eternels & d'une necessité inevitable, & qu'il est impossible de le concevoir comme un Prince qui prescrive des loix aux hommes. C'est pourquoy de quelque façon que nous considerions les enseignements divins, soit du costé de la nature, ou des Propheties, nous trouverons que leur obligation n'est point immediate, mais que ce n'est que par le moyen des souverains, & par consequent que ce n'est que par eux que le regne de Dieu est establi sur les hommes, & qu'il a soin de ce qui les concerne selon les loix de la justice & de l'équité, ce qui se prouve encore par l'experience, vû qu'il n'y a nulle justice que dans les estats ou regnent des Rois justes, & que hors de là (pour repeter encore icy les paroles de Salomon) un mesme accident arrive au juste, & à l'injuste, au pur & à l'impur. D'où la pluspart de ceux qui ont crû que Dieu gouverne les hommes immediatement par luy mesme, & que tout l'univers ne roule, & n'est fait que pour eux, ont pris occasion de douter de la providence divine. Puis donc que la raison, & l'experience

perience demontrent clairement que les decrets de Dieu dependent des puissances souveraines, il s'enfuit necessairement qu'il n'appartient qu'à elles de les interpreter, il reste à voir de quelle maniere, & c'est ce que nous allons faire, aussi bien est il temps de prouver que le culte exterieur de la religion, & tout exercice de pieté doit s'accommoder à la paix & au bien de la Republique si nous voulons que l'obeïssance, que nous devons à Dieu, luy soit agreable. Car cela estant demontré, je ne vois pas que l'on puisse douter, que les Souverains ne soient les seuls qui doivent decider de la foy & de la pieté.

La pieté envers la patrie est sans contredit la plus sainte, & la plus legitime que l'homme puisse avoir, vû qu'où il n'y a point d'empire rien de bon ne peut subsister, & que l'on n'y est point en seureté si le vice y regne impunément ; d'où il s'enfuit que c'est une impieté de faire du bien au prochain au prejudice de la Republique, & qu'au contraire c'est une œuvre pieuse & sainte d'avoir esgard au bien public au prejudice du prochain. Par exemple c'est une bonne œuvre de don-

donner mon habit à qui me veut oster mon manteau, cependant si cela est defendu par les loix de l'Estat comme une chose pernicieuse, bien loin d'estre un crime c'est une bonne action. d'appeller cet homme en justice quoy qu'il y aille de sa vie; c'est pourquoy on celebre le fameux Manlius Torquatus qui eut autrefois le courage de sacrifier son fils au salut de la Republique, d'où il s'ensuit que le salut du peuple est la loy souveraine qui doit servir de regle à toutes les autres soit divines ou humaines : mais comme il n'appartient qu'au Souverain de determiner de ce qui est du salut du peuple, & de la seureté de l'Estat, & ordonner enfin ce qu'il juge luy estre necessaire, il est constant qu'il n'appartient aussi qu'à luy de determiner comment il faut que chacun aime son prochain, c'est à dire de quelle façon nous devons obeïr à Dieu ; & voilà comment il est fort aisé de comprendre que les puissances souveraines sont establies pour interpreter la religion ; & que nul ne peut s'acquitter de l'obeïssance qu'il doit à Dieu qu'en accommodant le culte exterieur de la religion à la paix de la Republique, & par consequent,

quent, qu'en executant tout ce qu'il plaift aux fouverains de commander. Car puisque tous les hommes fans exception font obligez d'aimer leur prochain, & de ne faire tort à perfonne, il s'enfuit qu'il n'eft pas permis d'affifter quelqu'un au prejudice d'un autre, beaucoup moins de la Republique, & qu'enfin nul ne peut aimer fon prochain felon la loy divine qu'en conformant fa pieté & fa religion aux interefts communs. Mais comme les particuliers n'ont pas le don de penetrer dans les befoins du peuple, ny de difcerner ce qui luy eft bon ou mauvais que par les edits du fouverain, auquel feul appartient la decifion du bien public, il eft conftant que la veritable pieté, & l'obeïffance que nous devons à Dieu dépendent de la foûmiffion & du refpect que nous avons pour leurs edicts. Confirmons cecy par la pratique. Il n'eft permis à aucun fujet de donner fecours à celuy qui eft condamné à la mort, ou declaré ennemi par le fouverain, foit que le criminel foit citoyen ou eftranger, homme public ou privé. Et c'eft pour cela qu'encore qu'il fût commandé aux Hebreux d'aimer leur prochain comme eux mef-

Levit. Ch. 19. v. 17. & 18.

mesmes, ils estoient neantmoins obligez de dénoncer au juge celuy qui auroit peché contre la loy, & mesmes de le tüer s'il estoit trouvé digne de mort. D'ailleurs nous avons vû au Chap. 17. qu'il falloit que les Hebreux pour conserver leur liberté & leurs conquestes accommodassent leur Religion à leur seule Republique,& qu'ils se sequestrassent des autres peuples & nations, c'est pour quoy il leur estoit dit d'aimer leur prochain, & de haïr leurs ennemis. Mais depuis la chûte de la Republique, & qu'ils eurent esté menez captifs en Babylone, Jeremie les exhorte à chercher la paix de cette ville ; & Jesus Christ mesme les voyant dispersez par toute la terre leur enseigne, que tous les hommes devoient estre dorenavant l'objet de leur pieté. Preuve evidente que l'on a de tout temps accommodé la Religion aux interests d'Estat. Or si l'on me demande de quelle autorité les Disciples de Christ, lesquels n'estoient qu'hommes privez, preschoient la Religion? Je répondray qu'ils le faisoient en vertu du pouvoir que Jesus Christ leur avoit donné sur les esprits immondes : car nous avons
montré

montré au Chapitre 16. que nul ne se peut dispenser de garder la foy à son Souverain, quelque tyran qu'il soit, excepté celuy à qui Dieu auroit promis par revelation certaine de luy donner un secours extraordinaire pour resister à ce Tyran : d'où vient que l'exemple des Disciples ne doit estre imité de personne qui n'ait aussi bien qu'eux le don de miracles, & qui ne soit dispensé comme eux de craindre ceux qui tuënt les corps ; vû que si les paroles de Jesus Christ estoient generalement pour tous les hommes, il n'y a point d'Estat ou l'on pût estre en seureté ; & ce que dit Salomon dans ces Proverbes ; *mon fils Crain Dieu & le Roy*, seroit une sentence impie ce que nous n'avons garde de croire. C'est pourquoy il faut avoüer que cette autorité que Jesus Christ donna à ses Disciples estoit une faveur particuliere qu'il leur faisoit, & qu'en cela nul n'a droit de les imiter. Pour ce qui est des raisons, par où nos adversaires pretendent separer le droit canon du droit civil, & soûtenir que celuy cy depend des Souverains & l'autre de l'Eglise Catholique & Universelle; ce sont des raisons si frivoles qu'elles ne sont pas dignes qu'on qu'on s'amuse à les refuter. Je diray seulement que c'est estre bien aveuglé que d'appuyer sur l'exemple du grand Pontife des Hebreux une opinion si seditieuse, à la personne duquel estoit annexée l'administration des choses saintes : comme si Moyse (qui estoit demeuré Souverain & le seul arbitre de toutes choses) n'eut pas donné ce pouvoir aux Pontifes, & ne se fût pas reservé l'authorité de les en priver. Car il donna le Pontificat non seulement à son frere Aaron, mais mesmes à son fils Eleazar, & à son neveu Phinée; dignité dont les Pontifes estoient tellement revestus qu'ils ne passoient que pour les substituts de Moyse, c'est a dire du Souverain. Car comme nous avons des-ja dit Moyse n'éleut point de successeurs pour regner apres luy, mais il dispensa tellement toutes les charges de la Republique que ceux qui commandérent apres sa mort n'estoient reputez que ses Lieutenants lesquels dominoient comme s'il n'eût esté qu'absent. J'avouë que sous le second Temple les Pontifes estoient souverains, mais ce ne fut qu'apres avoir envahi la principauté. Si bien que le Pontificat estoit alors

une

une charge qui dépendoit de l'authorité souveraine, dont les Pontifes n'ont jamais esté en possession qu'en qualité de Princes & depuis leur usurpation. Davantage il est certain que toutes les choses sacrées estoient comme un droit Royal & qu'elles dependoient des Rois, horsmis qu'ils n'ozoient pas toucher aux ornements du Temple, à cause que ceux qui n'estoient pas de la race d'Aaron estoient reputez profanes. Ce qui n'est point de consequence pour les Chrestiens, c'est pourquoy il est hors de doute que les choses saintes d'aujourd'huy (dont l'administration est annexée à certaine maniére de vivre, & non comme autrefois à une famille particuliere, dont par consequent, les Souverains ne doivent point estre exclus comme profanes) il est dis-je hors de doute que les choses sacrées ne sont que du ressort de ceux qui ont l'authorité en main, & que nul ne peut les administrer, ny pourvoir l'Eglise de ministres, ny determiner de ses fondements & de sa doctrine, ny juger des mœurs, ny resoudre qu'elles sont les bonnes & les mauvaises, ny excommunier, ny enfin avoir soin
des

des pauvres que par leur permission, & par leur ordre. Chose non seulement veritable & sensible (ainsi que nous venons de le prouver, mais absolument necessaire au salut de la Republique & à la Religion. En effet qui ne sçait ce que peut sur le peuple l'autorité Ecclesiastique? & qu'elle s'est acquis un empire si absolu qu'il suffit de l'avoir pour attirer à soy les esprits & les volontez. Par consequent c'est partager l'Empire que de l'oster aux Souverains, & esmouvoir comme autrefois entre les Rois & les Pontifes des discordes & des dissensions dont on ne voit jamais la fin ; joint (comme nous avons desja dit) que c'est se faire un chemin à l'Empire. En effet sans cela que peuvent ils resoudre & determiner ? rien sans doute ny dans la paix, ny dans la guerre, s'il faut qu'ils s'en rapportent aux decisions de ceux qui pretendent leur apprendre si ce qu'ils jugent utile & necessaire, est bon ou mauvais. Mais au contraire tout dépendra de l'autorité de celuy lequel aura droit de juger, & de determiner de ce qui est bon ou mauvais, licite, ou illicite. De tant d'exemples qu'on a vû de cecy dans tous les siecles, je n'en

Y cite-

citeray qu'un qui servira pour tous. Par ce qu'on a cedé au Pape l'autorité Ecclesiastique, on l'a vû empiéter peu à peu sur celles des Rois, & s'élever enfin si haut qu'en dépit des Monarques, surtout des Empereurs d'Allemagne, il a estendu sa puissance aussi loin qu'il l'a souhaité, sans que les efforts de ceux-cy ayent fait autre chose qu'augmenter son autorité: jusques-là, que les Ecclesiastiques ont fait d'un seul trait de plume ce que n'a pû aucun Roy ny par le fer ny par le feu; tant il est veritable que rien n'eschape à sa puissance, & qu'il importe extrémement que les Souverains se reservent cette autorité. Que si nous voulons rappeller icy les reflexions que nous avons faites au precedent Chapitre, nous trouverons que la religion & la pieté en tireroient un tres grand avantage; car quoy que les Prophetes fussent divinement inspirez, n'estant neantmoins qu'hommes privez, la liberté qu'ils prenoient de donner des avis, de reprendre, & de crier contre la licence des mœurs faisoit plus de mal que de bien, & quelqu'inspiration qu'ils eussent pour cela, cependant les menaces ou les justes supplices

ces que leur faiſoient ſouffrir les Rois, les rendoient ſages, & plus retenus. Un autre inconvenient qui reſultoit de ce que les Rois n'avoient pas cette autorité, c'eſt qu'il leur ſervoit ſouvent de pretexte pour abandonner la Religion, & la pluspart du peuple avec eux, ce qui s'eſt vû depuis auſſi frequemment chez les Chreſtiens pour le meſme ſujet qu'autrefois parmi les Hebreux. Mais me dira quelqu'un, ſi les Souverains ſont meſchants, qui ſera ce qui vangera la querelle de Dieu? ou, qui prendra l'intereſt de la religion ? eſt-il juſte que des impies en ſoient les interpretes? Mais je demanderay à mon tour, ſi les Eccleſiaſtiques (qui ſont hommes comme l'on ſçait, hommes privez & qui ne ſe doivent meſler que de ce qui les touche) ſont gens vicieux & ſans pieté, eſt-il juſte que la foy dépende de leurs deciſions ? J'avoüe que ſi les Souverains de quelque genre que ſoit leur puiſſance veulent faire tout ce qu'ils peuvent, tout ira ſens deſſus deſſous, tant à l'eſgard des choſes ſaintes que des profanes, mais il faut avoüer auſſi que ce ſera encore bien pis ſi des hommes privez ſe veulent inſolemment

ment attribuer l'autorité divine; c'est pour quoy en la refusant aux puissances souveraines, bien loin d'éviter, c'est augmenter un mal qui leur sert souvent de pretexte (aussi bien qu'aux Rois des Hebreux à qui elle estoit defenduë) de devenir meschants, & donner occasion au bouleversement de l'Estat, qui d'incertain & contingent, devient certain & necessaire. Avoüons donc que tant à l'esgard de la verité que de la seureté d'un Empire, & de l'accroissement de la pieté, l'autorité des choses saintes n'est duë qu'aux Souverains, & qu'il n'appartient qu'à eux d'en estre les vangeurs, & les interpretes. D'où il s'ensuit que ceux-là sont les veritables ministres de la parole de Dieu qui n'enseignent au peuple la pratique de pieté que par l'ordre de leur Souverain, & selon qu'il le juge plus expedient pour le bien de l'Estat.

Il reste maintenant à voir pourquoy les differents sur ce sujet sont éternels parmi les Chrestiens, cette matiere n'ayant jamais esté controversée que je sçache chez les Hebreux. Certes il est surprenant qu'une question si manifeste & si necessaire ait toûjours esté

en

en dispute, & qu'on l'ait tellement contestée aux Souverains qu'ils n'ayent pû en user qu'au prejudice du repos de l'Estat & de la Religion; s'il n'y avoit point de moyen d'en découvrir la source, j'avouërois franchement que tout ce que nous avons dit en ce Chapitre, n'est que speculatif, & de ces sortes de speculations qu'on ne peut reduire en pratique; mais pour peu que l'on considere les commencements du Christianisme, il est aisé de la connoistre. Car ce n'a pas esté des Rois qui ont jetté les premiers fondements de la Religion, mais des hommes privez, qui malgré ceux dont ils estoient sujets s'ingererent de la prescher à des Eglises particulieres, d'y establir & administrer de saints offices, & qui furent les seuls à disposer & à ordonner de tout sans se soucier des Souverains; & comme il y avoit long temps que la religion estoit divulguée & establie lors que les Ecclesiastiques commencerent à l'enseigner aux Princes & aux Potentats selon leur propres décisions; ils n'eurent pas de peine à persuader qu'ils en estoient les docteurs & les interpretes, & à se faire reconnoistre pasteurs de l'Eglise, &

com-

comme vicaires de Dieu, & de peur que les Rois ne s'emparassent de cette autorité, ces bonnes gens eurent soin de défendre par un decret exprez le mariage au Chef de l'Eglise. Ajoûtez à cela qu'ils avoient tellement augmenté & embroüillé les articles de foy, qu'il falloit que celuy qui en devoit estre l'interprete fût bien versé dans la Philosophie & dans la Theologie pour démesler un labyrinthe de questions inutiles, employ frivole qui ne peut convenir qu'aux personnes privées, & à des gens qui ont beaucoup de temps à perdre. Mais parmi les Hebreux il en alla tout autrement, car l'Eglise & la Republique commencerent en mesme temps, & Moyse qui en estoit & le Chef & le Souverain, estoit aussi le docteur du peuple, & c'estoit luy mesme qui enseignoit la religion, & qui ordonnoit des choses saintes, & des ministres. Ce qui fut cause que le peuple avoit l'autorité Royale en veneration singuliere, & que les Rois se conserverent un plein pouvoir, sur les choses saintes. Car bien qu'apres Moyse personne ne fût absolu, le Prince neantmoins avoit droit d'en resoudre aussi bien

bien que de tout le reste ; & le peuple pour s'en instruire n'estoit pas moins tenu de s'addresser au Juge souverain qu'au Pontife. Davantage quoy que les Rois n'eussent pas un pouvoir esgal à celuy de Moyse ; toutefois la dispensation du sacré ministere, & le choix des Levites dependoit de leurs ordonnances. Car le Temple fut édifié sur le modele que David en avoit conceu, & ce fut luy mesme qui choisit d'entre les Levites vingt quatre mille chantres, qui de six mille autres fit les uns juges, & les autres prevôts, & qui establit enfin quatre mille portiers & autant d'organistes. Apres, il en fit plusieurs Corps, dont il choisit les principaux pour servir chacun à son tour, en suite il distribua les sacrificateurs avec le mesme ordre. Mais pour éviter un détail qui ne pourroit estre qu'ennuyeux, je renvoye le lecteur au 2. livre des Chroniques, où il est dit *que le service de Dieu se faisoit dans le Temple selon l'instruction de Moyse par l'ordonnance de Salomon, & que ce Roy executa le commandement de David son pere dans les departements des sacrificateurs selon leurs ministeres, & des Levites selon leurs charges.* Et enfin au

Deut. Ch. 17.

1. Chron. Ch. 23. v. 11, 13. & c.

La mesme Ch. v. 2, 4, 5.

Ch. 8. v. 13.

v. 14.

ver-

verset 15. L'historien dit en termes exprés, *qu'on n'obmit rien des ordres du Roy touchant les sacrificateurs & les Levites, en nulle affaire, ny aux tresors de l'espargne.* D'où il s'ensuit, & des autres histoires des Rois, que ceux-cy estoient les Arbitres de la pratique de pieté, & de religion, & qu'ils disposoient des choses saintes. Quant à ce que j'ay dit qu'ils n'avoient pas comme Moyse l'autorité d'élire un Pontife, de consulter Dieu immediatement par eux mesmes, ny de condamner les Prophetes qui prophetisoient de leur vivant, je ne l'ay dit qu'en vuë du pouvoir que ceux-cy avoient d'élire un nouveau Roy, & de pardonner le parricide : & non pas qu'il fût permis d'appeller un Roy en justice, & d'agir juridiquement contre luy s'il arrivoit qu'il entreprit quelque chose contre les loix. C'est pourquoy s'il n'y eût point eu de Prophete qui eût ce privilege de la part de Dieu, il ne se fût trouvé aucun obstacle à leur puissance, & leur droit eût esté esgal sur les choses saintes, & sur les civiles ; & par cette raison les Souverains d'aujourduy n'ayant point de Prophetes, ny d'obligation d'en re-
con-

connoiſtre (les loix des Hebreux ne les regardant point) l'ont abſoluë encore qu'ils ſoient mariez, & l'auront toûjours pourvû ſeulement qu'ils empeſchent que les dogmes de la religion ne montent à l'infini, & ne ſoient confondus par le meſlange des autres ſciences.

Chapitre XX.

Que dans une Republique libre il doit eſtre permis d'avoir telle opinion que l'on veut, & meſmes de la dire.

SI l'on pouvoit arreſter les Eſprits, & les reprimer comme les langues, il n'y auroit ny violence ny tyrannie, car les ſujets n'auroient point d'autre volonté que celle de leurs Princes, n'y d'opinion qui ne dépendit de leurs decrets. Mais il eſt impoſſible (ainſi que nous l'avons fait voir au Chapitre 17.) d'aſſervir tellement l'Eſprit qu'il n'ait aucune liberté, vû que nul ne ſe peut défaire de ſon droit naturel, c'eſt à dire de la faculté de raiſonner & de juger avec liberté de toutes choſes, &

qu'on ne peut mefme l'y contraindre. Ainfi, gourmander les Efprits, & leur ofter la liberté de juger du vray & du faux, du bon & du mauvais, du jufte & de l'injufte, c'eft ufurper leur liberté, & regner tyranniquement, parce que tout cela eft un droit dont perfonne ne fe peut défaire encore qu'il le voulût. Ie demeure d'accord qu'il y a d'infinis moyens de préoccuper les Efprits, & qu'ils peuvent dépendre aveuglément de la volonté de quelqu'un : cependant il y a toûjours quelque exception dans cet aveuglement, car nous voyons par experience que chacun abonde en fon fens, & que les fentiments font auffi divers que les goufts. Si Moyfe qui avoit gagné l'Efprit du peuple non par rufe ou par artifice, mais par une vertu toute divine dont il eftoit doüé au rapport de la renommée, ne pût neantmoins éviter les interpretations finiftres, ny empefcher les murmures & les revoltes, comment le pourroient les autres Monarques ? je ne parle exprés que des Monarques, vû que la chofe eft entierement impoffible dans les Democraties où la domination eft partagée.

Encore

Encore donc que l'autorité des Souverains n'ait point de bornes, & qu'ils passent pour les Arbitres & du droit & de la pieté, jamais neantmoins ils ne pourront oster à leurs sujets la liberté de juger de tout, & d'espouser tel sentiment & telle opinion qu'ils voudront. Il est vray qu'ils peuvent tenir pour ennemis ceux qui sont d'opinion contraire, mais il ne s'agit pas icy de leur pouvoir; mais seulement de l'utile & du necessaire. Car j'avouë qu'il leur est permis de regner en Tyrans, & de punir leurs sujets du dernier supplice pour une cause tres legere, mais outre que ce procedé est contre la droite raison, il choque si visiblement les interests d'Estat, que l'on peut nier que leur puissance s'estende jusques là, & par consequent que leur droit soit absolu, puisque ce droit (ainsi que nous l'avons fait voir) est limité & determiné par leur puissance.

S'il ne nous est donc pas permis de renoncer à la liberté de juger & de croire tout ce qu'il nous plaist, chacun estant de droit naturel maistre absolu de ses pensées; il s'ensuit qu'on ne peut tenter avec succez d'obliger ceux qui sont de contraire opinion à

Y 6 ne

ne parler que conformément aux ordonnances des Souverains, vû qu'il est impossible mesme aux plus sages de se taire, & que c'est un vice general que de trahir ses sentiments dans les choses les plus importantes, & par consequent qu'il est injuste d'oster la liberté de dire & d'enseigner ses opinions. Mais quoyque cette liberté ne puisse estre opprimée, je ne nie pourtant pas que la supréme majesté ne puisse estre lezée par les paroles aussi bien que par les effets, & que s'il est impossible d'aneantir cette liberté, il ne soit pernicieux de luy donner trop d'estenduë; voyons donc maintenant quels sont les droits de sa jurisdiction, & comment on en peut user sauf l'interest des Souverains, & la paix de l'Estat.

Apres ce que nous avons dit cy-dessus des fondements de la Republique, on ne peut revoquer en doute que sa fin principale n'est pas de dominer, ny de tenir les hommes dans la crainte & de les soûmettre à un autre; mais que c'est au contraire de les guerir de leurs apprehensions, & d'avoir esgard à leur seureté autant qu'il est impossible, c'est à dire de faire en sorte que
chacun

chacun puisse par ce moyen conserver son droit naturel sans prejudicier à personne. Ce n'est pas dis-je la fin des Republiques de metamorphoser des hommes raisonnables en bestes ou en machines, mais au contraire de contribuer à la liberté des fonctions du corps & de l'Esprit, de leur laisser l'usage de la raison libre, & de bannir de leur commerce la hayne, la fraude, la colere, & la mauvaise intelligence. En un mot c'est la liberté qui est la fin des Republiques. Enfin nous avons vû que pour élever un Empire, il falloit necessairement que l'autorité demeurât ou à toute la communauté, ou à une partie, ou à un seul. Car comme les opinions sont diverses & que chacun applaudit aux siennes, il falloit pour vivre en repos que chacun renonçât au droit d'agir comme il luy plaist. Ainsi ce n'est qu'au droit d'agir que l'on a renoncé, & non pas à celuy de raisonner, & de juger; c'est pourquoy l'on ne peut agir contre les edits des Souverains sans choquer leur puissance, mais la liberté du jugement & des opinions ne leze point leur Majesté, ny par consequent celle de les dire & de les enseigner, pourvû vû que cela se fasse sans fraude, sans colere, sans haine, & sans dessein de faire passer ses opinions pour des arrests. Par exemple si l'on rencontre qu'une loy repugne au bon sens, & que l'on conseille pour ce sujet de l'abolir, pourvû que ce soit en soumettant son jugement à celuy du Souverain (auquel seul appartient de faire & d'abolir les loix) & que l'on n'entreprenne rien contre ses ordonnances, bien loin de pecher en cette rencontre, c'est en user en bon citoyen, & rendre service à l'Estat; mais si au contraire on le fait pour insulter au Magistrat, & pour rendre sa conduite odieuse, ou que l'on s'efforce d'abolir les loix, c'est estre rebelle & perturbateur. Et par là nous voyons comme l'on peut sans lezer les droits & l'autorité des Souverains, c'est à dire sans troubler la paix & le repos de la Republique dire & enseigner ses sentiments; à sçavoir en leur laissant la conduite de la police sans s'opposer à leurs edicts, quoy qu'ils soient contraires à nos opinions, & qu'ils nous semblent injustes, n'y ayant point d'autre moyen d'estre juste & pieux : car comme la justice dépend de la décision

cision des Souverains, il est impossible d'estre juste à moins que de vivre selon leurs decrets. Et comme il n'est point de pieté pareille à celle qui concerne la tranquillité de l'Estat, celuy-cy d'ailleurs ne pouvant subsister si chacun prétend estre l'Arbitre de sa conduite, il s'ensuit que c'est une impieté de s'opposer aux ordres de son Souverain, vû que cette licence seroit la ruine de la Republique. Davantage il est impossible que nous péchions contre nôtre propre raison en obeïssant au Souverain, puisque c'est elle qui nous a incitez à nous assujettir à ses loix : confirmons le par la pratique. Dans les assemblées soit souveraines ou subalternes, il est bien rare que tous les membres y soient d'un mesme avis, cependant tout s'y fait du consentement tant de ceux qui ont opiné *contre*, que des autres. Revenons à nôtre sujet. Apres avoir montré par les fondemens de la Republique comment la liberté de juger ne repugne point à l'autorité des Souverains; determinons par la mesme régle quelles opinions sont seditieuses, à sçavoir celles que nul ne peut avoir sans rompre l'accord par lequel il avoit renon-

renoncé au droit d'eſtre l'Arbitre de ſa conduite exterieure. Comme par exemple ſi quelqu'un ſoûtenoit que le Souverain n'eſt point Maiſtre de ſes actions, que la promeſſe n'engage perſonne, ou que chacun peut vivre comme il luy plaiſt, & choſes ſemblables qui repugnent directement à l'accord dont nous venons de parler, je dis que cet homme eſt ſeditieux, non tant pour ce qu'il juge & qu'il raiſonne de la ſorte que pour la nature de ce raiſonnement qu'il ne peut former qu'il ne viole tacitement ou expreſſément la foy à ſon Prince; d'où vient que les opinions qui ne vont point juſqu'à la rupture de l'accord, comme la vangeance, la colere, &c. ne ſont point ſeditieuſes, ſi ce n'eſt peut-eſtre dans les Republiques à demi-corrompuës, où les ſuperſtitieux & les ambitieux qui ne peuvent ſouffrir les hommes francs & ingenus ſe ſont acquis tant de credit qu'ils ont plus de pouvoir ſur l'Eſprit du peuple que n'ont les Souverains ; ce n'eſt pas qu'il n'y ait d'autres opinions, qui pour ne toucher ſimplement & en apparence que le vray & le faux, ne laiſſent pas d'eſtre publiées à mauvaiſe fin.

fin. Mais c'est de quoy nous nous sommes expliquez au Chapitre 15. où nous les avons tellement determinées que le regne & la liberté de la raison subsiste toûjours. Enfin si nous considerons que la foy des sujets envers la Republique comme envers Dieu ne se peut connoistre que par les œuvres, à sçavoir par la charité envers le prochain, nous ne douterons plus qu'une Republique bien saine ne laisse à un chacun la mesme liberté de raisonner que la foy permet, (ainsi que nous l'avons fait voir. J'avouë que cette liberté a ses inconvenients : mais y eût-il jamais d'institution si sagement establie, qui en fût exempte ? mettre des bornes à toutes choses, & les contraindre par la rigueur des loix, c'est plutost irriter le vice, que le corriger; il faut necessairement permettre ce que l'on ne peut empescher, quoy qu'il soit souvent prejudiciable. L'envie, l'avarice, l'yvrognerie & autres semblables sont la source de beaucoup de maux ; cependant on les souffre par ce qu'il n'y a point de loix assez fortes pour les empescher ; à plus forte raison doit on laisser la liberté du raisonnement, puisque c'est ef-
secti-

fectivement une vertu, & un don de nature que nul ne nous sçauroit oster. Joint qu'il n'en peut reüssir aucun mal que l'autorité des Magistrats ne puisse estouffer dés sa naissance (ainsi que nous allons bien-tost voir) & qu'elle est enfin importante & tres necessaire pour les sciences & pour les arts, qui ne peuvent estre cultivez avec succez que par ceux qui sont libres de prejugez & de contrainte.

Mais quoyque cette liberté pût estre opprimée, & les sujets reduits au point de n'oser seulement ouvrir la bouche que par la permission des Souverains, jamais pourtant ils ne viendront à bout d'estre les Arbitres de leurs pensées; vûque si cela estoit possible, il s'ensuivroit que l'on parleroit à toute heure contre sa pensée, & par consequent que la foy si necessaire à la Republique se corromproit en sorte que l'on ne verroit plus que dissimulation & perfidie, d'où naistroient les ruses, les fourbes, & l'aneantissement des arts. Mais tant s'en faut que les edits des Souverains puissent arrester les langues, que c'est au contraire un moyen de leur faire prendre plus de licence, non pas celles à la verité des flateurs,

flateurs, des avares, & de ces infensez qui mettent leur felicité à contempler leur argent dans leurs coffres ou à remplir leur ventre, mais de ceux que les bonnes mœurs, l'integrité & la vertu ont élevez à un genre de vie plus noble, & à une honneste liberté. La constitution des hommes est telle que rien n'est si rude à la pluspart que de voir passer pour criminelles des opinions qu'ils tiennent pour les veritables, & d'estre condamnez pour des choses qui eschauffent le zele & la pieté envers Dieu, & envers les hommes; d'où naissent les pretextes de detester les loix, de murmurer contre les Magistrats, & d'attenter à leur personne, tant les hommes sont persuadez que c'est une loüable action que de se mutiner pour ce sujet, & de commettre les plus execrables forfaits. Donc la nature des hommes estant telle, il s'ensuit que les loix qui défendent les opinions, ne regardent point les meschants, mais ceux qui sont francs & genereux, & qu'elles sont plutost establies contre ceux-cy que pour reprimer les autres. Ajoûtez à cela que ces loix sont fort inutiles, parce que ceux qui croyent leurs opinions

nions, que l'on condamne, faines & raifonnables, n'y obeïront jamais, & que ceux au contraire qui les croyent fauffes, recevront ces loix comme chofes faintes, & s'en prevaudront tellement que le Magiftrat n'en fera plus le maiftre, & qu'il ne les pourroit plus abolir s'il en avoit envie. Ajoûtez à cela les deductions que nous avons faites de l'hiftoire des Hebreux au Chapitre 18. & tout ce grand nombre de Schifmes dont l'origine eft duë aux loix dont les Magiftrats fe font fouvent fervis pour eftouffer les controverfes des docteurs. Car fi ceux-cy ne fe flattoient d'attirer à eux & les loix & les Magiftrats, de triompher de leurs adverfaires avec l'applaudiffement du peuple, & de s'acquerir de la gloire; il eft certain qu'ils ne contefteroient point avec tant de chaleur, & que leur animofité auroit quelques bornes. Paffons de la raifon à l'experience, & nous verrons par une infinité d'exemples, que les loix qui pretendent de limiter les opinions, & qui défendent de parler ou d'efcrire contre celles que l'on n'approuve pas, ont efté inftituées par une molle condefcendance aux crieries importunes

nes de certains inquiets, qui ne sçauroient souffrir une maniere de vivre ingenuë & sans fard, & qui s'emparent de l'esprit du peuple par des voyes indirectes pour se servir de sa furie contre les gens qui leur déplaisent. Ne vaudroit il pas mieux empescher ces desordres, & prévenir l'insolence de la multitude, que d'establir des loix qui ne peuvent servir que de piege aux gens de probité, & par lesquelles la Republique peut estre reduite à ne pouvoir souffrir ceux qui font profession de franchise & d'ingenuité. Car peut on rien imaginer de plus pernicieux à un Estat, que d'exiler les honnestes gens comme des impies & des scelerats, parce qu'ils sont d'opinion contraire, & qu'ils ne sçauroient dissimuler? qu'y a t'il dis-je de plus pernicieux que de declarer ennemis, & de punir du dernier supplice ceux qui ne sont coupables que pour estre francs & sinceres, & que l'eschaffaut (supplice infame, & la terreur des meschants) devienne un theatre pompeux où l'on triomphe insolemment de la vertu à la honte des Souverains? car ceux à qui la conscience ne reproche rien, ne craignent ny mort ny sup-

supplice, & comme ils se sentent innocents, ils font gloire d'exposer leur vie pour une bonne cause, & d'estre Martyrs de leur liberté. Que pense-t-on donc avancer par leur perte? & à qui profiter par une telle inhumanité? les sots en ignorent la cause, les seditieux l'ont en horreur, les honnestes gens la reverent; ainsi cét exemple ne peut servir que pour exciter l'emulation de ceux-cy, & la flaterie des autres.

Donc pour ne pas tomber dans le piege que tendent les flateurs, & mettre la foy en credit, pour regner équitablement, & couper pié aux seditions il faut laisser la liberté des sentiments, & faire en sorte que pour estre divers & contraires, ils n'engendrent pourtant ny dispute, ny desunion. A bien peser la chose, il est certain que cette sorte de gouvernement est la meilleure, & la moins sujette aux inconvenients, puis qu'il n'y en a point qui convienne si proprement à la constitution humaine, car nous avons montré que dans l'Estat Democratique (qui est le plus naturel de tous,) chacun s'oblige à la verité de regler ses actions suivant les ordonnances qui se font en com-

commun, mais non pas de juger & de raisonner : c'est à dire que les hommes ne pouvant estre d'un mesme sentiment, ont passé accord entr'eux de donner vigueur de loy à ce qui auroit la pluspart des voix, en se reservant neantmoins l'autorité de l'abolir comme ils le jugeront expedient. D'où j'infere que plus on retranche de la liberté de juger, plus on s'éloigne de l'Estat de nature, & par consequent que c'est regner avec d'autant plus de violence ; & pour montrer que cette liberté n'est suivie d'aucun inconvenient que l'autorité ne puisse éviter, & qu'il n'y a point d'autre moyen d'empescher les hommes de se nuire les uns aux autres, quoy qu'ils professent ouvertement des opinions contraires ; je n'allegueray pour exemple que la ville d'Amsterdam, qui doit sa splendeur & son opulence que toutes les Nations admirent à cette chere liberté, car il n'est point de Nation si estrange, ny de Secte si extraordinaire qui n'y vive paisiblement, & pour confier ses biens à quelqu'un on n'est en peine que de sçavoir s'il a du bien, ou s'il n'en a pas, & s'il est homme de bonne foy ou accoûtumé à tromper :

du

du reste on n'y a nul esgard ny à Religion, ny à Secte, cela ne servant de rien pour rendre une cause bonne ou mauvaise, joint qu'il n'est point de Secte si odieuse, dont les sectateurs (pourvû qu'ils n'offensent personne, & qu'ils vivent en honnestes gens) ne soient honorez de la faveur & de la protection des Magistrats. Au lieu qu'autrefois les Estats n'eurent pas plûtost pris connoissance du different d'entre les Remontrans, & leurs adversaires que l'on en vit naistre un grand schisme ; tant il est veritable que toutes les loix qui se font touchant la Religion & pour decider des controverses ne font qu'irriter les Esprits, outre que plusieurs en deviennent plus vicieux, & plus dissolus, & que les schismes n'ont jamais pris naissance de l'amour de la verité (source d'urbanité & de douceur) mais de trop d'envie de dominer. D'où il s'ensuit manifestement que ceux qui censurent les escrits, & qui enflamment par un Esprit de sedition le vulgaire ignorant contre les Escrivains, sont les seuls schismatiques, & non pas les auteurs, qui n'escrivent ordinairement que pour les doctes, & qui n'appellent

pellent que la raison à leur secours. Et que ceux enfin qui s'efforcent de reprimer dans une Republique libre la liberté du jugement (chose absolument impossible) sont effectivement seditieux & perturbateurs.

Voilà ce que j'avois à dire pour faire voir 1. qu'il est impossible d'oster aux hommes la liberté de dire leur sentiment. 2. que cette liberté ne prejudicie nullement à l'autorité des Souverains, & que chacun la peut avoir & en user, pourvû que ce ne soit pas à dessein d'introduire des nouveautez & pour agir contre les loix & les coûtumes de l'Estat. 3. que cette liberté n'est point contraire à la paix de la Republique, & qu'il n'en peut naistre d'inconvenient qu'il ne soit aisé d'estouffer. 4. que la pieté n'en reçoit aucun prejudice. 5. qu'il est entierement inutile d'establir des loix contre des choses qui sont purement speculatives. 6. Que l'on ne peut enfin bannir cette liberté de la Republique que l'on n'en bannisse en mesme temps la paix & la pieté ; au lieu que si on l'interdit & que l'on fasse le procez aux opinions & non pas aux Esprits qui sont les seuls coupables, c'est marty-

Z   riser

riser la vertu, & donner des exemples qui irritent la pieté des bons, & provoquent plus à la vangeance que l'on n'en est espouventé. Ioint que de là s'ensuit la corruption de la foy & des arts, que les flateurs & les gens de mauvaise foy sont autorisez, que les adversaires triomphent de voir leur haine couronnée, & d'avoir pû attirer les Souverains à la profession d'une doctrine dont ils passent pour les interpretes, d'où ils se licencient à usurper leur autorité, & n'ont point de honte de se vanter qu'ils sont élus immediatement de Dieu, que leurs decrets sont les seuls divins, & ceux des Princes purement humains, & par consequent que ceux-cy doivent ceder aux decrets divins, à sçavoir à ceux dont ils sont Auteurs, inconvenients qui ne peuvent estre que tres pernicieux à la Republique. C'est pourquoy je concluë icy comme au Chapitre 18. que le plus seur est de ne fonder la pieté & la Religion que sur la pratique de justice & de charité, & que le droit des Souverains tant sur les choses saintes que sur les profanes ne regarde que les actions. Du reste, qu'il doit estre permis &. d'avoir & de pro-

professer telle opinion que l'on voudra.

C'est ce que j'avois entrepris de traitter à fond dans cet ouvrage, & je crois m'en estre acquitté. Cependant je proteste que je le soûmets volontiers à l'examen & au jugement de mes Souverains, & que je donneray les mains à la censure qu'ils en feront, s'ils trouvent que j'y aye rien dit qui repugne aux loix de l'Estat, ou au repos, & au bien du public: Je sçais qu'estant homme je puis errer, c'est pourquoy j'y ay apporté toute la precaution possible, & j'ay pris soigneusement garde de ne rien avancer qui ne soit conforme à la pieté, aux bonnes mœurs, & aux loix de ma Patrie.

F I N.

TABLE
Des matieres principales,
Contenues en ce Livre.

A.

ABimelech ouït une voix imaginaire. Pag. 7.

Abraham ne comprenoit pas l'ubiquité de Dieu, ny que Dieu fût par tout. 53. & suiv.

Abraham considerable pour son obeïssance, & non pas à cause que les pensées qu'il avoit de Dieu fussent fort relevées. 54.

Il vivoit en Ierusalem selon les commandemens, le culte, les statuts, & les loix de Melchisedech. 78.

Abdias. 82.

Il sauva la vie à cent Prophetes. 481.

Abenhezra. 218. 236. & suiv.

Absurdités moins à craindre dans la Democratie, qu'en tout autre gouvernement. 412.

Adam ignoroit que Dieu fût par tout. 52. & 53.

Dieu luy défend de manger du fruit de l'arbre, & ce que cela signifie. 117.

Alliance de la connoissance & de l'amour de Dieu eternelle. 94.

Ambiguités. D'où vient qu'il s'en trouve tant

TABLE.

tant dans la Bible. 209. & suiv.
Amsterdam. 327. & suiv.
Anania. Sa Prophetie touchant le rétablissement de Ierusalem avoit besoin d'un signe. 40.
Anciens Hebreux écrivoient sans points & sans accents. 212.
Antiquités de Ioseph, contraires à ce que dit Ezechiel touchant Sedecias: 295.
Antechrist est celuy qui persecute les gens de bien. 370.
Anges. Lieutenans de Dieu. 59.
Apostolat. sur quoy fondé. 325.
Apostres. Ils ont eu ordre de prescher, mais non pas d'écrire. 318. *Leur Mission n'estoit point bornée.* 320. *Il n'estoit pas necessaire qu'ils fussent éclairés d'une lumiere surnaturelle.* 323, 324. *Quelle est la fin de leurs Epitres.* là mesme. *Chacun d'eux avoit sa maniere d'enseigner.* 326. *Ils ont édifié sur divers fondements.* là mesme. *Ce qui en a resulté.* 327. *En quoy ils convenoient entre eux.* la mesme. *Quelquesuns d'entre eux ont Philosophé, & les autres non.* 328.
A quoy se reduit ce que nous pouvons honnestement souhaiter. 72.
Attributs. Quels sont les attributs de Dieu expressément recommandés dans

L 3 *l'Es-*

TABLE

l'Escriture. 339.
Arc en Ciel. 169.
Asaph doute de la Providence. 164.
Augures des Gentils estoient de vrays Prophetes. 86.
Auteurs. De quelle importance il est de les connoistre. 216, 217.
Autorité sur les choses sacrées n'est duë qu'aux Souverains. 108.
Autorité royale en veneration singuliére parmi les Hebreux. 110.

B.

Balaam. 83.
Balaam estoit doüé de grandes qualités, 48. Il estoit enclin au bien. 85. Il estoit Prophete de verité. 86.
Balak. 86.
Beatitude. En quoy consiste la veritable. 67.
Beatitude. Celle du Sage ne dépend point de la Fortune. 121.
Bible. En quel sens Dieu en est l'auteur. 339. pourquoy divisée en vieux & nouveau Testament. 340.
Bible. Elle n'a pas esté écrite par ordre exprés pour tous les siécles, mais par hazard, & pour quelques personnes. 341.
Preuve de cette verité. là mesme. & suiv.
Bible

TABLE.

Bible. Ce qui s'y trouve d'obscur, où qu'on peut ignorer sans blesser la charité, ne touche point la Parole de Dieu. 391.

Bien. En quoy consiste le Souverain Bien. 102.

Biens temporels estoient la promesse que Dieu fit pour l'observance de la Loy. 76.

C.

Caïn. Dieu se revele à luy comme ignorant des choses du monde, 53.
Cananéens. 92.
Cantique de Moyse. 172.
Causes premieres. Les moyens de les connoistre dépendent de nous. 73.
Ceremonies inutiles & indifferentes. 107. 124.
Ceremonies ne regardent point la loy divine. 124.
Les Iuifs n'y sont point obligés apres la chûte de leur Empire. 130.
Pourquoy les Iuifs les gardent encore à present. 131.
Ceremonies. Quel estoit le but des anciennes Ceremonies. 138.
Ceremonies. Elles ne contiennent rien de saint. là mesme.
Chaque estre a droit d'agir suivant sa constitution naturelle. 402.

TABLE.

Chastimens de la Loy divine. 108.

Chinois. Pourquoy ils se laissent croistre une touffe de cheveux au haut de la teste. 96.

Circonstances. Les miracles n'ont jamais esté sans circonstances. 171. & 184.

Chroniques du vieux Testament, en quel temps ont esté écrites. 289.

Choses purement speculatives ne touchent point le droit divin. 482.
En quel sens une mesme chose peut estre appellée sainte ou profane. 333.

Choses remarquables sur plusieurs livres de la Bible. 265. 266. & suiv.

Choses saintes. Leur administration n'appartient qu'aux seuls Souverains. 504.

Connoissance naturelle. Comment la connoissance naturelle peut estre appellée Prophetie. 2.

Connoissance naturelle méprisée du vulgaire. là mesme.

Connoissance naturelle. A quel égard elle est aussi certaine que la Prophetique. 3.

Connoissance Prophetique pourquoy appellée connoissance divine. 30.

Connoissance de Dieu dépend de la connoissance des choses naturelles. 103.

Quelle connoissance Dieu exige de tous des hommes en general. 353.

Que

TABLE.

Que la connoissance de Dieu est un don & non pas un commendement. 358.

Comtes de Hollande n'estoient pas Souverains. 488.

Culte exterieur de la Religion doit s'accommoder à la paix de la Republique, si l'on veut s'acquitter de l'obeïssance qu'on doit à Dieu. 499. & suiv.

D.

Daniel ne peut rien comprendre en ses revelations. 46. & suiv. Pourquoy ses revelations sont si obscures : & sont toûjours demeurées telles. 47.

Daniel. De quelle maniere il dit avoir vû Dieu. 58.

Daniel. De quels livres on a tiré les sept premiers Chapitres de son Livre. 297. & suiv.

Debar. Mot Hebreux. 337.

Decrets de Dieu ne sont autre chose que les regles de la Nature. 165.

Decalogue. Pourquoy il tenoit lieu de loy aux Hebreux. 111.

Democratie est préferable à tout autre gouvernement par ce qu'elle approche davantage de la liberté naturelle. 414.

Deuteronome est le Livre de la Loy de Dieu. 255, 256.

Dieu se peut faire connoistre immediatement

TABLE.

ment par luy mesme. 13.
Dieu ne s'est fait connoistre sans paroles ou visions qu'à Iesus Christ. 14.
Dieu s'est fait connoistre aux Apostres par l'Esprit de Iesus Christ, comme il avoit fait par Moyse par le moyen d'une voix formée d'air. là mesme.
Dieu n'a point apparu, & n'a point parlé à Iesus Christ. 15.
Dieu conferoit avec Iesus Christ d'esprit à esprit. là mesme.
Dieu seduit quelquefois les hommes. 38.
Dieu ne seduit jamais les justes ny les élus. là mesme.
Dieu se revéle & à ceux qui sont tristes, & à ceux qui sont en colere. 43.
Dieu n'affecte aucun stile dans les Prophetes. 45.
Dieu veu par Isaïe sur un Trône, & par Ezechiel comme un grand feu. 46.
Dieu ne s'est revelé aux Prophetes que conformément à leurs prejugés. 58.
Dieu revele à Moyse qu'il veut abandonner son Peuple. 59. Pourquoy Dieu descend sur la Montagne pour parler à Moyse. la mesme.
Dieu est également propice à tous. 75.
Dieu destine les uns à un ouvrage, & les autres à un autre. 72.
Dieu est aussi-bien le Dieu des Gentils, que le Dieu des Iuifs. 94.

Dieu

TABLE.

Dieu est la fin de toutes nos actions. 105.

Dieu n'a pas plus d'égard aux hommes, qu'au reste de la Nature. 165.

Par quels attributs Dieu veut estre connu. 358.

Pourquoy l'Escriture parle de Dieu si improprement. 360.

Dieu. Il n'est point necessaire de sçavoir ce que c'est, ny comment il gouverne tout. Ny si l'homme a son libre arbitre. 375.

Dieu ne devint le Roy des Hebreux qu'en vertu de l'alliance. 438.

Direction divine. Ce que c'est. 71.

Dispersion des Iuifs. 94.

Disputes. Le moyen de les éviter. 372.

Doctorat des Apôtres, sur quoy fondé. 325.

Dogmes. Ceux qui sont en dispute entre les gens de probité ne regardent point la foy Catholique. 371., 372. Chacun peut les accommoder à sa portée. 376.

Droit divin n'est point d'obligation naturelle. 421. Il commença avec l'alliance. là mesme.

E.

Ecclesiastiques. Il est dangereux qu'ils se meslent des affaires d'Estat. 482.

Ecclesiaste. Ce qui a empesché les Rabins de

TABLE.

de le rayer du nombre des Canoniques. 291, 310.

Eleazar. 425.

Election des Hebreux. En quoy elle consistoit. 74, 75.

Elisée ne devint capable de concevoir l'Esprit de Dieu qu'aprés le son des instruments. 43. Ce n'est qu'aprés cela qu'il annonce de bonnes nouvelles à Ioram. là mesme. Il ressuscite un enfant. 171.

Elûs. Il y en avoit tres peu parmi les Hebreux. 75.

Empire de Dieu sur les hommes dépend de celuy des Souverains. 494.

Entendement de Dieu 109.

Escriture. Quel grand inconvenient resulte de la liberté que chacun prend d'interpreter l'Escriture à sa mode. 49.

Escriture. Pourquoy elle parle de Dieu si improprement. 32. & 173. Elle n'enseigne point ce qui n'est que speculatif. 168. Il n'y a rien en elle que de naturel. 170. Elle ne prouve point ses enseignements par les causes naturelles. 170. Son stile ne tend qu'à émouvoir la devotion. là mesme. Elle raconte plusieurs choses comme réelles, lesquelles n'estoient qu'imaginaires. 177. Elle n'a rien de contraire à la lumiere naturelle. 181.

Escri-

TABLE.

Escriture. On ne doit consulter qu'elle seule pour entendre ce qu'elle contient. 190. & suiv. Ce qui prouve qu'elle est divine. 192.

Escriture. Elle est aisée à entendre quant à la Morale. 220. Ses enseignements moraux. 191.

Escriture. Pour estre alterée en quelques endroits, elle ne l'est pas par tout. 309.

Escriture. Ce qu'il faut faire pour démontrer son autorité. 331. En quel sens elle doit estre appellée divine. 335. & suiv. Elle peut estre appellée parole de Dieu en trois façons. 339.

Escriture. Toutes les merveilles qu'elle étale, n'ont esté faites que suivant les loix de la Nature 174. Elle est incorruptible quant au sens. 344. & suiv.

Escriture. Elle est d'une grande consolation. 399.

Esdras. Il est auteur de plusieurs livres de la Bible. 254. & suiv. Il n'y a pas mis la derniere main. 261. Il a illustré, & expliqué la Loy de Dieu. 258.

Epistres des Apôtres n'ont point esté écrites par revelation. 317.

Estat Democratique preferable à tout autre Estat pour son fondement & pour sa fin. 412.

l'Estat

TABLE.

l'*Eſtat des Hebreux eſtoit purement Theocratique.* 442. *Il eſtoit le ſeul qui eût le privilege de s'appeller le Royaume de Dieu.* 438.

Eſtats de Hollande ont toûjours eſté Souverains, meſme du temps de leurs Comtes. 489.

Eſtat Monarchique ne peut devenir populaire. 486.

Euangeliſtes. Ils n'ont point écrit pour eſtre les interpretes les uns des autres. 343.

Euangeliſtes. Ils n'ont point eſcrit par inſpiration. là meſme.

Euclide. Comparaiſon de l'Auteur. 219.

Ezechiel. 82.

F.

Fataliſté inévitable. 98.

Fautes. D'où vient qu'il y en a dans quelques Livres de la Bible. 302. & ſuiv.

Fidelles. Ce ſont ceux qui incitent à la juſtice, & à la charité. 379.

Fin des Societés & des Empires. 76.

Fin principale des Loix peu connuë. 100.

Figures. Il eſt neceſſaire de ſçavoir celles qui eſtoient autrefois en uſage parmi les Hebreux. 178.

Fondemens de l'Eſcriture. En quoy ils conſiſtent. 372. & ſuiv. *Ce que c'eſt.* 345. & ſuiv.

Foy.

TABLE

Foy. *Sa definition.* 367. & suiv.

Foy. *Elle n'est salutaire qu'en vertu de l'obeïssance.* 368.
Sa definition selon S. Iacques, & quelle consequence il en faut tirer. là mesme & suiv.

Foy. *Elle donne à tout le monde une pleine liberté de raisonner à sa mode.* 378.

Foy inviolable. A quel égard elle se doit exiger. 408.

Foy. *Elle consiste moins dans la verité que dans la pieté.* 370.
Elle est bonne ou mauvaise selon qu'on obeït, ou qu'on desobeït. 371.

G.

*G*Entils ont eu leurs Prophetes. 82.
Gloire de Dieu abandonnant le Temple fut revelée à Isaïe tout autrement qu'à Ezechiel. 45.

H.

*H*Ebreux. *Pourquoy élus entre toutes les autres Nations.* 68.
Ce choix ne les rend ny plus heureux ny plus sages que les autres peuples. 69.

Hebreux. *Moyse ne leur a parlé que suivant leur capacité.* 70. *Ce n'est ny en science, ny en pieté qu'ils ont surpassé les autres Nations.* là mesme. *En quoy con-*

TABLE.

consiste leur Election. là mesme.

Hebreux. *A quel égard Dieu les a preferé aux autres Nations.* 75.

Hebreux. *Dieu ne les avoit choisis qu'aux mesmes conditions, qu'il avoit choisi les Cananéens auparavant.* 92. *Pourquoy on les a cru les favoris de Dieu.* 167.

Hebreux. *Ils ne combatoient point pour les interests d'un Prince temporel, mais pour la gloire de Dieu mesme.* 454. *Ils haïssoient les autres Nations par scrupule de Religion.* 457. *Ils reputoient à crime d'habiter une autre terre que la leur.* 458. *Leur amour pour leur Patrie toute extraordinaire.* là mesme. *Leur haine pour les autres Nations.* là mesme & suiv.

Hebreux. *Ils n'avoient point d'autre prochain que leurs concitoyens.* 461. *La servitude leur estoit naturelle.* 462. *Ils n'osoient raisonner sur la Religion.* 463.

Histoires quelles quelles soient ne nous instruisent point de la connoissance de Dieu. 106.

Histoires de la Bible. *A quoy elles sont utiles.* 107. *Elles sont necessaires aux ignorans.* 143. *On peut vivre bien sans les connoistre.* là mesme.

Histoires de la Bible ne sont pas toutes necessai-

TABLE.

cessaires. 144. Qui sont celles qui sont utiles. 145. Elles sont pleines de choses inouïes. 190. & accommodées aux préjugés des Prophetes. là mesme.

Histoire de l'Escriture. 192. & suiv. De quoy c'est qu'elles nous doivent instruire. 197. & suiv.

Histoires quelles quelles soient, ne sont point un moyen pour parvenir au Souverain bien. 107.

Historiographes. Il y en a toûjours eu dans l'ancienne Loy, tant sous les Rois, que sous les Princes. 300.

Hommes appellés Fils de Dieu dans la Genese. 21.

I.

JAcob dit à sa Famille de se disposer à un nouveau culte. 57.

Jacob. Son histoire. 263. & suiv.

Jehova est le seul de tous les Noms de Dieu qui represente son essence. 354.

Jeremie dit que Dieu se repent de ses resolutions. 63. Predit la delivrance des Ammonites, & des Elamites. 83. D'où vient que ses Propheties sont en mauvais ordre. 292. & suiv. Sa Prophetie touchant la ruine de Ierusalem n'avoit point besoin de signe. 40.

Jesus Christ. En quel sens il est le chemin du salut. 14. C'est par Iesus Christ que

Dieu

TABLE.

Dieu s'est manifesté aux Apôtres. 15.
Intelligence source de la vraye vie. 118.
Josias refuse de consulter le Prophete Ieremie. 43.
Job. Opinions diverses sur son livre. 296. & suiv.
    Quoy qu'il fût Gentil, il estoit plus agreable à Dieu que tous ceux de son temps. 80.
Ignorance Source de tous maux. 118.
Joseph. 263. & suiv.
Jonauthan Paraphraste Caldéen. 246.
Images de Dieu defenduës dans la Loy. 10.
Imagination des Prophetes comment se pouvoit appeller l'Esprit de Dieu. 29.
Iosué, 175. & suiv. Il n'a pas écrit le livre qui porte son nom. 249. & suiv.
Isaie. En quel temps il a commencé à prophetiser. 291. & suiv.
Isaie exclut toutes les Festes, & tous les sacrifices de la Loy divine. 125.
    Dieu luy apparoit. 58. Quelques predictions de ce Prophete. 179.
Israëlites. A peine connoissent-ils Dieu. 60. Leur ignorance est cause de leur idolatrie. là mesme.
Israëlites ne sçavoient en quoy consiste la vraye vertu. 61.
Iuda Alpakbar Rabin. Son opinion touchant l'Escriture & la raison. 381. & suiv.

TABLE.

suiv. Son opinion refutée. 385. & suiv.

Juifs. Ils s'imaginoient que leur Païs exigeoit un culte particulier. 57.

Juifs. Ils n'ont point esté plus chers à Dieu que les autres Nations. 78, 79.

Juifs. Ils disent que leur election est éternelle. 91.

Juste. Ce que c'est qu'estre juste. 101.

L.

Laban. Dieu se revele à luy comme Dieu d'Abraham. 53.

Leçons. D'où sont venuës les leçons diverses qui se trouvent dans la Bible. 280.

Liberté. Elle dépend de l'usage de la raison. 413.

Liberté. Elle est la fin des Republiques. 517.

Liberté du raisonnement. Don naturel que nul ne sçauroit oster. 522.

La liberté des Princes Hebreux estoit bornée. 452. & suiv.

La liberté de juger de tout ne peut estre ostée. 515.

Lettres Hebraïques ont grande ressemblance entre elles. 277. Ce qu'a produit cette ressemblance. là mesme & suiv.

La Loy de Moyse n'enseigne point que Dieu n'a point de corps, mais seulement

TABLE

ment qu'il est Dieu. 10.
Loy de Moyse donnée par le ministere d'un Ange. 15. Elle ne servoit que pour tenir les Israëlites en bride, & non pas pour regler leur raison. 60.
Loy du vieux Testament n'estoit establie que pour les Juifs. 77.
Loy revelée generalement à tous les hommes. 83.
Loy consideréee en general. Sa définition. 100.
Loy. Ceux qui y obeïssent en sont éclairés. Ce que c'est que loy divine, & loy humaine. là mesme.
Loy divine. Ce qu'il faut pour l'accomplir. 104.
Loy écrite. A quel gard elle fut d'abord donnée aux Juifs. 330.
Les loix furent gardées plus religieusement sous le peuple, que sous les Rois. 481.
Les Livres de la Bible depuis la Genese jusqu'aux Rois inclusivement ne sont que des copies. 252.
Les Livres des Prophetes ne sont que des fragments. 291.
Livres Canoniques. On n'en parloit point avant les Machabées. 309.
Lumiere naturelle. Elle estoit méprisée des Juifs. 29 & suiv.

Lu-

TABLE.

Lumiere naturelle. Elle n'exige point ce qui la surpasse. 108. *Elle n'est point trop foible pour interpreter l'Escriture.* 222. *Elle est la regle dont il se faut servir pour cela.* 233.

M.

Maimonides. Son opinion touchant la Loy. 147. *Il dit que l'Escriture admet divers sens, & mesme de contraires.* 224. *Son opinion refutée.* 228. & suiv. & 381.

Mages connurent par revelation la Nativité de Jesus-Christ. 42.

Mardochée n'a pas écrit le Livre d'Ester. 298. & suiv.

Maniere d'instruire des Apôtres, bien differente de celles des Prophetes. 314.

Melchisedech. 77.

Methode. Quelle est la methode d'interpreter l'Escriture. 189. *Les difficultés qui s'y rencontrent.* 208. & suiv.

Michée. Il ne prophetisa que choses fascheuses à Achab. 44. *Ce que nous enseigne sa Prophetie.* 65.

Miracle. Comment ce mot doit estre entendu. 155. 161. & 162.

Miracles. L'opinion du peuple touchant les miracles. 149. & suiv.

Miracles. Il y en a beaucoup dans l'Escri-

TABLE.

criture, qui se peuvent expliquer par les causes naturelles. 156.

Les miracles ne prouvent ny l'essence, ny l'existence, ny la Providence divine. 157. & suiv.

Miracles. Nous n'en sçaurions tirer aucune instruction. 159.

Les miracles peuvent induire à l'adoration des faux Dieux. 164. Ils ne donnèrent aux Hebreux aucune bonne idée de Dieu. là mesme.

Miracles. De quoy ils ont servi aux Juifs & aux Egyptiens. 166, 167.

Miracles. Ils exigent quelque autre chose, qu'un commendement absolu de Dieu, 171. Comment il les faut interpreter. 174. & suiv.

Miracles. Pourquoy nous les prenons pour quelque chose de nouveau. 183. & suiv. Ils n'estoient rien de surnaturel, ny rien de nouveau. 184.

Miracles. Ils estoient plus communs parmi les Gentils, que chéz les Iuifs. 79.

Moïse ne croyoit pas que Dieu sçait tout. 54.

Moïse. Ce qu'il croyoit de Dieu. 55, 56, 57, 196. Ses revelations estoient conformes à ses prejugés; & pourquoy Dieu ne luy apparoist sous aucune figure. 58.

Moïse.

TABLE.

Moïse. Pourquoy il demande à Dieu des signes extraordinaires. Et quels livres il a escrits. 88, 244, 245, 246.

Moïse. A quel égard il défend de dérober. 127. Il est choisi pour gouverner le peuple Hebreux. 136. Il se maintient dans son gouvernement; & introduit la Religion dans la Republique. 137.

Moïse. Quels sont les moyens dont il se servit pour engager les Israëlites. 365. Quelle consequence il en faut tirer. là mesme & suiv.

Moïse. Comment il demeura seul interprete, & dépositaire des Loix divines. 440.

Moïse estoit le Souverain, & le Docteur du Peuple. 510.

N.

Nature. Ses loix sont inviolables. 154. Infinies. 155, 161. Elle garde un ordre fixe & immuable. là mesme. Son ordre fixe & immuable démontre l'existence de Dieu. là mesme. Rien ne se fait en elle qui répugne à ses loix. 162. Ses loix sont si parfaites qu'on n'y peut rien ajoûter ny oster. 183.

Nature. Elle a droit sur tout ce qui tombe sous sa puissance. 401. Elle ne nous déter-

TABLE.

détermine point à vivre selon la raison. 403. Quel est son droit, & ce qu'il défend. là mesme & suiv. Nous ne connoissons point ses enchaînements, & ses liaisons, & c'est d'où vient nôtre ignorance. 404. Elle n'apprend à personne qu'il soit tenu d'obeïr à Dieu. 421.

Nations. A quel égard elles sont distinguées. 74.

Nation Hebraïque. En quelle consideration est separée des autres. 75. Son avantage au dessus des autres. là mesme.

Nations. Elles avoient des loix par l'ordre de Dieu aussi-bien que la Nation Hebraïque. 77.

Noë. En quelle consideration Dieu luy revela la destruction du genre humain. 52.

O.

OBeïssance est l'unique regle de la Religion. 366. & suiv.

Obeïssance est le fondement de la Religion, & la seule vertu qui nous peut sauver. 391.

Obeïssance. Elle consiste moins aux actions exterieures, qu'aux operations de l'Esprit. 430.

Obligation quelle quelle soit n'est de consequen-

TABLE.

sequence qu'autant qu'elle est utile. 408.

Opinion rend les choses ou saintes, ou profanes. 334.

Opinions de soy ne sont ny bonnes, ny mauvaises. 361. & suiv.

Opinion de S. Iean touchant la charité, & la consequence qu'il en faut tirer. 368. & suiv.

Ouvrage contre, ou au dessus de la Nature n'est qu'une mesme chose. 162.

Ozée. Nous avons peu de ses Propheties, encore qu'il ait prophetisé plus de 80 ans. 295.

P.

Pajens croyoient aussi-bien que Moïse que Dieu habite les Cieux. 58.

Paix de prodigieuse durée sous la domination du Peuple. 481.

Pape. Son autorité mal appuyée. 205, 206. *& fort suspecte.* 231. *Son autorité ne se peut inferer de celle des Pontifes Hebreux.* 233.

Parole de Dieu. Ce qu'elle signifie quand elle est prise pour une chose qui n'est pas Dieu mesme. 338. & suiv.

Passions. Moyens de les domter dépendent de nous. 73.

Patriarches. Ils n'ont point connu Dieu sous le nom d'Eternel. 355. *Réponse à ce qui est dit dans la Genese qu'ils ont*

Aa *sou-*

TABLE.

souvent parlé au nom de l'Eternel. 357.

Peuple. Il se glorifie dans son ignorance. 150. D'où vient qu'il se figure un Dieu corporel. 178. Son erreur touchant les miracles. 151. Il croit comprendre ce qu'il n'admire point. 156.

Pentateuque, ou les cinq premiers Livres de la Bible, n'ont pas esté écrits par Moïse. 242. & suiv. Choses remarquables sur ces cinq premiers Livres. 265.

Perfection de l'homme en quoy elle consiste. 103.

Points observés aujourd'huy dans l'Hebreu, & leur origine. 112.

Ponctistes refutés. là mesme & suiv.

Philosophes. Qui sont les veritables Philosophes. Et leur creance touchant la Nature. 165.

Phrases. Il est necessaire de sçavoir celles qui estoient en usage parmi les Hebreux. 178.

Les Princes Hebreux n'estoient point plus nobles que le peuple. 456.

Prophete. Ce que s'est, & ce que ce mot signifie. 1.

Prophetes. Leur esprit n'estoit point au dessus de l'humain. 3.

Prophetes. En quel sens on s'imaginoit qu'ils avoient l'Esprit de Dieu. 30. Comment Dieu se manifestoit à eux. 6.

Pour-

TABLE.

*Pourquoy ils exprimoient corporelle-
ment leurs pensées.* 32. *Pourquoy ils
ont parlé de Dieu si improprement, &
avec tant d'obscurité.* là mesme.

*Prophetes. Ce n'est point dans leurs Li-
vres qu'il faut chercher les hautes
connoissances.* 35. *Ils avoient besoin de
signes pour estre certains de ce que
Dieu leur reveloit.* 36.

*Prophetes. Leur certitude n'estoit que
morale.* 39. *Pourquoy ils persuadérent
à Elisée qu'il reverroit Elie.* 47.

*Prophetes. Leurs sentimens estoient dif-
ferens; & leurs dons n'estoient pas
égaux.* 48. *C'est une erreur de croire
qu'ils n'ignorassent rien.* 49. *Ils n'ont
rien dit des attributs divins qui ne
soit conforme aux opinions vulgaires.* 52.

*Prophetes. Ils estoient moins recommen-
dables pour la sublimité de leur esprit,
que pour leur pieté.* 52. *Ils ont ignoré
ce qui n'est que speculatif.* 64.

*Prophetes. Chaque Nation avoit les
siens.* 81.

*Prophetes. Ils ont eu de la peine à accor-
der la Providence avec la fortune des
hommes.* 165. *Leur Mission estoit bornée.* 320.

*Prophetes. Leur trop grande liberté
estoit à charge aux meilleurs Rois de*

Aa 2 *l'an-*

TABLE.

l'ancien Testament. 479.

Prochain. L'aimer c'est vivre selon la Loy, & le mépriser c'est estre rebelle. 366.

Propheties. Elles sont d'obligation quant à leur fin & à leur substance; du reste, elles sont arbitraires. 64.

Propheties. Quelle est la cause de leur obscurité. 32.

Prophetie. Elle n'estoit pas un don qui fût perpetuel dans les Prophetes. 33. Elle n'a rien de certain en elle mesme. 36. Elle cede à la lumiére naturelle. 37. Elle varioit suivant les opinions des Prophetes. 42. & suiv. Selon leur humeur & leur temperament. 44.

Prophetie. Elle n'a jamais rendu les Prophetes plus éclairés. 48. Ce n'estoit point un don qui fût particulier aux Juifs. 82.

Proverbes de Salomon. Les Rabins les vouloient rayer du nombre des Canoniques. 290, 292. & 310.

Prudence humaine. 73.

Pseaumes de David. 290.

R.

Rabins. Ils ont pensé rayer le Livre d'Ezechiel du nombre des Canoniques. 62.

Rabins. Ils ont corrompu la Langue Hebraïque. 273.

TABLE.

Raison. Elle nous enseigne la verité & la sagesse. 389.

Raison. Il est plus seur & plus utile de vivre suivant la raison, que selon la Nature. 404, 405. & suiv.

Recompense de la Loy divine. 108.

Religion. Elle n'a ny droit, ny autorité sur le public. 231, 232. Chacun peut avoir tel sentiment qu'il veut de la Religion. là mesme.

Religion. Elle n'obligea plus les Hebreux, dés-là qu'ils furent en Babylone. 495.

Revelation. Elle estoit toûjours conforme à l'imagination du Prophete; à son temperament, & à ses préjugés. 41.

Revelations. Elles estoient claires ou obscures, suivant la netteté, ou l'obscurité de l'esprit du Prophete. 48.

Revelation necessaire pour connoître le droit divin. 421. Elle est précedée par l'Estat naturel. là mesme.

R. Ioseph. Son opinion touchant la morale d'Aristote. 147.

Ruagh. Mot Hebreux. Ce qu'il signifie. 16. & suiv.

Ruse des Iuifs pour se faire admirer des Payens. 151.

S.

Sages. Ce sont les seuls qui puissent vivre d'une vie paisible & tranquille. 119.

TABLE.

Salomon dit qu'il n'arrive rien que par hazard. 165.

Salomon. Il n'estoit point doüé d'un don de Prophetie extraordinaire. 52. Il entreprit de bastir le Temple par inspiration divine. 51.

Salomon. De tous les Prophetes du vieux Testament, il a parlé de Dieu le plus raisonnablement. 61. Il s'imagina estre au dessus de la Loy. là mesme.

Samuel croyoit que Dieu ne se repentoit point. 62, 63.

Sapience de Dieu. En quel sens s'est revestuë de nôtre Nature. 14.

Scribes. Quel estoit leur office. 100.

Secours interne, & secours externe de Dieu. 72.

Sens metaphorique. 361.

Seureté dans la vie ne dépend point de nous. 73.

Société. 74.

Souverain bien. 68.

Stile de chaque Prophete varioit suivant sa capacité. 44.

Stile d'Ezechiel & d'Amos, pourquoy plus rude que celuy d'Isaïe & de Nahum. là mesme.

Sommaire de la Loy. 104.

Souverains. Ils sont les seuls ausquels appartient de droit divin de proteger la Religion & l'Estat. 424.

Sou-

TABLE.

Souverains. Ce n'est que par leur entremise que Dieu regne sur les hommes. 496. Ils n'ont nul droit sur les pensées de leurs sujets. 522.

Souverains. Il faut leur obeïr aveuglément. 424.

Souverainy. Il n'appartient qu'à eux de déterminer le bien & le mal, tant pour l'interest de la Religion que de l'Estat. 484.

Speculations. Il y en a fort peu dans l'Escriture. 351. Quelles sont celles qui ne regardent point l'Escriture. 352.

Superstition. Ennemie de la Nature, & de la raison. 288.

T.

Temple de Salomon décrit simplement. 51.

Theologie & la raison n'ont rien à démesler ensemble. 389.

Theologie. Ce que l'Auteur entend par ce mot. 389.

Theologie. Elle nous apprend à obeïr sans prejudicier à la raison. 390.

V.

Vices de l'Escriture. En quoy ils consistent. 348.

Vie. Ce que les Hebreux entendent par ce mot en general. 118.

Vocation des Hebreux. 75.

Voix dont Dieu parla à Moïse estoit réelle,

TABLE

réelle, & la seule qui l'ait esté. 6.
Voix qu'entendit Samuel n'estoit qu'imaginaire, non plus que celle qu'ouït Abimelech. 7.
Voix qu'entendirent les Israëlites sur le Mont Sinaï ne les asseuroit point de l'existence de Dieu. 377. Quel estoit le dessein de Dieu en cette occasion. là mesme & suiv.
Voix qu'ouïrent les Israëlites. Pourquoy veritable & articulée : & en quel sens cela se doit entendre. 8. Ce fut par le moyen d'une voix corporelle que Dieu revela le Decalogue. là mesme.
Volonté de Dieu. 109.
Usage. C'est de luy que dépend la signification des mots. 333. & suiv.

Z.

Zacharie. La raison pourquoy ses Propheties sont obscures. 46.
Zacharie. 178.

FIN.

FAU-

FAUTES
Survenuës à l'impreßion.

Pag. Lig.
27   21. Aggée la dit. *Lisés.* le.
53   11. qu'il l'appelloit. *l.* qui l'appelloit.
59   1. nie. *l.* ne.
63   15. en sentiment. *l.* au.
72   4. secours interne. *l.* externe.
111 24. tient. *l.* tint.
213 5. lorsqu'ils pouvoient. *l.* lorsqu'ils le pouvoient.
188 7. avoir. *l.* à voir.
351 4. Prophetes. *l.* Philosophes.
351 28. les. *l.* ces.
376 27. la pieté. *l.* la verité.
464 17, 19. & 23. au lieu de mœurs. *l.* coûtumes.
496 21. n'ayant encore esté. *l.* n'ayant point encore esté.
518 4. si l'on rencontre. *l.* si l'on s'apperçoit.

REMARQUES

Curieuses,

Et necessaires pour l'Intelligence de ce Livre.

Cependant il ne s'enfuit pas que ses partisans soient autant de Prophetes, &c. C'est à dire autant d'interpretes de Dieu, parce qu'il faut pour meriter ce titre, interpreter les decrets Divins que l'on sçait par revelation, à ceux qui les ignorent & que la certitude que l'on peut avoir de ces decrets soit toute fondée sur l'autorité du Prophete, & sur la creance que l'on a en luy. Que s'il ne falloit pour devenir Prophete qu'estre disciple d'un Prophete, comme il ne faut pour estre Philosophe qu'estudier sous un Philosophe : en ce cas là le Prophete ne seroit point l'interprete des decrets Divins, parce que ce ne seroit plus sur le témoignage & sur la bonne foy du Prophete que s'appuye-

A a 6 *roient*

roient ses auditeurs, mais sur leur propre témoignage, & sur la revelation mesme. Ainsi les Souverains sont les interpretes du droit, par ce qu'il ne peut y avoir que leur autorité qui le protége & le défende.

Pag. 19. lig. 3. *Que les Prophetes avoient une vertu singuliere & extraordinaire, &c.* Quoy qu'il s'en trouve qui ayent des dons que la Nature refuse aux autres hommes, il ne s'ensuit pas que ceux-là soient au dessus de la nature humaine, à moins que les dons dont ils sont extraordinairement pourvûs, ne passent les bornes, & les limites de la Nature humaine. Comme par exemple la grandeur des Geants est à la verité fort rare, & neanmoins elle est naturelle; Composer des vers sur le champ est un don qui n'est pas commun, cependant il est naturel, & il s'en trouve qui en font aisément, comme il s'en voit qui s'imaginent quelque chose les yeux ouverts avec autant de vivacité que si les objets leur estoient presens. Mais s'il estoit possible que quelqu'un eût d'autres moyens de concevoir les choses, ou que ses connoissances fussent appuyées sur d'autres fondements, il fau-

REMARQUES.

faudroit qu'il y eût en luy quelque chose de plus qu'humain.

Car nous ne voyons point que Dieu ait promis autre chose aux Patriarches & à leurs successeurs, &c. Nous lisons au Chapitre 15. de la Genese que Dieu promit sa protection à Abraham, & une tres grande recompense; à quoy ce Patriarche repartit qu'il ne voyoit pas estant déja fort vieux qu'il y eût desormais rien de tel à esperer pour luy.

Il est donc certain qu'il ne se pouvoit promettre à la Republique des Hebreux en vuë de l'exacte observation de la loy que la seureté, & les commoditez de la vie, &c. Il est dit en termes exprés au Chapitre 10. verset 21. de l'Euangile selon saint Marc qu'il ne suffit pas pour heriter de la vie eternelle de garder les commandements de la loy de Moyse.

Comme l'existence de Dieu n'est point évidente de soy, &c. Nous doutons infailliblement de l'existence de Dieu, & par consequent de toutes choses, tandis que nous n'en avons point d'idée.

dée claire & distincte, & que nous ne le connoissons que confusément; car comme celuy qui ne sçait pas certainement en quoy consiste la nature du triangle, ignore en mesme temps que ses trois angles soient esgaux à deux droits; de mesme celuy qui ne connoist que confusément la nature divine, ne sçauroit voir que l'existence soit essentielle à Dieu; c'est pourquoy pour n'en point douter, il faut absolument avoir recours à certaines notions tres simples qu'on appelle communes, & nous en servir comme de moyens propres & infaillibles pour nous conduire à une idée claire & distincte de la Nature divine, & ce n'est qu'alors que nous commençons à estre asseurez que Dieu existe necessairement, & qu'il est par tout: & que nous comprenons evidemment qu'il n'y a point de connoissances où la nature divine ne se trouve, & que ce n'est que par son moyen que nous les acquerons. Et qu'enfin il n'est rien de tout ce que nous concevons distinctement, & dans toute son estenduë qui ne soit veritable & effectif. Mais si le lecteur a la curiosité d'en sçavoir davantage, qu'il prenne la peine de lire

REMARQUES.

lire les prolegomenes d'un livre intitulé, *Les principes de Philosophie prouvez par demonstrations Geometriques.*

Qu'il est impossible de trouver une methode qui enseigne un moyen infaillible de penetrer dans le vray sens des passages de l'Escriture, &c. Pag. 18. lig. 15. Impossibilité que je fonde sur ce que nous n'avons ny l'usage, ny la phraseologie de cette Langue.

Vû que ce qui est de soy perceptible, & aisé à comprendre, &c. Pag. 19. lig. 14. J'entends par ce qui est perceptible non seulement les choses dont la démonstration est sensible, & évidente, mais mesme celles que nous embrassons par une simple certitude morale, & que nous oyons d'ordinaire sans admiration, encore qu'il soit entierement impossible de les démontrer. Comme nous voyons qu'il est aisé de comprendre les propositions d'Euclide, avant que la demonstration les ait precedées; ainsi je nomme perceptible ce qui n'excede point la foy humaine, telles que sont les histoires tant de l'avenir que du passé, comme aussi les droits,
les-

les coûtumes, & les institutions, bien qu'il soit impossible de les prouver par demonstration Mathematique. Mais quant aux hieroglyphes & aux histoires qui sont hors de toute creance, je les appelle imperceptibles, encore qu'il y en ait beaucoup de cette nature que nôtre methode éclaircit en sorte qu'il est aisé d'entendre la pensée de l'Auteur.

Pag. 113. lig. 11. *Que la montagne de Morya est appellée dans la Genese la montagne de Dieu*, &c. C'est à dire par l'historien, & non pas par Abraham, parce qu'il dit que l'endroit qui s'appelle aujourduy *il sera manifesté sur la montagne de Dieu*, fut nommé par Abraham, *Dieu y pourvoira*.

Pag. 14. lig. 10. 2 Liv. des Rois Ch. 8. v. 12. *Il ne faut pas douter que l'historien ne parle des Rois*, &c. Car depuis ce temps-là jusqu'à celuy du Roy Joram, auquel les Iduméens se revolterent de son obeissance, ils n'avoient que des Gouverneurs ou des Vice-rois establis par les Juifs. Et c'est à cause de cela qu'au 2. liv. des Rois Chapitre 3. verset 9. le Gouverneur d'Idumée, est appellé Roy. Or il n'est pas certain si

3 Liv. des Rois Ch. 22. v. 48.

le

le dernier Roy des Iduméens commença à regner avant que Saül fût élû Roy, ou si c'est seulement que l'Escriture nous ait voulu laisser en ce Chapitre de la Genese le nombre des Rois qui sont morts invincibles. Au reste c'est estre ignorant & digne de risée que de mettre Moyse au nombre des Rois Hebreux, luy qui fonda leur Republique sur un pié tout contraire & directement opposé à l'Estat Monarchique.

Si vous en exceptez fort peu de choses, &c. Par exemple il est dit au 2. liv. des Rois Chapitre 18. verset 20. *Tu parles* (à la seconde personne) *mais ce ne sont que des paroles*, &c. & dans Isaie Chapitre 36. verset 5. *& moy je dy que tout cela n'est qu'un vain babil : mais le conseil & la force sont requis à la guerre.* D'ailleurs il se trouve au verset 22. au nombre plurier, *que si vous meditez*, paroles qui sont au singulier dans l'exemplaire d'Isaie. Il y a quantité de leçons diverses de cette nature, dont il est impossible de sçavoir laquelle il faut prendre. Au reste nous ne lisons point dans Isaie, ce qui est escrit au 32. verset du mesme Chapitre
du

du 2. liv. des Rois, c'est pourquoy je ne doute pas que ce ne soient des paroles supposées.

Pag. 161.
lig. 11. *Mais en paroles si diverses pour la pluspart*, &c. Comme par exemple il y a au 2. liv. de Samuel chapitre 7. verset 6. *toûjours errant avec les tentes & les tabernacles*. Et au chapitre 17. verset 5. du 1. liv. des Chroniques, *mais j'ay esté de tabernacle en tabernacle, & de pavillon en pavillon*. Davantage le verset 10. du 2. liv. de Sam. & le 9. du 1. des Chron. sont couchez en termes tout differents. Outre cela il y a tant d'autres discordances plus considerables que celles-cy qu'à moins d'estre aveugle ou stupide on ne sçauroit lire ces chapitres sans s'en appercevoir.

Pag. 153.
lig. 14. *Temps qui se doit necessairement rapporter à ce qu'il a dit auparavant*. Que ce texte ne se rapporte à aucun autre temps qu'à celuy où Joseph fut vendu, cela se voit non seulement par la suite du discours, mais par l'âge mesme de Juda, lequel n'avoit alors s'il est permis d'en croire le calcul de son histoire precedente, que 22. ans au plus. Car nous lisons au chapitre

REMARQUES.

tre 29. de la Genese verset dernier que Juda nasquit l'an 10. du service du Patriarche Jacob chez Laban, & Joseph le 14. Or puis que Joseph avoit 17. ans lors qu'il fut vendu, il s'ensuit que Juda n'en devoit avoir que 21. par consequent ceux qui s'imaginent que la longue absence de Juda de la maison de son pere fut devant la vente de Joseph, s'abusent lourdement, & ne font que trop voir qu'ils sont plus en peine de la divinité de l'Escriture qu'ils n'en sont certains.

Et au contraire qu'à peine Dina avoit 7. ans, &c. Car n'en déplaise à Aben Hezra c'est une espece de folie que de s'imaginer que Jacob fut 8. ou 10. ans dans son voyage entre la Mesopotamie & Bethel : vû qu'il fit diligence non seulement pour l'envie qu'il avoit de revoir ses parents, mais principalement pour accomplir le vœu qu'il avoit fait lors qu'il s'enfuit d'avec son frere, de quoy Dieu l'avoit averty en luy promettant de l'aider à retourner dans son païs. Que si ces raisons semblent à nos adversaires plus apparentes que veritables & solides : je veux bien pour leur plaire demeurer d'accord avec

avec eux que Jacob comme un autre Ulisse fut huit ou dix ans, & mesme davantage errant & vagabond dans ce petit trajet. Mais du moins ne sçauroient ils nier, que Benjamin ne nasquît la derniere année de ce voyage, c'est à dire selon leur calcul environ la 15. ou 16. année de l'âge de Joseph. Et ce par la raison que Jacob prit congé de Laban sept ans après la naissance de son fils Joseph. Or depuis la 17. année de l'âge de celuy-cy jusques au temps que le Patriarche alla en Egypte, on ne compte que 22. ans, ainsi que nous avons fait voir au Chapitre 9. & parconsequent Benjamin n'avoit en ce mesme temps du voyage d'Egypte que 23. ou 24. ans au plus; & c'est de ce temps qu'il n'estoit encore qu'en la fleur de son âge dont la Genese parle, lors qu'elle dit qu'il avoit les enfans dont le nombre est marqué au Chapitre 46. verset 21. que l'on peut conferer avec le verset 38, 39. & 40. du Chapitre 26. du liv. des Nombres, & avec le 1. verset & les suivans du Chapitre 8. du 1. liv. des Chron. & l'on verra que le fils aisné de Benjamin avoit alors deux fils Ard & Nahgaman : ce qui n'est pas moins ridicule que de dire

REMARQUES.

re avec la Genese que Dina fut violée à l'âge de sept ans, & beaucoup d'autres absurditez que nous avons tirées de l'arrangement & de l'ordre de cette histoire; ce qui fait voir que les ignorans s'enfoncent d'autant plus dans les difficultez, qu'ils s'efforcent de les éviter.

Ce qu'il commence à narrer icy de Josué, &c. C'est à dire en d'autres termes, & dans un autre ordre qu'ils ne se trouvent au livre de Josué.

Pag. 146. lig. 31.

Hotniel fils de Kenas jugea 40. ans, &c. R. Levi Ben Gerson & quelques autres ont crû qu'il faut commencer à compter depuis la mort de Josué ces 40. années que l'Escriture dit s'estre passées en liberté; & par consequent que les 8. precedentes du gouvernement de Kusan Rishgataim, y sont comprises, & que les 18. suivantes se doivent rapporter aux 80. d'Ehud, & de Sangar, & qu'enfin il faut mettre les autres années de servitude au nombre de celles que l'Escriture dit s'estre passées en liberté. Mais puisque l'Escriture cotte expressément le nombre des années de servitude & de liberté, & qu'ol-

Pag. 161. lig. 1.

& qu'elle témoigne au Chapitre 2. verset 18. que l'Estat des Hebreux à toûjours fleuri du vivant de leurs Juges : il est evident que ce Rabin (homme d'ailleurs assez sçavant) & ceux qui jurent sur son texte, corrigent plûtost l'Escriture qu'ils ne l'expliquent par la torture qu'ils se donnent pour démesler cette fusée. Erreur ou tombent encore, mais plus grossierement ceux qui veulent que l'Escriture n'a pretendu marquer par ce calcul general des années, que les temps de la police Judaïque ; & que ceux des Anarchies (ils les appellent ainsi en haine de l'Estat Populaire) que ces temps-là dis-je aussi bien que ceux de leur servitude, ont esté rejettez de la supputation commune, par ce qu'il eût esté honteux d'y inserer des temps si miserables, & qui n'estoient que comme des interregnes. Car de dire que les Hebreux n'ayent pas voulu marquer dans leurs Annales les temps de la prosperité de leur Republique, à cause que c'estoient des temps de malheur & comme d'interregne, ou qu'ils ayent rayé de leurs Annales les années de servitude, si ce n'est une calomnie c'est une fiction chimerique, & une pure

pure absurdité. Car il est si clair qu'Esdras (qui est l'Escrivain de ces livres ainsi que nous l'avons fait voir) a eu dessein de marquer au chapitre 6. du 1. livre des Rois toutes les années sans exception depuis la sortie d'Egypte jusqu'à la quatriesme année du regne de Salomon, cela est si manifeste, que jamais homme de bon sens ne l'a revoqué en doute. Car sans parler des autres, la Genealogie de David escrite à la fin du livre de Rut, & au chapitre 2. du 1. des Chron. se monte à peine à un si grand nombre d'années à sçavoir à 480. vû que Nahasson qui estoit Prince de la Tribu de Juda deux ans aprés que les Hebreux eurent quitté l'Egypte mourut au desert avec tous ceux qui ayant atteint l'âge de vingt ans estoient capables de porter les armes, tellement que son fils Shalma ayeul de David passa le Jourdain avec Josué. Ainsi, il n'est pas necessaire de feindre que ce Shalma fût du moins âgé de quatrevingts onze ans lorsqu'il engendra Bohgar, & que celuy-cy en eût autant à la naissance de David. Car David (supposé que l'an 4. du regne de Salomon fût au rapport du chapitre 6. du 1. liv. des Rois, le 480. depuis la

Liv. des Nomb. Ch. 7. v. 11. & 12.

sortie

sortie d'Egypte) David nasquit à ce compte là, l'an 366. apres le passage du Jourdain. Et partant supposé que Shalma, ayeul de David nasquit au passage mesme du Jourdain, il faut de necessité que ce Shalma, Bohgar, Obed, & Jessai, ayent engendré successivement des enfans dans leur extréme vieillesse, à sçavoir en l'an 91. de leur âge; & par consequent à peine se trouveroit-il depuis la sortie d'Egypte jusqu'à l'an 4. du Regne de Salomon 480. ans, si l'Escriture ne l'avoit dit expressément.

Pag. 151. lig. 16. *Samson le jugea 20. ans,* &c. On peut douter si ces vingt-ans se doivent rapporter aux années de liberté, ou s'ils sont compris dans les 40. qui precedent immediatement, pendant lesquels le peuple fut sous le joug des Philistins. Pour moy j'avouë que j'y voy plus de vray-semblance, & qu'il est plus croyable que les Hebreux recouvrerent leur liberté, lors que les plus considerables d'entre les Philistins perirent avec Samson. Aussi n'ay-je rapporté ces 20. ans de Samson à ceux pendant lesquels dura le joug des Philistins, que par ce que Samson nasquit depuis

depuis que les Philiftins eurent fubjugué les Hebreux, outre qu'au traité du Sabbat, il eft fait mention d'un certain livre de Jerufalem, où il eft dit que Samfon jugea le peuple 40 ans mais la queftion n'eft pas de ces années feulement.

A ſçavoir Kiriatjarim, &c. Kiriatjarim s'appelle auſſi Bahgal, d'où Kimchi, & quelques autres ont pris occaſion de dire que *Bahgale Jehuda* que j'ay traduit icy *du peuple de Juda*, eſtoit un nom de ville; mais ils ſe trompent, parce que *Bahgale* eſt du nombre plurier. D'ailleurs ſi l'on veut conferer ce texte de Samuel avec celuy du 1. livre des Chroniques, on trouvera que David ne partit point de la ville de *Bahgal*, mais qu'il y alla. Que ſi l'auteur du livre de Samuel, n'eut pretendu marquer que le lieu d'où David retira l'Arche; alors pour bien parler Hebreu, voicy comme il eût dit : *& David ſe leva, & s'en alla, &c. de Bahgal qui eſt en Juda, & en retira l'Arche de Dieu.*

Et Abſolom s'enfuit, & ſe retira chez Ptolomie, &c. Ceux qui ſe ſont meslez de commenter ce Texte, l'ont corrigé de cette sorte: *& Abraham s'enfuit & se retira chez Ptolomée fils d'Ilamihud Roy de Gesur, où il demeura trois ans, & David pleura son fils tout le temps, qu'il fut à Gesur.* Mais si c'est là ce que l'on appelle interpreter, & s'il est permis de se donner cette licence dans l'exposition de l'Escriture, & de transposer de la sorte des phrases tout entieres soit en ajoûtant, ou en retranchant quelque chose, j'avouë qu'il est permis de corrompre l'Escriture, & de luy donner comme à un morceau de cire autant de formes que l'on voudra.

Pag. 289 lig. 10. *Et peut estre mesme depuis que Juda Machabée eut rebasti le Temple,* &c. Je forme ce soupçon, (s'il est vray que c'en soit un) sur la deduction de la Genealogie du Roy Iechonias, laquelle se trouve au chapitre 3. du 1. livre des Chroniques, & finit aux Enfans d'Eliohenai qui sont les tresiesmes descendus de luy en ligne directe; surquoy il faut remarquer que ce Iechonias avant sa captivité n'avoit point d'enfans, mais il est probable qu'il en eut deux dans la prison, du moins autant

REMARQUES. 17

autant qu'on le peut conjecturer des noms qu'il leur donna. Quant à ses descendants, il ne faut point douter qu'il n'en eût, si l'on en croit aussi leurs noms, depuis son élargissement; car son petit fils Pedaja (nom qui signifie Dieu m'a remis en liberté,) lequel est selon ce chapitre le Pere de Zorobabel, nâquit l'an 37. ou 38. de ce Jechonias, c'est à dire 33. ans avant que Cyrus licentiât les Juifs, & par consequent Zorobabel à qui Cyrus donna la principauté de la Judée estoit âgé de 13 ou 14 ans. Mais il n'est pas necessaire de pousser la chose plus loin: car il ne faut que lire avec tant soit peu d'attention le Chapitre susdit du 1. liv. des Chroniques où il est fait mention depuis le verset 17. de toute la posterité du Roy Jechonias, & comparer le texte Hebreu avec la version des Septante, pour voir clairement que ces livres ne furent divulguez que depuis que Judas Machabée eut relevé le Temple, & que le Sceptre n'estoit plus dans la maison de Jechonias.

Mais au contraire que ce Roy seroit mené captif en Babylone. Personne n'eût

n'eût pû foupçonner que fa Prophetie
fût oppofée à la prediction de Jeremie,
comme on l'a foupçonné fur le recit
qu'en fait Jofeph, jufqu'à ce que le
fuccez à fait connoître qu'ils avoient
tous deux predit la verité.

Pag. 199
lig. 20. *Comme auſſi le livre de Nehemie, &c.*
l'Hiſtorien fait aſſez connoître par le
1. verſet du chapitre 1. que la plus grand
part de ce livre a eſté tirée de celuy que
Nehemie a eſcrit de fa propre main.
Mais quant à ce qui fe trouve depuïs
le chapitre 8. juſqu'au verſet 26. du
chapitre 12. outre les 2. derniers ver-
ſets du chapitre 12. leſquels ont eſté
inferez par parentheſe dans le diſcours
de Nehemie; il eſt conſtant qu'ils y
ont eſté ajoûtez par l'Hiſtorien mefme, lequel furveſcut Nehemie.

Pag. 202
lig. 12. *Et je n'eſtime pas que la vie d'Eſdras,*
a Efdras *& de Nehemie ait eſté ſi longue qu'ils*
ch. 7. *ayent furveſcu 14. Rois de Perſe, &c.*
v. 1. Eſdras eſtoit Oncle du premier Souve-
1 Liv. rain Pontife nommé Iofué fils de fon
des frere : & ce fut avec ce Pontife con-
Chron. jointement avec Zorobabel qu'il alla
ch. 6. en Ieruſalem. Mais il y a apparence que
v. 14. 15. luy & les autres fe voyant inquietez
Nehemie
ch. 12. dans
v. 1.

REMARQUES.

dans leur entreprise, retournerent en Babylone, & qu'il y demeura jusqu'à ce qu'il eut obtenu ce qu'il souhaittoit d'Artaxerxes. Il se lit aussi que Nehemie fit sous le Regne de Cyrus un voyage en Jerusalem avec Zorobabel, sur quoy il ne faut que lire Esdras chapitre 2. verset 2. & le 63. qu'il faut comparer avec le verset 10. du chapitre 8. & avec le verset 2. du chapitre 10. de Nehemie. Car que les interpretes traduisent ce nom *Atirsçatha* par cet autre qui signifie Ambassadeur, c'est ce qu'ils ne prouvent par aucun exemple; au lieu qu'il est certain que l'on donnoit de nouveaux noms aux Juifs qui frequentoient la Cour. Ainsi Daniel fut nommé *Beltesatzar*. Zerubabel *Sethbetsar*, & Nehemie *Atirsçatha*; mais en vertu de sa charge, on avoit de coûtume de le saluer sous le titre de Gouverneur, ou de President. Il est donc certain qu'*Atirsçatha* est un nom propre, comme *Hatselelphoni*, *Hatsobeba* 1. Pseaume 4,3,8. Halloghes. Nehemie 10. 25. & ainsi du reste.

D'où il est aisé d'inferer qu'avant les Machabées, il n'y avoit point eu de Canon

non des livres saints, &c. Ce qu'on appelle la grande Synagogue, ne commença que depuis la reduction de l'Asie sous l'Empire des Macedoniens. Quant à l'opinion de Maimonides, du R. Abraham, de Ben David, & de quelques autres qui soustiennent que les Presidens de cette Synagogue estoient Esdras, Daniel, Nehemie, Aggée, Zacharie, &c. c'est un conte fait à plaisir, & qui n'est appuyé que sur la tradition des Rabins, qui font courre le bruit que la domination des Perses, ne dura que 34 ans; sans qu'ils ayent de meilleure raison que celle-là pour prouver que les Decrets de cette grande Synagogue, ou de ce Synode, lesquels estoient rejettez par les Saducéens, & receus par les Pharisiens, ayent esté faits par des Prophetes qui les eussent publiés comme s'ils les avoient receus de Moyse, auquel Dieu mesme les avoit laissés de bouche ou par escrit, de sorte que les Pharisiens n'ont pour les defendre qu'une opiniastreté qui leur est comme naturelle; au lieu qu'il est facile aux gens d'esprit qui sçavent pourquoy on convoquoit ces Conciles ou Synodes, & qui n'ignorent pas l'antipathie qui regnoit entre

les

les Pharisiens, & les Saducéens, de conjecturer qu'elles pouvoient estre les causes de la convocation de cette grande Synagogue, ou de ce Synode. Du moins il est certain qu'il n'assista aucun Prophete à cette Assemblée, & que les Decrets des Pharisiens qui sont les Traditions dont on a fait tant de bruit, n'ont receu leur autorité que de ce pretendu Concile.

Nous estimons donc. Les interpretes de ce passage traduisent λογίζομαι comme s'il signifioit *je concluë*, & soûtiennent opiniâtrément que Saint Paul s'en sert par tout pour συλλογίζομαι, quoy qu'en effet λογίζομαι ne se prenne chez les Hebreux que pour *supputer, penser, estimer*. Par laquelle signification il a un merveilleux rapport au Texte syriaque : parce que la Version Syriaque (s'il est vray qu'il y en ait une, car cela n'est pas asseuré, puisque nous n'en connoissons point l'Interprete, & qu'il est incertain en quel temps elle fut divulguée, joint que le Syriaque estoit la Langue naturelle de tous les Apôtres) je dis que cette version traduit ce Texte de Saint Paul de cette sorte *mitrakginam hachi*, paroles que Tremellius interprete dans leur sens naturel en disant *nous estimons donc*, vû que le nom *raghgion*, qui est formé de ce verbe, signifie l'opinion, la pensée; & comme *rahgava* se prend pour la volonté, il s'ensuit que *mitrahginam* ne peut signifier autre chose que *nous voulons, nous estimons, nous pensons*.

Pag. 123 lig. 27. *Telle qu'est toute la Doctrine de Christ*, &c. A sçavoir celle que Jesus Christ avoit enseignée sur la montagne, & dont Saint Matthieu fait mention au chapitre 5. & suivans.

Pag. 139 lig. 4. *Car comme il nous est impossible de concevoir par la lumiere naturelle que la simple obeissance soit la voye de Salut*, &c. C'est à dire que nous ne sçavons pas naturellement qu'il suffise au salut, & pour estre heureux, d'embrasser les Decrets Divins comme autant de commandemens; & que ce n'est point la raison, mais la seule revelation qui nous apprend qu'il n'est point necessaire de les concevoir comme veritez éternelles, ainsi que nous l'avons fait voir dans le Chapitre 4.

Mais

REMARQUES. 23

Mais il s'enfuit neceffairement de là, que nul ne promet fans fraude de renoncer au droit qu'il a, &c. J'avouë que dans l'Eftat civil où l'on détermine en commun de ce qui eft bon ou mauvais, la fraude fe peut diftinguer en bien & en mal; mais dans l'Eftat naturel, où chacun eft de droit maiftre de fes actions, & où il peut fe prefcrire des loix, les interpreter, & les abolir mefme quand il y va de fon intereft: dans cet Eftat il n'eft pas concevable que la fraude puiffe avoir lieu, ny qu'il s'y trouve de malice.

Car la Nature n'apprend à perfonne que l'on foit tenu d'obeïr à Dieu, &c. Lorsque Saint Paul dit *que les hommes font fans excufe*, il parle à la façon des hommes, vû qu'il enfeigne expreffément au Chapitre 9. verfet 18. de la mefme Epiftre que Dieu fait mifericorde à qui bon luy femble, & qu'il endurcit qui il veut: & que fi les hommes font inexcufables, c'eft par ce qu'ils font dans la puiffance de Dieu comme un pot de terre entre les mains du Potier, lequel fait d'une mefme maffe un vaiffeau à honneur, & un autre à deshonneur, & que les avertiſſements ne ſervent de rien à leur ſalut, ou à leur perte. Quant à la Loy divine qui nous eſt naturelle, & dont le ſommaire eſt d'aimer Dieu, ainſi que nous l'avons dit, elle s'appelle Loy dans le ſens que les Philoſophes ordinaires appellent loix les regles de la Nature ſuivant leſquelles toutes choſes ſe font neceſſairement. Car l'amour de Dieu n'eſt point obeïſſance, mais une vertu inſeparable de l'homme qui connoiſt veritablement Dieu. Pour l'obeïſſance, elle n'a nul eſgard à la neceſſité & à la verité de la choſe, mais à la ſeule volonté de celuy qui commande. Car comme il nous eſt impoſſible (ainſi que nous l'avons fait voir au Chapitre 4.) de concevoir Dieu comme un Prince qui fait des loix que nous pouvons violer, il eſt évident que nul homme qui n'a que la raiſon pour guide, ne peut ſçavoir qu'il ſoit obligé d'obeïr à Dieu. Davantage nous avons montré que les commandemens que Dieu a revelez ne nous obligent point, & qu'ils ne paſſent pour commandemens à nôtre égard que tandis que nous en ignorons la cauſe, mais que dés là que nous la connoiſſons, ils ceſſent d'eſtre tels, & que nous

REMARQUES. 25

nous ne les embraſſons plus comme commandemens, mais comme veritez éternelles, & par conſequent que l'obeïſſance ſe convertit alors en amour, lequel eſt produit auſſi neceſſairement d'une vraye connoiſſance, que la lumiere eſt produite par le Soleil. D'où il s'enſuit que la raiſon nous enſeigne à la verité à aimer Dieu, mais non pas à luy obeïr : puiſque nous ne ſçaurions recevoir les commandemens de Dieu entant que commandemens, c'eſt à dire tandis que nous ne les concevons pas comme veritez éternelles, que Dieu ne nous les ait expreſſément revelés.

Quoy qu'il fût vray Prophete, il eſtoit neanmoins declaré criminel, &c. Pag. 441 lig. 5. Il eſt dit dans les Nombres, que deux certains hommes dont les noms ſont eſcrits au verſet 28. du chapitre 11. de ce livre prophetiſans au camp, la nouvelle en vint auſſi-tôt à Moyſe, & que Joſué fut d'avis que l'on ſe ſaiſiſt de leurs perſonnes; ce qu'il n'eût jamais fait, & que l'on n'eût eu garde de rapporter à Moyſe comme une action criminelle, s'il eût eſté permis à tout le monde de prophetiſer ſans un ordre
ex-

exprés de Moyse. Cependant Moyse leur fit grace, & blasma Iosué du conseil qu'il luy donnoit de maintenir son autorité Royale; ce qui arriva neantmoins au temps que la charge luy pesoit tellement sur les espaules, qu'il aimoit mieux mourir que de regner seul, car il répond à Iosué en ces termes. *Es tu jaloux de mes interests? plût à Dieu que tout ce Peuple fût aussi Prophete.* Comme s'il disoit, voudrois tu qu'il n'y eût que moy à regner; pour moy, je souhaitterois que le droit de consulter Dieu revint à chaque particulier, & par consequent qu'ils regnassent tous ensemble, & me laissassent aller. Ainsi ce n'estoit pas le droit & l'autorité que Iosué ignoroit, mais la circonstance du temps: aussi est-ce pour cela que Moyse le blasme, comme David blâma Abisçai qui luy conseilloit de faire mourir Simhi, lequel estoit effectivement criminel de leze Majesté.

Au livre des Nombres Chapitre 27. *verset* 21. Plus les interpretes s'efforcent de rendre mot à mot le verset 19. & le 23. de ce Chapitre, moins ils le rendent intelligible, & je suis asseuré que

que très peu de personnes en entendent le veritable sens; car la pluspart se figurent que Dieu commande à Moyse au verset 19. d'instruire Iosué en presence de l'Assemblée, Et au verset 23. qu'il luy imposa les mains, & l'instruisit; ne prenant pas garde que cette façon de parler est fort en usage chez les Hebreux pour declarer que l'election du Prince est legitime, & qu'il est confirmé dans sa charge. C'est ainsi que parle Jetro en conseillant à Moyse de choisir des Coadjuteurs qui l'aidassent à juger le Peuple, *si tu fais cecy* (dit-il) *alors Dieu te commandera*, comme s'il disoit que son autorité sera ferme, & qu'il pourra subsister, touchant quoy voyez l'Exode Chapitre 18. verset 23. & le 1. liv. de Samuel chapitre 13. verset 15. & le chapitre 25. verset 30. & sur tout le chapitre 1. de Iosué au verset 9. où Dieu luy dit, *ne t'ay-je pas commandé, prends courage, & montre toy homme de cœur*, comme si Dieu luy disoit, n'est ce pas moy qui t'ay constitué Prince ne t'espouvante donc de rien, car je seray par tout avec toy.

Ce Prince ne reconnoissoit que Dieu
seul

seul au dessus de luy, &c. Les Rabins feignent avec quelques Chrestiens qui sont aussi ignorans qu'eux que c'est Moyse qui a institué le grand Sanhedrin. Il est vray que Moyse élut soixante & dix Coadjuteurs, sur lesquels il se déchargea d'une partie des soins de la Republique, parce qu'il n'estoit pas capable de porter tout seul un si lourd fardeau; mais tant s'en faut qu'il ait jamais fait d'ordonnance toûchant l'institution d'un Concile qui fut composé de soixante & dix Testes, qu'il a ordonné au contraire à chaque Tribu, d'establir des Juges dans les villes que Dieu leur avoit données, lesquels eussent soin d'accorder les différents suivant la teneur des loix; & de punir les delinquants: & s'il arrivoit que ces Juges eussent quelque doute sur les Loix, qu'ils fussent obligez de s'adresser au grand Pontife (lequel en estoit le souverain Interprete) comme à un Juge dont ils estoient alors les Subalternes, par ce qu'ils avoient droit de consulter le Pontife, & de pacifier toutes choses suivant l'exposition qu'il donnoit aux loix. Que s'il arrivoit qu'un Juge Subalterne eût l'audace de soûtenir qu'il n'estoit pas obligé de

don-

REMARQUES. 29

donner sentence suivant la decision du Souverain Pontife, cet homme là fut condamné à la mort par l'ordre de celuy qui estoit alors Souverain Juge, tel qu'estoit Josué en qualité de Generalissime de toutes les Armées du Peuple d'Israel, lequel avoit droit apres le partage des terres, de consulter le Pontife touchant les affaires qui concernoient sa Tribu, & de constituer des Juges dans ses villes, lesquels ne fussent subordonnez qu'à luy; ou tel qu'estoit le Roy, auquel toutes les Tribus, ou quelques unes seulement eussent transferé leur droit. Pour preuve de cela, je ne rapporteray qu'un exemple entre tant d'autres qui se trouvent sur ce sujet dans la sainte Escriture. Quand le Prophete Scilonite élut Jeroboam Roy, il luy donna pouvoir en mesme temps de consulter le Pontife, d'establir des Juges, & le revestit enfin de la mesme autorité sur dix Tribus, que Roboam avoit sur les deux autres; tellement que celuy-là avoit le mesme droit en son Royaume, que celuy-cy en Jerusalem, & ce, tant à l'esgard de l'establissement d'un grand Concile dans ses Estats, que pour toute autre chose. Car il est certain que Jeroboam

(en-

(entant qu'il estoit Roy par l'ordre de Dieu,) ny ses sujets par consequent, n'estoient point obligez de comparoistre devant le Tribunal de Roboam duquel ils ne relevoient point, & beaucoup moins devant le Grand Conseil de Jerusalem establi par ce Roy. Il est donc constant qu'autant que l'Empire des Hebreux estoit divisé, autant y avoit-il de jurisdictions differentes, & independentes les unes des autres. J'avouë que ceux qui n'ont aucun égard aux divers Estats des Hebreux, & qui les confondent tous en un comme si ce n'eût esté qu'une mesme chose s'embarassent merveilleusement.

Pag. 1. lig. 10. Il y a encore une Remarque de l'Auteur sur le mot Hebreux *Nabi*. Mais comme elle ne peut s'accommoder à notre Langue & qu'il n'y a que ceux qui sçavent toutes les finesses de la Langue Hebraïque qui puissent en tirer quelque lumiere j'ay mieux aimé ne la point traduire que de luy donner un faux jour.

F I N.